教育部人文社科基金项目（批准号07JA850008）
凯里学院科研基金项目
三明学院科研基金项目

YUANSHENGTAI WENHUA
ZIYUANJIAZHI YU LVYOUKAIFA
——YIQIANDONGNANWEILI

原生态文化

资源价值与旅游开发

——以黔东南为例

余达忠　著

民族出版社

图书在版编目（CIP）数据

原生态文化：资源价值与旅游开发：以黔东南为例/余达忠著. —北京：民族出版社，2011.4

ISBN 978-7-105-11485-6

Ⅰ.①原… Ⅱ.余… Ⅲ.①少数民族—民族文化—研究—黔东南苗族侗族自治州②少数民族—民族地区—旅游资源开发—研究—黔东南苗族侗族自治州 Ⅳ.①K280.732②F592.773.2

中国版本图书馆 CIP 数据核字（2011）第 050993 号

原生态文化：资源价值与旅游开发——以黔东南为例

著　　者：余达忠
策划编辑：倩　男
责任编辑：吴灵芝
封面设计：晓玉工作室
出版发行：民族出版社
地　　址：北京市和平里北街 14 号　邮编：100013
网　　址：http://www.mzcbs.com
电　　话：010-58130038（编辑室）
58130049
010-64228001（传真）
010-64211734（发行部）
投稿信箱：gongqianlan@sina.com
印　　刷：北京市佳顺印务有限公司
经　　销：各地新华书店
版　　次：2011 年 4 月第 1 版　2011 年 4 月北京第 1 次印刷
开　　本：640 毫米 × 960 毫米　1/16
字　　数：324 千字
印　　张：21.625
定　　价：43.00 元
ISBN 978-7-105-11485-6/K·2016（汉 1116）

目　录

第一章　全球化进程和少数民族文化的困境　/1

第一节　全球化：必然到来的时代　/1

第二节　全球化时代的文化：非领土扩张和本土重建　/9

第三节　民族文化：全球化时代的存在形态和困境　/20

第二章　原生态文化：内涵、特征和当代诠释　/34

第一节　自然与文化原生态：生态人类学视角的考察　/34

第二节　农耕社会与原生态文化的特征　/46

第三节　原生态文化的当代诠释　/57

第三章　原生态文化：社会经济环境与存在形态　/70

第一节　原生态文化存在的社会经济环境　/70

第二节　原生态文化的存在形态　/77

第三节　原生态文化与非物质文化遗产　/91

第四章　原生态文化：资源价值与旅游开发　/99

第一节　文化资本与原生态文化资源　/99

第二节　原生态文化的资源价值　/108

第三节　原生态文化资源的旅游开发　/120

第五章　原生态黔东南：自然、历史、民族　/133

第一节　原始的自然生态　/133

第二节　原貌的历史遗存　/144

第三节　原生的民族文化　/159

第六章　原生态黔东南：苗族原生态文化　/172
第一节　枫树、蝴蝶、鹃宇鸟：苗族精神文化　/172
第二节　苗年、鼓藏节、鼓藏头：苗族祭祖文化　/178
第三节　游方、芦笙会、姊妹节：苗族婚俗文化　/203

第七章　原生态黔东南：侗族原生态文化　/217
第一节　依山傍水、聚族而居：侗族居住文化　/217
第二节　鼓楼、歌堂、哆耶：侗家人的青春叙事　/234
第三节　饭养身、歌养心：歌声飘荡的侗乡　/255

第八章　旅游开发：黔东南民族文化旅游个案　/268
第一节　旅游时代：一个苗族村寨的演变史
——以千户苗寨西江为例　/268
第二节　永远的萨神：侗族祭萨与祭萨节及其资源价值　/281
第三节　上郎德模式：民族社区参与旅游发展的实践与思考　/291
第四节　旅游开发：民族地区再地方化的实践
——以黎平侗族地扪村为例　/303

第九章　旅游活州：黔东南民族文化复兴的途径　/319
第一节　欠发达与欠开发：黔东南社会经济发展的现状与优势　/319
第二节　黔东南州的旅游时代　/324
第三节　旅游活州：黔东南民族文化的复兴　/329

主要参考文献　/338

后　记　/343

第一章　全球化进程和少数民族文化的困境

第一节　全球化：必然到来的时代

15世纪，是人类历史上一个具有转折意义的时代。

1405年至1433年的近三十年间，明朝的三保太监郑和率领庞大的船队七次下西洋。这是一次史无前例的事件，船队最远到达了非洲东海岸、波斯湾和红海海口。世界的全貌开始缓慢地在我们的眼中展开。几十年之后的1492年8月2日，一名叫哥伦布的水手在西班牙女王伊沙贝拉的支持下，率领三艘帆船驶出巴罗斯港，开始了寻找东方之旅。两个多月之后，1492年10月12日凌晨，在茫茫大海上航行得几乎要绝望的哥伦布终于发现了陆地。哥伦布以为到达了他一直在寻找中的印度和东方。后来人们才知道，哥伦布登上的这块土地，属于现在中美洲巴勒比海中的巴哈马群岛，他当时把它命名为圣萨尔瓦多。他的船队登上了美洲大陆——一片从未为人们知道的新大陆就这样在错误的航行中被发现了。1497年夏天，葡萄牙贵族达·伽马奉葡萄牙国王之命，率领由四艘船只组成的远征队，从里斯本南部的海港出发，开始了前往印度的航行。船队由到过非洲南端好望角的航海家迪亚士领航，经过整整四个月的航行，终于抵达好望角。好望角犹如一个死亡角，在遭受3天3夜狂浪骤雨的袭击之后，船队终于绕过好望角，进入了印度洋。1498年4月，远征队来到肯尼亚的马林迪。在这里，他们找到了一位有经验的阿拉伯领航员。在他的率领下，达·伽马一行得以安全地横渡印度洋，于5月20日抵达印度西海岸重镇科泽科德。这是开辟的第一条从西方通往东方的航线。1519年9月10日，航海家麦哲伦的伟大史诗开始了。他的由五艘帆船组成的船队缓缓驶出西班牙的塞维利亚港，开始了人类历史上的第一次环球航行。他们横渡大西洋，沿南美洲海岸南下，绕过美洲南端的海峡（后人命名为“麦哲伦海峡”），进入另一片辽阔的海洋。因沿途风平浪静，航行很顺利，麦哲伦高兴地把这片海洋称为“太平洋”。船队在太平洋上航行三个多月，很多船员因饥渴而死去。当船队到达菲律宾群岛时，与当地土著居民发生冲突，麦哲伦在冲突中被杀，其他船员逃出后继续航行。他们第一次由东向西穿越印度洋，绕过好望角，直到1522年才回到西班牙，这时只剩下一只船和十几个人……新航路的开辟，打破了世界以往孤立、封闭的状态，增强了联系，逐渐开始了一体化过程。“实际上，严格的全球意义上的世界历史直到哥伦布、达·伽马和麦哲伦进行远航探险时才开始。在这以前，只有各民族的相对平行的历史，而没有一部统一的人类历史。”“地理大发现揭示了新大陆的存在，从而预示了世界历史的全球性阶段的来临。也正是在这一时期里，欧洲人凭借他们在海外活动中的领导能力，上升到世界首位。这些世纪中发展起来的某些全球性的相互关系自然随着时间的推移而更加紧密起来。”①

从哥伦布时代之后，以西方的海外扩张为开始，世界各个地区之间发生了普遍的联系，世界因此成为了一个整体，进入我们的视野，我们的思想和观念中的地理不再是一个狭隘的地区，而是整个世界。人类开始在全球范围内进行经济的实践、军事的实践、政治的实践、文化的实践、宗教的实践。世界历史的形成，是人类活动和交往不断扩大的结果，也正是人类活动和交往的持续和深入，空间被压缩了，真正意义上的全球化也就必然地到来了。在远古时期，人类生活于世界上不同的地区，过着彼此隔绝的生活，相互之

---

① ［美］斯塔夫里阿诺斯：《全球通史——1500年以后的世界》，吴象婴、梁赤民译，3、213页，上海，上海社会科学院出版社，1992。

间没有联系、交往，甚至不知道对方的存在。这是人类历史上真正孤独、孤立的时代。一万年前，产生了农业文明，农业技术创造的文明成果引导人类缓慢地从孤独和孤立状态中走出来，在一个相对狭小的区域内进行交往与合作，从而形成了几大相对独立的文明中心，像古埃及文明、两河流域文明、印度哈拉巴文明、中华文明、古希腊文明等。这些文明的先后出现，标志着人类历史的多中心时代的开始。但这些文明仍然是各自独立生长、发展着的，彼此之间缺乏一种必然的、紧密的联系。虽然在这个漫长的历史过程中，有的文明不可挽救地消亡了，但是也会产生新的文明。社会的动荡是一种持续的现象，总是随着人类的历史进程而没有停歇，但动荡也仅只是在局部的区域内，各个区域间的交往只是局限在一个很小的、能够控制的范围内。各个文明按照自己既定的发展轨迹平行地前进。1500 年之后，这种情况发生了根本性的改变，人类历史由民族历史融入世界历史，全球化的进程也从哥伦布的航船驶出葡萄牙的港口而开始。

一百多前，马克思和恩格斯在《共产党宣言》中，就为我们描绘了正在到来的全球化时代。“资产阶级，由于开拓了世界市场，使一切国家的生产和消费都成为世界性的了……新的工业的建立已经成为一切文明民族的生命攸关的问题；这些工业所加工的，已经不是本地的原料，而是来自极其遥远的地区的原料，它们的产品不仅供本国消费，而且同时供世界各地消费。旧的、靠国产品来满足的需要，被新的、要靠极其遥远的国家和地带的产品来满足的需要所代替了。过去那种地方的和民族的自给自足和闭关自守状态，被各民族的各方面的互相往来和各方面的互相依赖所代替了。物质的生产是如此，精神的生产也是如此。各民族的精神产品成了公共的财产。民族的片面性和局限性日益成为不可能，于是由许多种民族的和地方的文学形成了一种世界的文学。”① 在资本的扩张中，世界

① 这句话中的“文学”（Literatur）一词是指科学、艺术、哲学等方面的著作——原编者注。《马克思恩格斯选集》，第 1 卷，276 页，北京，人民出版社，1995。

的联系开始了。无论是物质生产还是精神生产，都在互相往来、依赖和渗透中，获得更多的共同的特征和品质，都不可避免地要融入世界这个整体中，融入世界经济、文化的进程中，受整体的影响和影响着整体。

人类在五百年前开始了全球化的进程，但人类真正进入全球化时代则是20世纪中后期。1992年，在纪念哥伦布航海500周年的联合国集会上，时任联合国秘书长的加利在致辞中宣布："第一个真正的全球化时代已经到来了。"

全球化已然成为我们时代的最显著的特征。

全球化是一个历史过程，是从五百年前开始的人类历史的一个进程，但全球化也是一种状态，是现代世界的一种复杂的联结，"是快速发展、不断密集的相互联系的互相依存的网络系统"①，是以现代通信技术、运输技术的发展，世界性资本市场的形成，联合国、世界银行、国际货币基金组织和跨国公司等的发挥作用，环境危机、人口危机、核威胁、毒品泛滥等现象为表征的世界状态。美国学者罗兰·罗伯森说："作为一个概念，全球化既指世界的压缩（Compression），又指认为世界是一个整体的意识的增强。"② 德国社会学家乌尔利希·贝克说："全球化指的是在经济、信息、生态、技术、跨国文化冲突与市民社会的各种不同范畴内可以感觉到的、人们的日常行动，日益失去了国界的限制……金钱、技术、商品、信息、毒品都超越了国境。按照这种理解，全球化指的是空间距离的死亡。人们被投入往往是很不希望、不理解的跨国生活形式中。根据安东尼·吉登斯的解释，这是超越空间距离（由不同民族、国家、宗教、区域、大陆组成的似乎是相互隔绝）的世界。"③ 安东尼·麦

---

① 参见［英］约翰·汤姆林森：《全球化与文化》，郭英剑译，2页，南京，南京大学出版社，2002。

② ［美］罗兰·罗伯森：《全球化——社会理论和全球文化》，梁光严译，11页，上海，上海人民出版社，2000。

③ 参见杨学功：《拒斥还是辩护：全球化中的普遍主义和特殊主义》，载《江海学刊》，2008（2）。

克劳也认为，全球化涉及的是众多国家与社会之间多种多样的纵向横向联系，从这些联系中形成今日的世界体系。全球化并不意味着这个世界的政治上已经实现了统一，经济上已经实现了一体化，或者文化已经实现了同一化。全球化在很大程度上是一个十分矛盾的过程，它的影响十分广泛，结果又是多种多样的。[①] 全球化的进程产生于五百年前资本主义萌芽时期的对外扩张，是以西方的工业文明为标志的现代性的全球扩张过程，是资本主义、国际体系、军事主义、工业主义四个相互分离但又相互交错的侧面共同推动的结果。进入20世纪中后期，无论西方还是东方，无论是发达国家还是发展中国家，都无一例外地置身于全球化的状态中，或者深受全球化的影响。

全球化无疑是我们这个时代的最显著的特征。安东尼·吉登斯说："全球化并不是我们今天生活的附属物，它是我们生活环境的转变，它是我们现在的生活方式。"[②] 不管我们对于全球化采取什么态度，是欢呼还是诅咒，是迎接还是回避，全球化以不容否认的事实呈现在我们的面前；不管我们身在何处，是在现代大都市，还是在边远局促的乡村，全球化总以它的强势性，支配、影响、干扰着我们，是我们的生活必然面对的一种现状，是一种进程。面对全球化，理解全球化，推动全球化，是我们这个时代的现实，也是这个时代必然面对的挑战。

全球化是从资本的扩张开始的。全球化伴随着资本主义的生产方式的扩展即资本的全球扩张而开始了它的漫长历程。从文艺复兴到环球航行，再到尼德兰革命，从英国工业革命到美国南北战争，资本主义从萌芽状态进入了它的发展阶段，资本的"勃发"势头不可遏制，资本主义不断冲破封建主义的枷锁，冲破地域分割和封

① 参见李富强：《让文化成为资本：中国西部民族文化资本化运营研究》，4页，北京，民族出版社，2004。

② ［英］安东尼·吉登斯：《失控的世界》，见薛晓源：《前沿问题前沿思考——当代西方学术前沿问题追踪与探询》，4页，上海，华东师范大学出版社，2005。

锁，把中世纪封建主义狭隘的民族史、地域史，变为资本主义一统天下的世界史。“资产阶级在它已经取得了统治的地方把一切封建的、宗法的和田园诗般的关系都破坏了。它无情地斩断了把人们束缚于天然尊长的形形色色的封建羁绊，使人和人之间除了赤裸裸的利害关系，除了冷酷无情的‘现金交易’，就再也没有了其他任何联系。它把宗教的虔诚、骑士的热忱、小市民的伤感这些情感的神圣发作，淹没在利己主义打算的冰水之中。它把人的尊严变成了交换价值，用一种没有良心的贸易自由代替了无数特许的和自力挣得的自由。总而言之，它用公开的、无耻的、直接的、露骨的剥削代替了由宗教幻想和政治幻想掩盖着的剥削。”“不断扩大产品销路的需要，驱使资产阶级奔走于全球各地。它必须到处落户，到处创业，到处建立联系。资产阶级由于开拓了世界市场，使一切国家的生产和消费都成为世界性的了。”① 进入20世纪中期后，特别是伴随科技革命的一次又一次浪潮，资本借助科技的力量，其扩张的空间范围越来越广，资本的国际化达到了更深、更广的程度。至20世纪中后期，经济全球化已然作为一种经济现象，成为世界经济发展的主流。全球化首先是经济全球化，是从经济全球化开始的。“经济全球化是生产要素随着生产力的发展，以空前的速度和规模在全球范围内流动并进行资源配置，从而使人类经济生活不断实现全球范围内全方位沟通、联系、融合与互动的客观历史进程。”② 但我们强调的全球化是比经济全球化更宽广的一种现象，是人类社会发展的一个整体进程。

人类的经济生活在全球范围内的全方位的沟通、联系、融合与互动，带来了人类文化生活、思想观念、政治意识、宗教情感等方面的互动和影响，由此，使全球化有了一个相当广泛的世界意义，“全球化不是一个单一的过程，而是各个过程的复合，这些过程经

① 《马克思恩格斯选集》，第1卷，274～276页，北京，人民出版社，1995。

② 庄芮：《经济全球化进程的起点与分期》，载《国际论坛》，2000（1）。

常互相矛盾，产生冲突、不和谐以及新的分层形式”①。里斯本小组也强调：“全球化在很大程度上是一个十分矛盾的过程，它的影响范围十分广大，它的结果又是多种多样的。”②

全球化是一个复杂的世界历史进程，它绝不仅仅是一体化的进程，而是一体化与多元化（包括民族和国家的多元化发展）在对立统一的矛盾运动中并行发展的进程，包含有一体化的趋势，同时又含有分裂化的倾向，有单一化，又有多样化，既是集中化，又是分散化，是国际化，也是本土化。全球化进程的基本矛盾就是经济、文化、政治、意识形态等的一体化与民族和国家发展的矛盾。因此，全球化包含着一体化的趋势，以及各个民族和国家间联系日益增强的趋势，但同时也包含着日益增强着相互联系的各个民族和国家（或国家集团）为其特定利益和价值目标而展开越来越激烈的竞争的趋势，即全球化过程的民族化趋势。国外有的学者把这种趋势视为全球性的地方主义（gl obal l ocalis m）。一方面，全球化表现为各国各民族和各种不同的文明体系之间在生活方式、生产方式和价值观念的某种趋同化，如市场经济体制、全球网络信息系统、覆盖全球的各种政治经济组织、民主的普遍追求等；另一方面，各个民族、各个文明体系中，由于历史发展的进程、民族认同的需要、价值观念的差异等，又会表现出其特殊性和多样性，民族、文化、价值的符号性特征更加得到彰显，经济的本土化、文化的本土化、政治的本土化，甚至宗教的本土化，反而是民族国家努力追求的目标和主导的发展方向。从这个意义上说，全球化是包含着普遍主义的特殊化和特殊主义的普遍化的双向运动。走向全球化，更本质的意义实质上是走向多样化，经济发展的多样化，文化发展的多样化，民主政治的多样化，价值观念的多样化。

---

① ［英］安东尼·吉登斯：《超越左与右：激进政治的未来》，李惠斌、杨雪冬译，1页，北京，社会科学文献出版社，2000。

② ［美］里斯本小组：《竞争的极限：经济全球化与人类未来》，张世鹏译，9页，北京，中央编译出版社，2000。

全球化作为一个进程，不是在世界各地同时起步的，它是一个不平等的、不对等的发展过程。全球化从西方开始。五百年前开始崛起的西方，无论在经济上、文化上、政治上，还是在引导全球化的科学技术上，都占据着绝对的优势，显示出强势进入的态势，而广大的发展中国家和地区，很大程度上是被裹挟着进入和开始全球化进程的。巴西学者多斯桑多斯说："我们仍然生活在资本主义占主导地位的时代，这是我们理解当今世界现实和变化的基础。"[①] 也正是这样，一些学者将全球化称为西方化、资本主义化。但我们更应该从正面来看待全球化，看到由于全球化进程而带来的整个世界的变化，尤其是科学技术的进步，生产力的提高，生活产品的极大丰富与改善。是全球化开启了人类历史的一个新时代，是全球化的进程，将人类的历史引向了现代，使现代化成为人类一个追求目标。马克思、恩格斯在撰写《共产党宣言》的时候，就意识到了开创全球化的资本主义的巨大能量。"资产阶级在它不到一百年的阶级统治中所创造的生产力，比过去一切世代创造的全部生产力还要多，还要大。自然力的征服，机器的采用，化学在工业和农业中的应用，轮船的行驶，铁路的通行，电报的使用，整个整个大陆的开垦，河川的通航，仿佛用法术从地下呼唤出来的大量人口——过去哪一个世纪能够料想到有这样的生产力潜伏在社会劳动里呢？"[②] 其实，全球化就是人类的现代化。"全球化的动力实际上存在于两种'物'的层面，其直接动因是资本无限增殖与扩张的本性，而更深层的动因是物质生产力发展水平所提供的可能与提出的要求。工业革命和科技革命所造就的技术进步和社会化大生产既要求一个世界范围的广阔活动空间，同时也为资本家走向世界得以实现社会化大生产，实现利润目标最大化提供了可能与便利。但从生产力终极意义上看，全球化所具有的深刻历史内涵就在于它是现代化的工业生

① 薛晓源：《透视当代资本主义——"全球化与当代资本主义"国际学术报告会实录》，载《马克思主义与现实》，2000（6）。

② 《马克思恩格斯选集》，第1卷，277页，北京，人民出版社，1995。

产力的全球化过程，是世界的各个部分由农业文明迈向工业文明的过程，是以西方为先导、随后又传播到世界其他国家和地区的全球现代化过程。”① 现代化应该是一种具有普世价值的观念，是各个国家和地区发展的目标，是人类社会发展在经历中世纪后的一个必然的进程。我们不能拒绝现代化，同样，也不能徘徊在全球化之外。即使是裹挟着，也是要参与到全球化的进程中。这应该是我们对于全球化认识的一个思想起点。

我们知道，全球化是一个泥沙俱下的进程。在全球化进程中，发展中国家和地区，尤其是那些闭塞、贫困的地区，都无一例外地受到了全球化的巨大冲击，而且这种冲击往往会带来许多不能理解、不能接受的影响，比如经济上的两极分化、资源的无序开采、文化传统的断裂、社会结构的解体、民族认同感的模糊等。我们不能回避这些负面影响，但我们可以在全球化进程中尽量避免。如果因为全球化可能会带来这些后果而停止全球化的进程，这无疑是人类历史发展的一种倒退。既然我们必然地要卷入全球化的进程中，我们所要做的就是在进程中坚持一种批判精神和选择性，这是全球化进程中发展中国家和地区摆脱被动、不利地位的基本立场，把被动的全球化变为主动的全球化，把西方的、资本主义的全球化变为地方的、本土的全球化，变为体现我们自己意志与价值观的全球化。

第二节 全球化时代的文化：非领土扩张和本土重建

全球化从资本的扩张开始，但在全球化进程中，文化处于中心地位。约翰·汤姆林森说：“全球化处于现代文化的中心地位；文化实践处于全球化的中心地位。”“我们这个时代所经历的、由全球化

① 罗天虹：《全球化是西方化吗》，见俞可平主编：《全球化：西方化还是中国化》，68页，北京，社会科学文献出版社，2002。

所描绘的巨大的转型式进程，除非从文化的概念性词汇着手，否则就很难得到恰如其分的理解；同样，这些转型所改变的恰恰就是文化体验的构造。”① 汤姆林森强调了两个方面：一方面，全球化作为社会发展进程中的一个巨大的转型，本质上是一种文化的转型，只有从文化上才能更精准地把握全球化，概括全球化；另一方面，全球化的进程，很大程度上，就是我们的文化体验发生改变的过程。在全球化进程中，文化发生了变化，从而给我们带来全新的文化体验，但这种体验很多时候又是我们无法描述或者表达的。进一步说，全球化时代，面对社会的巨大转型，我们别无选择地面临一种文化上的困惑，有着强烈的文化诉求。文化是我们理解和进入全球化的一条路径，也是我们构建全球化时代生活意义和生活蓝图的根本。全球化最终必然归结到文化这个核心上来，必然要从文化上对全球化进行解读。

文化是人类社会独有的符号。人类具有独特的，甚至彻底改变环境的能力，不用经过生理上的突变便能应付周围的环境，面对神秘、严峻的大自然，人类不是被动地承受，而是能够创造预定的环境和采取主动的、有目的的、自觉的生存手段来改造自然。人类这种创造预定的环境和采取改造自然的手段、方式，就是人类的文化。是文化将人类由蒙昧引向文明。美国人类学家克利福德·格尔茨说：“我们是通过文化来使自己完备或完善的那种不完备和不完善的动物——并且不是通过一般意义的文化而是通过文化高度特殊的形式。”“我们的思想、我们的价值、我们的行动，甚至我们的情感，像我们的神经系统自身一样，都是文化的产物——它们确实是由我们生来俱有的欲望、能力、气质制造出来的……每一个人毫无例外都是文化的作品。”② 文化是人类在客观世界中编织的一个意义

① ［英］约翰·汤姆林森：《全球化与文化》，郭英剑译，1页，南京，南京大学出版社，2002。

② ［美］克利福德·格尔茨：《文化的解释》，韩莉译，62、63、64页，南京，译林出版社，2002。

网络，一个象征系统，人类的生存、生活、观念、情感都是由文化塑造和决定的。“衣食住行种种基本的事务，我们并不要事事费心思，那是因为我们托祖宗之福——有着可以遵守的成法。”[①] 这个“成法”就是由人类创造又创造了人类的文化。克利福德·格尔茨说：文化“表示的是从历史上留下来的存在于符号中的意义模式，是以符号形式表达的前后相袭的概念系统，借此人们交流、保存和发展对生命的知识和态度。”[②] 而威廉斯则直接说“文化是普普通通的”，“我所质疑的我们的文化问题，都是有关我们自身普遍的和共同目的的问题，但同时也是有关深层次的个人的意义的问题”[③]。约翰·汤姆林森对此进一步阐释：“在‘民主人类学的’意义上，文化就是普普通通的，它描述了‘生活的全部方式’：它不是特权阶层的独有财产，而是包括了日常实践的所有方式。”[④] 文化是一种生活观念，一种生活方式，一种生活实践，显然，生活的所有进程都是文化的体现和文化的结果，都要对文化产生影响——或者是生活的进程改变着文化，或者是文化影响和决定着生活进程的速度、方式、类型、意义。从这个意义上，我们可以说，生活的转型、社会的转型，其本质就是文化的转型。人类由资本的地方时代进入资本的全球时代，显示的不只是一种单一的资本运作方式的转型，而是整个生活的转型，是文化的转型。约翰·汤姆林森将全球化称之为“复杂的联结”[⑤]，强调的就是全球化进程中，生活中的各个方面的相互联系和相互依存的状态，而这种状态显然是不能用资本的扩张来概括的，只能从文化上，从生活的全部方式上来进行概括。因此，我们应该将全球化时代看成是一个文化全面转型的时代。

① 费孝通：《乡土中国》，51页，北京，三联书店，1981。

② ［美］克利福德·格尔茨：《文化的解释》，韩莉译，109页，南京，译林出版社，2002。

③ ［英］约翰·汤姆林森：《全球化与文化》，郭英剑译，26页，南京，南京大学出版社，2002。

④ 同③。

⑤ 同③，2页。

图 1　作者田野作业时与侗族歌师吴浩在一起。

在当今世界，全球经济一体化越来越成为一种主要趋势，但同时，国家、地方、民族间为了各自的价值目标而进行的竞争也越来越激烈，在一体化中包含了多极化的趋势。而作为国家、地方、民族价值符号的文化，则更呈现出复杂的状况。经济的全球化不能带来文化的全球化、同质化，它带来的是文化的多样化，文化发展表现出两种趋势：一是文化的非领土扩张（有的学者称为非地方化），二是文化的本土重建（有的学者称为再地方化）。

在当今世界，无论是繁华的都市，还是偏远的乡村，无论是公共生活领域还是个人生活范畴内，都可以感受到文化的多样化现象，只受一种文化影响的生活已经不存在，各种文化之间的持续的接触，尤其是来自遥远地域的文化的渗透、影响、干扰，已经成为无法抗拒的文化现象。西方文化、美国文化通过影视传媒、互联网、高科技、旅游等，给全世界带来了日益广泛的影响，西方化、美国化正在成为世界潮流，一种以美国文化为主导的全球文化正在冲击着各个地区、各个国家、各个民族的文化。甚至有人认为“全球化就是地方化或美国化，其逻辑是全球化主要表现为人类价值的共同化和普遍化，西方国家特别是美国的价值代表着人类的共同价值，所以，全球化就是西方化或美国化。”① 有的学者甚至说一个文化全球化的时代已经到来。拉图什说：“我是把（西方）当作某种超级机器来加以分析的，它现在已经失去了名分、已经非领土扩张化了，而且从其历史和地理的起源被连根拔除了……西方不再意味着欧洲，无论在地理意义上还是在历史意义上，都是如此；它甚至也不再是分散在世界各地的一群人们所分享的信仰的集合体了。我把它视为一种机器，非个人化、没有灵魂，而且在当下是群龙无首，它强迫人类进入到它的服务系统之中。”② 确实，在进入20世纪中后期后，文化的影响越来越超越了领土的疆域，尤其是以美国文化为代表的西方文化更是对世界范围内的所有国家民族产生着影响，文化呈现出非领土扩张化的趋势，超越了与之有必然联系的它的生存的固定的地方，而向着与之没有任何联系的他者的地方扩张。这是全球化时代文化的最重要的转型。非领土扩张化又称为非地方化（汤普森）或者“移位”（吉登斯），加西亚·坎克里尼认为非领土扩张化指“在地理的和社会的领土面前，文化的‘自然’关系的丧失”③。文化作为人类历史上所创造的生存式样的系统，表达的是人对自然环境的一种社会适应。任何文化，都是在一定的地理空间中发生和创造出来的，是人类对所依托的自然环境的一种适应方式。文化一旦创造出来，就和地方，即人类所依托的自然环境融合为一体，自然就会有了地方性，烙上地方的自然印迹。人类在地方中生存，在地方中进行文化实践和文化体验，在地方中形成团体、族群，在地方获得认同感。可以说，是地方决定人类的命运，地方即命运，有什么样的地方，就有什么样的生活和文化。因此，从文化意义上理解，任何地方，都是由文化所界定的有联系的、有

① ［德］赖纳·特茨拉夫主编：《全球化压力下的世界文化》，吴志成、韦苏等译，10页，南昌，江西人民出版社，2001。

② 引自［英］约翰·汤姆林森：《全球化与文化》，郭英剑译，131页，南京，南京大学出版社，2002。

③ 同②，157页。

历史感的、有个性特征的、体现认同感的地理空间。文化的版图和地方的版图是相一致的。地方与地方之间，也会发生接触，文化之间也会产生影响，强势文化也会对弱势文化形成强力渗透，甚至一个地方的文化会取代或者完全消解另一个地方的文化。从形成地方以来，从文化创造出来以后，文化的互动就存在着，文化的这种变迁与影响就一直存在着。但传统社会中，地方与地方的互动，文化与文化的接触，都局限在相邻近的地方之间，在存在着某种联系的地方之间，两个互不联系，空间上完全分隔的遥远的地方是不可能发生互动，并由互动而导致文化的变迁与转型的。公元1500年代开始的全球化，人类只在一个狭小地域内发生联系、形成互动的格局被突破了，人类的空间视域被无限扩大，扩大到了整个地球，遥远的东方与西方，美洲与亚洲，直布罗陀海峡和麦哲伦海峡之间，形成了一种不能分割的联系，文化跨越疆土，向着遥远的异域扩张、滋蔓。尤其是20世纪中后期以后，交通工具的改变，信息网络化的形成，国际体系和国际标准的建立，经济的一体化，传媒的无限可能性，旅游成为时尚与潮流，扩张的西方和美国的文化的非领土扩张，成为现代社会一种不可抗拒的趋势。法国学者马克·奥热对这种以西方文化为主导的文化的非领土扩张进行了生动形象的描述："非地方……它是这样一个世界：人们在诊所中出生，在医院中死去；运输站点和暂时的住所在奢侈或是非人的状况下激增(旅馆连锁店和蜗居之所，假日俱乐部和避难的集中营、贫民窟……)；同样占据着空间的运输工具的密集网络正在大力发展；常常出没超级市场者、爱玩老虎机的人、手持信用卡者，通过各种各样的手段，跨越了世界范围，在跟一种抽象的、无中介的商业进行交流；因此，这个世界向孤独的个体，向瞬间、暂时和短暂的生命缴械投降了，为人类学家（还有其他人）提供了一个新的研究对象。"[①] 在非领土扩张化的趋势下，传统的地方无一例外地经历着转

① 引自［英］约翰·汤姆林森：《全球化与文化》，郭英剑译，160页，南京，南京大学出版社，2002。

型——要么向强势扩张的以西方文化、美国文化为主导的全球文化缴械投降，彻底放弃几千年来的地方化；要么在全球化的潮流中，重建本土，实现文化的再地方化。

本土也就是地方，本土是与全球相对应的。全球化是必然到来的时代，是所有地方的必然的命运，但全球化到来不是地方的解构，更不是地方的消失。全球化不是一幅抽象的、同一色彩的一体化平面图，而是由不同地方参与的、风格多样化的现代化进程。

地方的版图就是文化的版图。作为一种自身的主观定位（subjective position），“认同”是一种对所谓“归属”（belongingness）的情感。认同是一个地方，一个族群，一个人的存在方式，没有认同就没有存在，必须形成认同才能确定存在。全球文化是没有共同历史体验，没有共同文化记忆，不能形成共同认同感的文化。而地方作为一个象征符号，是地方、族群、个体形成认同的历史渊源，也是形成认同的标志，是形成认同的根本。地方是地方的身份，也是地方人的身份。融入全球化，置身于全球化，不是以一种空洞的形式、空白的方式，而是有一个明确的身份，带着地方的历史记忆，地方的生活方式、地方的文化禀赋、地方的情感体验加入全球化进程。全球化是坚持地方身份的全球化，是形成地方认同的全球化，没有地方的全球化是不可能进行下去的，也不可能存在的。全球化或许对于地方会有一种削弱和消解，但全球化与地方不会形成对立关系，因为全球化中包含了地方。

一般意义上来看，本土都是具有漫长的历史记忆和认同感的、有着深厚传统和文化积淀的地理空间，本土社会一般都属于传统社会，而全球化中的非地方，则具有现代性。吉登斯曾指出，全球化是“现代性的全球化”，“现代性正内在地经历着全球化的进程”[1]。可以说，全球化是现代性的发展的顶峰。也正是这种现代性，使以西方文化、美国文化为主导的全球文化处于一种强势地位，对传统

① 引自康兆春、刘文军：《文化“和”化：全球化语境下的中国文化身份的选择》，载《广东工业大学学报》，2008（3）。

文化、本土文化形成根本性的冲击，有时甚至是毁灭性的冲击。“文化全球化在某种程度上抹去了各民族文化之间的内在差异，使其在同一平面上显出趋同性特征：在不同文化之间的碰撞过程中，强势文化必然更加强大和更具有霸权特征，弱势文化则会在强势文化的侵蚀面前束手就擒。”① 因此，在全球化进程中，本土化或者地方化，这个在传统时代不成为问题的问题，在全球化时代被提了出来，而且，成为全球化时代文化转型的标志性问题。乐黛云说：“全球化使某些强势文化遍及全世界，大有将其他文化全部‘同化’和‘吞并’之势，似乎全球化与文化多元发展很难两全。其实，这只是事情的一方面，另一方面，如果没有全球化，全球范围内的有关多元化的讨论显然也是不大可能提出的。”② 在全球化的扩张中，我们对本土文化面临的危机有了清醒和深刻的认识，本土化、地方化、重建本土开始成为文化全球化时代重要的文化建设使命。我们意识到，在全球化时代，文化的转型应该从两条路径来实现：一是建设具有现代性的全球文化；二是重建本土，实现文化的本土化。全球化时代的文化多样性，必须包含文化本土化的多样性。

文化本土化是指具有共同地域空间、共同历史、共同文化记忆和认同感的人群坚守有历史渊源和地方特征的生活方式，具有共同的价值理念与道德信仰，通过一致的行动来维护本土的利益、目标和思想。任何文化，从一产生，都有固守本土、维护自身特性的品质；同时，任何文化，在整个生长和发展过程中，也都必然地要接受其他文化的影响，产生文化与文化间的互动。著名人类学家马歇尔·萨林斯说：“历史上迄今所有的社会，其实都是全球社会，每一种文化也都是包容宇宙万物的体系，将大千宇宙纳入各自的文化版

---

① 王宁：《全球化时代的文化论争和文化对话》，见俞可平主编：《全球化：西方化还是中国化》，261页，北京，社会科学文献出版社，2002。

② 乐黛云：《多元化及其发展中的两种危险》，见俞可平主编：《全球化：西方化还是中国化》，272页，北京，社会科学文献出版社，2002。

图。"[1] 在传统社会中，文化本土化是自然而然的进程，本土文化在接触和吸收外来文化时，坚守本土一个相对自然的过程。只要自然环境和社会环境不发生根本性变革，本土化就会表现为一个正向的发展进程，中华文化几千年的发展，就一直沿着本土化的正向进程。但在全球化时代，坚守本土化则是一个严峻的现实。全球化是对传统社会的一种颠覆和消解，全球化社会的资源竞争、资本扩张、一体化经济、国际体系、全球标准、通信网络、环境污染、生态危机、核扩张、核威胁等，都是传统社会没有经历的，每一方面都会对传统社会造成根本性冲击，让传统的延续、保存变得艰巨和困难，甚至中断、摧毁传统。我们在全球化时代坚守的本土与传统社会中坚守的本土应该是不一样的。如果在全球化时代仍然坚守传统社会中的本土，显然，这种僵化的本土是势必会被现代性所动摇和摧毁。文化不是铁板，文化是一种活的生命形式，是一个动态的发展进程。全球化时代的文化的本土化，必然是具有现代性品质的本土化，不是死守传统的、僵化的本土，而是在全球化时代，用现代性来重建本土，现代意义的本土。从这个意义上来说，文化本土化是全球化进程中的一个方面，是全球化时代文化转型的重要实践，是本土文化重建和创造的过程。

重建本土是对全球化的一种回应，无论东方还是西方，全球范围内的民族文化，都同样面临着文化本土化的问题。著名学者亨廷顿在分析西方的文化霸权时明确指出："全球通讯是西方权力最重要的当代表现形式之一。然而西方的这一霸权鼓励了非西方社会中的民粹主义政治家谴责西方的文化帝国主义，并集结他们的公众来保护其本土文化的延续和完整。因此，西方控制全球通讯的程度是非西方民族对西方不满和敌视的重要根源。"[2] 文化本土化是非西方

① ［美］马歇尔·萨林斯：《别了，忧郁的譬喻：现代历史中的民族志学》，见王筑生主编：《人类学与西南民族》，昆明，云南大学出版社，1998。

② ［美］塞缪尔·亨廷顿：《文明的冲突与世界秩序的重建》，周琪等译，38页，北京，新华出版社，2010。

社会对西方文化的一种反抗。但即使是西方社会，面对霸权主义的全球文化，也一样存在本土化愿望与要求。汤姆林森说：“全球化的效果势将削弱‘所有’民族国家的文化向心力，即便经济上的强势国家（先前时代的‘帝国主义权势核心’）亦不能幸免于此。”① 所有的本土文化，都必须对强势的全球文化作出响应，这是世界性的趋势和文化实践。

面对全球化时代的文化转型，著名学者费孝通先生提出了文化自觉的理论，以此回应重建本土的文化使命。费孝通说：“我认为文化转型是当前人类的共同问题，因为现代工业文明已经走上自身毁灭的绝路，我们对地球的资源，不惜竭泽而渔地消耗下去，不仅森林已遭难于恢复的破坏，提供能源的煤炭和石油不是也已在告急了么。后工业时期势必发生一个文化大转型，人类能否继续生存下去已经是个现实问题了。”② 在文化转型的时代，必须要坚持文化自觉，通过文化自觉实现全球化时代的文化转型。“文化自觉是指生活在一定文化中的人对其文化有‘自知之明’，明白它的来历，形成过程，所具的特色和它发展的趋向，不带任何‘文化回归’的意思。不是要‘复旧’，同时也不主张‘全盘西化’，或‘全盘他化’。自知之明是为了加强对文化转型的自主能力，取得决定适应新环境、新时代文化选择的自主地位。文化自觉是一个艰巨的过程，只有在认识自己的文化，理解所接触到的多种文化的基础上，才有条件在这个正在形成的多元文化的世界里确立自己的位置，然后经过自主的适应，和其他文化一起，取长补短，共同建立一个有共同的基本秩序和一套各种文化都能和平共处、各抒所长、联手发展的共同守则。”③ 从1997年到2004年，费孝通反复阐述文化自觉理论，并用“各美其美，美人之美，美美与共，天下大同”进行高度概

① 汤姆林森：《文化帝国主义》，冯建三译，238页，上海，上海人民出版社，1999。

② 费孝通：《反思，对话，文化自觉》，见费孝通：《费孝通论文化与文化自觉》，185页，北京，群言出版社，2007。

③ 同②，190页。

括，“‘各美其美’就是不同文化中的不同人群对自己传统文化的欣赏。这是处于分散、孤立状态中的人群所必然具有的心理状态。‘美人之美’就是要求我们了解别人文化的优势和美感。这是不同人群接触中要求合和共存时必须具备的对不同文化的相互态度。‘美美与共’就是在‘天下大同’的世界里，不同人群在人文价值上取得共识以促进不同人文类型和平共处。总而言之，这一文化价值的动态观念就是力图创造出一个跨越文化界限的‘席明纳’，让不同文化在对话、沟通中取长补短”[①]。按照费孝通先生的说法，文化自觉至少应包括以下三个方面：一是文化要有自知之明，自觉地认识本土的历史与传统，认识自身文化的优势和弱点，懂得发扬优势，克服弱点；二是要自觉地认识传统文化是在过去的条件下形成的，是传统社会、传统农业社会的产物，要使它有益于今天，就必须进行新的现代阐释，按照现代的认知和需要来阐释自己的历史与文化，向现代文化和他者文化学习，使本土文化不断得到更新和发展；三是要自觉地认识我们今天是作为全球的一员而存在，已不可能是封闭孤立的个体，因此还要审时度势，了解世界文化的语境，参与世界文化的重组，使自己的文化为世界所用，成为世界文化新秩序中不可或缺的重要组成部分。这才是对民族文化的全面的自觉，是本土重建的方向和目标。

全球化作为一种复杂的联结，会进一步加速各民族文化的交流，使原来相对封闭的本土呈现一种开放格局，也正是这种文化的交流和本土的开放，使我们重新审视民族文化，对本土进行重新思考，重新认识本土的价值、意义、作用。从某种意义上来说，民族文化也同样是建构的实践，由民族的精英，也就是巫师、长老、民间文艺家、自然领袖、政治家等，建构的历史传说、文化记忆、情感经历、习俗渊源等形成认同，而认同本身则是一个不断重复和强化的过程，是一个建构的思想实践和归宿体验。作为一种精神形

① 费孝通：《人文价值再思考》，见费孝通：《费孝通论文化与文化自觉》，201～202页，北京，群言出版社，2007。

式、价值观念、生活方式的民族文化，在不断的建构实践中，不断获得新的意义与符号形式，是一个发展、变迁、整合的进程，而全球化时代的文化本土化的实践，更是一个文化重建和创造的过程。传统的本土和文化的全球，都是全球化时代文化转型的表现。在文化全球化的进程中，各种不同的本土文化，特别是发展中国家的文化，进行自觉的文化反思与文化重建是相当明智的。因此，即使本土化文化确实受到全球化的挑战，它也不能由此成为拒绝全球化、维护本土化的理由，因为在交通与通信日益全球化的今天，本土文化不可能在对其他文化的排斥与反抗中维持存在。强调重建本土，其实就是促进民族文化的发展变迁更适应社会发展的需要，具有现代社会的品质和精神，让本土化成为全球化进程中的本土化。排斥全球化的本土化难以实现，本土化只有在全球化中才能切实可行，因此，本土化应该是全球化进程中的本土化。文化的全球化并不排斥各民族文化的兴盛，而各民族文化的现代繁荣也有利于推进文化的全球化。

第三节　民族文化：全球化时代的存在形态和困境

我国是一个多民族的国家。千百年来，各民族在中华大地上共生共荣。在我国现有的56个民族中，汉族人口占绝大多数，有113 738.61万余人，占全国总人口的91.59%，其他55个民族总人口为10 449万多，占全国总人口的8.41%。也正是相对于汉族人口，一般把其他55个民族统称为少数民族。我国少数民族分布地域广阔，领土面积的64%都属于民族自治地方，大多集中在西北、西南、东北广大地区。漫长的2.1万公里的陆地边境线上，几乎是少数民族聚居区域。各少数民族大多聚居在一定的地域内。但由于历史上的民族迁徙、屯田、移民、朝代更迭等原因，也有少数民族与汉族共居、杂居，或各少数民族共居、杂居的现象。

我国各少数民族居住区域地大物博，人口稀少，但相对于东北、华北、华中、华东、华南等汉族人口集中区域，少数民族居住区域在历史上一直属于边远地区、后开发地区，在经济上处于相对落后和欠发达的状态，生产力发展水平相对较低。在社会制度发育上，各少数民族地区也相对滞后，西南、西北部分地区的一些少数民族，甚至还处在氏族部落社会时期。在生产方式上，民族地区基本上处在农耕社会、游牧社会的初、中级阶段，有一些民族地区甚至还处在狩猎社会阶段。国家有关部门曾根据科技投入、科技产出、科技促进、社会进步四个方面，对全国各省、直辖市、自治区的总体科技水平与发展状况进行综合评价，将全国各省、直辖市、自治区的发展分为5个层次：

第一层次：北京、上海

第二层次：广东、天津、江苏

第三层次：浙江、福建、山东、辽宁、黑龙江、吉林

第四层次：陕西、湖北、四川、安徽、湖南、河北、重庆、河南、广西、海南、云南、江西

第五层次：新疆、甘肃、内蒙古、山西、宁夏、青海、贵州、西藏①

少数民族集中的省、直辖市、自治区，全部居于第四、第五层次，在第五层次中，除山西外，其余是少数民族人口比重较高的省区，而且在这些省、自治区中，发展层次较低的又多半是少数民族聚居区。比如第四层次中湖南的湘西，湖北的鄂西，四川的川西、川西北，云南的滇西、滇北、滇西南地区，第五层次中贵州的黔东南、黔南、黔西南、黔西北地区，甘肃的陇北、陇西地区等。由此说明，少数民族居住区域，总体上属于我国发展阶段的相对欠发达地区，少数民族的经济发展水平，处在全国的一个相对较低的层次。

也正是少数民族地区在生产力发展水平上的这种现状，决定了少数民族地区基本上都属于传统的农耕、游牧、狩猎社会。与现代社会相比较，是属于典型的传统社会，比较汉族农业社会，是属于

① 参见郭志仪主编：《面向新世纪的战略抉择——从新的角度看西部大开发》，140～151页，北京，民族出版社，2001。

社会组织发育相对不完全的、更古朴的传统社会，有的地区甚至还处在准农耕社会阶段。因此，少数民族文化，也就更多地显现出一种传统特征和古朴性，更多地保存了文化产生发展的原生态，体现出文化活化石的意义和价值。传统社会，尤其是农耕社会，是一个相对稳定、封闭、保守、停滞的社会，文化基础是建构在自然生态这个大背景上的，它的所有的文化活动，都显示和表现出对自然的皈依、顺应、祈祷。生产活动、生活方式、价值观念都由自然生态所规范和制约，体现出一种从容沉着、循规蹈矩的品性。因此，从某种意义上，可以将传统社会，尤其是社会机制发育相对不完全的古朴的传统社会，看成一个发展缓慢、缺乏创新的保守的社会。也正是传统社会缓慢的发展进程，使传统社会更多地保存了文化的原生态。

20世纪，古老的中国开始了现代化进程，但主要集中在沿海和沿江的几个大城市，广大的农村和小城镇依然处在典型的传统社会。1978年后，中国现代化进程全面加速，发生了天翻地覆的变化，进入了由传统农业社会向现代工业社会转型的阶段，一种以现代性为核心的文化，开始成为主流而渐次取代传统的农耕文化。由此，传统农耕文化的危机，在中国的现代进程中日益突显。中国在全球化时代，也全面进入了文化转型期：一方面是现代性文化的全面蔓延和扩张，另一方面是传统文化的不断消解和重构。

正如经济社会的发展是由东而西一样，中国全球化时代的文化转型也是渐进的过程：一方面是从横向上，先是东部地区，再而中部地区，进而西部地区；另一方面是从纵向上，先是大城市，再而中小城市，进而广大的汉族乡镇农村，最后是边远的乡村和民族地区。从这两条线路上，我们发现，民族地区是全球化进程最缓慢的地区，当然在全球化时代而言是相对传统古朴的地区，无论是文化形态还是生活方式，无论是社会组织结构还是观念情感，都表现出鲜明的传统古朴的特征。在全球化强势扩张的时代，民族地区的文化基本上可以说是与现代性的全球文化不一样的，是属于农耕文化，其存在形态基本上更多地表现出一种传统、古朴的特征。

图 2　乡村时光——在乡村，自己纺纱织布已经越来越少了。(余刚摄)

但在现代化进程日益迅速的今天，广大民族地区传统古朴的文化，也同样面临着生存发展的危机，处在被现代性文化不断消解和同化之中。

我们拟通过一些具体的个案来分析现代化进程中民族文化存在困境。

语言是一种交际工具，但更是一种文化，是一个民族文化的重要标志，代表着该民族认识和解释世界的独特方式，是人类特有的精神产物，有着丰厚的文化价值。任何一种语言的消失，都有可能带走千百年留存下来的文学、哲学、民间智慧，一个民族的记忆也会就此消失。马克思、恩格斯还把语言当作身份认同和文化认同的重要符号，他们认为："语言和意识具有同样长久的历史；语言是一种实践的、既为别人存在并仅仅因此也为我自己存在的、现实的意识。语言也和意识一样，只是由于需要，和他人交往的迫切需要才产生的。"① 语言是自身的身份，也是民族的文化身份。但作为民

① 《马克思恩格斯选集》，第 1 卷，35 页，北京，人民出版社，1972。

族文化重要标志的少数民族语言却面临着严重的生存危机。中国社会科学院民族学与人类学研究所研究员徐世璇介绍，我国的语言大约有130种，目前这130种语言近一半处于衰退状态，有20多种语言面临“濒危状态”，急需采取保护和抢救措施。如赫哲语，使用这种语言的赫哲族分布于黑龙江省同江、佳木斯、饶河等县市，到2000年底，只有十几位60多岁以上的老人还不同程度地会说一点儿；畲语，使用这种语言的畲族分布于广东省的博罗、惠东、增城、海丰等县，现在能够使用本民族语的不到1000人，年龄基本上都在40岁以上，20岁以下的青年已经基本不懂畲语；现在能够听懂满语的只有100人左右，分布于黑龙江省黑河市、富裕县少数边远村屯，只有不到50位老人还可以说本民族语言，村子里面的年轻人基本上都不说满语了。除此之外，还有塔塔尔语、阿依语、仙岛语、达让语等，这些语言的使用者大多不足1000人，有的甚至只有几十人，而且大部分为老人。[①] 可以说，大部分少数民族的语言都面临着危机，一方面，绝大部分民族地区的教育都是采用汉语进行的，民族学生为了学习，不得不学习汉语，用汉语来思考、交际；另一方面，20世纪80年代后期开始的打工潮，使民族地区大部分年轻人都在汉语方言区谋生，因此不得不采用汉语进行交际，久而久之，他们就不再用本民族语言交际；同时，媒体、网络、通信等在民族地区的全面覆盖及汉族人的大量进入，汉语自然成为了一种主流语言。不难预计，现存的130种语言中，至少有30种以上的语言会在未来几年的时间里，完全从交际中消失。一种存在和流传了几百甚至几千年的语言为什么会消失？这是很值得我们深思的。一种语言的消失，主要存在两种情况：一是自然灾害、战争冲突等因素造成的语言群体的消失，导致了语言消失的现象；二是由语言转用引起的语言消失——一个语言群体被迫或者自愿地、自觉或者不自觉地转用了另外一种语言——通常是在政治、经济、

① 参见赵志研：《抢救濒危语言，我们能做什么》，载《中国民族报》，2008年3月22日。

文化或军事上占优势的语言或者主体民族的语言取代民族语言，乃至最终放弃自己的本民族语。这种由文化同化造成的语言转用，恰恰是当前语言濒危的主要原因。少数民族语言的消失，主要是由于汉语的强势地位，使本民族语言的群体不得不选择不属于自己民族的汉语来进行交际。

达斯坦是维吾尔族一种古老的演唱艺术，是传统社会中维吾尔族群众最重要的娱乐形式，但进入20世纪90年代后，这种艺术的生存，面临了严重的危机。文化工作者阿布都外力·克热木伤感地记录了这种古老的艺术在现代社会日渐趋向式微的过程。

2002年7月中旬，位于塔克拉玛干南端的和田洋溢着盎然绿意。从和田墨玉县文化馆馆长买买提明·库尔班处，笔者了解了和田地区民间文学的搜集整理情况。

问：据我了解，墨玉县是和田地区“达斯坦奇”比较集中的地方，具体演唱的有哪些人？

买买提明·库尔班：目前，据我们调查有这么几个人唱功很好，比如阿布力米提、穆罕默德、库尔班尼亚孜、夏赫买买提等人。

问：目前达斯坦表演活动如何？

买买提明·库尔班：相对以前，应该说是表演活动的次数少了。赶集日夏赫买买提演唱的多一些。其他艺人都在本村范围内表演。

问：他们大多数唱哪些达斯坦？

买买提明·库尔班：比较多的是《艾拜都拉汗》、《阿布都热合曼汗·和卓》、《雅鲁普孜罕》、《艾伟孜罕》和《斯依提诺奇》等。这些达斯坦属于和田地区有本土特色的作品，是在1989年规划三套集成期间，搜集整理出来的。

问：现在还有学习演唱达斯坦的年轻人吗？

买买提明·库尔班：不多，渐渐没有人对这些感兴趣啦。看来我们的传统文化就要这样失传了。

问：怎会这样？是什么原因？

买买提明·库尔班：主要是经济问题，现在听众越来越少了，当然他们的收益也就少了，许多达斯坦奇的生活得不到保障，忙于生计，只能将达斯坦演唱当作业余爱好。其中只有夏赫买买提是专职演唱的，但年岁已高，他正在培养他的孙子接班。其他艺人也年过半百，中青年几乎没有，面临断层。

问：政府补助这些“达斯坦奇”吗？

买买提明·库尔班：目前只有夏赫买买提有补助，因为他是政协委员，其他人都是庄稼人，都没有。

时间从2002年进入2008年4月，在维吾尔族地区，已经没有人从事达斯坦表演了，也没有人再听达斯坦演唱了。

“究其原因：第一，电子媒体的普及破坏了歌手的表演活动，听众日渐减少。第二，歌手的生计环境遭到了破坏。由于没有听众，歌手好像没有顾客的商人，他们的经济来源被迫中断。政府部门虽然给一些著名歌手发放生活补贴，但是众多的未名歌手没有经济收入，只能自己谋求生存之路。在以前口头表演昌盛的地方有了录像厅、卡拉OK歌舞厅以及商店、饭庄（内设电视、DVD），很多人都集中在此，很少有人去听达斯坦演唱了。因此，达斯坦表演活动与口头传播的生存遭到了前所未有的危机与挑战。”①

学者何晓兵对此进一步分析：“达斯坦表演与口头传播面临着生死存亡。在过去的近一个世纪中，随着西方文化的大量进入及其涵化方式的影响，随着‘五四运动’以来学术界对中国传统文化的痛加垢詈，随着中国传统生产与生活方式的根本转型，中国人的文化价值观也发生了前所未见的巨大变化。这个价值观的变化可以概括为：多数中国人对以‘现代化’为标签的欧美文化和文明趋向于过度的认同，而对于自己以‘落后’、‘保守’为罪名的传统文化趋向于蔑视与弃守；对商业性流行文化（又称‘大众文化’、‘时尚文化’）趋向于过度的肯定与趋奉，而对古老悠远、积淀丰厚的民族民间文化趋向于否定与离弃。在这个新的‘西化’（现代化）加‘商业化’的价值观主导下，中国各民族的传统文化和传统艺术，

---

① 阿布都外力·克热木：《达斯坦：一种沉重的失落》，载《中国民族报》，2008年4月25日。

图 3　乡村静物——很多乡村的戏台，已经成为一种孤独的存在。(余达忠摄)

遇上了一个‘三千年来从未有之变局’。这个迄今已历百余年的‘变局’，是一部喜剧与悲剧交杂上演的大戏剧，在这部戏剧中，许多美丽的希望终于成为了现实，同时也有许多美丽的现实最终碎裂为烟尘。达斯坦很不幸地成为后者，与之同属不幸的事物还有很多。我们常常为这些美丽事物的消逝而扼腕长叹，我把这一感受称之为‘熟悉的悲哀’。”①

当民族传统文化、原生态文化具有了商业价值才能够被社会和人们所认识与重视的时候，民族传统文化、原生态文化的危机就不可避免地发生了。因为产生于农业文明时代，或者准农业文明时代，甚至是原始时代的文化，在进入现代社会后，在全球化时代的今天，更多的文化在其形态、观念、适用性上，都是没有价值的，都呈现出“落后”、“保守”的倾向，完全不能适应社会发展的要求，也没有其存在的社会文化环境，因此，对于这些某种意义上被看成是“落后”、“保守”的民族传统文化、原生态文化，如果不通

① 何晓兵：《文化的困境与传媒的价值观》，载《中国民族报》，2008 年 4 月 25 日。

过某种方式进行人为的保护，那么，它的消失，在现代化进程中就是不言自明的。

苗族歌鼟是流传于湖南靖州苗族侗族自治县的一种独特的苗族多声部民歌。早在2006年5月国务院颁布的第一批国家级非物质文化遗产名录中，湖南省靖州苗族侗族自治县申报的靖州苗族歌鼟就已经荣登其中，编号为Ⅱ—23。苗族歌的“鼟”（tēng）字是个生僻字，“鼟”是击鼓的响声词，鼓声鼟鼟。这个词是从靖州三锹地区的苗族同胞对多声部民歌的苗语发音直接音译过来的。歌鼟原来是多声部苗歌中的一种，专门在男女歌队集体对歌时演唱，但是农家喜事多，一有喜事、一有活动他们就唱歌鼟。久而久之，寨里的人就把“歌鼟”看作所有多声部民歌的总称。靖州苗歌根据它的风格、旋律、内容、演唱方式及民族习俗，可分为茶歌调、酒歌调、饭歌调、山歌调、担水歌调和三音歌调等。靖州的苗族歌鼟在唱歌时分讲歌、领歌、和歌三个部分。讲歌的人先唱，这个人一般是苗寨里的资深“歌师傅”，是整个歌队的灵魂人物。唱的时候，像吟唱一样在低音区唱。很多苗歌都是临时编词，歌师必须有即兴填词的能力，一般人当不了。讲歌的人唱了一段词后，领歌人起调子定调子，带领大家开始唱。领歌人一般由寨子里嗓音条件好的年轻人来担任，年轻人记性好，声音也洪亮，起调大家都能听到。然后就是和歌拉腔了。和歌就是大家一起来帮腔，和歌时分声部，很有气势。靖州是一个苗族、侗族和汉族杂居的地方，所以当地方言主要为苗语、侗语和汉语。但苗族歌鼟既不用苗语、侗语演唱，也不用汉语演唱，而是用一种独特的方言土语演唱，这种方言土语当地被称为“酸汤话”或“锹话”。“酸汤话”是一种与当地汉语方言不同，也与苗语不同的方言土语，语音有的和当地汉语方言相似，有的很不同，有的又接近于苗语，但在语音、词汇等方面，又与苗语有区别。说这种话的族群自称为“锹（qiāo）人”，一般将“锹人”看作苗族的一个分支。在与靖州交界的贵州黎平的大稼乡、平寨乡也分布有“锹人”，大稼乡的岑努村就是一个由汉族、苗族、侗族、三锹人杂居的多民族村寨，这里的锹人就是由靖州的三锹迁徙过去的，笔者曾在一本名叫《走向和谐——岑努村人类学考察》的人类学著作中有过论述，强调锹语是一种不同于苗语，也不同于侗语的一种语言。① 当地人唱歌的时候，都用这种酸汤话演唱。用他们自己的话讲就是，用苗语不好唱，用侗语不顺口，只有用"酸汤话"唱才舒服顺口，也容易学会。2005 年 8 月，靖州县文化局曾对苗族歌鼟的传承人做了一次全面调查。在全县 24 万人口中，会唱苗族歌鼟的仅有 118 人，其中 40 岁以下的为 22 人。② 显然，作为国家级非物质文化遗产的苗族歌鼟，也处在夹缝中的艰难生存状态。

乌兰召是内蒙古自治区赤峰市敖汉旗萨力巴乡境内的一座普通的蒙汉两族杂居的村落，每到正月中旬，村里都要举行神圣的"呼图克沁"仪式展演活动，驱疫纳吉，祈福禳灾，这一活动民间俗称"蒙古秧歌"，已有两百多年的发展历史。这种发掘于 1959 年的民间祈祷仪式，在《中国民歌集成·内蒙古卷》、《中国民族民间舞蹈集成·内蒙古卷》和《中国戏曲志·内蒙古卷》中，分别被当作歌种、民间舞种和曲种来介绍。

而它在现代社会中发生的种种变化，更让这种曾经带有神圣色彩的祭祀活动充满了喜剧性和商业气息。

目前，乌兰召村的"呼图克沁"完全由艺人自发组织，缺乏政府的支持。艺人们在举行展演时使用的道具、服装都是自筹资金购买。艺人们表演时穿的服装非常破旧，作为本年度仪式的会首（组织者）、扮演主要角色白老头的金生只穿了一件白色的蒙古袍，由于穿的时间太长，已略显发黄；另一个重要角色黑老头的扮演者郑国玉也只穿了一件普通的黑色蒙古袍，而不是文献记载的白皮袄和黑皮袄。当被问到缘由，金生黯然地说："没有钱买。现在虽然总来人录像、采访，但是没有一个人真正支持我们。现在敲的这个鼓还是我自己掏两百多元钱买的呢。"

---

① 参见余达忠：《走向和谐——岑努村人类学考察》，贵阳，贵州人民出版社，2001。

② 参见洪书琴：《苗族歌鼟：夹缝中的艰难生存》，载《中国民族报》，2008 年 4 月 18 日。

春节期间，乌兰召村“呼图克沁”仪式展演从正月初七到正月十六共举行了10天，跳了27场，收入总计1600元左右。李福山说：“今年我和金生扮演白老头是主要演员，我俩每人拿100元，其他人是平均分配的。经纪人郑国华跟其他人拿的一样多，每人88元。”尽管“呼图克沁”有市场化运作迹象，但辛苦10天，艺人最多的只拿100元。他们是民族民间文化最直接的承载者与保护者，那么如何保护还是一个亟待探讨和解决的问题。

根据文献记载，“呼图克沁”仪式展演包括5个程序：请神、敬神、驱邪、祝福、送神，但如今的仪式展演，已经不像文献记载的那样有严格的禁忌了。但是仪式表演者依然是5个角色：白老头、黑老头、曹门代、花日、孙悟空、猪八戒。按照经纪人事先联系好的路线，换好服装、带好面具，完成请神程序的“呼图克沁”艺人们，敲鼓击镲，一路唱着《敖汉赞歌》，向第一户接“呼图克沁”仪式表演的鲁彩荣家走去。孙悟空、猪八戒在前边跳跃开路，其余的人横排在后，白老头居中，踱着方步边走边唱。为了驱邪纳福，艺人们在院子里跳了二十多分钟的“盘肠舞”，按照以往“呼图克沁”仪式展演的程序，盘肠舞之后应该进入主人家的正房里演唱吉祥赐福歌，留下孙悟空、猪八戒在院中，分别被主人带到马棚和猪圈，用自己手中的金箍棒和钉耙到处捅一捅，寓意消灾避邪。但扮演孙悟空和猪八戒的艺人被留在院子里以后，并没有接着表演，两人坐在院子中停放的一辆马车上闲聊。向艺人郑国军问起时，他说：“是应该有这个程序的，但现在有的人家已经没有马棚和猪圈了，所以慢慢地也就省略了，要是人家要求的话，我们也还是做的。”在鲁彩荣家的祝福和求子仪式结束后，艺人们唱着《青鸟歌》准备离开鲁家。按照以前表演的惯例，屋中祝福唱完以后，白老头的老伴曹门代应该被主人家挽留下来，白老头返回来唱《求情歌》。但这一次，曹门代的扮演者武政权却跟着大家一起从屋里走了出来。

老艺人李福山说：“有的村民不懂，也没人过问。我们在不同的人家演出，有时程序上完整一点儿，有时可能就省略了。”在仪式展演最后一项跳火送神表演之前，请教了金生，他说："面具是要烧的，以前有庙的时候我们都到村西边庙前烧，现在就在村外空地上烧，按理应该正月十六晚上七八点钟烧，但现在也没有规定。如果实在没有人接了，我们就按时烧，要是接的人多跳不完，就晚几天烧也行，反正面具是一定要烧的。"

按照传统习惯，"呼图克沁"仪式展演每年必须连跳3天，于每年的正月十三至十六举办。现在一次仪式展演一共跳了10天，因为每天接的人家数量不等，最多的时候一天跳4家，少的时候一天跳1家。此次展演比以前举行仪式的时间提前了6天。艺人郑国玉解释说："以前村里人少，接的人也少，跳3天就够了；现在村里人多了，接的人也多了，3天不够用，当然要提前了。如果接的人再多有可能还会推后结束呢。这个比较随意。夏天要是有人接的话，我们也跳，没那么多规定。"在仪式展演过程中，表演的几个艺人中，年轻艺人会唱的歌比较少，除领唱的白老头以外，其他人都是合唱，整个展演过程中都是反复唱他们熟悉的几首歌：《敖汉赞歌》、《山梁上的多伦城》、《求情歌》、《青鸟歌》、《祭火歌》等。艺人李福山说："现在大家会唱的歌与以前的老师傅比起来少多了，也没有人家那种即兴编唱吉祥话的本事。我们经常唱的歌有4首。说实在的，以前许多比较长的歌曲，师傅往下传的时候已经传得不全了。而且我们现在一般也把稍长一点儿的歌缩短了唱，接的人家不愿意听，我们也赶时间。"

而在敖汉旗文化馆馆长吴谡看来，现在的"呼图克沁"，更像是农村的热闹。事实上也是如此。村民中有两家为了求子而接"呼图克沁"的，都是爷爷、奶奶代替孙子、孙媳来求，缺少了以往求子仪式的那种神圣色彩，反而增添了某些娱乐的味道。而在今年乌兰召村"呼图克沁"仪式展演中，居然有一户汉族人家也接了"呼图克沁"，年轻的女主人对"呼图克沁"一无所知，更听不懂"呼图克沁"歌曲，她接"呼图克沁"纯粹是为了图热闹。[①]

① 参见董波：《"蒙古秧歌"的新变化和新困境》，载《中国民族报》，2008年8月5日。

落水村，是云南省泸沽湖畔一个普通的摩梭人村庄。从1992年正式被国务院列为对外开放的旅游区，距今刚好16年时间，落水村已被评为云南省丽江市的首富村。据村民简单估算，仅划船、牵马、歌舞等旅游项目，每户的年收入约为4万元，再加上旅馆收入，每户的年收入不少于8万元。财富的增长有目共睹。然而，在游客和钱来的同时，“狼”也来了。为了争夺客源，摩梭人之间吵架，甚至斗殴，有游客不满于价格的混乱，往日平静的村庄笼罩在一片火药味之中。最让全村老人气愤的是：摩梭人历来的规矩是不能骑马进村，因为村里有长老、喇嘛之类的德高望重的人。可现在，游客并不管这些，骑着马在村中游荡，甚至一些本村青年也骑着马在村里一溜烟跑过，见到自己的舅舅和母亲都不下马，这在传统文化中是不能被原谅的。

在落水村，新的矛盾、冲突或者棘手的问题会时常发生。如母系家庭还在分解，不断走向小型化，这不是由于家庭矛盾，也不是由于母系文化走到了穷途末路，而是由于利益驱动。从1995年开始，陆续有一些外地小伙子到摩梭人家入赘。他们经过衡量认为，分成小家庭更划算。理由是，如果每个家庭一年能分到4万元钱，二十几口之家分成3家，就可以分到12万元，是原来的3倍。这番算盘打下来，传统摩梭人以分家闹分裂为耻辱的传统，就在这一拨一算之中分崩离析。不到两年时间，落水村已经飞速发展为73户。村委会为此头痛不已，最后决定，承认现有的73户，但从此以后再有人家分成小家的不算数，分出去的小家庭不得参加划船、牵马、跳舞等旅游项目。

最令人忧虑的是，旅游业并没有为摩梭文化的弘扬带来良性循环，村内的所有收入都由家庭主宰，一分一厘都没投入在环保、教育和文化等公共领域。作为丽江地区的首富村，落水村每年的旅游收入约300万元，但大部分的开支是盖房，家家盖起了三四层的小楼，这是财富和地位的象征；而对于公益事业，却很少有人关心和考虑。村里的中小学校破烂不堪，直到云南省教委拨款修缮，才改变了面貌。在村民的意识中，认为那是政府的事，与自己无关。他们对自己的本土文化——达巴文化已很淡薄，尽管目前在整个永宁到泸沽湖，只有一个达巴活着。这份珍贵的遗产在未来的几年很可能会消失，但他们都无动于衷。①

在全球化浪潮席卷世界每个角落的今天，如何在发展中守护泸沽湖这片最后的母系文化家园，仍是一个严峻的课题。

少数民族文化在现代化进程中面临着困境，这是不言而喻的，也是文化发展进程中存在的一种普遍现象。在文化发展进程中，一些文化注定要消失，一些文化注定要发生变化，这是文化演进的规律。任何民族、任何区域的文化，从它诞生之日起就是在发展变化着的，或者发展，或者消亡。文化发展史中，没有绝对的停滞期。少数民族文化发展进程中所面临的这种困境，某种意义上，正是文化转型期文化必然经历的一个过程，在这种困境中，少数民族文化或者正置身于新的发展进程的开始，正面临着一个辉煌时代的酝酿期，那么，一个在全球化时代经过重构而更生的少数民族文化，或者正如一缕缕晨光中的熹微，已经看到它在黎明前的天际闪耀的那一线光芒。

① 参见石高峰：《泸沽湖：16年旅游开发的是与非》，载《中国民族报》，2008年7月25日。

第二章　原生态文化：内涵、特征和当代诠释

第一节　自然与文化原生态：生态人类学视角的考察

文化是人类在自然中的创造，是对自然环境的社会适应，是人类与其生存环境的关系的体现。人是自然的一部分，属于自然生物圈，人的文化创造一定是在相应的自然生态环境中进行和实现的，自然生态对于人类，对于人类的文化实践具有决定性的意义。自然不仅为作为一个生物物种的人类的生存提供了资源——人类在大自然中生存，首先是大自然为人类的生物性生存提供了保障，大自然养活了人类——同时，大自然为人类的进化发展提供了可能，人类正是在大自然这个巨大的空间内进行文化创造的，而文化创造最终让大自然成为“人的作品与现实”。马克思说：“正是在改造对象世界中，人才真正地证明自己是类存在物。这种生产是人的能动的类生活。通过这种生产，自然界才表现为他的作品和现实。因此，劳动的对象是人的类生活的对象化：人不仅在意识中那样理智地复现自己，而且能动地、现实地复现自己，从而在他所创造的世界中直观自身。”[①] 也就是说，人类在自然的生存实践中，获得了一种超越自然的能力，不仅能够将自然作为一种对象进行观照，而且，人类在自然中创造了人类自己的世界，并在“所创造的世界中直观自

① ［德］马克思、恩格斯著，陆梅林辑注：《马克思恩格斯论文学与艺术》，123页，北京，人民文学出版社，1982。

身”。自然创造了人类，而人类则在自然中创造生活，创造文化。

我们论述原生态文化，必然要从人类赖以生存发展的生态进入，了解生态对于人类文化的意义，进而了解原生态文化。

1869年，德国人海克尔提出生态学概念，将两个希腊词——okios（家园的或家）和logos（研究）——组合起来，用以指研究生物体与环境相互作用的科学，即生态学。海克尔之后，一门崭新的学科——生态科学诞生了。在生态学里，任何生物体都有自己的家和环境，都能够主动对环境起作用，具体的生物体是个体，相同物种的个体组成种群，种群的集合创造出群落，群落与环境的非生物成分的结合形成生态系统，生态系统就是由生物群落及其环境在一定时间和空间中构成的整体。在生态系统中，非生物环境的能量和物质参与到生物群落的内部循环中，最后又返回环境，这种生生不息的能量流动和物质循环构成了生态系统的主要过程。

第一，在生态系统中，各个生物个体、种群、群落间是一种互相依存、互相制约的关系，可以视为生物之间的协调关系，生态系统的平衡与稳定就是通过生物间的协调来实现的。

第二，自然生态系统中的所有生物个体，既是一个生生不息的流动过程，又是一个能量相互循环转化和再生创造的过程，各个生物群落形成一个不可分离和割裂的链接。

第三，各个生物个体、种群、群落间为生存自然形成一种互相适应、补偿和竞争的协同进化机制，没有独立存在的环境，更没有独立存在的生物，生物与生物，生物与环境之间，是一个联系紧密、互为适应、互为补偿、互为竞争的共同体。生态科学的建立，大大拓展了人类的视野，坚定了人类对于自身、对于环境、对于自然、对于生存、对于发展的认识。人类认识到，人类作为一个种群，只是生态系统的一个组成部分，人类并不处于生态系统的中心，更不是生态系统的核心力量，所有生物共同构成了生态系统，生态系统属于所有生物而不单单是人类，人类的生存发展依赖于自然生态系统，并且必须遵循自然生态系统的规律。对于生态建立起这样的认识，再来理解原生态，事情就迎刃而解了。作为生态学意义上的原生态，其实就是生物群落及其环境在一定的时间和空间中构成的整体，即自然的、自发的自然生态。

“原生态”作为一个概念，近年来在学术界和传媒上盛行，生活和文化中的各个方面，都常常被冠以“原生态”之名。如原生态歌舞、原生态音乐、原生态旅游、原生态饮食，甚至原生态住宅。我们姑且不论这些原生态的意义，但可以肯定，作为原生态文化的概念，显然是受生态科学发展的启示，是对于“自然原生态”中“原生态”概念的一种借用与发展。

我们先从这个意义上来理解原生态。

什么是原生态？即自然的、自发的自然生态。显然，原生态最本质的特征应该是事物最初的、自然的、自发的状态，即事物开始形成的时候表现出来的形态。从自然生态上来理解，原生态就是生物群落及其环境在一定的空间和时间中构成的整体，是生物在自然状态下呈现出来的生存面貌和表现形态；而从文化上理解，文化原生态就是指文化在形成中呈现出来的那种原初状态，是文化在适应自然环境中所显示的存在状态和表现形态。

从生态学上理解，生态系统内的各个生物体之间、各个生物群落之间，都不是孤立的、单独的存在，而是形成一个关联体，保持互相依存、互相制约的关系。“一个生态系统就是众多生物体相互制衡的复合产物，生态系统的稳态延续不是靠自然达成平衡，而是靠生物体之间能动地应对环境，能动地吸收外界的物质和能量去建构自身；并在相互依存、相互制约的关系网中共同维护了生态系统的稳态延续”。“一个自然生态系统就是一个多种生物制衡的复合体，生物制衡本身就隐含了多重因果、多层次、多子系统复合关系以及构成单元种类的多元性。”① 各个生物体、各个生物群落为能够生存延续，必须处在一种相对能动的状态，必须通过彼此间的相互制衡来实现一种聚合态平衡。生物体与生物体之间，生物群落与生

---

① 杨庭硕：《人类的根基——生态人类学视野中的水土资源》，204页，昆明，云南大学出版社，2004。

物群落之间，是彼此依存的关系，任何生物体或者生物群落的缺损，都有可能影响其他生物个体或者生物群落的生存延续，而且，很有可能导致整个生物圈的不完善。同时，生物体或者生物群落之间，又天然地形成一种相互制约的机制。依存与制衡，都是生物体和生物群落应对环境的生存方式。正是在这种相互依存与制约中，形成了生态系统的平衡。而生物生存延续中形成的这种聚合态平衡，就是生物生存的原生态。这样，我们就可以将自然原生态进一步界定为生物为实现生存延续而在自然环境中能动地构建的互相依存和互相制约的自然平衡状态。自然原生态表现出如下特征：一是系统性。原生态既是整个自然生态系统中的一个系统，其本身又构成一个自在系统，原生态系统内的各个因素是一个整体，形成一种聚合与制衡的关系。二是关联性。原生态系统内的各个生物体和生物群落是互相关联的，结成一种依存与制约的关系，只有通过这种关联才能应对环境。三是自然性。生物体与生物体之间、生物群落与生物群落之间的聚合，是一个自然的过程和自然的状态，具有相同或相近生态特征的生物体自然地自发地聚合在一起，形成聚合态平衡，生物体之间或者生物群落之间强制性的聚合，或者造成生物体和生物群落的损害和消失，或者造成整个原生态系统平衡的破坏。四是多样性。任何生物体或者生物群落都不能孤立地存在，必然要与其他生物体或者生物群落组合，形成能量循环和再生创造的体系，孤立的生物体和生物群落是不能进行能量循环和再生创造的，一个自然原生态系统内，一定要维持相对多样的生物存在，才能形成依存与制约的关系，实现生态系统的平衡。生态学意义上的原生态，一方面是所有生物存在的基础，所有生物都必须生存于这个原生态中，是其存在的根基；另一方面是所有生物的一种生存方式和生存原则，所有生物都要按照互相关联的方式生存——所有生物的生存都是其他生物生存的前提，其他生物的生存也是所有生物生存的前提——生态系统就在生物体的这种关联中进行能量循环和能量的再生创造，能量的生生不息的循环和再生创造维护了生态系统的平衡。所有生物必须遵循原生态系统中互相依存与制约的原则，在依存与制约中保持生态系统的平衡与稳态延续。

从文化学上来看，文化是人类对于自然环境的社会适应，是人类为在自然中实现社会性生存而选择的一种生存方式。在自然环境和社会之间，文化是一个中间项，起到一种中介的作用。袁鼎生说："从发生学角度看，文化首先是人类社会适应自然环境的产物，尔后成为人类社会认识自然、进而合规律合目的地改造自然、驾驭自然、征服自然、同化自然的工具与力量，这样，它就历史地成为社会与自然的结晶，成为自然生态与社会生态共生的中介。"① 文化生态其实是建构在自然生态之中的，是人类在自然生态中建立的社会性生存方式，这种社会性生存方式与生物性生存方式是有联系的，但又存在本质区别的一种生存方式。一方面，人和所有的生物物种一样，具有生物特性，按照生物的一般方式生存，要从自然中获得能量和参与自然的能量循环，因而，人一定是具有生态特征的物种，要依赖于生物圈中的各种生物，并在自然中占据一个属于自身的生态位，就是说，人必须生存于自然生态中，自然原生态是生存的基础；另一方面，人由于是社会存在和文化存在，因而，他又是一个不局限于自身生态位的物种，在他的生存和发展中，会凭借其文化能力和社会组织功能，超越作为生物物种的生态位，与整个自然建立起一种广泛的互动关系，并且，最初建立的这种互动关系一定是依托于自然环境的，是从生存的环境中得到启发和受到影响的。这也就是人类学家说的，文化就是人类对自然的社会适应。大自然不但创造了人类，也发展了人类。很大程度上，可以说生态系统的运行方式，其实就是人类生存、生活方式的范本。著名人类学家埃文思－普里查德说："社会制度是生态学系统内的一个系统，它一部分依赖着生态学系统，一部分依靠自身而存在。几乎大部分的、也可能是全部的时间和空间概念，都决定于自然环境条件，但是它们所体现的价值观仅是许许多多对于自然环境的可能反应之

① 袁鼎生：《生态人类学的整体对象》，载《广西民族大学学报》，2007（5）。

一，并且还依赖于属于另外一种现实秩序的结构原则。”[1] 人类从成为人类，就具有一种对于生态环境的适应能力，但这种适应能力不单纯是人类遗传获得的，更多是人类通过文化创造获得的，是对自然生态系统的一种文化适应。文化原生态其实质就是人类在自然生态系统中进行文化创造时所建构的生活样式和呈现出来的文化形态。

生态人类学认为，人类的文化总要受到环境因素的影响，是对自然环境的一种适应。生态人类学的开创者斯图尔德（juLian H. steward）说："文化变迁可被归纳为适应环境。这个适应是一个重要的创造过程，称为文化生态学，这一概念是与社会学概念的人类生态学或社会生态学有区别的。""文化较之适应、调节和生存的遗传潜能更能阐明人类社会的性质。"[2] 人类生态学体现的是人对环境的简单的生物上的适应，而生态人类学则主要是阐明不同地域的特定文化的特征和类型的起源，更有助于说明各民族文化的不同特点，因而，文化生成越简单，地理环境对文化的影响就越强烈、越直接，越是早期的人类社会，受环境影响的情况就越是突出。进入20世纪80年代后，人类学家的研究更注重对现实的关怀，将人、文化、环境作为一个整体纳入生态—社会系统中进行研究，赋予自然更明确的文化维度，强调环境是文化的建构，更多地揭示生态与文化表现出的互动性。文化原生态中，必然要体现自然原生态的特征，因为人类的文化创造是在自然这个人类和其他物种共有的生境中进行的，在这个生境中，人类与其他物种一样需要构成一种相生、竞生、共生、整生的生态境界。因此，文化中的原生态，是在自然原生态中建构起来的，但在建构文化原生态中，自然原生态也同时为文化所重新建构，文化所依托的自然生境，这时已经具有了文化的意义。可以说，文化原生态是自然原生态结构关系的一种扩

---

① ［英］埃文思－普里查思：《努尔人》，阎书昌、赵旭东译，114页，北京，华夏出版社，2002。

② 引自黄淑娉：《文化人类学理论研究》，303页，广州，广东高等教育出版社，1998。

展，具有自然原生态所体现出来的特征，是整体性的文化生境，是一个自我调节、自我修正的自在的系统；同时，文化原生态也是在自然原生态中的一种文化建构，是在自然生境中建立社会和创造生活的一种文化实践，具有超自然的特性，是一个不断成长、壮大和变化的形式，是一个动态的、进行着的文化系统。

图4　山野中的乡村——村落实际上是生长在自然中的一株文化植物。(余刚摄)

斯图尔德在论述文化生态时，提出了文化核心的概念，认为："文化核心是基本特征，具有由地方的生态适应和相似的社会文化整合水平而来的相似的功能上的相互关系。""文化核心有跨文化的意义，不可能有普遍的具体特征。相反的，有特殊的、独特的特点，这是从经验材料中将每一项情况抽象出来的。"① 他强调文化核心是文化系统的决定因素，这是与生计活动和经济安排有最密切关系的特征丛（群体特征），在一个文化系统内，有一组文化特征是其核心，当该文化适应环境并形成特性时，包括经济、社会、政

① 引自黄淑娉：《文化人类学理论方法研究》，304页，广州，广东高等教育出版社，1998。

治、宗教等文化因素在内而以经济为中心的相互有机联系的一组文化特征表现出很大的功能，发挥着很大的作用，是文化系统的决定因素。如果我们将斯图尔德表述的文化系统看作是文化的原生态，我们会发现，文化核心对于环境的适应，直接决定其功能，较好地适应环境的，就能“表现出很大的功能”，而这种逐渐增强的功能，就会使人类的社会性更好地彰显出来，使人的生活更多地具有一种独立性，而不是对于生境的严重依赖。这里显示出，文化生态是一种进化的形式，当文化核心的功能增强时，文化生态就会发生变化。所谓文化的原生态或者原生态文化，其实应该看成是一种相对的形态，文化发生时那种原初的自然状态随着文化的进化发展其实已经不存在了，我们看到的只能是文化在适应自然中表现相对自然的表现形态，这应该是界定文化原生态必须秉持的立场。

显然，理解文化原生态，最重要的进入方式就是人与自然的关系。人与自然的关系直接决定文化原生态，决定文化在适应自然环境中呈现出来的存在状态和表现形态。

人是从自然中产生的，是大自然的作品，但当人一旦在自然中获得社会性，具有一种文化能力，自然也就同时成为“人的作品与现实”，人不再纯粹从属于自然，而是具有一种相对独立的品格，开始在自然中建立起属于自己的生活与世界。人必须存在于自然中，但人又总是要在自然中追求一种独立性。“人是自然的一部分，他们依赖于生态系统，并且不能完全操纵自己的命运。”① 人类只要存在下去，就必须依赖于自然。人与自然的关系，是人的存在中的一种基本的关系。人与自然建立关系的过程，是一个渐进的过程。人是凭借其社会性和文化能力，一步一步地、循序渐进的从自然中独立出来的。

迄今为止，人类与自然的关系经历了四个阶段，盲从、顺应、征服和协调。在漫长的原始社会，人类对于自然缺乏基本的认识，

① ［美］J. 唐纳德·休斯：《什么是环境史》，梅雪芹译，3页，北京，北京大学出版社，2008。

对于各种自然现象，如雷霆闪电、洪水猛兽、日月星辰、山川草木、诞生成长、死亡寂灭、时间轮回、灵魂意识等一无所知，其自我意识和思想还不足以对自然进行反思和探究，处在对于大自然的恐惧与膜拜中，是对自然的盲从阶段。“原始人对于自然界的情况知道得很多。他们不能不关心周围的一切，否则就无法生存。可是，他们对于自然界的情况只是知其然而不知其所以然；如果遇到洪水、干旱，或者捕捞不到很多的动物和鱼时，不能从自然界本身给予说明。也就是说，他们不知道怎样用自然主义的方法来对付大自然，结果只好求助于超自然的存在物，求助于魔力，并花费大量的时间和努力，愚蠢地祈求大自然使他们生活富足起来。原始人相信：通过把一种有用的动物或植物作为本团体的图腾，通过树立种种偶像、象征和进行模仿的舞蹈，可使动物大量繁衍、食物来源丰盛；只要严格遵守有关图腾的种种规定，他们的团体就能壮大，食物来源就能确保。”① 原始人类在物质严重匮乏和恶劣的自然条件的双重挤压下，对待自然界的无常变幻感到既恐惧又惊奇，认为自然现象一定是受到各种神灵的直接掌控与支配，并且影响着原始人类的生产、生活。于是原始人类在万物有灵论和对各种自然现象产生的敬畏心理的作用下，形成了神话自然观，对自然无限膜拜。正如马克思所说：“自然界起初是作为一种完全异己的、有无限威力的和不可制服的力量与人们对立的，人们同它的关系完全像动物同它的关系一样，人们就像牲畜一样服从它的权力，因而，这是对自然界的一种纯粹动物式的意识（自然宗教）。”② 在原始人那里，人与自然的界限非常模糊，并且视自然界的一切物质与人类具有一样的活的机体，形成了“万物齐一”、“物我合一”的生态理念，这个时期的文化是真正的原初形态的文化。这种原生态文化把人与自然、社会与自然的关系构建在原始人类敬畏与崇拜自然的基础之上，所

① ［美］斯塔夫里阿诺斯：《全球通史——1500年以前的世界》，吴象婴、梁赤民译，71页，上海，上海社会科学出版社，1988。

② 《马克思恩格斯选集》，第1卷，北京，人民出版社，1995。

以说它不具有现代意义上的生态平等性。农业发生以后，在植物的栽培与种植中，人类的时间意识和空间观念建立了起来，不再把将来看成是最近的过去的翻版，其活动范围也不再局限于村落周围，而是扩展到了村落以外的更广阔的远方。更重要的是，由于农业的发展而产生了各种新的技术，先是为了保证农作物的生长和增加食物，人类发明了灌溉技术，学会开掘沟渠，将溪河里的水引向田地；随即，冶金术也为人类所掌握，人类制造的各种冶金工具为进一步发展农业生产创造了条件；后又发明了犁，犁是人类首次利用自身以外的力量作为动力的工具，是后来发明的蒸汽机、内燃机、发电机和核反应堆的先驱；再之后，出现了车轮，使人类的力量和速度都有了一次飞跃，远方不再是一种想象，而变成了人类生活的现实……这些技术的出现，将人类引向了一个新的时代。人类牢牢地生活和黏着于土地之上，其生计从土地中来，其生计模式也必然的服从于土地的法则。农业社会，人类不再盲从于自然，但已经意识到必须顺应自然，不能超越于自然之上。农耕作为一种以体力为主，以自然生态为对象的手工劳动方式，其文化基础是建构在自然生态这个大背景上的，它所有的文化活动，都显示和表现出对自然的皈依、顺应、祈祷。徐新建说："农耕文化的主要特征在于同自然生物圈的紧密联系：天地、水土、动物、植物、日月、雷电等，无不在其文化表征上打下深刻的印迹。从共同成员的心理素质上看，这种农耕文化的印迹便有诸如对于土地的眷恋，对气候的敏感，对灾害的惧怕以及对万物的情感关联（泛神意识）等相应的表现。"[①] 1500 年，几近 1 万年的漫长的农业文明时代到了它的晚期，一种新的文明——工业文明开始孕育。18 世纪 60 年代，在英国棉纺纱业中出现了两个重要发明，即 1764 年哈格里森发明的"珍妮纺纱机"和 1769 年阿克莱特发明的"水力纺纱机"。这两个发明掀起了以资本主义大机器工业代替工场手工业的革命，这既是科学技术的革命，也是生产方式的革命：既是人与人关系的变革，也是人

① 徐新建：《试论苗族诗歌系统》，载《贵州民族学院学报》，1987 (3)。

与自然关系的变革。这场革命标志着工业时代的到来，标志着一种新的文明，即工业文明将取代农业文明而成为世界文明发展的主流。工业文明是从农业文明中的手工业、手工工场里发展起来的，是手工业工艺的改进，效益的提高和手工工场规模扩大化的结果。工业文明带来了科学技术的飞速发展，带来了经济资本的大力增加，带来了社会物质财富的空前积累，也带来了从未有过的生态危机。进入工业文明时代，受人类中心主义思想支配，在技术与利益的驱使下，从西方资本主义开始，人类产生了征服自然的思想，人成了自然的主宰，“控制自然不是人类的伟大事业，而是维护特殊统治集团利益的手段”①。自然显然是不能征服的，也是不能主宰的，对人与自然的征服关系的调整与修正，是保证人类社会持续发展的决定性因素。“工业文明是建立在人对大自然的无尽的索取与开采上的。也正是人（人类社会）与自然的这种关系，直接导致了生态危机的发生。生态文明正是对人（人类社会）与自然的这种征服、主宰关系的反动与超越。生态文明坚持从可持续发展理念来重新建立人与自然的关系，即人类的经济和社会的发展必须维持在资源和环境的承载能力之内，经济发展、社会发展、生态发展是一个整体，是可持续的保障，要求人们树立经济、社会与生态环境协调发展的发展观，用人和自然协调发展的观点去思考问题，并根据社会和自然的具体可能性，最优地处理人和自然的关系，实现环境正义和人类经济社会的可持续发展。”② 生态文明时代是一个正在到来的时代，建立人与自然的协调关系是一个长期的实践，也是人类必须坚持的价值观。

文化作为人类构建的生存系统，是一种动态的形式，是一种总是进行着的人类生存方式；人类是一代又一代绵延发展的社会种群，是一种生物上和文化上都处在进化中的种群，因此，文化产生

① ［加］莱斯：《自然的控制》，见王树恩、陈士俊主编：《人类与环境》，86页，天津，天津大学出版社，2002。

② 余达忠：《生态文明的发生学诠释》，载《三明学院学报》，2009（1）。

时的那种原初的状态，随着人类的进步与发展已然不在，这种意义上的原生态文化，是不存在的。因此，我们所强调的原生态文化，只能是一种相对的原生态文化，即文化在适应自然中表现相对自然的表现形态。而这种表现相对自然的文化形态，主要就是农耕时代的文化。原始时代的文化，相对比较简单和粗糙，对于自然环境的依赖性突出，其表现形态是脆弱的，人类还不能将自然当作对象化存在，还没有独立建立起属于人类自身的生活，文化体系也还没有完全建立起来。在农耕时代，由于生产力的发展、技术的进步、经济环境的改变，人类已从自然中走了出来，自然完全作为人类存在的对象化存在而存在，人类的精神智力发展到一个新的高度，出现了专门从事精神生产的思想者，而这些思想者则使文化的表现形态表现出前所未有的丰富性。著名文化学者冯天瑜等说："农耕经济的确立，使人类不再单靠自然赐予，而可以通过社会经济再生产过程同生物自然再产生过程的结合来获得生活资料，从而奠定前所未有的，较为丰富、可靠的物资基石，得以养活进行直接物质资料生产之外地从事其他社会活动的人，开创了历史的新纪元。"① 在农耕社会中，人们生存发展的一切资源都直接来自于土地山林，而作为自然象征的土地山林则又是那个时代的人类心智所不能完全认识和人类的力量所不能控制驾驭的，因而，人类的一切活动，包括生产方式和生活方式，都必然适应自然运行规律，人类对于自然要顺应、皈依、祈求。人类与自然之间建立的这种顺应关系，直接决定了人类文化的相对自然的品格。这里的相对自然包括三方面的内容：一是对于自然的自然适应，人类按照自然的方式来安排人类的生活，自然为人类生活提供范式，时序、季节、气候、光照、温差等都对人类的生活直接产生影响；二是生活的自然状态，人类的整个生活，其形态、节奏、向度等都表现出自然的舒缓从容；三是文化的自然形态，文化虽然不能呈现出文化发生时的那种原初形态，

① 冯天瑜、何晓明、周积明：《中华文化史（下）》，101页，上海，上海人民出版社，2007。

但是整个文化的呈现形态是自然的、本色的、原创的，表现出与自然生态最大限度的一致性。到了工业文明时代，人类与自然的关系由顺应转变成了征服与占有，人类放纵自己的欲望，通过技术无止境地索取和掠夺大自然的资源，自然的自然状态、文化的自然状态，都无一例外地遭到了破坏和扭曲。在这个时代，我们已然看不到自然的自然了，当然，也就没有那种在适应自然中表现相对自然的文化形态。

从这个意义上，我们就应该从广义上界定原生态文化，将原生态文化纳入人类整个文化发展的历史长河中。这样我们就可以将原生态文化定义为：原生态文化就是发生在农业产生的早中期，人类为适应自然而创造的相对自然的文化形态，是农耕时代人类的一种生存方式。

第二节　农耕社会与原生态文化的特征

前面的章节中对原生态文化的内涵进行了界定，将原生态文化放在农耕时代的大背景中，把原生态文化看成农耕时代人类的一种生存方式，要把握原生态文化的特征，显然要把握农耕文明的特征。

迄今为止，人类社会发展经历了三种社会形态：一是以狩猎采集为主要生产方式的狩猎采集时代；二是以农业耕作为主要生产方式的农耕时代；三是以工业生产为主要生产方式的工业时代。狩猎采集时代为漫长的原始社会时期，发生在距今1～5万年间。农业在距今约1万年前开始产生，但人类真正进入农耕时代，则是距今4000年前，至今，地球上的大部分地区仍然处在农耕时代向工业时代过渡的阶段。农业的发展最终带来了文明。“文明是农业社会发展到一定阶段的产物，它同农业有着密切的关系，史前农业的诸多特点带给了文明相似的特点，这便是农业给文明的印记。史前农业社会推动社会发展的技术的或观念的巨大进步，也必然给文明的出现产生重大影响，它们不能作为文明起源的标志，但它是文明社会所必需，定居和家畜饲养就是其中的两项。”“可以说，农业发展是古代文明形成的根本原因，不唯如此，中国自古以农立国，农业一直是古代文明社会的发展的基础和动力，这是我们在文明问题的研究中无法回避的。”① 工业时代产生于约300年前，西方在60年前完成了由农耕时代向工业时代的过渡，而众多的发展中国家，或者处在向工业时代过渡的阶段，或者仍然处在农耕时代。

农耕，本质上是一种经济方式，农耕社会是指以农业耕作为主要生产方式的社会形态。农业耕作是一种以体力为主，以自然生态作为对象的手工劳动方式。在农耕社会中，人们黏着于土地上，通过手工劳动的方式，利用自然中的动植物来实现再生产，从而获得物质资料。农耕劳动以有生命的（人、畜）作为动力或运用工具作用于同样有生命的劳动对象，或者是植物、动物，或者是孕育生命的土地、河流，由此实现生活与社会的延续与发展。在农耕中，最重要的是自然。一方面，人类生活赖以延续的一切资料都来源于自然，农耕劳动本质上就是一种面向自然的劳动，农民常年面对自然、利用自然、改造自然、适应自然，这种农耕劳动可以说是一种人天交融的劳动，人们受自然环境的影响甚至超过受社会环境的影响。另一方面，人们按照自然的方式进行生活和劳动创造，自然是人类生活的范本。动植物有生长、发育、成熟的生命周期，时令有春、夏、秋、冬的季节周期，太阳、月亮有升起落下的运行周期，这一切都是不可更改的，必须遵循的。因此，在农耕社会，无论是人们维持生存的资料，还是其社会生活，都毫无例外地受到自然的限制，人类是在自然中，在对自然的不断地学习与模仿中成长起来的。根据斯图尔德的生态人类学理论，在农耕社会中，由于与自然的这种密切关系，由生计模式而形成的文化核心，在农耕社会中表现出特别强大的功能。这也就决定农耕社会的最重要的特征，即自然性。我们从三个方面理解，一是自然的结构与人类社会的结构存在相当的一致性，如自然中的生物的聚落形式构成了生物的多样

① 刘兴林：《史前农业的发展与文明的起源》，载《农业考古》，2004（3）。

性，而人类的聚落形式又决定了文化的多样性，农耕社会的村落居住形式，是人类聚落形式的典型代表，人们因自然而自然聚落到一起，自然地在自然中建构意义体系。二是农耕社会中，人类生活和人类社会运行的节奏与自然的节奏有着高度的一致性，自然节奏的舒缓、从容和规律性在农耕社会的生活中得到鲜明表现，人们以自然的方式而生活，生活中的一切文化创造与实践都是自然而然的，体现出明确的自然原生性。三是农耕社会中，自然作为一种背景性存在而影响和决定着人们的生活与思想，对于自然的崇拜是自然而然的，尤其是农耕社会的早期，自然崇拜是一种普遍的思想观念，神话、信仰、习俗、仪式、歌谣等就是在这种自然崇拜中形成和奠基下来的。

图5　乡村时光——沿袭千百年的农耕场景是关于生存的一种隐喻表达。(余刚摄)

农耕社会的另一个重要特征是稳定性。在以自然经济为主的农耕社会，满足人们生存需要的唯一手段就是耕种土地，向土地和天空索取生活资料，对于农耕社会而言，“土地本身，无论它的耕种、它的实际占有会有多大的障碍，也不妨碍把它当作活的个体的无机自然，当作他的工作场所，当作主体的劳动资料、劳动对象和生活资料"[①]。土地是农耕社会的"无机自然"，是社会生活中不可或缺的一部分，因而，也就培育了农耕社会固土重迁的文化品格。冯天瑜等说："农耕民族国家，是在土地这个固定的基础上，在农业经济发达的前提下建立起来的，因而具有稳定性。"这种稳定性决定农耕社会是一个固土重迁的社会，"这种固土重迁的习性，使华夏—汉族在几千年间养育出保守性和受容性极强的文化心态。他们因为必须附着在小片土地上周而复始地精耕细作，无以产生强烈的创新的开拓欲望，故而发展了保守性；又由于农耕人安居一地，少有退路及转徙之处，只得在故土安之若素地接纳各种外来文化，从而发展了受容性。"[②] 农耕社会的这种稳定性，对于农耕社会的延续和文化都有决定性的影响。一是农耕社会黏着于土地的形态，就使对于土地的耕作成为生存和生活的中心，信仰、习俗、礼仪等无一不是由耕作而派生和衍化的，都或多或少，或直接或间接地打上农耕的印记，也正是这个意义上，我们将原生态文化界定为农耕社会时代的文化形态。二是农耕社会的稳定性为文化的传承、文化的积淀和文化的形成提供了前提。农耕社会的耕作借助于生命动力（人或畜），对于土地的耕作，以一种手工体力劳作和手工技术的形式及缓慢的节奏，后一代人从前一代人那里获得生产、生活知识，从前一代人那里传承文化，整个社会处在一种"前喻"化时代。也正是农耕社会文化上的这种"前喻"性，使农耕文化在代代相传中传承发展。农耕时代的文化一样处在变迁中，但其变迁的节奏是缓慢的，能够很清晰地勾勒出其变迁的轨迹，发现其世世代代相沿袭的传统；而到了工业化时代，这种相沿袭的传统出现了断裂，文化的原生态特性丧失。原生态文化应该是指发生于"前喻"化的农耕时代，一代一代传承下来的自然形态的文化。三是农耕社会的稳定性是黏着于土地的稳定性，因而，由对土地的耕作而建立起来的生活

---

① 《马克思恩格斯选集》，第46卷，475页，北京，人民出版社，1995。

② 冯天瑜、何晓明、周积明：《中华文化史（下）》，84～85、88页，上海，上海人民出版社，2007。

和文化，就始终保有土地的稳定性，体现对土地的祈祷、赞美，对耕作的歌颂、祝福，只要农耕的生产方式存在，农耕文化就有厚实的基础。

农耕社会的第三个特征是自给性。从社会生存发展的立场看，耕作是一种经济行为，通过对于土地的耕作而获得生活资料。在农耕社会中，人们对于土地进行耕作，其目的就是获得维持自身生存和生活的资料，而不是为了进行交换。这种自给自足的经济形式，决定农耕社会是一个自给的社会，自给性是农耕社会的重要特征。两千多年前，孟子就对农耕社会自给自足的生活进行了很有诗意的描绘："五亩之宅，树之以桑，五十者可以衣帛矣；鸡豚狗彘之畜，无失其时，七十者可以食肉矣；百亩之田，勿夺其时，八口之家可以无饥矣。"五十岁以上的可以穿丝，七十岁以上的可以吃肉，全家可以吃饱饭，这是孟子所期望的农耕社会自给自足的生活。《颜氏家训·治家篇》中，也描绘了这种自给自足的农耕生活："生民之本，要当稼穑而食，桑麻以衣；蔬果之蓄，园场之产；鸡豚之善，埘圈之所生；爰及栋宇、器械、樵苏、脂烛，莫非种植之物也。至能守其业者，闭门而为生之具以足。但家无盐井尔。"农耕社会的这种自给性不一定是土地赋予的，但一定是附着于土地之上的。土地资源的有限性和生产力发展水平的有限性，决定农耕社会必然采用自给自足的经济方式。王沪宁说："资源总是制约着社会选择组织形式，一个社会没有足够的资源总量，它就只能选择较为古老和简单的组织形式。资源总量的多寡与生产力发展水平密切相关：生产力发展水平越高，社会的资源总量就多；生产力发展水平低，社会的资源总量就寡。资源的概念，首先包括各项生产必需的资源，然后包括各项高一层次需求的资源。长期以来，乡村最低层次的资源——衣、食、住、行都是贫弱的。随着人口的增长，逐渐增加的资源总量被过大的人口基数平均掉，结果资源总量还是相对缩减。"① 一方面，自给自足的经济方式是一种古老而简单的经济方

① 王沪宁：《当代中国村落家族文化》，32页，上海，上海人民出版社，1991。

式，在这种经济方式下生成的文化显然更多地体现出一种原生性，反映文化形成时的那种原初状态。另一方面，在自给自足的社会中，各种人群聚落自成一个相对独立的聚落体，通过聚落的形式满足生活与生产的所需，聚落与聚落之间有一种封闭性，不能向另外的聚落取得满足，这就构成了聚落与聚落间的文化差异。同时，聚落内部，人们是通过某种文化取向聚集在一起的，聚落中的人群之间，总是有着这样或那样的文化联系。尤其是血缘上的联系。如家庭、家族、宗族、宗亲等，就构成了农耕社会中地缘与血缘错落的差序结构。血缘是纵向的，决定了农耕社会身份性特征，构成了农耕社会的长幼尊卑秩序，表明其生物学上的特征；地缘是横向的，形成了农耕社会的空间观念，中心与边缘就代表了空间距离的远与近，表明其地理上的特征。在农耕社会发展的中早期，地缘其实是血缘的投影，不分离的，“生于斯，死于斯”把人和地的因素固定了，血缘和地缘的合一是社区的原始状态。[①] 血缘与地缘的这种差序格局，反映了农耕文化的古老性特征和多样性形态——血缘是古老氏族文化的遗留，地缘则是对血缘文化的一种反动，文化的差异通过地缘得以实现和体现。

王沪宁在论述中国村落家族文化时，将村落家族文化的特征概括为八个方面：血缘性，聚居性，等级性，礼俗性，农耕性，自给性，封闭性，稳定性。[②] 无论从哪个方面对农耕社会进行概括，我们都可以得出共同的结论：农耕社会是一种古老的社会形态，其传统在一万年前，人类的农业产生的时候就已经开始形成了。我国在新石器时代的中晚期，就开始进入了农耕社会。“新石器时代的共同体，在公元前 4000 年前兴起于黄河中游的各支流的台地上，这里有排水良好而又肥沃的黄壤、适中的雨量和气温，为原始农业发展创造了较完备的条件。新石器文化（如仰韶文化），基本实现从渔猎向农耕的过渡，但农业生产尚未固定，居住地也未固

① 参见费孝通：《乡土中国》，72～73 页，北京，三联书店，1985。
② 王沪宁：《当代中国村落家族文化》，22～29 页，上海，上海人民出版社，1991。

定；随后的龙山文化，则已经有了较大的、经久的村落，制作器物也表现出较高水平，社会组织也较为固定和严密，宗教仪式也比较精致。这一切都表明，华夏先民已完成了一次伟大的变革，或称之为‘新石器革命’。中华农耕文明至此肇始。”① 我们要将农耕文化看成是一个漫长的历史过程，是整个人类成长的少年和青年时代，而少年时代和青年时代对于一个人一生的影响，很大程度上是决定性的，创造力和表现力都是在这个时期形成和获得的。人类正是在农耕时代进入了其发展的文明时期，农耕时代的文明正是人类文化结出的第一颗辉煌的果实，原生态文化就是结出这颗果实的土壤。

农耕时代的文化，总体上反映了文化产生时的原初形态，是人类为适应自然的文化创造。在工业文明时代论述原生态文化，就应该追溯到农业发生的远古时代，从人类古老的农耕生活中去发现文化原初呈现的状态。

理清了农耕文化的特征，再来理解原生态文化的特征，问题就会迎刃而解。

原生态文化产生于漫长的农耕社会时代，一万年前产生并绵延下来的农耕社会，是原生态文化繁衍滋生的丰厚土壤，农耕社会的特征，在很大方面限定和决定了原生态文化的特征。原生态文化是农耕时代一种自发产生和形成的文化形态，也是农耕时代人们一种自然的生活方式。

原生态文化的第一个特征是自然性。包括三个方面的含义：一是原生态文化是人类在适应自然环境中所建构的最初的意义体系，是自然呈现出来的文化形态。人类是自然的一部分，是生活于自然中的生物性物种，必须像自然中的其他生物一样，依赖于自然，并适应于自然的规律而生存。但同时，人类又与生活于自然中的其他生物存在本质的区别，即人在自然中建构生活，建立意义体系，而

① 冯天瑜、何晓明、周积明：《中华文化史（下）》，80页，上海，上海人民出版社，2007。

这个生活与意义体系就是人类的文化，文化是人在适应自然中的能动实践与创造，这种实践与创造就在自然中建立起了一个属于人的独立的世界——文化的世界。原生态文化就是人类在适应自然中自然进行的文化实践与创造形式。但在原始社会时代，人类还是流浪的猎人和采集者，生存与生活都没有保障，对于自身和自然的认识都还处在一种懵懂与蒙昧阶段，“他们以为，将来与现在相同，就像现在和过去一样。因而，在他们头脑里没有变化的观念，也不存在任何批评或干预现有制度和习俗的想法。在他们看来，天地万物，包括他们自己、他们的文化和住处，都是早先创造出来的，而且肯定将一成不变地继续到将来”①。这样一种心智下形成的文化显然是简单、粗糙的，还不能形成独立的意义体系，因此，不能将原生态文化等同于原始文化。如果原生态文化就是原始文化，原生态文化就是一种简单、粗糙的文化形态，显然是没有意义的。农业产生以后，人类在土地上定居下来，房屋和田园将人与自然隔离开来，植物的生长、发育、成熟培养了他们的时间观念，对于土地的关注则发展了他们的空间意识，人类开始在时间与空间中思考自身和自然，由此，属于人类的独立的意义体系在土地上建立了起来。人类不再是被动的在自然中求取生存，而是按照有一种主动性、自觉的自然的方式来取得生存资源，按照自觉的自然的方式来建立人类的生活，自觉的在自然中建构意义体系。人类经济系统与自然生态系统的这种一致性，决定人类的文化，在农耕时代早期创造的文化必然地呈现出一种自然性。二是自然性是原生态文化的一种本真的形态。原生态文化是人类发展的早期阶段，即农耕文明的早期阶段呈现出来的文化形态，本质上是人类适应自然的一种社会实践形式，人类建构的意义体系和生存方式必然保持与自然的一致性而不是对抗，人类的生活是对于自然的模仿与学习，而且，人类对于自然的适应是一个自然而然的过程，人的社会性是在适应自然中自然

① ［美］斯塔夫里阿诺斯：《全球通史——1500年以前的世界》，吴象婴、梁赤民译，70页，上海，上海社会科学出版社，1988。

发展起来的，是人的文化实践的结果。因此，原生态文化的意义呈现是对于自然的适应，其形态呈现则是自然的形式。自然性始终是原生态文化的核心，是其本真的状态。三是对于自然的融合。农耕社会向自然获取资源，是自然资源为人类的生存提供了保障，但农耕社会向自然获取资源与原始狩猎社会向自然获取资源不同，原始狩猎社会是直接向自然获取资源，是一种简单直接的攫取，且其资源是不固定的，而农耕社会对于自然资源的获取则是一种间接的形式，是人类培植的结果，是人类的劳动作用于自然环境的结果，是对于自然土地的耕作，是人类在土地中创造出来的、生产出来的。正是对于自然的直接的劳作，不但将人类黏着于土地上，而且，长期固定在一块土地上的劳作，使人类的希望与情感都有了寄托，使人与土地的关系成为养育与被养育的关系，大地作为母亲的观念就是在农耕社会中建立起来的。农民融合于自然之中，融合于土地之中。因此，农耕时代发生的文化形态，必然是与自然相融合的，表现出对于自然的皈依、顺应、祈祷。

原生态文化的第二个特征是乡土性。乡土性也可以看作是农耕性，可以从三个方面理解。一是原生态文化是在农耕的背景下产生和形成的，尤其是农业产生的早中期，农耕的经济方式对于原生态文化的形成有决定性的意义。农耕作为一种经济活动，是通过人的体力，以人工的方式和手工技术面向自然生态系统，通过对自然生态系统的改造来获得生存资源，与原始狩猎时代直接从自然生态中获取资源不同，农耕社会对于自然资源实行再生产、再创造，利用种子生产粮食，利用母猪生产小猪，利用树木生产房屋，利用桑麻生产衣服，是人在自然生态系统中创造资源，人的体力、智力、情感都专注于自然，自然是生存的前提，也是生活的中心。人在自然中的这种创造，形成了人类原创性的文化，而且由于作用于自然生态系统的耕作的创造性特征和经济活动的多样性，农耕社会形成的原生态文化就不再是简单粗糙的，而呈现出丰富的形态。二是原生态文化都直接或间接与人类的农耕生活相关，产生于农耕生活，表现于农耕生活，也服务于农耕生活。资源总量决定社会的组织选择形式，而资源的获取方式则直接决定文化的模式与形态。如果将文化定义为人类的生存方式，那么，这种获取资源的方式就是文化的方式。农业产生之后，人类就不再直接从自然中获取资源了，而是在自然中创造资源、生产资源，这种创造与生产的标志性形式就是耕作。显然，这种经济活动背景下形成和呈现的所有文化与文化形态就必然地与农耕发生关联，必然充满乡土性，而原生态文化作为农业产生的早中期形成的原创性文化形态，其乡土性就更突出与鲜明。三是原生态文化是农耕生活的表现，体现了农耕生活中最原初的、最本真的形态。农耕是一个漫长的历史过程，不能将所有农耕时代的文化都看成是原生态文化，只有把农耕时代发生的具有原创性的，体现了人与自然的真实状态的文化形态，才能看成是原生态文化。农耕是原生态文化的发生背景，但原生态文化是必须具有原生意义的、自然的文化形态，表达农耕时代人与自然的深刻关系，反映人类利用耕作改造自然、创造生活的最初努力，是人类在大地上最早进行的自觉的、主动的文化实践，是人类在自然中建构起来的第一个独立的、只属于人自身的生活形态和意义体系。

原生态文化的第三个特征是民间性。民间性是从乡土性而来的。原生态文化产生于乡土，当然也产生于民间，其民间性表现在三个方面。一是原生态文化产生于乡村，产生于乡村的农耕生活。农耕产生于乡土，农民则生活于乡村，乡村是农耕时代人类普遍实行的聚落形式，是农耕社会最基础的层面。乡村直接黏着于土地之上，在土地上生产和创造资源，没有比乡村更贴近自然的。原生态文化其实就是农耕时代产生，融合于土地中的，乡村的、自然的民间生活形态。二是原生态文化具有广大的民间性，是乡民大众共同参与创造的文化形态，是乡间群体的共同的生活方式。农耕生活是一种自给自足的生活，但这种自给自足是以村落或者宗族为整体的自给自足，每一个人必须属于一个家庭，每一个家庭必须属于一个家族，每一个家族又必须属于更高一级的宗族，而村落又往往是聚族而居的形式，尤其是农业产生的早期，村落往往是有血缘关系的民族集团，应对生活与自然，不是以个人的方式，而是以群体的方式，以血缘与地缘的方式，这就使原生态文化具有了深厚的民间基础。三是原生态文化是活在民间的一种有生命的形式。原生态文化产生于农业产生时期，但这个时期形成的具有原生意义的自然的文化形态不是一种刻板的形式，而是一种在农耕时代代代相传的活的形式，是一种存在于乡村民间生活中的生命形态。只要农耕的生活在继续，只要乡村还是人类的聚落形式，原生态文化就会在乡民一代一代的生活中延续、发展。原生态文化是活在农耕社会中，活在乡村民间的古老文化。

图6　全家福——乡村人生长于土地，也如土地一般朴拙。（余刚摄）

原生态文化的第四个特征是稳定传承性。前面强调，农耕社会是一个稳定的社会，其社会发展的节奏是缓慢的、平衡的。一方面，当一个社会处在一种相对平稳的状态中的时候，维持社会运行的文化也一定是平稳的，有秩序地一代又一代地传承着。在传承中，能够清晰地看到文化延续的脉络，文化中蕴涵的那种本真性的要素、文化中的核心要素会一直保留下来并得到传承，成为文化形态的构成基础。就是说，原生态文化无论其形态会发生怎样的变化，作为其本真性的农耕特征都会一直存在着。在一代一代的传承中，文化的形态或许会发生变化，但农耕性依然是其主要特征，这一点是保持不变的。另一方面，农耕社会的稳定性也保证了原生态文化的稳定传承，只要农耕社会的农耕特征不改变，原生态文化就有其存在的坚实的基础，原生态文化与农耕社会是融合为一体的，农耕社会的稳定性保证了原生态文化的稳定传承性，是互为表里的。

原生态文化的第五个特征是地域性，也可以看作是民族性。从广义上来看，农耕作为一种经济活动，有多种表现形态，不同地区，不同地理环境和气候条件下，采用的农耕方式是不一样的。生计方式、获食模式的差异，决定了农耕文化的差异，这就形成了不同地域的农耕文化。比如山地农耕文化、丘陵农耕文化、水乡农耕文化、旱地农耕文化等，无论何种形态的农耕文化，都是与其环境融为一体的，有着鲜明的地域特色，是地域的身份符号，尤其是原生态文化，作为人类适应自然环境的一种自然的生存方式，与自然环境有更密切的融合性，其地域特征也就更为鲜明和直接。原生态文化是地域的身份符号，同时也是族群的身份符号。在农耕社会中，往往是具有相同血缘关系的人群聚居在一个共同的地域内，或者是由于生计方式的一致性而让人们聚居在一起，而这些聚居在一个共同地域中，而且其生计方式、获食模式相一致的人群，在长期的生产与生活实践中，就会凝聚为一个具有共同文化特征的族群或民族。在形成族群的过程中，文化起着决定性的作用，而让人们聚居为一个族群的文化，其本真则是具有农耕性特征的原生态文化。而这里表现出来的农耕性，则是与族群的生计、生活、历史和组织形式密切相关的，烙上属于这个族群的身份印记，其文化表达也由此成为民族的标志和符号。

第三节　原生态文化的当代诠释

在当代中国，原生态是一个具有特指意义的词汇，是中国文化发展中一个不能绕过的关键词。

文化意义的原生态是从生物意义上的原生态借用过来的，但原生态获得文化意义，则是从音乐歌舞开始的，是世纪末全球化思潮泛滥的结果。

20世纪90年代后期，著名导演张艺谋执导了大型实景歌舞《印象·刘三姐》，《印象·刘三姐》以桂林的山水为舞台，让当地的农民尽情欢歌曼舞，在表演之余，带动了民族地区旅游产业的发展。《印象·刘三姐》被评论为“原汁原味”的民间艺术表演。随后，同样出自张艺谋之手的《丽江·映象》也获得成功，首次将地方民间歌舞推向市场。受其影响，一时间，许多民间歌舞、戏曲以此为模式，摒弃了人工舞台，摆脱了传统意义上的艺术表演规则，将艺术表演复原为展现生活本身。这些艺术表演成功展现在电视荧屏上，走进千家万户，给人们带来了自然清新的感受。从此，原生态一词开始流行，用来称那些还原生活，具有原汁原味乡村风格的音乐歌舞。

到了2004年，原生态在文化界火了起来，成为了一种时尚。2004年春节期间，来自西部边远民族地区的上百名歌手汇聚在北京，轰轰烈烈地奏响了“CCTV西部民歌大赛”的旋律。这是新中国成立以来第一次有组织的全国范围的大型电视民歌赛事，歌曲及演唱方式都具有浓厚的民族民间传统风格。如蒙古族的民间绝学“呼麦”唱法，声音高亢激越；嘹亮震撼的“川江号子”，其音域之宽广，完全可以与任何声乐家媲美；风趣诙谐的云南海菜腔，充满了生活的智慧；唱侗族大歌的姑娘们，从年龄到服饰到婚期，都是一致的，这种多声部无指挥、无伴奏的音乐，让人想到高山流水的闪光与韵律……在这些平凡的民间艺术家中，有的是手执羊鞭、风餐露宿的牧羊人，有的是无数次闯过急流险滩的船夫，有的是油灯下飞针走线、吟唱情歌的青春少女，有的是在火塘边向晚辈唱起古歌的寨老……他们带来的风格迥异、精彩纷呈的原生态民歌，使人们第一次全方位、立体化、多角度地领略了民间艺术的无穷魅力，让他们开始将目光转向民间，转向边远民族地区的日常生活。也是2004年，杨丽萍的《云南映象》在上海首演，并获得巨大成功。整台歌舞主要表现的是云南的民族文化，演员主要来自民间，许多是直接从田间地头走来的，是道道地地的少数民族村民，他们所表演和演唱的，就是他们的日常生活和节日中所表演和演唱的歌舞，从舞台布景，到演员的服装服饰、演员的造型、演员用以表演的乐器、演员演唱的音乐歌舞，都是对乡村文化的直接复制，给人带来淳朴的乡村气息。《云南映象》在视觉和听觉上，都给人以巨大的震撼力和冲击力，向人们展示了一种全新的艺术，在舞台上从未出现过的艺术。《云南映象》受到了各媒体的热捧，媒体直接把它称为原生态歌舞。《云南映象》之后，仍然由杨丽萍执导的《云南声音》在2009年演出，也取得了巨大的成功，艺术界、媒体和观众都给予一致的肯定)。杨丽萍强调要创作一台充满人性和民族特色与人文精神的原生态歌舞，她说："我一方面陶醉在歌舞的海洋里，一方面又产生了深深的忧虑，因为在现代所谓的文明和物质的冲击下，许多的文化歌舞行将濒临消失，有些族人已不再穿绣花鞋而穿牛仔裤。比如说当我看到那绿春的神鼓只有一两位老人会敲，这几十套充满人类演变的鼓舞将随着他们而死去，我痛心疾首。我唯一能做的办法只有行动起来，在没有更多的外来资金的情况下，我拿出自己仅有的钱来创作排练，用舞台表演的办法将这些珍贵的民间歌舞记载下来，而她就叫《云南映象》。"原生态一时间成为艺术中的一种重要流派，热衷于原生态艺术成为一种潮流。2005年，中国—东盟博览会暨南宁国际民歌艺术节的闭幕式演出，重点挖掘中国及东盟十国中最具代表性的文化题材，描绘出一幅"中国—东盟"风土人情的画卷，让厚重的民族"土风"与时尚的现代潮流相交融，展示中国乃至整个东南亚"与时俱进"的民族艺术。长达百米的晚会舞台展现了柬埔寨的吴哥窟、泰国的王宫、越南的独角寺、曼谷的菩提寺、金色的紫禁城、婆娑的椰林、浪漫的海滩等，整个舞台金碧辉煌，流光溢彩。晚会由"风情万种之高贵"、"风情万种之神秘"、"风情万种之淳朴"、"风情万种之浪漫"、"风情万种之热情"5个板块构成。大型时尚风情歌舞《阿依莎拾·莉娅》拉开了晚会的序幕。柬埔寨民间歌舞，缅甸民间歌舞组合，音乐神秘悠扬，舞步古老欢快；文莱民间歌舞眉目传情，蕴藏无穷的神韵；快节奏的马来西亚民间舞蹈多姿多彩；菲律宾现代芭蕾舞色彩斑斓，几组撩动人心的中国及东南亚各国原生态歌舞生动地诠释了晚会“风情东南亚，风靡全世界”的主题。至此，原生态艺术成为艺术舞台和电视传媒上热烈表达的形式，大众对于原生态艺术也日愈熟悉和热爱。一个艺术精英和普通大众都崇尚的原生态艺术时代已然来到。2006 年，中央电视台顺应潮流与民意，在第十二届 CCTV 全国青年歌手电视大奖赛中，作为中国口头和非物质文化遗产一部分的民歌的“原生态唱法”被给予和美声、通俗、民族唱法并列的地位，正式列入艺术行列。随着中央电视台的现场直播，原生态在中华大地流行开来，由原生态歌舞，扩展到原生态艺术、原生态文化，进而，再扩展到生活中的各方面，出现了原生态旅游、原生态饮食、原生态服饰、原生态住宅……原生态由文化和艺术中的一个词汇，成为一个彻底大众化的词汇。

从中国当下的现实来看，可以说，是先有原生态歌舞、原生态艺术，然后才有作为学术概念的原生态文化。

关于什么是原生态，什么是原生态文化，在“原生态”成为一种时尚之后，也渐渐引起了学术界的重视，尤其是 2006 年中央电视台青年歌手大奖赛设立原生态唱法之后，原生态文化的研究，也逐渐趋向了学术化。

在学术领域，原生态进入研究视野，为文化学者们所研究的对象，是与传统文化的抢救、保护，尤其是民族民间文化的抢救保护连在一起的。20 世纪 90 年代中后期，随着全球化进程的加快，城市的不断扩张，现代生活方式的无孔不入，传统文化、文化遗产面临严重的危机，由此，一场保护传统文化，抢救文化遗产的运动也就在世界范围内悄然开始了。1972 年，联合国教科文组织在巴黎通过了《保护世界文化和自然遗产公约》（简称《世界遗产公约》），拉开了世界范围内保护文化遗产的序幕。1989 年，为弥补《世界遗产公约》的不足，联合国又通过了《保护民间创作议案》，正式提出了保护非物质文化遗产的建议，但在这个议案中，民间创作代替了非物质文化遗产。1997 年，联合国通过了《宣布人类口头和非物质文化遗产代表作申报书编写指南》，对非物质文化遗产进行了界定。2001 年，联合国通过了《世界文化多样性宣言》，强调各种形式的文化遗产对于维护人类文化多样性的意义。2003 年，联合国通过了《保护非物质文化遗产公约》，成为保护非物质文化遗产的最重要的文件。进入 20 世纪 90 年代后，我国文化遗产和非物质文化遗产的保护工作应和世界趋势，进入了全面开展的阶段。云南、贵州、广西、福建等少数民族人口众多的省份，纷纷颁布民族民间传统文化保护条例，制定民间美术和民间艺术的地方性法规。1997 年 5 月，国务院颁布了《传统工艺美术保护条例》，并命名了 200 余名中国工艺美术大师。2003 年全国人大组织起草了《中华人民共和国民族民间传统文化保护条例》；2004 年，将该条例改为《中华人民共和国非物质文化遗产保护法》，并正式加入联合国《保护非物质文化遗产公约》；2005 年，国务院颁发了《关于加强我国非物质文化遗产保护工作的意见》，明确提出了非物质文化遗产保护工作的意义、工作目标和指导方针。正是在这样的文化背景下，原生态文化才成为整个社会关注的热点，成为学术界研究的热点。

《云南映象》之后，启楠在《艺术评论》2004 年 10 期发表《你说我说原生态》一文，强调原生态是一个模糊的界定，商家有商家的原生态，媒体有媒体的原生态，歌手舞者有歌手舞者的原生态，学者有学者的原生态，“较之自然科学领域所指的‘原生态’（如生物学），人文科学借用的这个词显然更缺乏从学理上明确界定它的可能性。”但对于《云南映象》这种展示民族民间文化的形式，他是持赞成的态度，“作为历史的产物，民间艺术的活体终将随历史的演进而改变甚至消失。汉赋、唐诗、宋词、元曲，多少历史上的艺术形式，在今天已经是无可奈何间落去的花瓣，不然也不会在诗词曲赋之前加上朝代的修饰。面对如滚滚逝水的历史，今天的我们用一切可以使用的手段，去录音、去照相、去录影、去保留今天仍然存活在民间的艺术形式和它们的生存背景，以此作为流传后世的又一经典，有何不可？这可能是对今日众多‘原生态’运动的最好期许。"①2004年，北京舞蹈学院的青年讲师慕羽在《北京舞蹈学院学报》第2期发表《"原生态"改造了原生态——看〈云南映象〉》的文章，她指出："在社会不断发展的过程中，工业化、数字化、信息化的生活空间使我们离传统的生活方式和生存空间越来越遥远。可以说在国际化和全球化的今天曾深深打下民族传统烙印的一切必然遭受致命的冲击。不过也正是由于社会的转型才使尚处于清醒意识的人类越来越关注原生态的东西，今天我们谈'原生态'，它似乎有很多外延，比如原生态的自然环境、原生态的人文环境、原生态的民间文化等等。因为它们是我们民族的符号，是祖先留给我们的记忆，是我们生存的这片土地的生命轨迹。因此，在新世纪的中国，社会生活的许多方面多出了一种关于'原生态'的呼声也就不足为奇了。"她强调，杨丽萍表演的原生态与生活的原生态是不同的，"'原生态'和原生态两者之间最大的区别就在于，前者是作为文化产业的剧场表演，用最'原生'的歌舞展现民族文化，用最'现代'的舞美调动剧场效果，是精雕细琢的民族舞台艺术创作；而后者只存在于民族的生活中，是生活的文化、百姓的文化、俗世的文化，是一方水土独特的产物，是一个民族文化的源头、根基和底层，是民族个性特征与独特精神的重要表征，是实实在在的生活本身"。杨丽萍表演的原生态，是改造了的原生态，表演的原生态正在改造真正的原生态，"杨丽萍改变了他们平凡的原生态生活，让他们在舞台上表演'原生态'的生活，杨丽萍也让他们更多了一些城市梦想而这梦想无论是否现实。原生态的活态民间舞蹈需要活态的文化和活态的人，即便是'原生态'的《云南映象》，也需要活态的人参与，而当活态的人发生改变时，《云南映象》又会发生怎样的改变呢？随着越来越多擅长民间歌舞的农民因《云南映象》而走出田间时，真正的活态原生态又会面临什么

① 启楠：《你说我说原生态》，载《艺术评论》，2004（10）。

呢？实际上，‘原生态’的《云南映象》正在改造真正的原生态。”[①] 2005年，杜惠在《中国音乐学》第4期发表《喧嚣后的宁静——原生态文化热潮的冷思考》的文章，强调中国传统的原生态保护与发展已成为社会的关注焦点，这股原生态热潮既在情理之中，又在情理之外。应该对保护与发展进行冷静思考。“‘原生态’的传统并存‘化石’，它们真真实实存在于民间生活中，在民间知识体系中发挥着实实在在的作用，并且在当代依然执著的具有生存的空间的需求的可能。它们有自身的发展轨迹，自身的生命过程。它们，是活生生的。”[②]

作为一种社会现象的原生态文化热潮，带来了学术界对于原生态的理论思考。对于原生态的界定，自然也就仁者见仁，智者见智。桑德诺瓦博士对原生态艺术较早进行过分析，他指出：“如今我们知道‘生态学’一词的含义是指‘研究生物之间和生物与周围环境之间相互关系的学科。如研究某种生物的生活史、数量变动、它们与其他生物的关系，以及非生物因素对以上各种情况的影响。’由此我们联想，‘原生态’应指生物之间和生物与其周围环境之间原有的、较少变异的相互关系；‘原生态’艺术即指：艺术之间和艺术与周围环境之间原有（原始）的、较少变异的相互关系。如稍加引申，‘原生态’艺术也可指：原有（或原始）的、未经变异（或极少变异）的和未经（或较少）‘污染’的艺术品种。‘原生态’音乐、‘原生态’舞蹈等皆属此类……”“最为传统、‘原始’的音乐连同其表现形式，一般较多存活于交通、文化、社会等相对滞后的山区或半山区。由于历史等原因，传统音乐文化及其形式在这些地区具有顽强的生命力。”但“随着现代娱乐方式的不断出新，音乐的载体和存活空间与前相比发生了巨大的变化，原来的各种音乐

① 慕羽：《“原生态”改造了原生态——看〈云南映象〉》，载《北京舞蹈学院学报》，2004（2）。

② 杜惠：《喧嚣后的宁静——原生态文化热潮的冷思考》，载《中国音乐学》，2005（4）。

形式都不同程度受到了前所未有的冲击，尤其是传统音乐面临着巨大的挑战，为应对或者适应新的土壤、环境，变异似乎已成为当下的主流。”因此，“应该允许传统音乐逐步适应目前追求工业化、都市化的市场经济，允许其进行适时、适度的转型，以适应工业文明、都市文明的发展需求。因为历史和实践都已充分证明：只有在社会转型中适应和实现转型的民族、地区的传统音乐，才可能获得广阔的生存空间，并且在不断的转型中变得越来越具有生命力。”① 著名音乐家乔建中从整个20世纪的民歌运动入手，强调原生态民歌的复兴是20世纪来的民歌运动的延续，尤其是对于“文化大革命”导致的文化失衡的一种矫正。他说：“正像音乐学的许多词汇是借用的一样，‘原生态’一词也自20世纪60年代以来普遍使用的生物科学上的一个术语。具体说，它是‘原生物’和‘生态’两个词的复合。‘原生物’指假想的地球上最早的生物类型（参阅《大不列颠百科全书‘原生物’》条）。‘生态’则指‘生物在与之相逢自然环境中生存发展的状态，也指生物的生活习性及生理特征。’（同上）它们复合后置于民歌之前，就赋予后者一种新的含义，即以口头方式传播于特定民族、地域社区传统习俗生活中的民间歌唱。特别要强调的是，除风格要求是‘原生’外，还指出它的歌唱环境也必须保持其原本的‘状态’。”在他这里，原生态民歌与民歌、传统民歌、原生民歌是相同的，只是用词的变化。② 南京艺术学院伍国栋教授认为：“‘原生态’音乐就是处在生活状态中的，以生活为本源的，没经过专业发展，没有现代乐器伴奏的自然态的音乐，是民间集体创作，口传心授的，不像流行乐围绕商业价值进行创作，同时也不是学院派创作的纯粹审美的作品。”另一位著名音乐家、原中国音乐学院院长樊祖荫教授说：“‘原生态’的民间音乐是与生活连在一起的，是其民族、地域文化的一个组成部分。严格地说，搬到舞台上的民歌已不具有纯粹‘原生态’的意义，用乔建

① 桑德诺瓦：《质疑原生态音乐》，载《艺术评论》，2004（11）。
② 参见乔建中：《“原生态民歌”琐议》，载《人民音乐》，2006（1）。

中先生的话说就是‘次生态’了。各种比赛活动虽然使民歌脱离了它的生活环境，但是还没有改变其音乐形态本身，因此，我们仍称之为‘原生态’或‘原生型’。”① 专家唐朴林说：“原生态民歌，作为原生的生态环境中的伴生物，与一定的民族、地域、生活状况、生产方式密切相关。歌唱者与山川、河流、村寨、旷野的地理环境和歌唱的心态紧密相连，而浑然融为一体，且是发自内心的自然歌唱。”教授冯光钰说：“原生态民歌在长期的传承过程中，通过群众演唱、集体创造，往往是我中有你，你中有我，百人百样而代代相传。不定谱，也不定音，否则将定死。”② 作为艺术的原生态，艺术界和表演者们更多的是一种宽泛的理解，渐次走到一个“泛原生态”状态，即与“现代”为一个坐标，凡是与“现代”相对的，甚至都可以看成是原生态。

图7　被展演的原生态艺术——中国·贵州·凯里原生态民族文化艺术节开幕式的文艺表演。(余刚摄)

① 刘晓真：《专家学者谈原生态民歌》，载《艺术评论》，2004（10）。

② 中国音乐信息，2006年9月15日。

从2004年以后，由原生态音乐歌舞，渐次扩展到原生态文化上。

2004年8月，由云南大学边疆少数民族研究中心、民族社会学学院和云龙县政府合办的“中西部山区民族原生态文化学术研讨会”在云龙县召开，这是就讨论“原生态文化”而召开的第一次学术会议，会议的议题是中西部山区民族原生态文化的抢救、保护、整理与开发。来自中国、日本、泰国的90多位代表出席了会议。会议采取学术研讨与实地考察结合的方式。除大会发言、小组讨论外，代表们还考察了云南历史文化名村诺邓村、宝丰古镇及民国名人董泽故居和天然太极图等历史文化遗迹与自然景观，观赏了云龙山地民族歌舞及服饰展演。会议期间，还安排了关于云龙历史文化资源开发以及发展旅游业的专题座谈会。对于什么是“少数民族原生态文化”，会议提出了几种观点。一种观点认为，少数民族原生态文化等同于少数民族传统文化，就是指原创性未遭到破坏的，若不及时加以抢救和保护就会消失的文化。另一种观点认为，少数民族原生态文化是从生态学引入的概念，在解释人文科学的层面上不太准确，而用少数民族传统文化的概念包容面更大些。还有一种观点认为，缘于“历史上形成的文化的原初状况”意义上的真正的“民族原生态文化”是不存在的。当今现代化的触角延伸到世界每个角落，所谓少数民族文化的“原生态”的概念只能是相对的。[①] 2005年，学者石奕龙发表文章认为，原生态文化，从人类学的角度讲，是指某一民族或族群在历史上形成的文化的原初状态，或指那些在现代才突然被外界所知的某种文化形态。它包括思想、社会习俗、文化产品、有形成果等。[②] 卢家鑫也持与之相近的观点，他认为：“‘原生态’是自然地理和环境科学的一种概念，是指自然状态

① 参见金少萍：《“中西部山区民族原生态文化学术研讨会”综述》，载《思想战线》，2004（6）。

② 参见石奕龙：《浅谈民族传统文化保护的若干问题》，载《中央民族大学学报》，2005（1）。

下的未受人为人工影响和干扰的原始生态或生态原状，是一种天然美、原始美、自然美的‘代名词’，象征着人类与自然的和谐。民族文化是一个国家或民族在自己的历史发展过程中逐渐形成，反复出现并代代相传的生活文化。而‘原生态文化’，则是指在部分偏远地区，由于地理或历史等原因，当地民族的文化较少受到外来文化的冲击而保存下来的一种较原生的、未经改变的传统文化。”[①] 然而，在今天的社会中，即使是十分封闭的地区，也找不到这种原生态的文化，因为无论是多么封闭的地区，都已或多或少地受到了现代生活的影响。因而，学术界应以更宽容的立场来界定原生态文化。2006年，国家民委副主任吴仕民在《西南民族大学学报》撰文，就原生态文化发表自己的见解，他指出：“什么是原生态文化，目前尚没有统一的、公认的严格定义。显而易见的是，‘原生态’一词与自然科学有关。从一般意义上讲，‘生态’是指生物在一定的自然环境下生存发展的状态，也指生物的生理特性和生活习性。‘原生态’则是指生物未受人工影响的原本的、原始的生存发展状态。‘生态’一词引入人类社会，便有了‘文化生态’的概念。确实，作为人类社会生活中的文化，她同样有生存状态问题。而所谓原生态文化，是指文化的一种生存发展状态，是文化的一种初始的、质朴的、更贴近艺术源头的状态。就好像一块玉石，未经雕琢是原生态的，而经过加工的就是非原生态的。”“原生态文化作为文化的一种形态，与人类社会发展形态、发展状况、文化传统有着密切的联系。一般来讲，一个地方的社会形态发展相对滞后和封闭，文化传统深厚，其保留原生态文化的可能性就越大，并且保存得越完整。在当代中国，原生态文化大量地留存在少数民族的社会生活之中，成为珍贵的民族文化遗产。”[②] 云南大学的晏月平也持同样的

① 卢家鑫：《原生态民族文化旅游开发及民族文化传承与发展》，载《贵州师范大学学报》（自然科学版），2008（1）。

② 吴仕民：《原生态文化摭谈——兼论少数民族传统文化的保护与发展》，载《西南民族大学学报》，2006（11）。

观点："原生态民族文化主要是指现代社会中存在、较为边缘、更接近初始和质朴的，保存较为完好、具有显著民族特色和地域特色、并融进现代其他学科文化的一种文化存在形式。因原生态文化是较少被现代文明冲击或保持着较浓原始生活习俗与原始民风的文化形态，具有原创性与独特性等特征。"① 2008 年，赵世林、曾茜在《光明日报》发表文章，认为原生态具有自然的原生态（原生态自然）与文化的原生态（原生态文化）两层含义。自然的原生态即自发的自然，指生物和环境之间相互影响的一种生存发展状态，是一切在自然状态下生存下来的物质的总称。而文化的原生态即原生态文化是指古老文化原型在历史长河中积淀形成的具有自身鲜明特征的物质文化遗产与非物质文化遗产。原生态文化是活态古老文化，是活在民间的古老文化。② 2009 年，学者杨庭硕从生态人类学的视角，对原生态文化进行疏证，认为原生态文化既不是"原生形态的文化"，也不能理解为本源于"生态系统的文化"，或者理解为"生态文化"的原型，"原生态文化的定义应当是指在民族文化中，针对所出的自然与生态背景作出成功适应的文化要素及其结构和功能的总和，这是民族文化中最稳定，又最具有持续能力的构成部分，同时，在现代化生活又具有较大应用潜力，因而才需要作为一个特别的民族文化内容去展开广泛深入的研究。原生态文化研究的重点是民族文化与自然及生态系统的耦合运行，强调共时态的系统分析，特别是并存多元文化与并存多元自然与生态系统的复合运行研究。"③

总结学者们关于原生态文化的界定，发现他们观点之间存在共同点：一是"原生态"是对于生态学上的"原生态"概念的借用，原生态文化是文化存在的一种自然形态；二是原生态文化与文化的

---

① 晏月平、廖炼忠：《民族原生态文化开发性保护与经济协调发展》，载《经济研究导刊》，2008（12）。

② 参见赵世林、曾茜：《原生态文化诠释》，载《光明日报》，2008 年 5 月 20 日。

③ 杨庭硕：《"原生态文化"疏证》，载《原生态民族文化学刊》，2009，1（10）。

原初状态或者文化的古老形态有关联，是一种古老的文化；三是现代社会中原生态文化处在一种边缘状态，主要存在于边远民族地区，少数民族文化中更多地保存了原生态文化。

我们认真考察处在全球化进程中的当下中国现实，考察资本和利益已经渗透到社会生活各个方面的中国当下社会，发现社会实践中的原生态文化与学术视野中的原生态文化有很大差距。社会实践中的原生态文化有一种泛原生态的现象，或者原生态庸俗化现象，凡是与当下的“现实”相左的，凡是与“现代”相对的，凡是与“全球化”相区别的，凡是与“金钱”相远离的，社会生活中的各个方面，都可以以原生态谓之。原生态文化、原生态音乐、原生态民歌、原生态舞蹈、原生态唱法、原生态饮食、原生态住宅、原生态文学、原生态新闻、原生态政治、原生态学习、原生态教学、原生态农业、原生态服饰、原生态习俗、原生态体育、原生态电影……我们俨然生活于一个为原生态和现代化所环绕的生活中。

第三章　原生态文化：社会经济环境与存在形态

第一节　原生态文化存在的社会经济环境

原生态文化形成于农业产生的初期，而在农耕时期得到发展和完善，农耕的经济活动和生活方式是原生态文化存在的背景，原生态文化是为适应农耕的经济活动和生活方式而进行的创造与实践，因此，原生态文化与农耕生活表现出最大限度的一致性，越是古老的农耕生活，越能体现出原生态文化的古老形态，正因如此，有学者才说原生态文化是活态的古老文化。

原生态文化存在于农耕社会中，是农耕时代的一种生存方式，只要农耕社会存在和延续，原生态文化就存在和延续，是农耕社会中农民的一种生存实践，是一种进行着的农耕生活方式，一种黏着于土地上的活态文化。考察原生态文化的存在形态，首先就要关注其生命形式和活态性。

农耕是一种经济活动，也是一种生活方式。任何经济活动，本质上都是人类的一种生产方式，都是人类通过劳动从自然中获取生存、生活资料的行为，但由于生产力发展水平的不一致，人类从自然中获取资料的方式有本质的区别，越是往前追溯人类的发展历程，人类从自然中获取资源的方式就越是直接、简单，这种直接、简单的方式，显然就直接决定了人类的生活方式。从今天的生活形态和文化形态去观照原始时代人类的生活形态与文化形态，可以说，那个时代的生活形态与文化形态是相当简单、粗糙的。不同的时代，由于人类的生产方式不同，其生活方式也就呈现出显著的特征。可以说，是生产方式决定了生活的形态，决定了文化的形态。狩猎采集的生活与农耕的生活不同，农耕的生活又与工业生产的生活不同。我们研究人类文化，就要从对于人类的生产方式的研究着手，从对于生产方式的把握中把握人类生活的形态和文化的形态。

人类在经历了漫长的历程之后，终于在距今三万年前，完成了自己的整个进化过程，转变为“人类”——一种能够进行思维的、有创造能力的物种。如果将生命从无机物中脱胎而出看成是第一个转折点的话，人类的出现则是地球上世态发展的第二个转折点。“在完成极其重要的第一个大转折点之后，各种生物的进化是在通过突变和自然选择而适应各自环境的过程中实现的，也就是说，是通过遗传因子适应环境而实现的；这在更新世气象剧烈变动的时期，表现得特别明显。但是，随着人类的出现，进化过程转向相反方向。不再是遗传因子适应环境，而是人类改变环境以适应自己的遗传因子。”[①] 人类的出现，开始了对于地球环境改变的征程——只有人类才能创造预定的环境，并让自己置身于这个预定的环境中，让这个预定的环境为自己的生存与发展提供资源与保护，人类这种创造预定环境的能力，就是文化，是文化的结果与现实。在原始狩猎时代，人类直接将自然资源当作生存资源，自然中的果实、根茎直接为人类充饥，兽类、鱼类直接为人类提供热能，当一个地方的果实、根茎被采摘干净，或者是兽类、鱼类被捕捞过度的时候，人类就必须换一个地方生存，其经济方式是一种攫取性经济。“人们靠采集野生植物和捕捉动物过着朝不保夕、勉强糊口的生活。在正常情况下，他们的生活资料只够维持自己和亲属的生活，没有任何剩余物品可作其他用途。这一点极其重要，因为它使食物采集者的

① ［美］斯塔夫里阿诺斯：《全球通史——1500 年以前的世界》，吴象婴、梁赤民译，66～67 页，上海，上海社会科学出版社，1988。

文化发展受到难以突破的限制。”① 在原始社会中，人类生活于纯粹的自然之中，为自然所遮蔽和环绕，是真正的自然之子。当人类从植物的生长、拔节、成熟中，从季节的轮回中发现了植物的生长规律之后，农业产生了——产生于距今约1万年前的农业，改变了人类从自然中获取资源的方式。种植让人类在土地上定居下来，而且，人类不再是从自然中直接获取资源，而是从自然中创造资源、生产资源，这种创造与生产，让人类在自然中的地位立刻发生了根本性改变——人类不再被动地应对大自然了，而是按照人类的方式在自然中主动地创造资源和生产财富。定居的方式和创造性的劳动，使人的潜能被激发了出来，人类开始按照自己的意愿来生活，按照人类的方式在自然中建构意义体系。文化就产生在这样的背景下，这也是原生态文化的最初形态，是古老文化的原型。原生态文化产生于农耕的经济活动中，农耕性是原生态文化的最显著的特征，因此，认识原生态文化的存在形态，就要从农耕社会的农耕性特征入手。

农耕是一种经济方式，也是一种劳动方式，是一种以体力为主，以自然生态作为对象的手工劳动方式，虽然农耕中也借助于其他动力，如牛、马、水车、牛车等，但这些动力仍然要通过人工的方式才能获得，人的劳动依然要作用于这些动力上，因此，以体力为主，以自然生态作为对象的手工劳动方式始终是农耕社会的基本经济方式和劳动方式。因而，产生于农耕背景中的原生态文化，其存在形态是与农耕的经济方式和劳动方式相一致的，文化的每一方面，无不烙上深深的农耕的印记，或者说，原生态文化正如农耕社会一样，是一种发展着、进行着的文化形态，它随着农耕社会的发展不断获得丰富的形态，随着农耕生活的进行和展开而进行和展开。农耕社会的表现形态就是原生态文化的存在形态。

迄今为止，人类的经济分五种形态，即狩猎—采集经济、斯威

---

① ［美］斯塔夫里阿诺斯：《全球通史——1500年以前的世界》，吴象婴、梁赤民译，69页，上海，上海社会科学出版社，1988。

图 8　农耕生活永远是宁静的、质朴的、舒缓的、从容的。(余刚摄)

顿经济、游牧经济、农业经济、工业经济。[1] 狩猎—采集经济是人类经济生活中最古老的类型，是所有经济类型的先驱。狩猎—采集经济是一种最简单、最直接的经济形式，饥者求食，饱者弃余，没有私产，没有库藏，经济发展水平低下，处在对于自然的绝对依赖中，文化虽然产生，但是形态简单、粗糙，人更多的受到生态系统中生物特征的制约。历史学家说："人类对大自然的依附性在人类社会的各个方面都留下了印记。但是当人类作出划时代的新发现——不仅靠采集植物，而且通过栽培植物也可养活自己时，这一依附性大大减弱了。于是，一个新的世界展现在人类面前，使人类的眼界大为开阔了；从此，人类告别了旧石器时代，跨入新石器时代。"[2] 从人类开始种植植物，人类的经济活动就发生了变化。人类从一个到处追逐野兽的、居无定所的流浪的猎人，成为了有固定住

① 参见［美］维克多·巴努：《民族学》，见罗康隆：《文化人类学论纲》，173 页，昆明，云南大学出版社，2005。

② ［美］斯塔夫里阿诺斯：《全球通史——1500 年以前的世界》，吴象婴、梁赤民译，82 页，上海，上海社会科学出版社，1988。

所的种植者。斯威顿经济是人类最早立足于大地上开始种植历程时采取的经济方式。斯威顿经济是使用人为手段从自然生境中划定生产操作地带，让经过人选中的有用植物（或动物）在该地段内以这些植物（或动物）原生状况自然生长，以利人类获取和利用。① 斯威顿经济也称为刀耕火种或锄耕农业、游耕、灌溉园艺经济等。斯威顿经济实际上是最早的农耕经济，是农业产生时期的经济形式，人类可以在有限的范围内从所处的生态系统中划分出由人控制的区域，并试着在这个区域内建构起生活体系。在斯威顿经济中，我们可以看到人类通过文化控制生态系统的最初努力，看到人类试图摆脱其生态系统中生物特征的姿态，人类逐渐由流浪的猎人，而成为有相对固定住所的定居者，"家园"的概念开始在人类心灵中滋生。在这个阶段，人类的创造力表现了出来，文化不再是先前那种简单、粗糙的形态，而表现出自觉性和组织性，由无序进入有序之中，其形态也相对丰富起来。农耕生活与文化的种种形式，都可以在这个阶段中找到原型。游牧经济不是人类普遍采取的经济活动，是完全由于地理环境所决定的一种经济形式，"是人类利用农业资源匮乏之边缘环境的一种经济生产方式。利用草食动物之食性与它们卓越的移动力，将广大地区人类无法直接消化、利用的植物资源，转换为人类的肉类、乳类等食物以及其他生活所需。然而，相对于农业生产来说，这是一种单位土地产值相当低的生产方式"②。游牧经济不是狩猎—采集经济与农业经济之间的过渡，它产生于农耕经济之后，是对于农耕经济的一种补充。这一点很重要。有一种错误的观点，认为人类都经历过游牧经济时期，是从游牧经济过渡到农耕经济的。事实上，大多数生态环境适宜农业生产的地区，人们的经济生产中并没有游牧经济，更没有经历过游牧经济时期。在适宜于农业生产的中国广大的中原地区、江南地区以及印度河流域

① 参见罗康隆：《文化人类学论纲》，176页，昆明，云南大学出版社，2005。

② 王明珂：《游牧者的抉择：面对汉帝国的北亚游牧部族》，3页，桂林，广西师范大学出版社，2008。

地区、尼罗河流域地区，人类的发展并没有进入过游牧经济时期，而是经历了漫长的农耕时代。游牧是在人类的农业生产发展到一定程度之后，对于农耕经济的一种扩展和补充。利维指出：“原始农业社群的人口增长，使得人们对土地资源的利用更彻底，定居聚落与农地的扩张也使得畜牧必须移至远离定居聚落外的地区，以避免牲畜伤害庄稼。同时农业人口扩张带来的工艺专业化发展与城镇贸易网，有助于专化牧业的出现——城镇不但作为游牧人群货物交换的中心，都市的专业化工艺更提供他们无法制造的物品。”[①] 游牧经济产生于农业经济发展的一个相对高级的阶段，依附于农业经济，是农业经济范围的一种扩大化。也正是从这个意义上，在前面的论述中，才将农耕时代作为人类告别狩猎—采集经济之后一个主要的生活时代。

图 9　乡村时光——乡村的日子宁静而悠长，如时光般绵绵昳昳。（余刚摄）

农业经济其实是斯威顿经济进一步发展的必然结果，是人类

① 引自王明珂：《游牧者的抉择：面对汉帝国的北亚游牧部族》，67 页，桂林，广西师范大学出版社，2008。

由粗耕农业进入精耕农业的阶段。人类从栽培植物的原始农业，过渡到在土地上进行犁耕的传统农业，经历了一个漫长的过程。原始农业是一种粗放型的经济活动，其重要特点是人们对于植物的栽培不一定是延续的，很有可能是断断续续的，一块土地经过开垦、种植若干年之后，就要放弃，要让它在八年、十年，甚至更长的时间里处于自然生长的状态，以恢复土壤的肥力。经过漫长的实践摸索，人类懂得了灌溉，将水引入生长庄稼的田地，大大增加了土地单位面积的产量，使人们把更多的精力集中在一块土地上，激发起人们对于土地的情感。随后，出现了冶金术，犁也被发明出来，这是人类第一次利用工具，再之后，出现了风车，车轮也开始被人类安装到动力轴上，在大地上滚动……这一切预示，人类精耕细作的农业新时代的到来，真正意义上的文明也在这个时期形成了。“人类学者指出了将文明与新石器时代的文化区别开来的文明的一些特征。这些特征包括：城市中心，由制度确立的国家的政治权利，纳贡和税收，文字，社会分为阶级或等级，巨大的建筑物，各种专门的艺术和科学，等等。”在幼发拉底河和底格里斯河流域的美索不达米亚平原，“约公元前3500年前，一些已经改进生产技术，正在耕种这片干旱的荒原的农业公社，成功地完成了从新石器时代的部落文化到文明的过渡”①。在文明的产生与发展过程中，技术的进步起到了决定性的作用，而且，技术上的特征，正是我们概括文明类型的主要依据。到精耕农业时代，人类有目的的、主动的、创造性的将所处的自然生态环境改变为人文社会环境，其社会形态、组织形态、文化形态都相当发达。在这个时期，社会出现了分化，有了专门从事精神活动和艺术审美工作的人，如巫师、祭司、艺人、舞者，神话、歌谣、故事、文学艺术等就是由他们创作的；有了统治者和利益集团，如王公、贵族、地主等，社会由他们划分为不同的等级和层次，每个人都有自己的身份；有了专门的手工业者，如铁

① ［美］斯塔夫里阿诺斯：《全球通史——1500年以前的世界》，吴象婴、梁赤民译，105～106页，上海，上海社会科学出版社，1988。

器冶炼者、木匠、石匠、园艺工人等，各种形制的生产用具和日常生活用品都是由他们打造的；有了专门从事商品交换的人，如商人、小贩等，通过他们将一个一个单一的村落联结起来，将一个地区与另一个地区联结起来，生活的不同方面在他们的交换和交易中得以调剂和互补，通过他们文化得以传播和发生变迁；有了社会组织制度和秩序的机构和人员，如军队、警察和各种军队组织，他们为国家的存在奠定了基础和保证；有了穷人、富人、书生、武士、旅行者……这些不同身份、不同阶层、不同行业、不同职责的人，极大地丰富了农耕社会的形态，而在这种形态下的文化，比较狩猎—采集时代、粗耕农业时代，不再是那种简单、粗糙的形式，而是丰富的、茁壮的，体现出一种古朴的壮大的美。原生态文化在这个时期得到了发展和完善，其形态日趋成熟，成为一种模式决定和影响人们的生活。

工业经济是在农业经济的基础上发展起来的一种高级经济形式。在工业经济时代，人们凭借技术——不同于农耕的手工技术的机械技术，利用机械作为动力，通过化学合成的方式，大量的占有、掠夺资源，无止境的生产和创造财富，甚至生产生态环境。由于技术和资本激发起来的人类的欲望，人与自然的关系处在扭曲状态，文化也呈现出一种扭曲形态。正是工业经济时代的这种扭曲，农耕时代的原生态文化才显得弥足珍贵且显示出独特的意义。

第二节　原生态文化的存在形态

一、经济生活形态

原生态文化主要存在于斯威顿经济、游牧经济、农耕经济中，具体表现为采集、狩猎、栽培、种植、开垦、灌溉、砍伐、营林、畜牧、捕捞、耕种、收获、贮藏等生产环节，在这些环节中，人的行为方式、应对姿态、价值取向等就构成了农耕社会中原生态文化的经济生活形态。如刀耕火种的古俗，在我国西南少数民族地区就有遗留，这是对土地加工整理的最早形式，在这种农业作业形式中人们发现被烧的草木灰变成了作物的肥料，由此有了烧荒的习惯。在耕种过程中，人们懂得了保苗、除草、驱鸟兽、灭虫害、防涝旱等经营管理方法，并将这些方法相沿成习，形成生产习俗，这就直接决定了农业社会的生活形式，形成了农耕生活中各种形式的生产性节日。我国是一个古老的农业大国，农业经济生产的丰富知识与技能，以其土风乡俗的相互特点，传袭了几千年，形成了悠久的农耕传统和形态丰富的农业生产习俗，这也是原生态文化的重要方面。

图 10　乡村静物——陈列在时光中的农具。(石干成摄)

当前，我国依然是一个农业大国，农业依然是国民经济的重要支柱，大多数的人民仍为农民，仍生活在农村，而且，我国农业生产的集约化程度还不高，大多数农村地区仍然按照传统的方式进行着农业生产，对土地、对气候都存在严重的依赖性，整个生活方式还保存着传统性，而且由于发展的不均衡性，中西部的广大地区，其农业生产的传统性表现得更突出，尤其是一些山区和少数民族地区，农业生产还主要采取体力劳动的方式。广大、深厚、悠久的农业生产背景，使古老的农业生产习俗较好地保留了下来，并仍然呈现出活态的形式，是我国重要的农业文化遗产。如稻田养鱼，是一种既古老又典型的生态农业生产方式，水稻与鱼类共生，既可以促进水稻的增产，又可以利用稻田中的水、有害生物、虫类养殖鱼类，综合利用水稻田的一切废弃能源，以生物防治虫害，提高生产效益，生产优质稻米和优质鱼类。我国江南农业有悠久的稻田养鱼的历史，“饭稻羹鱼”，在一千年前的史书中就有记载。作为一种传统的农业耕作方式，稻鱼共生系统最初源自地区自然条件的局限，是农民长期适应自然而形成的特有的生产方式和土地利用方式。这种方式可节省土地，实现天然的立体农业生产模式，有效缓解人地矛盾。这种源自传统经验的农业耕作使农民懂得了与自然和谐相处的生存方式，实现了真正意义的天、地、人和谐共处，为其他同类地区合理利用土地，发展适应本地自然环境的生产方式提供了借鉴。稻鱼共生系统是稻作文化的延伸，反映了南方农民精耕细作的耕作文化。这种古老的传统耕作文化是人类的财富，面对现代工业社会的各种冲击，保护这些传统耕作文化的意义显得尤为重大。保护稻鱼共生农业文化遗产，同时也保护了传统的耕作文化。稻鱼共生农业文化遗产中蕴涵了丰富的文化，不仅包括系统本身的文化，也包括遗产地衍生出的各类文化，如田鱼文化、水文化、民俗文艺及古建筑文化等。这些文化在遗产地的发展和演化中或独立发展，或在斗智中互相衍生，未能很好地融合。稻鱼共生系统农业文化遗产可促进各类文化融合，形成一个复合系统，从而使各类文化以稻鱼共生系统为核心，向外扩展，完整地展现遗产地的风采。

二、精神生活形态

由猿转变到人的重要分野就是人具有思想能力。人一旦有了自我意识，就开始思考自身和周围的世界，这种思考就形成了最初的信仰，比如人类早期对于死亡的反抗，总是企图通过各种种仪式来唤起死亡，如北京山顶洞人在死者的身上洒上赤铁矿粉，用红色的赤铁矿粉来与生命沟通，表达对于生命的挽救。哲学家恩斯特·卡西尔认为，最粗野的宗教是围绕着“死亡”产生出来的。对死的恐惧是原始宗教最根本的、不可再还原的最原始的特征，它甚至在人类刚刚踏进称之为“人类”的门槛的时候就已经产生了。神灵的观念总是和这种令人神往和令人畏惧的神秘联系在一起。人类最早、最伟大的反抗就是反抗一去不复返的死亡。最早的死亡祭礼反映着人的这种极端矛盾的心理：一方面希望死者复活；另一方面又怕死者复活。不死的观念甚至比必死的观念更可怕，它凝成一个疑团：死后的灵魂究竟到哪里去了。① 但原始时代的宗教是粗野的、简单的，随着人类的认知能力的提高，其宗教信仰的表现形态会日益丰富，但当人类的认知达到一个相当高度的时候，其认知会充满了理性的成分，而这种情况下，就会形成对于宗教信仰的质疑。因而在现代社会，宗教对于人们生活的影响远远不能相比于传统社会，即农耕社会。农耕时代的宗教信仰是对于原始时代宗教信仰的直接继承与扩展，原始时代人们主要考虑的是人与其灵魂之关系，灵魂观念是其信仰中最核心的内容。泰勒说，人类伟大的宗教教义之一，就是深信灵魂在一个生命体死亡后能继续存在和生活，而这种对来世的信仰可以分为两个主要部分，第一个是灵魂的转世论（the theory of the transmigration of souls），第二个是死后灵魂继续存在，神话起源的真实背景就是万物有灵论的信仰。② 而进入农耕时代，人类关注的事物已然扩大，扩大到了生活中的方方面面。因而，在农耕社会中，人们的精神生活表现出更丰富和多样化的形式。

在民间的经济生活与社会生活中，从古至今始终纵横交错地出现许许多多具有信仰色彩的事象，或表现在行为上形成了某种手段或仪式，或表现在口头上形成了一些信仰的词汇或口头文学（如神话、魔法故事、仪式歌谣和祝辞等），或表现在心理上形成了影响精神生活的某种力量。这些渗透在人们生活中的具有信仰色彩的事象，既不属于经济的民俗，又不属于社会的民俗，它们都是从人类

① 参见朱狄：《原始文化研究》，426页，北京，三联书店，1988。

② 同①，28页。

原始思维的原始信仰中不断传承变异而来的民间思维观念和习俗惯例。这些民间思维观念的习俗惯例，受到了人们的信奉，甚至成为支配人们物质生活与精神生活的重要因素。著名学者乌丙安将这些代表人类精神生活形式的信仰分为四种形态。[①] 一是大自然信仰。在原始农耕时代，人类对于大自然的所有事物与现象都表现出崇敬与膜拜，是万物有灵论观念的直接体现，凡是与人类的生产、生活有直接联系的自然物和自然力量，都会在人类的大自然信仰中占据重要位置。大自然信仰包括天象信仰、大地信仰、山石信仰、水火信仰等。二是动植物信仰。原始社会的最早的采集、狩猎，把人类依赖动植物的生存条件提高到不可或缺的程度，对动植物的依赖和万物有灵论观念，使人类将所有动植物看成是有灵的事物，因而，形成了其祈禳、供献、膜拜的心理和行为。三是图腾信仰。图腾信仰是古代大自然信仰及动植物信仰发展后形成的一种以原始氏族为标志的信仰形式。图腾源于印第安语 totem，最早始于北美印第安人奥季布瓦族的方言 ototeman，是“它的亲属”或“标记”的意思。在原始人的信仰中，认为本氏族人都属于某一个特定的物种，大多数情况下被认为是某种动物的亲缘关系，一部分被认为植物或自然物象的亲缘关系。“图腾”信仰和氏族对氏族祖先的信仰有很大的关系。许多神话、传说中讲述的本氏族祖先往往是某种动物或与该动物近缘，甚至出现了大量异物感生的祖先诞生故事，以解释古代对孕育的无知。我国古代有大量的关于图腾信仰的记载，如《竹书纪年》中的高辛氏之妃简狄吞玄鸟卵生商始祖契，《史记·殷本纪》中的娀氏之女简狄吞玄鸟生契，《诗·商颂》中的“天命玄鸟，降而生商”等都是殷商始祖关于图腾的记载。四是祖灵信仰。祖灵信仰是人类对其祖先的信仰，认为祖先有灵，可以显现，可以影响和决定生者的生活，生者生活于祖灵的护佑之中。乌丙安先生说：“祖灵信仰是发展的，它的发展基础首先是氏族的祖灵信仰，这是对本氏族集团共同祖先的信仰，从这里出发，这种观念向两方面发展，

① 参见乌丙安：《中国民俗学》，248～270 页，沈阳，辽宁大学出版社，1985。

一方面随着氏族不断扩大，形成了若干新氏族的联合，于是氏族祖先上升为这个氏族联合体的祖灵；另一方面随着家庭不断个别化发展，又形成了许多家庭祖先的信仰和供奉，这样，祖灵便成为一家一户最具体的祖先崇拜了。这就是后来为什么家族要有家庙、宗祠，村寨有‘守护神’的根源。”“由鬼灵观念发展起来的祖灵观念终于以其独特的信仰形式与神灵观念相结合，使祖先信仰既和图腾信仰保持密切联系，又与大自然信仰有着千丝万缕的联系。人的灵魂观念与万物有灵观念融于一体，表现出多样的信仰形态，成为信仰的民俗传承的原始思维根源。”① 在农耕社会，信仰成了生活的中心，生活是围绕信仰展开和进行的，而农耕社会的信仰，显然保持了一种古老性特征，是古老生活的一种精神形式。

三、日常生活形态

文化作为一种生存方式，鲜明地体现在日常生活的各个方面。衣食住行、婚丧嫁娶等各方面，都是文化的直接呈现形态。农耕社会是一个漫长的历史过程，其黏着于土地上的农耕性，培养了农耕社会悠久、从容的生活形态，朴拙、敦厚、自然、沉毅，节奏与自然时序、日升月落相对应，秉性与水土庄稼、山川草木相关联。农耕生活是依托于自然而展开的一种自然生活形态。农耕社会的日常生活形态，都是与自然联系在一起的，既是对于自然的依赖，也是对于自然的一种模仿，最本质地体现了文化创造的原真性，包含了文化产生时的那种原初形态。农耕社会的居住环境与活动空间是深深地融化于自然之中的。人们或者依山傍水而居，或者在平地上聚落而居，或者聚居在朝阳的岭脊上，或者临江面海筑室。农耕社会是用地缘关系把若干不同家族、亲族集团组合起来的生活共同体，是固定在特定地方的更大范围的社会单位，是血缘与地缘相结合的共同体，因而，农耕社会中的内聚力特别强，协同互助是农耕生活中一种重要的表现形态。这种协同互助表现在农耕生活的方方面

---

① 乌丙安：《中国民俗学》，268、270页，沈阳，辽宁大学出版社，1985。

图 11　乡村时光——原生态依然是进行着的人生日子。（余刚摄）

面。在乡村，耕种收割要换工互助，亲族或者邻里之间，在耕种收割时节，都会约定俗成地进行换工互助，但这种活动不单单是一种经济活动，更是一种文化活动。在换工互助中往往有一系列的仪式，有鲜明的文化指向，通过换工，乡村社会的整体性和团结性进一步得到彰显，内聚力更加增强。婚姻丧葬是乡村生活中的大事，大家都积极参与其中。婚丧活动最能体现乡村面貌和风尚。乡村生活的婚姻习俗，深刻地反映了人类婚姻的演变过程，保留了许多远古时代的婚俗。比如云南永宁纳西族的阿注婚，就是一种对偶婚俗制。阿注婚以任何一个母系氏族“衣底”（或译为“一度”，即一群人的家）的女性为基础，与其他母系“衣底”的任何男子自愿结婚，通过比较简单的议婚，缔结婚姻关系，男子晚上到女家与女方同居，白天返回自己的母系“衣底”，形成十分简单明确的对偶同居关系，这种已经构成夫妻的关系，称为“阿注”关系。阿注是朋友的意思。确定这种关系的议婚几乎没有什么仪式，男女双方只互换手镯、腰带等装饰品，有的只口头同意就会建立关系。确定婚约后，并没有任何婚礼仪式，男子晚上将行李搬到女家，开始访妻的同居。男子与女方母系组织几乎没有什么经济往来，只向女方母亲和舅父赠送盐、茶、鞋和布等。女子与男方母系组织也无任何联系，只向男子本人赠送布、鞋子等。这种很容易确立的“阿注”关系，并不像一夫一妻那种专偶制巩固，很容易解除。这种阿注婚，是对偶婚的一种初级形式。“从他们的亲属制度中，我们找到了古老兄弟姊妹通婚的残留痕迹，显然现行对偶婚是从不久前的多偶婚演变而来的。”[①] 永宁纳西族的这种阿注婚，真实地反映了人类早期的婚姻形态，是彻底的原生态文化。

四、节日生活形态

节日是与日常生活相对的一种生活形态，是日常生活中的一些特殊时间，是常态生活的中断，节日将连续不断、平淡无奇的时间之流，分割为神圣和世俗两种相互对立、相互辅助的状态，由此，增添了日常生活的变化性和丰富性。岁时节日起源于农耕时代，岁时源于农耕时代的历法，节日源于古代季节气候，即由年月日与气候变化相结合排定的节气时令。“节”是对“岁时”的分节，把岁时的渐变分成像竹节一样的间距，把两个节气相交接之时日定为变节，转意为节日。农耕经济是一种人为地再现自然过程以获得食物的经济形式，它与畜牧狩猎经济的差异在于，人们必须经过一个较长周期的劳动，在特定季节获得所需食物。这种周期性的生产方式导致人与自然所构成的宇宙有秩序地循环运行。自然界的四季循环被看作是相等或相似于人的生命周期，同样经历着诞生、成熟、死亡、再生的过程。人们必须顺应自然秩序，在特定时刻做或不做某些事以防止自然循环的中断，或举行某些仪式以模拟、再现自然循环和农耕过程，确保其顺利运转与交替。伴随这些仪式的，是节日习俗中盛行的土地崇拜、生殖崇拜、祖先崇拜以及与农耕有关的鬼神崇拜。可以说，节日是最能体现原生态文化形态的，或者说，原生态文化中蕴涵的那种文化发生时的原初样式，在农耕社会的节日

---

① 乌丙安：《中国民俗学》，214页，沈阳，辽宁大学出版社，1985。

文化中有最真实和最完全的体现。今天阐述的原生态文化，很大程度上就是传统社会中的节日。

农耕时代的节日呈现出多种形态：一是农事祭祀节日；二是宗教祭祀节日；三是纪念节日；四是庆典节日；五是社交游乐节日。

农事祭祀节日是人们在农业生产活动中，为求得生产的丰收而对于自然崇拜、祭祀的固定时间和仪式。主要以农、林、渔、猎等生产习俗惯制为标志。清明节是最早的一个重要的农事节日。清明节又称三月节，三月是最好的耕种时令，江南浸灌耕田，北方则忙着种麦。《月令七十二候集解》言："物至此时，皆以洁齐而清明矣。"是古人对于万物复苏、耕作开始的一种祭祀。东汉《四民月令》言，清明节，命蚕桑、治蚕室、涂巢穴，具槌、寺、薄、笼，表示蚕桑事务的开始。这个节日后来与寒食节融合，成为人们表达火崇拜的一种形式，再后来，演变为以祭祖扫墓和郊外踏青为内容的全国性节日。如，二月二、六月六、七月七等，最早都是农事节日。

宗教祭祀节日是从原始宗教衍化来的，是以供献天帝、祭祀神灵、祭奠祖先亡灵、祈禳灾邪、驱恶避瘟等信仰习俗为标志的节日。中国古代，过春节时有一种大傩仪的仪式，以此驱鬼。汉代文献中就有记载："其仪，选中黄门子弟年十岁以上，十二以下，在百二十人为侲子，皆赤帻皂制，执大鼗。方相氏黄金四目，蒙熊皮，玄衣朱裳，执戈扬盾，十二兽有衣毛角，中黄门行之。冗从仆射将之，以遂恶鬼于禁中。夜漏上水，朝臣会，侍中、尚书、御史、谒者、虎贲、羽林郎将执事，皆赤帻陛卫。乘舆御前殿。黄门令奏曰：'侲子备，请逐疫。'于是中黄门倡，侲子和曰：'甲作食殈，胇胃食虎，雄伯食魅，腾简食不祥，揽诸食咎，伯奇食梦，强梁、祖明共食磔死寄生，委随食观，错断食巨，穷寄、腾根共食蛊。凡十二神追恶凶，赫女躯，拉女干，节解女肉，抽女肺肠。女不急去，后者为粮。'因作方相与十二兽舞。嚾呼，周遍前后省三过，持炬火，送疫出端门，门外驺骑传炬出宫，司马阙门外五营骑士传火弃雒水中。”① 大傩仪式包含了古人驱鬼迎新的观念，认为在新的生活周期开始前，主宰自己生活的鬼神也要更新，傩仪中的侲子就是纯洁与新生的象征。在北方，这种傩仪在宋以后逐渐为社火等其他娱神游乐活动所取代，但在南方却保存了下来，至今，在贵州、湖南、福建、江西、广西的一些地方，仍然保留着驱傩的习俗，傩仪也由此被称作是远古文化的活化石。

纪念节日是纪念民族英雄及重大影响的事件、现象而举行的全民性的纪念庆典活动。寒食节就是晋文公重耳纪念介之推火焚而死而禁火的一个纪念节日，但这个节日更久远的起源则是古人对火的崇拜，“《周礼》所谓‘季春出火’与‘季秋入火’是古人对大火星在天球上界运动过程的隐喻性说明，而当苍龙七宿崇拜代替了心宿三崇拜之后，就产生了许慎《说文解字》中有关‘春分而登天、秋分而潜渊’的解释，寒食禁火也就有可能被解释成害怕火盛而伤龙的行为。总之，无论是火星还是龙星崇拜，都是实际农耕生活需要的表现，由火向水的转换反映了农业发展的过程。”② 端午节中有加入了对于屈原的祭祀纪念内容。藏族每年在藏历七月初一到初五之间，举行传统的藏戏节。届时，藏戏艺人聚集到拉萨布罗林广场出演丰富多彩的白、蓝面具藏戏和各种民间歌舞。成千上万的观众则边吃酸奶边看戏，所以俗称酸奶节，即藏语雪顿节。这个节日据说是为了纪念藏族历史上的修铁索桥的著名大师唐东结波而流传下来的。唐东结波是原野国王的意思，他的本名叫朝乌班登，据说在四五百年前后藏昂仕寺当喇嘛。他为了在湍急的雅鲁藏布江上修建桥梁，便沿江化缘，历尽千辛万苦，最后找到了精通歌舞剧的七兄妹，组成了戏班，编了劝人行善的剧目，一同演出集资，受到人民的大力支持，用得来的钱修建了十几座铁索桥。他至死还在导表演藏戏。从此便被奉为藏戏之神。雪顿节就是为了纪念唐东结波而设

---

① 《续后汉书·礼仪志》。

② 阴法鲁、许树安主编：《中国古代文化史（3）》，512～513页，北京，北京大学出版社，1991。

立的一个纪念节日。

庆典节日是以喜庆丰收，祝贺人畜两旺、平安幸福为主题的连续性、系列化的庆典活动。庆典节日属于民间的大型节日，具有特别鲜明的全民性。很多时候，庆典节日是许多节日的综合，包含了各种节日中的内容，既有对农业生产的祭祀，也有对神灵、祖先的膜拜、崇敬，还有对重要历史人物或重大事件的纪念，更有民族人群对于内心愿望、情感的表达与释放。比如春节，就是各种民间习俗的一种综合形式。祭灶神和食腊八粥，是春节的开始，是为新年的到来而进行的准备，但这两种习俗其实是远古时代每年最后一次报赛天地诸神的丰收祭的遗风。古时它有很多不同的称呼。汉蔡邕《月令是句》："蜡祭：夏曰清祀，殷曰嘉平，周曰蜡，秦曰腊。"郑玄解释为："腊谓以田猎所得祭禽也。"其起源可以上溯到采集—狩猎时期。春节中的驱傩仪式则与旱灾和疾病有关联，表现人们对于旱灾、疾病的恐惧与崇拜。春节，"农民们充分展示自己的劳动成果，做出各式各样丰盛的食物，举行无数次宴饮，邻里戚友之间相互邀约与馈赠。以拜年为主的广泛活动加强社会联系，尤其是加强姻亲联系的努力，反映了人们试图巩固本人及家族的社会地位的强烈愿望。丰盛食物首先是为了奉献给神鬼，天神、祖先频繁地降临人世，人们不厌其烦地向他们顶礼膜拜，以祈求新的一年风调雨顺。在新旧交替的混乱状态中，人们创造出一系列禁忌、巫术。一方面，人们期望着由于遵循了烦苛的禁忌而使自然秩序顺利恢复其旧有的轨道；另一方面，节日期间的风雨阴晴成为人们预卜一年农事活动成败的先兆，同时，人们还施展巫术以逃避或防止老鼠、蝗虫、疾疫的危害。娱乐活动充满着竞争意味，成为家族、村落或个人在一年中成败的先兆。这许多的行为与习俗构成了一幅五彩缤纷的节日画图。"[①] 庆贺节日是随着节日的发展而形成和发展的，但在庆贺的形式中，包含了各种节日的固有形态，可以

① 阴法鲁、许树安主编：《中国古代文化史（3）》，500～503页，北京，北京大学出版社，1991。

说是节日中的节日。

社交游乐节日完全是日常生活中的一种消解形式，是通过游乐活动将在紧张、程式化的生活中的人们予以休闲娱乐的连续固定时间。这类节日主要是通过交往来实现的，人们进行交往，其实就是为了游乐休闲。比如广西壮族的三月三歌圩，四面八方的人们在三月三这天，集中在一个固定的地点，进行对歌娱乐。蒙古族传统的“那达慕”，其原意是游艺大会，在这个盛会上，人们从草原的各个地方赶来，进行传统的文娱、体育等活动。云南大理白族的传统盛会“绕山林”，是一个以游乐、社交为重点的民间活动。每个农历四月二十三到二十五日，青年男女穿着盛装，成群结队，边唱边舞走向苍山下、洱海边，纵情歌舞、传递情谊。侗族的“三月歌会”，使聚居在黔、湘、桂交界地的侗家人，在三月三这天，从四面八方聚集到一些固定的歌场，进行交往娱乐。这些节日在今天是完全意义的游乐，人们也是为了游乐社交才在节日里聚会在一起的，但如果深入追溯会发现，这些游乐节日，其实也是从古老的农事节日、祭祀节日发展演变而来的，含蕴了古老的文化因子。

五、艺术审美形态

艺术是人类最早的精神表达形式。从类人猿成为人，有了自我意识，就开始了对于自身生命和生活的世界的思考，并形成了最初的图腾观念，将自身与图腾物、与世界联系起来，由此建构起属于人的精神世界，“从原始先民找到那个象征生命的图腾物起，他们的全部智慧、激情，对生命、生活的感悟与追求，就都凝注在图腾物上，他们敬畏图腾，神化图腾，把对宇宙、生命起源的认识，对自然社会的愿望，都借助图腾物来解释和表达，这种解释和表达不断强化的结果，便是绘画、舞蹈、音乐、戏剧、文学等艺术形式的发生。”① 很大程度上，艺术最清晰地反映人类精神生活发展的脉

① 余达忠：《图腾·神话·美——关于艺术发生学思考》，载《贵州民族学院学报》，1998(3)。

络，各个不同时代的艺术形式，都必然地包含着人类早期艺术的审美因子，尤其是农耕时代的艺术，直接传承于原始时代，是在原始时代艺术的基础上发展起来的，更多地保留了原始时代艺术的形式和原型，体现出人类艺术发展的古老性和原创性。苏联学者乌格里诺维奇说："艺术活动的胚芽是直接由原始人的生活的两个方面而产生的：第一，这种胚芽是在人们从事劳动活动，首先是制造劳动工具的过程中和基础上产生的；第二，是在人们发展彼此之间的种种交际工具——对世界的认识在其中被客观化了——的过程中产生的。""艺术植根于人类实践的人类自由在其中得到表现的那一方面。"① 自由是生命的终极价值，而艺术是人类实现自由的一种方式，人们通过艺术创作来表达生命和生活，在艺术创作与欣赏中，将生命与生活上升到审美的层面、自由的层面。所以，自从生命有了自我意识开始，艺术创作就产生了，艺术创作建构起的精神世界和情感世界，从根本上消解了人为了生存而进行的体力劳动的艰难、劳累，消解了人类世俗生活的单调、麻木。人的生活与动物的区别，很大程度上就在于人通过艺术建构起了一个无限广大的精神世界。

农耕社会是一个审美的社会，农耕社会有着丰富的艺术审美形态，今天的主要艺术审美形态，基本上都是在农耕社会中发展和完善起来的。农耕社会的艺术审美形态可以分为四类：文学类、艺术类、修饰类、娱乐类。

文学类即一般意义上的民间文学，是为了与作家文学相区别的称谓。民间文学是深藏在民间的文学，是民间创造和流传的口头文学作品。民间文学作品包括神话、史诗、歌谣、故事、传说、演唱词、巫词、理词、戏剧、笑话等。严格地讲，在农耕社会，民间文学是文学的源头，也是文学的主流。更重要的是，民间文学是农耕社会的百科全书，是激发人们生活热情、协调社会关系、强化人们

① ［苏］乌格里诺维奇：《艺术与宗教》，王先睿、李鹏增译，35、42页，北京，三联书店，1987。

族群认同、激励人们爱憎情感、记录描绘民族历史、反映民族生活现实、歌颂民族英雄人物和普通群众、体现民族特色的重要精神财富，是民族文化的重要符号，是社会精神生活的根基。联合国教科文组织在阐述民间文化时强调："民间文化包含人们赖以生存的基础而提供给自己的一切。它是，并明显地表现出来属于某一人类集团的文化，一种流行的、传统的文化，它在这个集团的历史进程中随着这个集团的需要的变化而变化，而这个集团又紧紧依附于这种文化，因为它是这个集团社会生活的根基。"不同民族的民间文学，其神话、史诗、歌谣、传说是不尽相同的，是这个民族历史、生活、情感的反映，烙印着深深的民族印记。

艺术类指发生和流行于民间的绘画、音乐、舞蹈、表演、造型等艺术形态。与神话、史诗一样，绘画、音乐、舞蹈也是古老的艺术，在原始时代就已产生，与人类的精神信仰有着密切的联系，是人类精神和情感表达的一种形式。到了农耕时代，民间艺术普遍得到了进一步的发展，成为农耕社会生活的一部分，可以说，农耕生活的审美化，很大程度上取决于农耕生活中充满了丰富多彩的艺术形式。民间艺术的绘画包括壁画、年画、人物画、故事画、水彩画等；民间音乐艺术包括祭祀音乐、丧葬音乐、婚庆音乐、节日音乐、游乐音乐等；民间艺术舞蹈包括祭祀舞蹈、丧葬舞蹈、婚庆舞蹈、节日舞蹈、社交舞蹈等；民间造型艺术包括各种人物、动物的塑像，如神鬼塑像，艺术表演时的种种造型、面具，各种艺术雕刻，如石雕、木雕等。

修饰类艺术主要指基于某种信仰习俗或者美学需要而进行的民间修饰、装饰。民间社会是一个审美的社会，其最外在的直观感觉就是民间社会充满了各种修饰、装饰艺术，无论是节日或者日常生活的方方面面，都是依据一定的信仰习俗或者美学理念修饰、装饰起来的，包括对人的衣着服饰的修饰，对村落住房的装饰，对物品的修饰，对节日活动的装饰。比如服装，是最有代表意义的民族文化符号，也是民族审美精神的集中体现，民族服装的美学意义，是远远赶超于现代服装的，苗族服饰就被称作是穿在身上的史诗；比如民族村落，往往是按照一定的文化理念和美学精神建构起来的，房屋、村巷、朝向、形制、山水树木等都是精心配置的，显示出天人合一的思想。农耕社会中，无论是人们的劳动工具、生活用具，还是祭祀用、把玩用的种种物品，往往同时也是一件艺术品。

娱乐类艺术是民间生活的重要内容，是民间艺术审美的重要方面，民间娱乐的内容和形式都是多种多样的，有体育类娱乐，如摔跤、赛马、登山、游泳、下棋、打陀螺等，有文艺类娱乐，如山歌对唱、戏曲表演、广场舞会等。娱乐也可以分为日常娱乐、节日娱乐、社交娱乐等。

第三节　原生态文化与非物质文化遗产

原生态文化与非物质文化遗产是我们经常相提并论的两个概念，有的认为这是两个概念，有的则认为是一个概念的两种表述。其实，无论原生态文化还是非物质文化遗产，都是现代生活不断发展、扩张的产物，是20世纪后期全球化不断深入的现实。

随着资本主义生产方式的扩展即资本的全球扩张，借助科技的力量和帝国主义无尽的欲望、野心，全球化在经历了几百年的缓慢发展之后，终于在20世纪下半叶，成为我们不得不面临的现实。美国学者罗兰·罗伯森说："作为一个概念，全球化既指世界的压缩（Compression），又指认为世界是一个整体的意识的增强。"① 全球化是一个全方位的进程，资本的扩张、商品的流动、通信的一体化、知识的共享、国际标准、旅游成为一种时尚和生活方式等都是全球化的结果。全球化带来了真正意义上的全新的生活、现代化的生活。全球化是现代性发展的顶峰，也正是这种现代性，使以现代性为特性的西方文化、美国文化处于一种强势地位，对传统文化、本土文化造成根本性的冲击，有时甚至造成毁灭性的冲击。也正因为

① ［美］罗兰·罗伯森：《全球化——社会理论与全球文化》，梁光严译，11页，上海，上海人民出版社，2000。

如此，非物质文化遗产和原生态文化的命运引起了人们的关注，一场保护非物质文化遗产和原生态文化的全球性运动在全球化进程中开始了。原生态文化、非物质文化遗产与全球化和现代化是相对的，是历史发展进程中的两极，但又是相关联的。正是全球化、现代化的进程，才将原生态文化、非物质文化遗产的命运推向了一个节点上。可以说，原生态文化、非物质文化遗产与全球化和现代化是紧密联系在一起的。全球化、现代化进程越是加速，原生态文化、非物质文化遗产越显得珍贵，对于它们的保护就越显得重要和迫切。

非物质文化遗产是从文化遗产概念中衍生出来的。“文化遗产”——最早源于拉丁语“父亲留下的财产”，到20世纪后半叶发展为“祖先留下的财产”，并由一般的物质财富发展为看得见的“有形文化遗产”和看不见的“无形文化遗产”及充满生命力的“自然遗产”。联合国《保护世界文化和自然遗产公约》规定，属于下列各类内容之一者，可列为文化遗产：①文物：从历史、艺术或科学角度看，具有突出、普遍价值的建筑物、雕刻和绘画，具有考古意义的成分或结构，铭文、洞穴、住区及各类文物的综合体；②建筑群：从历史、艺术或科学角度看，因其建筑的形式、同一性及其在景观中的地位，具有突出、普遍价值的单独或相互联系的建筑群；③遗址：从历史、美学、人种学或人类学角度看，具有突出、普遍价值的人造工程或人与自然的共同杰作以及考古遗址地带。凡提名列入《世界遗产名录》的文化遗产项目，必须符合下列一项或几项标准方可获得批准：①代表一种独特的艺术成就，一种创造性的天才杰作；②能在一定时期内或世界某一文化区域内，对建筑艺术、纪念物艺术、城镇规划或景观设计方面的发展产生过大影响；③能为一种已消逝的文明或文化传统提供一种独特的至少是特殊的见证；④可作为一种建筑或建筑群或景观的杰出范例，展示出人类历史上一个（或几个）重要阶段；⑤可作为传统的人类居住地或使用地的杰出范例，代表一种（或几种）文化，尤其在不可逆转之变化的影响下变得易于损坏；⑥与具特殊普遍意义的事件或现行传统

图 12　乡村时光——在乡村，死亡是注定要降临的节日。(余达忠摄)

或思想或信仰或文学艺术作品有直接或实质的联系。

文化遗产更多的被看作一种有形的形式，一种物质的形式。其实，还有无形的文化遗产，即非物质文化遗产。非物质文化遗产的发展经历了一个不断认识和丰富的过程。非物质文化遗产概念的发展经历了民俗（folklore）、非物质遗产（non – physicalheritage）、民间创作（cultural tradition and folklore）、口头遗产（oral heritage）、口头和非物质遗产（Oral and Intangible Heritage）、非物质文化遗产（intangible cultural heritage）的发展过程。1989 年联合国教科文组织在巴黎召开的第 25 届大会上通过的《关于保护传统文化与民间创作的建议》，提出了“传统文化与民间创作”的概念，强调“民间创作（或传统的民间文化）是指来自某一文化社区的全部创作，这些创作以传统为依据，由某一群体或一些个体所表达并被认为是符合社区期望的，作为其文化和社会特性的表达形式，其准则和价值通过模仿或其他方式口头相传。它的形式包括：语言、文学、音乐、舞蹈、游戏、神话、礼仪、习惯、手工艺、建筑术及其他艺术”。1997 年 11 月，联合国教科文组织第 29 次全体会议通过了《人类口头及非物质遗产代表作宣言》，采用了“口头及非物质文化遗产（Oral and Intangible Heritage）”概念，沿用了对民间传统文化的定义。2002年是联合国文化遗产年，9月16日至17日，在伊斯坦布尔举行了以“非物质文化遗产：文化多样性的鉴照”为题的文化部长圆桌会议，通过了《伊斯坦布尔宣言》，由此确立了制定《保护非物质文化遗产公约》的工作目标。此后，“非物质文化遗产”成为《保护非物质文化遗产公约》（2003年10月通过）的法定用语，并将之进一步定义为：被各群体、团体、有时为个人视为其文化遗产的各种实践、表演、表现形式、知识和技能及其有关的工具、实物、工艺品和文化场所。各个群体和团体随着其所处环境，与自然界的相互关系和历史条件的变化不断使这种代代相传的非物质文化遗产得到创新，同时使他们自己具有一种认同感和历史感，从而促进了文化多样性和人类的创造力。

联合国《保护非物质文化遗产公约》指出，非物质文化遗产应涵盖五个方面的项目：①口头传说和表述，包括作为非物质文化遗产媒介的语言；②表演艺术；③社会风俗、礼仪、节庆；④有关自然界和宇宙的知识和实践；⑤传统的手工艺技能。《保护非物质文化遗产公约》并指出，非物质文化遗产概念中的非物质性的含义，是与满足人们物质生活基本需求的物质生产相对而言的，是指以满足人们的精神生活需求为目的的精神生产这层含义上的非物质性。所谓非物质性，并不是与物质绝缘，而是指其偏重于以非物质形态存在的精神领域的创造活动及其结晶。

2005年，国务院发布《关于加强我国非物质文化遗产保护工作的意见》（国办发［2005］18号），在其附件《“国家级非物质文化遗产代表作”申报评定暂行办法》（国务院办公厅2005年3月26日）中，将非物质文化遗产定义为：非物质文化遗产是指，各族人民世代相承的、与群众生活密切相关的各传统文化表现形式（如民俗活动、表演艺术、传统知识和技能，以及与之相关的器具、实物、手工制品等）和文化空间。在该办法中，将非物质文化遗产划分为两类：①传统的文化表现形式，如民俗活动、表演艺术、传统知识和技能等；②文化空间，即定期举行传统文化活动或集中展现传统文化表现形式的场所，兼具空间性和时间性。《“国家级非物质文化遗产代表作”申报评定暂行办法》指出非物质文化遗产的范围包括：①口头传统，包括作为文化载体的语言；②传统表演艺术；③民俗活动、礼仪、节庆；④有关自然界和宇宙的民间传统知识和实践；⑤传统手工艺技能；⑥与上述表现形式相关的文化空间。

作为“群体、团体、有时为个人视为其文化遗产的各种实践、表演、表现形式、知识和技能及其有关的工具、实物、工艺品和文化场所”，作为“各族人民世代相承的、与群众生活密切相关的各传统文化表现形式”，非物质文化遗产是一种有生命的、活态的文化形态，是通过人的生命形式、社会的生活方式来承载的文化形态，虽然其中的一部分可以借助物质的形式来承载，但生命形式、进行着的生活方式始终是非物质文化遗产的最为重要的存在状态。有学者曾举例说明非物质文化与物质文化的区别与联系。“例如：剪纸作品是物质文化，但是，剪纸艺人的艺术传承和创作构思，剪纸的技巧工艺则是无形的非物质文化。同样道理，古琴乐器本身是物质文化，而古琴的制作工艺、弹奏古琴的手法和技巧、口传心授的乐曲调式、传统记谱方式方法、演奏形式或仪式等等综合在一起形成的文化的链接，才够得上是无形的非物质文化。”再如，“老艺人做出了精美的木雕艺术作品，是看得见摸得着的物质，但是，那位老艺人身怀绝技的手艺，从他口传心授的传承，到艺术构思和操作的手法技巧，雕刻过程中的行业规矩、信仰禁忌等等，都是人们难以看到和难以触摸到的，这就是‘无形的’、‘非物质的’文化遗产。精雕细刻的物质作品是老艺人绝技、绝艺的载体，而这技艺正是亟待加以抢救和保护的‘非物质文化遗产’。因为一旦老艺人离去，他身上承载的非物质遗产就会随之消亡。”① 非物质文化遗产必

① 乌丙安：《中国文化语境中的“非物质文化遗产”的界定》，载《光明日报》，2005年7月6日。

然要通过人的技艺、智慧、劳动、活动、情感、审美、思想、信仰等来呈现，必然要在人类进行着的当下生活中展开，是特定社区或者特定人群的一种生活方式，是一种生活实践形式和生命表达方式。但作为一种生活实践形式和生命表达方式的非物质文化遗产，主要是传统生活、传统文化的一种延续与传承，是传统的生活方式，传统的文化形态在当下的进行与呈现。正是由于非物质文化遗产是传统生活的延续，传统文化的呈现，农耕背景下的生活样态和文化形态，在全球化背景和现代生活的冲击下，才面临着生存的危机，需要我们大力保护和抢救。

原生态文化是在20世纪后期为人们所关注的，原生态文化属于非物质文化遗产，是非物质文化遗产的一个方面。总体上来看，非物质文化遗产属于传统文化，属于传统文化中民间文化的范畴，而且，还是由对民间文化的保护发展为对非物质文化遗产的保护的。在经济全球化的形势下，由于民间文化所赖以生长和存活的农耕文化及其相关的自然环境和社会经济环境的变迁，特别是随着现代化和城镇化进程的推移，国际标准化的普遍实施，互联网的普及，农民进城务工引发的人口大流动，广播电视的普及、全民信息化水平的提高，负载着丰富的民间口头文学和掌握民间艺术和技艺的艺人的日益减少乃至死亡，民族的“文化记忆”出现中断的概率增加，存在于民间的有着悠久历史与传统的口头与非物质文化遗产大面积地面临着被遗忘、遭损坏的严重威胁。由此，渐次展开了一场全球性的保护非物质文化遗产的活动。进入新世纪以来，随着全球化进程的加速，原生态文化引起了更多人的关注。

原生态文化主要形成于农耕时代，农耕社会呈现的文化形态，在历史进程中得到发展延续，并仍然作为一种生活方式对人类产生影响，这种文化形态就是我们界定的原生态文化，是非物质文化遗产的一种类型。著名学者刘锡诚说：“口头和非物质文化遗产或民间文化遗产，其源头可以溯源于原始先民的文化创造，但更多的产生和流传于漫长的农耕社会文化环境之中，浸注着宗法农民的世界观和人生观，反映着农业社会的社会情景和风俗习惯。”① 农业社会流传下来的风俗习惯其实就是我们一般意义上所强调的非物质文化遗产。范道桂也说：“从文化发生学的角度看，非物质文化遗产主要产生于游牧与农耕生产方式时代。那时，由于生产力低下，人类认识和改造自然的能力很差，但为了生存与发展，人类又必须认识和掌握自然，于是只有借助于想象力去征服自然，这样便产生了一系列关于宇宙自然及人类起源的神话、传说，以及在生产和社会实践中积累的各种生存的技能技艺。另外，农耕文明是一种封闭的自给自足的自然经济，它决定了文化传播与发展的缓慢性。”② 农耕文明是非物质文化遗产形成和生存的基础，是农耕时代的文化记忆。非物质文化遗产是人类整个农耕时代创造的文化形态，甚至包括人类由农耕社会向工业社会过渡进程中的文化创造，其外延远远比原生态文化宽泛。不是所有的非物质文化遗产都是原生态文化，但原生态文化则一定属于非物质文化遗产。原生态文化是非物质文化遗产中最古朴、悠久的形态，是非物质文化遗产最初的和最本真的形态。

我们反复将原生态文化与农耕社会联系起来，实质上是强调，原生态文化其实就是农耕社会的一种文化形态，是在农业产生时代产生，并在农耕社会中得到进一步发展的人类的一种生存方式、生活方式。作为一种生存方式、生活方式，原生态文化是与人的生命实践、与人的存在形态、与人的实际生活紧密联系在一起的，是人的生命与生活的一种外在呈现样态，是一种活的、有生命的文化形态。原生态文化不是历史，虽然原生态文化有着最悠久的历史传承，体现了最深刻的历史内涵，是从人类早期历史生活中延续下来的一种形态，但是原生态文化毕竟是当下生活的一种现实，是一种有历史感的、进行着的生态形态；原生态文化不是具体的物质形式，虽然原生态文化中包含了人类的物质创造成果，或者通过物质

① 刘锡诚：《非物质文化遗产的文化性质问题》，载《西北民族研究》，2006（3）。
② 范道桂：《非物质文化遗产保护的理论与实践》，载《艺术研究》，2007（6）。

的形式来呈现，但是原生态文化更重要的是一种生活形式，正如生活是为物质所环绕，但生命形式依然是其内核，对于原生态文化，最本质的还是其生命形式，是一种仍然在进行着的当下生活形态；原生态文化不是一种抽象的精神形式，虽然原生态文化的价值指向是一种精神形式，或者原生态文化是一种精神理念的积淀；但原生态文化本质上是一种生活形式，是一种包含精神理念的活的、立体的、进行着的生活形式；原生态文化不是一种现代的生活形态，虽然原生态文化存在于当下的生活中，是当下生活中的一种现实，但原生态文化本质上是一种传统生活，是传统社会的一种生活形式，是人类古老生活的一种延续。原生态文化在当下的存在，取决于社会生活的发展进程，取决于人们对于传统社会、传统生活的态度，取决于原生态文化自身的生命力。

第四章　原生态文化：资源价值与旅游开发

第一节　文化资本与原生态文化资源

人生而拥有文化，人生而创造文化。人与动物的最根本的区别，在于人能够创造预定的环境，使其适应人类的生存，人类这种创造预定环境的能力，就是人类的文化。美国学者克利福德·格尔茨说：“人的生物进化的最后阶段发生在文化成长的最初阶段之后这一明显的事实显示：‘基本的’、‘纯粹的’或者是‘无条件的’人性，在人的内部构造的意义上，在功能上是如此不完全，以至于无用。工具、狩猎、家庭组织及后来的艺术、宗教和‘科学’从肉体上塑造了人，它们不仅对人的存在是必要的，而且对现实的存在也是必要的。”① 人在创造文化中创造了自身，人是“通过文化来使自己完备或完善的那种不完备或不完善的动物”，“我们的思想、我们的价值、我们的行动，甚至我们的情感，像我们的神经系统自身一样，都是文化的产物——它们确实是由我们生来具有的欲望、能力、气质制造出来的。”② 文化是人作为人存在的前提，只有获得文化，我们才能称其为人类；文化也是人进一步发展进步的资源，文化中的核心要素，信念、态度、价值观等，对于社会的进步，发挥着至关重要的作用。著名学者劳伦斯·哈里森强调，文化是“可以

---

① ［美］克利福德·格尔茨：《文化的解释》，韩莉译，88 页，南京，译林出版社，2008。

② 同①，54、55 页。

阻滞或促进进步的力量”，“文化价值观和态度可以阻碍进步，也可以促进进步”①。尤其是那些对于个人、单位及其他机构的经济活动产生广泛影响的信念、态度和价值观，对于社会经济发展的影响更是巨大，迈克尔·波特称之为“经济文化”，“经济文化在很大程度上是直接或间接由经济所形成的。也有例外，其中包括一些信念、态度和价值观根本不是源于经济利益或个人的利害得失，而是源于纯粹社会或道义上的抉择。”② 作为一种生存的方式，文化既是我们生存的范式，也是我们生存的不可或缺的资源。

图 13　乡村时光——有了憧憬和期待，日子就充满了意味。(余刚摄)

① ［美］劳伦斯·哈里森：《文化为什么重要》，见［美］塞缪尔·亨廷顿、劳伦斯·哈里森：《文化的重要作用——价值观如何影响人类进步》，程克雄译，22、24 页，北京，新华出版社，2002。

② ［美］迈克尔·波特：《态度，价值观，信念以及繁荣的微观经济学》，见［美］塞缪尔·亨廷顿、［美］劳伦斯·哈里森：《文化的重要作用——价值观如何影响人类进步》，程克雄译，56 页，北京，新华出版社，2002。

文化作为一种资源，完全可以进入我们的经济领域，可以在我们的经济生活和经济实践中进行生产和再生产。"再生产"是法国学者布尔迪厄提出的一个重要概念，以此强调社会文化的动态过程。一方面，文化通过不断的再生产维持自身平衡，使社会得以延续。文化再生产的结果体现了占支配地位的利益集团的意愿，是他们的社会权威得以中性化、合法化的手段。另一方面，被再生产的，不是一成不变的文化体系，而是在既定时空之内各种力量相互作用的结果。[①] 人们在一定的观念指导下进行的实践，使文化不断再生产出来，文化是人们不断再生产的产品。布尔迪厄突破了将资本仅仅看作是一种经济现象的局限，把资本扩大到社会文化领域，分为社会资本、文化资本、经济资本三种基本形态，指出："除非人们引进资本的所有形式，而不只是思考被经济理论所承认的那一种形式，不然，是不能解释社会世界的结构和作用的。经济理论已被塞进了有关实践的经济的定义中，实践的经济是资本主义的历史性发明，它把交换世界简化为商业性的交换，而商业性的交换无论从客观上，还是从主观上都力图追求利润的最高值，即（经济性的）自身利益；通过这种简化，经济理论将交换的其他形式隐喻性地界定为非经济的交换，因而也就是超功利性的交换。这种经济理论之所以要改变某种资本的性质，并把它们定义为超功利性的，是因为通过改变性质，绝大多数物质类型的资本（从严格意义上说是经济的资本类型），都可以表现出文化资本或社会资本的非物质形式。"[②] 文化资本以三种形式存在：具体的状态，以精神和身体的持久"性情"的形式；客观的状态，以文化商品的形式；体制的状态，以一种客观化的形式，这一形式必须被区别对待，因为这种形式赋予文化资本一种完全是原始性的财产，而文化资本正是受到了

① 参见［法］布尔迪厄：《实践与反思——反思社会学导引》，李猛、李康译，北京，中央编译出版社，1998；参见宗晓莲：《旅游开发与文化变迁——以云南丽江纳西族文化为例》，16～17页，北京，中国旅游出版社，2006。

② ［法］布尔迪厄：《文化资本与社会炼金术——布尔迪厄访谈录》，包亚明译，189～211页，上海，上海人民出版社，1997。

这笔财产的庇佑。前两种形式可以分别称作文化能力和文化产品。文化能力是个人通过一定时间的学习而获得的一种内在的文化资本，体现为个人素质等方面。文化产品是客观化的文化资本和经济资本的统一，在物质性方面，文化产品则预先假定了文化资本。文化尽管不被认为是一种利益，但事实上它却是一种特定的资本。文化实践从形式上看遵循的是一种“颠倒的经济”的逻辑，但它并非与经济无关，经济资本不仅规定了文化生产赖以产生的条件，而且，行动者在文化活动中所积累的文化资本有可能转化为回报更为可观的经济资本。① 文化作为资本，最重要的就是作为文化核心要素的信念、态度、价值观能够对经济直接发挥作用。在全球化时代，人们已经越来越意识到文化在经济社会中的作用。“一种国际性的经济文化的核心内容正在出现，它跨越各种传统文化的界限，将为越来越多的人们所共有。对经济起作用的一些信念、态度和价值观将成为共同性的，而显然不利于生产力的因素将会在全球经济的压力之下以及全球经济带来的机会的促进之下，逐渐消失。”② 将原生态文化作为一种资源引入资本市场，在旅游业蓬勃兴起的全球化时代，开发原生态文化资源，开展原生态文化的旅游，从资本理论上讲是可行的，是文化实践的重要内容。

文化作为人类整体性的生存样式系统，是以各种形态呈现的，有表现为信念、态度、价值观的精神形态，有表现为习俗、规范、礼仪的制度形态，有表现为器物、工具的物质形态等。不同形态、不同层次、不同质量的文化，其资本价值是不一样的，有些文化形态直接呈现为一种资本形式，是可以直接再生产或者复制的符号产品，是亲经济的；而有些文化形态则是一些隐喻性的资本，其对经

① 参见［法］布尔迪厄：《文化资本与社会炼金术——布尔迪厄访谈录》，包亚明译，上海，上海人民出版社，1997；参见宗晓莲：《旅游开发与文化变迁——以云南丽江纳西族文化为例》，16页，北京，中国旅游出版社，2006。

② ［美］迈克尔·波特：《态度，价值观，信念以及繁荣的微观经济学》，见［美］塞缪尔·亨廷顿、［美］劳伦斯·哈里森：《文化的重要作用——价值观如何影响人类进步》，程克雄译，60页，北京，新华出版社，2002。

济的作用是潜隐的，需要通过其他的转化方式才能进入资本领域，成为可开发的符号产品，而且，一些内在的价值观，本质上就是非经济的，是基于人类或者一个社会的共同的公理、道义、信念而形成的。对于文化的资源化和资本化，重要的不在于其文化形态是否能直接转化为符号产品，而在于这种文化形态能否作为个体或者群体进行竞争的手段。凡是有助于个体或者群体参与社会竞争的文化形态，不管是非经济的或者是亲经济的，都应该被看作是社会生存发展的一种资源和资本，除非是反经济的文化形态，不能看作是一种资源与资本，而反经济的文化形态，则注定不是一种积累的形式，必然在社会发展进程中消亡、消失。社会“持续发展所必备的价值观，虽然是非经济的，却绝不能是反经济的。它们应该是非经济的，同时又是亲经济的。它们是非经济的，不会随经济成就而消失；它们是亲经济的，将会不停息地推进积累的过程”[1]。作为一种生存方式，文化是从一开始，就是作为人类在环境中竞争的工具而创造的，掌握和拥有的文化形态越多，个体和群体的竞争力就越强，社会的发展进步就越是显而易见。从这个意义上说，文化不是被动的，而是一种主动的实践形式和生命形式，也正因为文化在推动社会发展和个体进步方面发挥着决定性的作用，学习和创造文化，更多地拥有和掌握文化才会成为个体和人类的行动目标。人能够作为一个行动的主体，很大程度上就在于文化的这种力量的塑造，在于文化实践中蕴涵着这样巨大的潜力。无论从内在的观念或者外在的工具性，作为一种形态的文化，都是潜隐或者显现出动力性的，是一种具有强大推动力的资源——社会进步和个体发展，决定于对于这种具有强大推动力的文化资源的整合与利用，凡是更好地发挥文化的功用和效率的社会或者个体，其竞争力就会得到加强，而文化的活力与创造性也就能够更好地彰显出来。文化从来都

① ［阿根廷］马里亚诺·格龙多纳：《经济发展的文化分类》，见［美］塞缪尔·亨廷顿、［美］劳伦斯·哈里森：《文化的重要作用——价值观如何影响人类进步》，程克雄译，82页，北京，新华出版社，2002。

是在交流中、在竞争中发展起来的，获得创造品质的。静止的、缺乏流动性的文化是不会发展的，文化只有在不断的运用和不断的适应环境中发挥功用，才能获得持续的发展。

原生态文化是一种古老的生活方式，但原生态文化呈现的这种古老生活方式，并不是反经济的，依然是亲经济的，可以通过某种方式转化为直接的经济资源，成为经济产品进入资本市场。我们要承认，在一个较小的、简单的、边远的社会中，人们为适应环境而作出的抉择与反映往往要缓慢些、保守些，其抉择的经济效率一般不会是最好的，但一般情况下，人们的抉择也不会是反经济的。所有反经济的抉择都是对自身的扼杀。一种从古老时代开始就持续下来的生存方式，绝不可能是反经济的，而必然是亲经济的，是一种有效的资源方式。"一个社会的居民要生存，就必定使他们维持生计的活动具有相当的效率，可是，这些活动不需要是最佳的（即在时间和精力上以最低的耗费，得到最多的营养）。恐怕从来没有哪个社会的人们做到过最佳的经济适应，实际上也根本看不出哪个社会的人曾试图做到这一点。社会组织和文化受到一个社会所能掌握的技术及其经济活动的影响，但是社会体制或文化信念系统从未普遍导致最大限度适应环境的境地。它们也从未始终如一地提高社会所有成员的水平。"① 与市场经济支配下的现代文化相比较，自给自足的自然经济支配的原生态文化，其表现出来的经济效率显然很低，更多的时候表现出刚好够维持生存的状态，但我们依然要承认它是一种适应环境的生存方式，承认它具有的那种亲经济的秉性。这一点很重要，是原生态文化作为一种文化资源进入现代资本市场的前提，是对于原生态文化进行资源开发的前提。

原生态文化具有亲经济的特质，因而，才能在千百年的历史发展进程中保持了下来。虽然人类进入工业社会以后，其处境一直岌

① ［美］罗伯特·埃杰顿：《传统信念与习俗：是否有一些比另一些好》，见［美］塞缪尔·亨廷顿、［美］劳伦斯·哈里森：《文化的重要作用——价值观如何影响人类进步》，程克雄译，205页，北京，新华出版社，2002。

岌可危，但是毕竟以其顽强的生命力，孤独而倔犟地生存着。从这个意义上讲，我们可以将原生态文化看成是一种凝聚了世世代代人类智慧的古老的生存方式，是人类在严酷的生存环境中进行生存抉择与适应严酷的生存环境的智慧宝典，其悠久的历史积淀和古老的生活法则，早就成为人类的财富和人类进步的资源。

文化是在交流、竞争中发展起来的。任何一种文化，都是对自身生存环境的有效适应。而人类的生存环境由于人类所处的生态环境的差异和应对生存方式的差异，是存在区别的。这种差异，决定了人类文化的差异性，不同地域、不同人群会形成和选择不同类型的文化。正如生物多样性是自然界的现实，文化多样性也是人类生活的现实。每一种作为人类生存方式的文化都有其存在的价值，都是人类社会繁荣发展的资源。1972 年通过的《世界遗产公约》强调，“任何一项民族历史文化的毁灭或消失都将造成世界各民族遗产之有害的匮乏”，保证民族文化传之后代是“当前和将来文化的丰富与和谐发展的一个源泉”。1998 年，联合国教科文组织发表的《世界文化报告：1998——文化创新与市场》中，进一步列举了保护各民族文化，维护文化多样性的充分理由：“第一，文化多元性作为人类精神创造性的一种表达，它本身就具有价值；第二，它为平等、人权和自决权原则所要求；第三，于生物多样性，文化多元性可以帮助人类适应世界环境有限的环境资源。在这背景下，多元性与可持续发展相连；第四，文化多元性是反对政治和经济的依赖与压迫的需要；第五，从美学上讲，文化多元性呈现一种不同文化的系列，令人愉悦；第六，文化多元性启迪人们的思想；第七，文化多元性可以储存好的和有用的做事方法，储存这方面的知识和经验。”1998 年的《国际文化旅游宪章》也强调：“各种文物藏品、文化景观、历史性场所、遗迹、人为环境，也包括那些属于过去但仍在继续中的传统以及仍然有效的经验和其他一些习惯行为……是形成各国、各地区的地方特征的基本要求，也是现代生活不可分割的一部分。文化遗产是记录社会经济发展和变化的基本参照点，也是促进这种发展和变化的有效手段，是未来文化发展的宝贵财富和重要基础。在这个迅速全球化的时代，对任何一个地方或地区的文化多样性及文化遗产的保护、保存、解释和展现，对当地人来说都是重大的责任……是人类共同的义务。”2000年7月，在东京召开的西方八国首脑会议在一份《宣言草案》中，也特别强调了文化多样性的重要性。“基于欧美的价值观席卷全球的倾向日益明显，特别在迅速普及的因特网上，使用的80%都是英语，因而，新生和保存各民族的文化成了当务之急。这对于维护世界的稳定，促进各国的发展至关重要，因为，多样性可以给世界，特别是世界经济带来活力。”① 原生态文化的现实存在，是文化多样性的最有力证明，也是世界文化景观中一道重要的风景，是全世界共有的文化资源。

原生态文化是相对于现代文化的现实存在。现代文化是农耕文明发展到手工工场的高级阶段发展起来的。在迄今为止的文明模式中，现代文明体现出最高效益，通过科技的进步和体制的创新，现代文明最大限度地发挥了其经济效益，创造了漫长的农耕文明时代不可比拟的物质财富，极大地推动了社会的进步与发展。如果单纯从经济效益衡量，现代文明发展的三百年间所创造的物质财富，比之前所有时代和文明模式所创造的物质财富的总和还要多。从经济发展的角度来说，现代文明是一种成功的文明体系，是一种高效益的发展模式。但我们也要看到，现代文明这种高效益的模式绝不等于最佳的模式，更不是唯一的发展模式。现代文明对资源掠夺式的开发与占有、经济利益的最大化和绝对化、占有和享乐欲望的无止境、私欲和个性的无限膨胀等，也带来了世界性的生存危机——生态系统的危机和社会系统的危机。从前者来看，现代文明对于自然的征服与掠夺，破坏了自然生态系统固有的平衡关系，破坏了人与自然的自然平衡关系，让整个人类的生存陷入危机之中；从后者来看，以资本为纽带结合起来的社会关系，使整个社会处在一种无序的恶性竞争中，人与人之间的信任降到了历史的低值，传统的伦

① 转引自李富强：《让文化成为资本——中国西部民族文化资本化运营研究》，23～24页，北京，民族出版社，2004。

理、习俗、观念面临着前所未有的挑战。

建立一个自然、社会、人和谐相处的可持续发展的社会，一直是人类所追求的发展目标。“生态文明，坚持以大自然生态系统整体运行规律的宏观视角，全面审视人类社会的发展问题。认为人类的一切活动都必须放在自然界的大格局中考量，按自然生态规律行事。经济社会发展，既要考虑人类生存与繁衍的需要，又必须顾及生态、资源、环境的承载力，以实现人与自然和谐，发展与环境同步。生态文明理念的实质，就是认定生态、环境是人类发展的基础，一切经济社会发展都要依托这个基础，从这个基础承载力的实际出发，任何超出这个基础承载力的发展，都将带来不良以至得不偿失的后果。”① 一个可持续发展的生态文明的社会不是凭空建立起来的，不但要转变我们的观念，重新摆正人与自然的关系，在社会的经济发展方式上进行变革，还要吸取人类所有文明时代的成果，将人类社会的全部文明体系作为我们发展的巨大的资源背景。

原生态文化是农耕时代早期人类的一种生存方式，是一种以体力劳动为主，以自然生态作为对象的手工劳动方式。虽然农耕中也借助于其他动力，如牛、马、水车、牛车等，但这些动力仍然要通过人工的方式才能获得，人的劳动依然要作用于这些动力上。因此，以体力劳动为主，以自然生态作为对象的手工劳动方式始终是农耕社会的基本经济方式和劳动方式。单纯从效益来衡量，这种农耕的方式是低下的，所带来的发展也是缓慢的，但是，这种低效益的、缓慢的发展模式，却最大限度地维护了人与自然的平衡状态，更大效益地体现了一种和谐敦睦的人伦关系，更大可能地营建了一种悠闲舒缓的生活方式，而这些，则正是现代社会的发展与当下生活中所欠缺的。我们可以将原生态文化作为建设生态文明社会的一种资源。一方面，从原生态文化和原生态的生活方式中去获得一些对于发展有益的理念与经验，学习农耕时代人们处理人与自然的关

① 余达忠：《生态文明：发展观、价值观、实践观视域解读》，载《南京林业大学学报》（社科版），2009（1）。

系、人与人的关系的智慧与方法，努力营造一个和谐的社会，建立一种和谐的人际关系；另一方面，将作为一种现实存在的原生态文化和原生态生活直接作为一种发展的资源，开发原生态文化的资源价值，直接为现代社会的经济发展服务，由此促进、带动原生态文化地区人民生活的发展和社会的进步。

重要的不是我们已经找到了一种最佳的发展模式，而是我们正在进行着实践，正在朝建立一个人与自然和谐、人与社会和谐的可持续发展的社会的方向前进和努力着。“如果说一个社会的所有成员都一致同意如何去最佳地利用环境，那恐怕是不可能的。迄今为止还没有一个社会的居民宣布过所有成员都得到了满足。所有的社会，包括人们最健康、幸福和长寿的社会，都仍有改造的余地，都可以再增进健康和安全，进一步提高生活的满意度。现在还没有完美的社会，没有理想的适应——只有欠完善程度的高低之分。人们都在调整自己的生活方式以求生活得更好，但是谁也没有创造出最佳的社会。人们不仅会犯错误以及在应付生态环境的过程中作出错误的判断，而且往往在为追求自己的利益而损害别人的利益，往往宁愿保持老的习惯而不肯弃旧图新。文化可以是有适应性的，但永远不会在这一点上尽善尽美。”① 我们不能过多地苛求和限制原生态文化，我们要保护好这些人类千百年延续下来的古老的文化和生活方式，让原生态文化成为我们发展的重要的动力和资源，让这种古老的生活方式在现代生活中获得新的意蕴和内涵，在发展中焕发新的生机与活力。

第二节　原生态文化的资源价值

我们是在全球化的背景下论述原生态文化的，全球化已然是我

① ［美］罗伯特·埃杰顿：《传统信念与习俗：是否有一些比另一些好》，见［美］塞缪尔·亨廷顿、［美］劳伦斯·哈里森：《文化的重要作用——价值观如何影响人类进步》，程克雄译，205～206页，北京，新华出版社，2002。

们必然面对的现实，因而，认识原生态文化的资源价值，也必须纳入全球化的视野中，在全球化进程中来看待原生态文化的价值。

本质上，价值是一个经济学概念，指凝结在商品中的无差别的人类劳动，商品的价值的大小决定于生产商品所需的劳动时间的多少和劳动的质量、强度。但我们进一步追溯下去，价值还属于哲学范畴，是与主体的需要相关联的，凡是主体所需要的，无论是物或者是人，都是有价值的，一旦主体与客体建立起某种关系，价值就开始存在或者得到体现，即客体满足或体现了主体的某种需要，客体对于主体而言，其价值就体现了出来。马克思指出："'价值'这个普遍的概念是从人们对待满足他们需要的外界物的关系中产生的。"① 还指出"人是一切价值的尺度"，就是从主体需要的刚性来衡量和判定客体的属性，凡是客体的某种属性能够满足和实现主体的某种需要，那么，主体与客体之间就建立起一种价值关系。站在主体的立场，需要是与人的存在全面关联的，作为自由的、自觉的、有目的的生命，人的需要既包括物质的，如食物、住房、衣服、工具等，也包括精神的、观念的、思想的、情感的、社会组织的等。可以说，凡是与人的存在相关联的，都是有价值的，真理、信仰、自由，是价值的最高境界。

原生态文化作为农耕时代人类的一种生存方式，是一种古老的文化形态，已绵延发展了几千年，至今依然还是我们生活的一种方式，其价值显然是不言而喻的。我们不从这个意义上来探讨原生态文化的价值，作为存在的价值是属于哲学范畴的，属于另一个研究领域，我们从全球化进程中原生态文化的当下存在来认识，挖掘原生态文化在促进民族地区社会经济发展进程中的价值，探讨原生态文化进入旅游开发市场的可能性和途径。

无论从哪个立场来界定，全球化都是一个现代化的进程，是与传统相对的。人类开始全球化进程后，一种新的文明形态——工业文明形态，由此渐次取代农业文明而成为人类文明发展的主流形

---

① 《马克思恩格斯选集》，第1卷，406页，北京，人民出版社，1995。

态。农业文明是以农业耕作和手工劳动为主要生产形态的文明，工业文明是以工业生产和机械操作为主要生产形态的文明。农业文明是一种缓慢发展着的文明，工业文明则是一种迅速壮大的文明。农业文明存在延续了几近一万年，遍布世界各个地区，是一种古老的、发展缓慢的文明形态，而工业文明在16世纪开始萌芽之后，进入19世纪后，得到迅速发展，到20世纪中后期，工业文明已然成为遍布世界各地的主流文明形态，全球化成为我们不得不面对的现实，成为我们生活的内容和方式。正是由于全球化的快速进程，产生于农业文明时代的相对自然的原生态文化，面临着生存的危机。也正是这种生存危机，使原生态文化资源的价值突显了出来。

以全球化作为参照，从旅游开发的视角来分析，原生态文化的资源价值表现在四个方面。

第一，作为一种稀缺性资源的原生态文化。

曾经作为我们生存和生活的方式的原生态文化，由于现代生活方式的冲击，已经逐渐从我们的生活中退出、淡出，只存在于一些相对闭塞、边远、贫困的农村地区和民族地区，成为现代化进程中的一种稀缺资源。原生态文化资源的弥足珍贵，就在于这种稀缺性。

原生态文化主要产生于农耕经济的环境中，而农耕经济是一种以农业耕作为主，以自然生态为对象，以手工劳动为主要生产方式的经济形式，人们不但在面向自然的劳动中获得生存与生活的资源，而且也在面向自然的劳动中进行文化创造，人类与自然建立起的是一种顺从和依赖的关系。进入工业时代，人类的生产方式发生了变化，不再是手工劳作，而是凭借科学技术进行机械生产，人类与自然的关系变成征服与被征服的关系，人类的欲望也由此无限度地扩张开来，整个大自然成为人类一个无比巨大的种植场和加工厂，一种新的生活方式、现代化的生活方式逐渐取代古朴自然的传统方式，成为社会生活的主流。全球化呈现出来的非领土扩张的趋势，使传统的、原生态的地方面临着前所未有的生存危机。一种文化的生成与发展，必须依赖于其生成发展的经济环境，也就是说，任何文化，本质上都是生产方式发展的产物，一旦生产方式发生改变，在原有经济环境下生成的文化形态，其生存必然面临危机——要么消失，要么改变其文化特质以适应其经济环境的变化。在经济呈现一体化、生活呈现同质化、空间呈现村庄化的全球化时代，在农耕环境中，像一株植物一样生长的原生态文化，正逐渐从现代生活中退出，从越来越扩张的城市中退出。可以说，在工业化和后工业化时代，在古老的农耕时代发生和形成的原生态文化真正成为一种稀缺性资源。对此，早在一百多年前，马克思、恩格斯就进行了深刻的预言："大工业建立了由美洲的发现所准备好的世界市场。世界市场使商业、航海业和陆路交通得到了巨大的发展。这种发展又反过来促进了工业的扩展，同时，随着工业、商业、航海业和铁路的扩展，资产阶级也在同一程度上得到发展，增加自己的资本，把中世纪留下来的一切阶级排挤到后面去。"①

图 14　乡村时光——乡村永远是我们疲惫心灵的最后家园。（余刚摄）

文化作为一种人类的生存方式，或者作为人类创造的成果和观念，其价值是不容讨论的，我们要讨论的是当下生活中，原生态文化作为一种稀缺性资源的价值，即由于稀缺性而突显出来的价

① 《马克思恩格斯全集》，第 46 卷（下），273～274 页，北京，人民出版社，1980。

值。从经济学分析，稀缺是判定价值的一个重要尺度。一种资源或者一件商品的价值的高低大小，既决定于这种资源或者商品的属性、品质，也决定于这种资源或者商品的稀缺性。千百年来，黄金一直是衡量价值的一个尺度，这既取决于黄金的恒常品质，也取决于黄金的稀缺性。原生态文化的资源价值在当下突显出来，很大程度上就取决于它的稀缺性。原生态文化已经存在了千百年，一直是人类的一种生活方式，但直到 20 世纪中期，人类才意识到要对无形文化财产进行保护。进入 21 世纪后，世界各国才达成共识，要加强对非物质文化遗产的保护。这种共识的达成，很大程度上是非物质文化遗产的生存、发展面临危机，已经成为现代社会中的一种稀缺性资源。我们可以从三个方面来理解。

一是生活方式上。现代生活是现代工业发展的现实，各个国家的现代化都是从发展现代工业开始的，各个国家都是通过发展现代工业而进入现代社会的。现代化是人类社会发展的整体性趋势，现代生活方式已经成为当下各个国家地区生活的主要形式，而农耕环境下的传统生活方式，正渐渐地成为一种非主流的生活方式，甚至只存在于开发和发展相对滞后的边远地区和民族地区。对于生活在现代环境中的人们而言，传统的生活已然成为过去，成为一种历史时代的文化记忆。我们说原生态文化是一种稀缺性资源，主要是针对原生态文化主要生存于边远地区、民族地区这一现状。

二是文化形态上。原生态文化是一种古老的文化形态，其文化原型可以追溯到人类农业文明产生的早期，是农耕经济的产物，而农耕经济主要是一种以手工劳作为主的自给自足的自然经济，是人类的一种古老的经济形态，在这种经济形态下形成的文化形态，显然也是一种古老的形态，是与现代社会自由经济、市场经济环境下的现代文化有区别的。在现代社会，由于生产力的进步、科技的迅速发展、政治经济体制的变革，整个经济环境已然发生了根本性的变革，一个与传统相对的现代社会已经形成，古老的文化形态在整个社会经济环境的变化中，也必然地发生变化，这种变化已经成为我们今天社会生活主流形态的现代文化。农耕的经济环境普遍发生了改变，一种在工业经济环境中形成的现代文化形态取代了古老的文化形态，原生态文化已经成为现代社会文化生活中的一种边缘文化，成为我们文化形态中的一种稀缺性资源。

三是生长形式上。文化是人类的创造，人类是文化的作品。当人类从树上走到大地上，学会用两块石头敲打出一件使用顺手的工具的时候，用一根削尖的木棒刺向一只奔跑的野兽的时候，文化就开始被人类创造了出来，这是人类最粗糙、最原始的文化，也是人类最简单、最古老的经济生活方式。人类是一种具有创造性品质的经济动物，不但在创造性的经济活动中创造和发展了人类自身，也创造和发展了人类的文化。文化从来就是随着人类的经济活动方式的变化而发生变化的，人类发展早期的简单的、古老的经济活动早已被现代经济活动所取代，显然，古朴的、原始的文化形态也随着简单、古老的经济活动的消失而消失。如果我们将文化比作一株植物，将经济环境比作土壤，经济环境发生变化了，在这土壤里生长的植物当然也会发生变化。在全球化的冲击下，农耕的经济方式不可避免地发生着变革，附着在农耕经济方式上的文化也将不可避免地面临着消失的命运。可以说，原生态文化是一种不可再生性的稀缺性文化资源，保护这种资源，在全球化的今天具有特别的意义。

第二，作为一种差异性资源的原生态文化。

全球化是当今社会发展的一种趋势，现代化是当今社会发展的一种主流，现代文化是当今文化进程中的一种主流形态，这是我们准确把握当下社会发展特征的一个基本立场，是我们不能回避的现实。但我们也要看到，全球化不等于一体化，现代化不等于同一化，现代社会是一个多元化的社会，是一个差异化的社会，多元性、多样性始终是人类所追求的发展目标。正像生物需要在多样性生态环境中生存发展一样，人类也需要在多样性文化环境中生存发展。多样性是发展的前提。文化多样性既包括各个国家、民族、地域的文化的多样性，即社会发展横向层面上的文化多元化，也包括文化形态上的多样性，即社会发展进程中纵向层面上的文化形态的多样性，不同形态的文化，主流文化、非主流文化、边缘文化可以共存。追求多元就是承认差异的价值。相对于作为主流的现代文化，原生态文化是一种边缘文化，是与现代文化存在很大差异的一种文化形态。将原生态文化置身于全球化的进程中，置身于现代背景中，置身于现代经济环境格局中，置身于现代旅游开发的市场中，我们更能深刻地感觉到原生态文化与全球、现代生活、现代方式的差异，而这种差异，在现代旅游业中则是一种有着巨大价值的资源。

原生态文化作为农耕社会的一种古老的生存方式，能够为现代社会的人们提供一种全新的生命体验和生存体验。旅游本质上就是对有差异的生活的体验。原生态文化背景下的生存方式，是以自给自足的农耕经济为主要形式的一种古老的生存方式，与工业社会以商品经济为主要形式的现代生存方式存在巨大的差异，在快节奏、重竞争的现代社会，传统农耕社会中的悠闲、舒缓、朴素的生活，是一种巨大的反差。

原生态文化与现代文化，其呈现形态存在巨大差异。现代文化是现代工业的产物，其文化形态呈现为坚硬的钢铁、凝固的水泥、有强大腐蚀力的化工原料、巨大的厂房、高耸的摩天大楼、网络状的公路、功能强大的超级市场、快捷的信息系统等。现代人于自然之中，独立创造了一个人工自然生态系统，与自然处在一种相对隔离的状态。在现代都市中，人们生活于人工创造的生态系统中，人们感觉自然时序的变化并不明显，更未感觉到对自然土地的必然的依赖，仿佛可以超越自然而生存、生活。而在原生态社会中，人们生产、生活的一切依靠，都直接来源于自然，与自然发生着密切的联系，人们生活于自然中，时时刻刻感觉着自然的变化，心中充满着对自然的敬畏与膜拜，所创造的一切文化形态，都打上自然的深深的底色。原生态文化中表现出来的这种自然本色，对于生活于都市而隔绝了自然的现代人，是一种巨大的吸引。现代人渴望到农耕社会中体验、感受自然朴素的生活。

原生态文化与现代文化正好处在文化发展链条的两极上，原生态文化呈现的是文化生长时期的那种相对自然的文化形态，而现代文化则是文化发展成熟期的文化形态，更多地表现出人类超越自然力的一种创造，这两种文化的差异是巨大的。原生态文化是农耕社会发展早期的文化呈现形态，而现代文化则是工业社会发展的产物，是工业革命的直接成果。农耕社会以手工劳动的方式进行生产，直接从土地中获得生存资源，工业社会以机械操作的方式进行生产，通过工厂、超市、农场来获得生存资源。生产方式上的反差，使现代人对农耕社会的生产方式充满好奇与向往。现代文化是一种都市文化，原生态文化是一种乡村文化，都市与乡村是一种相互对立的存在，也是一种相互吸引的存在，久居都市的现代人对于乡村的自然淳朴的生活一直充满心仪，到乡村体验与现代生活俨然不一样的原生态的生活，是都市人永远的追求，越是都市发展到极致，都市人对于乡村的理想与憧憬就越是强烈与恒久。

第三，作为一种活态性资源的原生态文化。

文化是一种进行着的生命形式，是人类生存生活的方式，原生态文化是一种进行着的古老生命形态，是人类农耕时代早期的一种生存方式。作为一种生存方式、生活方式，原生态文化是与人的生命实践、与人的存在形态、与人的实际生活紧密联系在一起的，是人的生命与生活的一种外在呈现样态，是一种活的、有生命的文化形态。作为农耕时代人类的一种生存方式，只要农耕的生活还作为当下人类生活的一种形态，原生态文化就会一直葆有其生命力，就会以一种生命形态参与到人类文化发展的进程中。作为活态性资源的原生态文化，不是单纯指向文化的某一方面，而是指农耕背景下人类整体性的生存方式，包括人类生存生活的各个方面。我们必须将原生态文化纳入农耕这个大视野中观照，将原生态文化作为一种整体性的进行着的生命形态，看到原生态文化中包含的非物质的要素，比如人类的观念、习俗、礼仪、规范、技术等生存、生活方式，也要看到原生态文化中必然体现出来的物质因素，人类的任何生存生活方式都是依赖一定的物质形式体现出来的，是以物质文化作为载体而呈现的。原生态文化作为一种生命形态是毫无疑义的，但活态性的原生态文化要以物质形式作为载体也是毫无疑义的，整个农耕背景中人类创造的物质成果，既是原生态文化的一种表现形态，也是承载原生态文化的生命基石，是孕育原生态文化的活性土壤。

图 15　乡村时光——在雕琢中，记忆和生活都获得一种永恒的形式。（余刚摄）

活态性是原生态文化与一般意义上的物质文化的最本质的区别。一般意义上强调的物质文化遗产，是祖先留存下来的一种物质创造成果，是一种不可复制的历史记忆，而活态性的原生态文化则是一种仍然进行着的一种古老的生活形式。但我们要看到，在当下的社会生活中，农耕的生活方式已经逐渐为工业化的生活方式所取代。全球化使人类的生产方式发生了根本性的改变，以农耕为主，辅以游牧、狩猎、采集、手工的生产方式已然被以工业生产为主，辅以农耕、手工、游牧、采集等生产方式所代替，大片大片的农田、草场、森林，被改造成为城市、工厂、市场和休闲地，大批大批的农民、牧民、猎人，转化为城市市民、工厂工人和超市服务员。农耕的生活、农耕的方式已经成为大多数人的记忆，乡村、田园、耕作、狩猎更多地存在于文学作品中，存在于人们的想象中。原生态文化的现实处境，向我们敲响了保护和珍视原生态文化资源的警钟。在经济全球化和旅游全球化的今天，作为活态性资源的原生态文化，是当今人类依然在实践着的一种古老的生存、生活方式，在现代化作为一种主流形式冲击着种种形态的文化的今天，原生态文化这种古老的生活形态，更显示出其独特的价值与意义。

原生态文化是一种古老的、有着顽强生命力的文化形态，在文化产生、发展的进程中，原生态文化具有活化石的意义。在人类发展的历史长河中，产生、形成了多种多样的文化形态，但很多文化形态在历史发展进程中消失、灭绝，但一些古老的文化形态却得以传承了下来，成为文化发展进程中的活化石，比如遍布南方的傩文化、云南纳西族的阿注婚等原生态文化，就被看成是文化发展进程中的活化石，其学术价值和资源价值都是不可估量的。

作为活态性的原生态文化是一种整体性的文化存在，既包括有生命力的人的生命实践和生命活动，也包括环绕人的生命实践、生命活动的其他物质文化形态。原生态文化作为农耕社会的一种生存方式，其呈现的文化形态，对于现代生活具有重要的参照意义，原生态文化所体现出来的农耕生活的自然和谐，对于现代社会和现代生活有启发意义和作用。原生态文化资源不但是一种历史遗存，同时还是一种进行着的生存方式，这种活态性，能够充分引导生活在工业化社会中的现代人进行生命体验，给予现代人独特的、有变化的生活体验方式——这种贴近土地、贴近自然的生活方式，是生活在现代社会中的人们在都市中所体验不到的。

作为活态性资源的原生态文化为现代社会的人们进行文化体验和生活体验提供了一个存在多样性的实践场域。从旅游社会学立场分析，旅游本质上就是一种体验，是旅行者越过自己的日常生活空间的边界，到另外的对于他而言是新的生活场域进行生命和生活体验。著名学者、旅游社会学家科恩给旅游者下定义说：“‘旅游者’是出于自愿，暂时离家外出的旅行者，他们之所以从事路程相对较长的、非经常重复的往返旅行，是出于盼望旅行中所能体验到的新奇和生活变化所带来的愉悦。”① 人们进行旅游，主要就是为了获得经验和进行体验，通过这种体验消解日常生活的单调、乏味和无休止的重复。科恩博士进一步强调：“人们走出自己生活空间的边界，为寻求乐趣（而不是迫于必要）而旅行，这似乎是基于这样一种假定：认为在‘别处’能得到一些人们无法从自己的生活空间中获得的体验。”② 对原生态文化资源，旅游者的体验是全方位的、立体的，而且，旅游者可以参与到原生态文化的生存方式中。原生态文化所建构起来的这个实践场域，比之一般意义的文化遗产所建构起来的场域，其所带给旅游者的体验更真实、深刻和具有实践性，这是其他旅游资源所无从具有的优势。

原生态文化是农耕社会的日常生活形态，而这种仍然在进行着的日常生活形态，正是快节奏、物质化、商业化社会的人们所向往的一种生活形式。旅游作为日常生活的一种暂时终止形式，人们所渴望进入的就是原生态文化所呈现的这种慢节奏的、重人情的、无利害的日常生活形态中。可以说，全球化进程越是加快，都市化、现代化越是发展，人们对原生态文化呈现的日常生活的向往就越强烈，越想在农耕社会的缓慢的日常生活节奏中得到放松和悠闲。

第四，作为一种地域性资源的原生态文化。

原生态文化是相对于现代文化而提出的一个概念。在现代文化中，由于文化所依托的经济环境的变化，文化形态中那种文化形成时期的相对自然的文化形态已然消失殆尽，促使人们重新去寻找文化初期的样态，即原生态。原生态的概念由生物学中借用到文化学中，指文化形成初期呈现出来的相对自然的文化形态。文化是人类对于生态环境的一种社会性适应方式，不同的生态环境，决定着存在不同的文化样式的可能性。文化的多样性正如生物的多样性，是

① ［以色列］埃里克·科恩：《旅游社会学纵论》，马聪玲、陈立平译，29页，天津，南开大学出版社，2007。

② 同①，83页。

文化存在和发展的前提，不同地域、不同人群共同体，会形成不同的文化。原生态文化是农耕社会早期呈现出来的一种相对自然的文化形态，是农耕的经济方式和生活方式的体现形式，越是农耕社会的早期，人们的农耕方式的差别就越大。人们以体力作用于自然生态的方式的千差万别，决定了其文化形态的无限丰富性。直接以人工体力作用于自然生态的，如刀耕火种的威斯顿经济方式，借助于牛、马等自然力作用于自然生态的耕作方式，耕作与渔猎相结合的生存方式，半耕半牧的生存方式等等。与现代文化相比较，原生态文化在形态上呈现出更鲜明的多样性特征。正是有了原生态文化的广泛存在，我们才能建构起一个文化多样性的世界。如果说文化多样性是文化存在、发展、繁荣的前提，那么，我们就必须重视原生态文化的存在，保护好各种形态、各个地域的原生态文化，将原生态文化看成是生存发展的重要资源。

原生态文化是地域的身份符号，同时，也是族群的身份符号。不同地区、不同地理环境和气候环境，采用的农耕方式是不一样的，这种生计方式、获食模式的差异，就形成了不同地域或族群的农耕文化。越是古老的农耕文化，越烙上鲜明的地域特征和族群特征，越能够反映与人类的生存发展与自然生态之间的深刻关系。作为身份符号的原生态文化，既划分出文化与文化之间的边界，拓展出多样性的文化空间，又彰显出不同文化的独特模式，具有一种象征性意义。

作为地域性资源的原生态文化，必然烙印上鲜明的地域和族群的印记，是活在农耕社会中活在乡村民间的古老文化。这种原生性和古老性，在全球化进程日益加快的今天，显得尤为珍贵和难得，是特别有价值的文化资源。在现代社会和现代生活中，古老的、具有鲜明地域特征的生活方式已经越来越难于见到，更多地存在于人们的文化记忆中。存在于各种文献的描述中，而活在各个边缘地域、具有生命形态的原生态文化，正为我们进行真实的文化体验、情境体验、心灵体验提供一种可能性。

原生态文化是一种地域性文化资源，这种地域性具有特指的意义：一是这种地域具有边缘性特征。相对现代社会和现代都市而言，原生态文化的存在地域多是社会和生活的边缘，是一些相对边远、闭塞、贫困的地区，远离政治经济和文化的中心，整个地域呈现出一种相对古老的形态。二是这种地域往往具有一种象征性意义，是某种文化的象征或者族群的象征，地域的多种形态与文化的多样性是相一致的。作为地域性资源的原生态文化表现出的这两个方面，在将旅游作为一种体验的文化现象的时候，其价值就越发突显出来。在当今时代，旅游已然不再是一种可有可无的形式，而越来越成为人们生活中一种必不可缺的需要，成为生活的一部分。人们渴望在他者的地域，在他者的生活中发现生活的真理或者消解生活的负重。加拿大魁北克社会学家马尼克·拉普朗特对旅游表达了这样的看法："出发……更多一些生活……旅游是向基本东西的回归……旅游从来就是一种穿越，是经受初步的考验，是一种形式的启蒙：不论以何种形式，旅游都是朝圣，朝着更高更远的地方……"① 作为地域符号和族群符号的原生态文化，正是人们出发的目的地，是体验更多生活，是寻求回归的最理想的地域。

第三节　原生态文化资源的旅游开发

旅游，是人类一项古老的文化活动。从殷商时期的"羁旅之臣"到春秋时代的"游学之徒"，人类就开始了最早的旅游活动。古希腊罗马时代，贵族和富有的商人为了逃避城堡的炎热，会在乡间和山中建一些避暑胜地，定期到避暑胜地旅行，到了中世纪，朝圣的旅行在欧洲流行开来，加入到旅行中的人越来越多。但现代旅游业的发展，则是进入 19 世纪以后。1839 年，德国出版商贝德克发行了第一批新型旅游指南，即克莱因的手稿《莱茵河之行》，从此，旅游走上了规范化、科学化、商业化的道路，更多的人开始踏上了旅行之途。但旅游开始成为世界范围内的一种时尚，则是在进

---

① 参见尹德涛等：《旅游社会学研究》，101 页，天津，南开大学出版社，2007。

入20世纪中后期，是现代社会发展的产物，是资本全球扩张的一个方面。美国学者索尔斯坦·凡勃伦在其《有闲阶级论》中分析，在1936年以前的漫长岁月里，以休闲消遣、丰富阅历或疗养为目的而去旅游的可能性，总是由特权阶层所享有。[①] “只是在1950年之后，才真正进入大众化的国际旅游繁荣期……首先，有两点尤为重要：其一是工业化的国家居民收入水平的普遍提高。其二是通过承认劳动者享有休假的社会法的推动。……其次，是交通工具的发展和旅游费用的降低。……此外，旅游接待和信息服务有了改善。”[②] 进入20世纪以后，由于科学技术的发展，交通条件的改善，信息化水平的提高，全球化进程的日益加快，人们闲暇时间的增多和大众收入水平的不断提高，旅游的大众化时代也自然而然地到来了。至20世纪后期，旅游业已成为全球最大的产业。

作为一种产业，旅游是一种商业活动和商业开发，但作为旅游者的实践活动，旅游本质上是一种文化活动。“旅游的本质属性是一种文化活动。旅游作为一种人的社会实践活动的特殊形式，其本质是人的一种自我完善和发展的自觉活动或经历，其目的是追求身心愉悦。”[③] 旅游学者麦肯耐尔在其著作《旅游者》中指出：“旅游是一种现代社会中的居民到异地他乡寻求现代性中所缺失的本真性的活动，是一种类似于宗教的准朝圣活动，这种活动使得旅游者体验到某种神圣的意义，从而对现代社会发挥一种补偿的作用。”[④] 另一学者格雷本也强调，旅游类似于宗教，是一种周期性地赋予生活与世界以意义的制度。[⑤] 也正是在这个意义上，我们才强调，文化是旅游的灵魂。在作为商业活动的旅游和作为准朝圣活动的旅游中，文化都处于核心的地位。对旅游进行商业开发，实际上是对文化资源进行商业开发，而旅游者所追求的始终是一种具有文化意义

① 引自王宁、刘丹萍、马凌：《旅游社会学》，112页，天津，南开大学出版社，2008。
② 王宁、刘丹萍、马凌：《旅游社会学》，113页，天津，南开大学出版社，2008。
③ 张晓萍、李伟等：《旅游人类学》，70页，天津，南开大学出版社，2008。
④ 王宁、刘丹萍、马凌：《旅游社会学》，4页，天津，南开大学出版社，2008。
⑤ 参见王宁、刘丹萍、马凌：《旅游社会学》，4页，天津，南开大学出版社，2008。

的事物，其实践行为，始终表现为一种文化活动。

在旅游大众化时代，我们对旅游进行不断细分，从不同角度，将旅游分为不同类型，比如文化旅游、观光旅游、生态旅游、休闲旅游、乡村旅游等。但无论怎样分类，旅游的文化属性不会改变。“首先，从旅游活动的客体来看，文化是具有强烈吸引力的旅游资源。这里所说的文化，既包括物质层面的文化，如旅游地的民居、建筑、园林、器物、饮食、服饰等有形的、能被人的感知器官所感受到的物质形态，也包括制度文化，如当地的亲属制度、婚丧制度等；还包括行为文化，如礼仪、民俗、行为举止等；同时也包括精神文化，如社会心理和社会意识形态、价值观念、审美追求、伦理道德、思维方式等……其次，从旅游活动的主体来看，文化是旅游者本身具有的社会属性，决定着旅游者的行为。旅游主体的旅游动机是文化驱使的结果……第三，从旅游活动的介体来看，文化是旅游业可持续发展的必要条件。与旅游的六个环节——食、宿、行、游、购、娱相关的旅游景区、旅游餐饮住宿企业、旅游交通系统、旅游购物商店等，是旅游者了解一个国家或地区文化的窗口，旅游服务本身是一种文化消费的过程——游客的享受旅游服务的同时也在经历着一种异文化的体验，他们很希望在整个过程中获得尽可能多的新奇独特的感受……第四，旅游活动必然会带来文化的变迁。在注重和平与发展的当今世界，旅游已成为文化传播与交流最重要的方式之一，旅游所带来的文化变迁已经引起了普遍的关注。”① 可以说，在旅游分类中，文化旅游是一种最古老的旅游形式——最早的旅游形式都一定是与文化相关联的，也是一种最普遍的形式。

学者鲍勃·麦克切尔和希拉里·迪克罗斯在其著作《文化旅游与文化遗产管理》中，一开篇即强调：“文化旅游是‘新’旅游现象中最为古老的。自从罗马时代以来，人们就出于我们今天称之为文化旅游的原因而出外旅行，只是过去他们从未被视为某种特殊的旅行群体而已。访问历史遗迹和标志性的文化建筑，参加特殊的节事

① 张晓萍、李伟等：《旅游人类学》，70～71页，天津，南开大学出版社，2008。

活动，或者参观博物馆，这些一直都是全部旅游体验的组成部分。的确，所有的旅行都包含着某种文化因素。”① 一旦我们离开自身的文化环境，不是由于战争或者商业的原因而置身于一个新的文化环境中，我们的旅行就已经开始了，而从一开始，文化是其中不能绕开的要素，包含着文化的目的或者动机。“今天有35%～75%的国际旅游者被视为文化旅游者。”② 文化旅游是旅游中一种最普遍的形式。世界旅游组织（WTO）为此将文化旅游定义为：“本质上出于文化的动机而产生的人的运动，如游学、艺术表演和文化巡游，旅行去参加节庆或其他活动，访问历史遗迹，旅行去研究自然、民俗或艺术，以及宗教朝圣。”③ 显然，这是一个相对宽泛的定义，几乎所有的旅游形式都可以涵盖在文化旅游中，由此，欧洲旅游与休闲教育协会（ATLAS）在1991年提出文化旅游的概念性定义（Conceptual Definition）与技术性定义（Operational Definition），前者指人们离开他们的日常居住地，为获得新信息与体验来满足他们文化需求而趋向文化景观的移动，后者指人们离开他们的常住地，到文化吸引物所在地，如遗产遗迹、艺术与文化表演、艺术与歌剧等的一切移动。④ 在这些定义中，有两个要素缺一不可，一是旅游者的文化需求，二是旅游地的文化吸引物。作为生活与世界的意义体系的构建者，人从成为人开始，就必然地有文化需求。而有了文化需求，也就必然地有了文化吸引物——所有的文化吸引物都必然地是人的创造和赋予，人通过创造和运用符号，建构起一个充满意义体系的世界，建立起一种有意味的多样化的生活形式。旅游也是人的一种有意味的多样化的生活形式之一，是人作为人的一种自我实现的活

① ［加］鲍勃·麦克切尔、［澳］希拉里·迪克罗斯：《文化旅游与遗产管理》，朱路平译，1页，天津，南开大学出版社，2006。

② Richards，引自［加］鲍勃·麦克切尔、［澳］希拉里·迪克罗斯：《文化旅游与遗产管理》，朱路平译，1页，天津，南开大学出版社，2006。

③ 世界旅游组织（WTO）1985，引自［加］鲍勃·麦克切尔、［澳］希拉里·迪克罗斯：《文化旅游与遗产管理》，朱路平译，2页，天津，南开大学出版社，2006。

④ 欧洲旅游与休闲教育协会（ATLAS），1991，引自张晓萍、李伟等：《旅游人类学》，66页，天津，南开大学出版社，2008。

动，是人的一种价值肯定方式。旅游的最本质、最终极的动机一定是人的自我实现，是人对自身价值的寻找与肯定。也是从这个意义上，我们才将旅游看成是生活的一种高级的形式，看成是人的一种精神实践和建构形式。我们说旅游是一种现代生活方式，正是从旅游对于自我实现和价值肯定的现代意义上来理解的。张晓萍说："文化旅游是指那些以文化作为旅游的灵魂和核心，以文化吸引物为主要外部因素，而去寻求不同文化形式的生活体验，拓展文化视野，完善自我的发展性旅游。"① 不只文化旅游是发展性，旅游也有发展性，在发现和表达人的生活的意义上，在实现人的自我价值上，在完善和拓展人的心灵、视野上，在培养和训练人的素质上，旅游都发挥着其他生活形式所不能替代的作用。

如果我们将旅游看成是一种商业活动，那么，在这个活动中，最重要的就是有某种需求的游客和能够满足游客需求的旅游产品。根据商业运行中普遍实行的消费者至上的原则，旅游业中最重要的就是怎样开发出能够满足游客需求的产品，怎样培养更多的游客和引导游客去进行旅游。旅游开发一般包含两方面的意义：一是旅游产品即旅游吸引物的开发——旅游产品必须是能够满足游客需求的，始终保持对游客的充分的吸引力；二是游客的开发——现代旅游业的发展证明，游客是可以进行培养和引导的。

文化无疑是旅游业中最重要的产品资源，但并不是所有的文化都能够成为旅游开发产品和具有充分的吸引力，也并不是所有的文化都可以直接成为旅游产品。"旅游是由吸引物驱动的，或者用市场术语来说，由需求创造因素驱动的。但是，并不是所有的旅游吸引物都具有相等的需求创造潜力。"② 对于旅游文化资源的开发，是一项系统的工程，是由多种因素决定的。鲍勃·麦克切尔和希拉里·迪克罗斯在他们的著作中列举了文化作为旅游资源产品所具备的特

① 张晓萍、李伟等：《旅游人类学》，67页，天津，南开大学出版社，2008。

② ［加］鲍勃·麦克切尔、［澳］希拉里·迪克罗斯：《文化旅游与遗产管理》，朱路平译，35页，天津，南开大学出版社，2006。

征："具有旅游潜力的文化遗产地享有一些共同的特征：它们必须在当地遗产社区的范围以外享有声誉，它们要能够提供可消费的体验，它们要有趣并且独特，要结实，要能够吸纳访问量，要具有可进入性。更为重要的是，即使是属于低层次的吸引物，它们也需要具备让旅游者感受到不可不看的理由。"① 显然，文化资源要作为旅游开发的产品，最重要的就是能够为那些有文化需求的游客提供体验消费，对他们具有和保持着充分的吸引力。可以说，文化资源转化为旅游产品，必须要经历一个开发的过程，根据游客的需求和旅游业的行业发展需要进行开发的过程。

图 16　乡村时光——将自己置身于一个场景中，其实是置身于一种有意味的生活之中。（余刚摄）

原生态文化作为一种资源，在旅游业发展中，尤其在民族地区的旅游业发展中具有决定性的意义。很大程度上，民族地区发展旅游业，其实质是发展民族旅游，就是利用民族文化，尤其是利用原生态文化的吸引力，建设旅游区，吸引海内外游客。对于民族旅

① ［加］鲍勃·麦克切尔、［澳］希拉里·迪克罗斯：《文化旅游与遗产管理》，朱路平译，37 页，天津，南开大学出版社，2006。

游，以色列学者埃里克·科恩认为：①是观光旅游的一种变体；②其目标群体在文化上、社会上或政治上不完全属于他们所居住国的主体民族；③他们由于自然生态和文化方面的独特性、差异性而被贴上了旅游标志。虽然民族旅游的“首要魅力”可能是“当地居民的奇特文化和独特的手工艺品”，但并没有必要只把当地的旅游吸引力限于“奇特性”上。[①] 另一个美国学者爱德华·布鲁纳认为：“民族旅游涉指这样一些情形：从外国或本地来的旅游者在旅游中可以观察其他民族，这些民族不仅被认为有明显的身份特征、独特文化和生活方式，而且通常被贴上种族、民族、少数民族、原始的、乡下的或农民的标签。”[②] 科恩的定义和布鲁纲的定义有共同的方面，一是旅游地或者旅游产品是处于政治、经济和文化边缘状态的非主体民族，即少数民族和他们的文化与生态；二是旅游地或者旅游产品是一种奇特的，甚至原始的文化。原生态文化作为农耕社会早期保存下来的一种相对古老的生存方式，在当下的社会发展进程中，也主要存在于居处相对边远，政治、经济和文化都处于边缘状态的非主流的民族地区，尤其是西部广大民族地区，而且，对于现代文化而言，原生态文化是一种奇特的、原始的文化。民族旅游，实质上就是原生态文化旅游。

在我国，民族旅游肇始于20世纪30年代。在抗日战争背景下，我国西部地区，尤其是西南地区逐渐成为抗战的大后方，行政机关、文化机构、学校、厂矿等大量迁入西南，许多学校和文化机构甚至直接落户于民族地区，带动许多文化人和学者深入民族地区进行调查研究，一时间，调查研究民族地区历史文化，关注民族地区的国计民生成为知识界、文化界的风尚，西南广大民族地区的现状第一次如此真实具体地呈现在国人面前，到民族地区猎奇、探险、

---

① ［以色列］埃里克·科恩：《东南亚的民族旅游》，见杨慧等：《旅游、人类学与中国社会》，昆明，云南大学出版社，2001。

② ［美］爱德华·布鲁纳：《民族旅游：一个种群，三种场景》，见杨慧等：《旅游、人类学与中国社会》，昆明，云南大学出版社，2001。

旅游成为流落于后方的文化人的一种兴趣，民族旅游也由此悄然兴起。抗日战争时期，著名学者、诗人闻一多由湘西溯㵲阳河而上，经黔东南镇远、黄平，至贵定、贵阳，再至昆明西南联大。沿途经过的都是少数民族地区，诗人画下了许多反映地域风情的作品，引起人们对民族地区的极大兴趣。20世纪50年代，建设边疆、保卫边疆成为一种政治时尚，大批的知识青年和建设者志愿到边疆支援社会主义建设，大批文艺工作者主动到边疆采风、演出，许多歌颂、表现边疆生活的文艺作品纷纷涌现。如表现边疆生活与民族地区生活的电影《五朵金花》、《刘三姐》、《山间铃响马帮来》、《冰山上的来客》，歌曲《康定情歌》、《我们新疆好地方》、《吐鲁番的葡萄熟了》、《草原之夜》、《好花红》，文学作品《草原上的人们》、《阿诗玛》、《天山情歌》等，这些作品在全国范围内的广泛传播，激发了人们对于边疆民族地区生活的热情与向往，“到边疆去，到民族地方去”，成为20世纪五六十年代的人们的一种政治愿望和情感表达，民族地区的旅游由此被带动了起来。进入改革开放时代，许多民族村寨开始成为对外开放的试点村寨，接纳国外游客，国内游客也由此纷至沓来，至90年代初期，对外开放的民族地区逐渐扩大，游客也日渐增多，民族旅游的春天开始到来，旅游作为一项产业在部分民族地区的经济成效得到初步显现，一些省市地方政府开始认识到，发展民族旅游业是民族地区脱贫致富的一条重要途径，贵州省旅游局率先提出了旅游扶贫的战略策略。进入新世纪之后，随着全球和全国的大众旅游时代的到来，民族旅游进入了发展的黄金时期。一方面，是旅游市场的发展逐渐成熟，具备旅游条件和计划旅游的人逐渐增多，人们的出行也越来越便捷，人们的旅游需求也不断扩大，对旅游产品的要求日趋丰富和多样性，旅游开始成为人们普遍可以和能够接纳的一种生活方式；另一方面，旅游作为一项产业的发展，明显地带动了地方经济的发展，人们从旅游产业的发展中看到了显在的经济效益，各级地方政府、各种社会组织、各个企业和旅游产品地的人们，都从旅游业中得到或者看到了其中含蕴的经济效益，都积极投身于旅游业中，将旅游业的发展置于振兴地方经济的战略发展高度，大力发展旅游业。一个全民旅游和全民办旅游的时代已然到来。也正是在这样一个全民旅游和全民办旅游的大背景下，民族地区的旅游在新世纪后，进入了一个快速发展的黄金时期。马林、孙丽坤在其《民族地区旅游产业发展论》中说，改革开放后，中国旅游业的发展经历了两个时期，“第一个时期是旅游产业的发育期，从1978年起到1991年止。这一阶段，明确了旅游活动的经济功能，奠定了旅游业发展的基础。入境旅游迅速崛起，旅游经济活动日益成为人们经济生活的一部分，旅游产业渐具规模，市场管理体系也逐步成熟，但旅游业是残缺的、不完全的，无论管理还是经营，基本上还没有脱离计划经济的基本框架。第二个时期是产业的成长期，从1992年至现在。在这一阶段，确定了旅游业的产业地位，实现了旅游业的常规发展，旅游业的经济贡献日益显现。旅游业形成了入境旅游、出境旅游和国内旅游三个稳定的市场，产业规模不断扩大，产业功能也获得较好的发挥，促进行业健康发展的政策措施以及加强行业管理的法令法规不断出台，中国旅游业市场经济的框架体系大致形成，中国步入世界旅游大国的行列。”“民族地区旅游业的发展历程，也基本符合这个历程。”①

民族地区旅游业，主要就是开发和利用民族文化资源和自然资源，通过民族文化独特的吸引力和魅力来吸引游客，建立旅游市场。民族文化是包容万象的，既包括民族地区、民族村寨可以直接感知的物质层面的文化，比如村落、建筑、服饰、各种文化遗迹等，也包括制度文化层面和精神文化层面所体现出的种种文化事象，比如习俗、节日、出生丧葬礼仪、信仰、宗教观念等。对游客具有吸引力的，主要是处于生活边缘状态、社会非主流状态族群的独特的、与现代相对的古老的生存方式和生活方式，即我们一般意义上理解的原生态文化。民族地区、民族村寨能够作为旅游地进行旅游开发，主要就是对于民族地区、民族村寨呈现出来的种种文化

① 马林、孙丽坤：《民族地区旅游业发展论》，53页，北京，民族出版社，2007。

形态，按照旅游发展的需要，将显在的文化资源转化为直接的文化资本，使其对于现代游客更具有吸引力，更有利于游客去感知和体验原生态文化的独特性、奇异性、古老性、民族性。

对原生态文化资源的旅游开发，是一种商业行为，是产业化的一部分。旅游作为一个经济产业，本质上是一种商业活动，是由需求创造驱动的。“从根本上来说，旅游乃是一种由需求所创造的活动，它更多地受到市场力量（旅游者以及力图满足旅游者需求的旅游业）的影响；而不是受到试图对它加以控制或管理的政府的影响。”① 这种需求是旅游市场发展的需求，更直接些说是旅游市场的消费者的需求。也就是说，要根据游客的需求来建立旅游市场，来生产和确定旅游消费产品，因此，对于原生态文化资源的开发，主要根据游客的需求进行，建立、创造、生产符合游客需求的旅游产品。原生态文化中凡是能够对游客形成吸引力的，在社会生活中具有卓越声誉和影响力的生活方式，无论是物质的形式或者是非物质文化的形式，都能够进入旅游市场中。原生态文化的旅游开发就是将原生态文化中有充分吸引力的、有卓越声誉和影响力的生活方式转化为一种游客可以体验、感知、消费的产品形式，这种产品形式可以是物质的形式，比如建筑、遗迹、村落、古老的劳动工具等，也可以是非物质文化的形式，比如习俗、歌舞、恋爱婚姻、丧葬礼仪、节日等。扩大开来看，现代化进程中，凡少数民族地区还保留下来的古老的生活方式和形态，都可以和能够进入旅游市场中，成为现代生活和后现代生活中的游客感知、体验和消费的产品。从这个意义上来说，对民族文化资源的旅游开发，对于原生态文化资源的旅游开发是综合性的，是全方位的，所有的原生态文化形态，都可能成为旅游开发的显在资源，都可能成为旅游业中的消费产品。但我们也要看到，旅游者的需求永远是一种动态的、变化的形式，是一种存在差异的形式。不是所有的原生态文化都能够对旅游形成

① ［加］鲍勃·麦克切尔、［澳］希拉里·迪克罗斯：《文化旅游与遗产管理》，朱路平译，34页，天津，南开大学出版社，2006。

吸引力，激发旅游者的需求愿望，不是所有的原生态文化形态都具有卓越的社会声誉和影响力，也不是所有的原生态文化形态都能够直接转化为旅游消费产品。因此，对于原生态文化资源的旅游开发是一种有选择性的资源开发，是一种根据旅游者需求和旅游市场的发展而建立起来的有目的的旅游开发。我们说旅游是一种商业活动，主要是从需求驱动的商业规则来说的。我们说旅游本质上是一种文化活动，则主要是从旅游产品和游客需求的本质上来说的。旅游产品，尤其是文化旅游、民族旅游的产品，主要是文化类型的产品，游客进行的是一种文化消费，游客的行为是一种文化行为。从后者来说，有需求就会有利益驱动，这是一种商业规则，是不能否认的，但今天人们对旅游的需求，其动机主要是文化上的，旅游是现代人进行文化诉求的方式。如果我们将文化看成是人类的一种生存方式、生活方式，那么，在现代社会中，旅游已经越来越成为现代人的一种生存方式、生活方式，是生活不可缺少的一种形式。作为一种文化活动的旅游开发，不是批量化的生产和复制消费产品，而是对可以感知、体验、消费的文化资源进行维护和建设，保证原生态文化所具有的独特的特性和品质不随着游客的到来和影响而消失和发生根本性变异。因此，在原生态文化资源的旅游开发中，维护和保护原生态文化也是旅游开发的重要方面和重要手段。

游客的需求是生活赋予的，也是被生活激发的，由旅游业的发展所激发的。人本能地充满了需求，加上现代生活的多重形态和赋予的压力，人有旅游的需求是一种必须面对的现实，这是现代生活的一种好恶交织的结果。[①] 但人的旅游需求也可以在旅游中被不断激发出来，比如旅游中提供的感知、体验方式可以进一步刺激人们感知和体验的欲望，旅游中拉大的与日常生活的差距，也可能进一步激发人们感受这种差距的欲；再比如旅游中的猎奇、冒险、休闲、紧张等形式，都可能进一步激发人们的旅游欲望。旅游开发是

---

① 参见王宁：《旅游、现代性与好恶交织》，见尹德涛等：《旅游社会学研究》，129～136页，天津，南开大学出版社，2006。

一个不断向深度和广度进发的过程。开始，我们的旅游开发或许就只是集中在有限的旅游吸引物上，渐渐地，由于游客的需求的愿望不断被激发出来，或者由于生活和社会的原因致使游客产生新的需求，有限的吸引物已经不能满足游客的需求，我们需要寻找和建设更多的有充分吸引力的吸引物，打造更多有卓越声誉和影响力的文化产品。可以说，旅游开发是一个互动的进程，是由有需求的游客和创造需求的旅游市场推动着前进的。这种互动，一方面，文化资源的价值在旅游开发中会越来越得到彰显，能够进入或者转化为文化资本的文化形态会越来越丰富，文化资源通过符号化的方式进入资本市场，开发文化旅游资源，就是建构具有象征意义的种种符号，将象征性的符号转化为消费产品；另一方面，旅游市场会在这种互动中不断扩大，产业能力不断增强和得到提高。进入20世纪后期后，旅游业能够发展成为全球最大的产业，其本质就在于这种互动。开发原生态文化资源，不仅只是对文化产品的开发，将文化推进到市场体制中，也是对旅游市场的开发，旅游市场的做大和做强就更能彰显文化的价值和力量。

客观上看，面对日益壮大的游客队伍，当下民族地区的民族旅游开发还处在一个相对低层次的水平上，远远没有实现旅游业发展所期望的那种深度和广度。旅游市场的开发一般经历四个阶段，即“有什么开发什么”的资源开发阶段、“人家干什么我干什么”的模仿开发阶段、“市场需要什么就开发什么”的市场导向阶段、“开发什么推销什么”的引导市场阶段。旅游业发展相对较早且形成规模的东部地区，已基本上进入市场导向阶段和引导市场阶段，而民族旅游的开发则处在一种相对无序的状态。一些民族地区的旅游已经进入市场导向和引导市场的阶段，比如丽江民族旅游、大理民族旅游、西双版纳民族旅游等。但大部分民族地区的旅游还处在资源开发阶段和模仿开发阶段，文化资源的附加值还没有得到充分挖掘。一些民族地区的旅游开发，往往是根据其资源进行盲目的开发。一个民族村寨，如果在布局上和建筑上有民族特色（如干栏式木楼、石板屋、土屋等），有山水环绕，体现人与自然和谐相处理念，村寨较好地保留了民族文化的某些元素，有有特色的民族节日和习俗，有一定的典型性或者代表性，在服饰等方面体现民族特色等，这个村寨就可以作为民族旅游村寨进行开发。大部分民族地区的民族旅游村寨，就是以这样的方式走上民族旅游发展道路的。但如何向更深一层推进，将单纯的资源开发扩展为市场导向开发、引导市场开发，则是当前民族旅游发展面临的重要问题。

毋庸讳言，在我国西部的广大民族地区，存在着丰富的民族文化资源和原生态文化资源，这既是西部民族地区的生活现实和发展现实，同时也是民族地区未来发展的一笔宝贵财富。正视这笔资源的存在，充分发掘这笔资源的价值，将潜在的资源优势转化为显在的发展优势，将资源转化为资本，促进民族地区社会经济和文化事业的发展，这是我们深入推进西部大开发中必须要重视的重要工作。文化是一种进行着的、发展着的生存和生活方式，原生态文化作为古老的农耕社会传承下来的一种古朴的生活方式，其新生必须在发展中获得。对原生态文化进行旅游开发是原生态文化获得新生的一条重要的途径。

第五章　原生态黔东南：自然、历史、民族

第一节　原始的自然生态

黔东南是黔东南苗族侗族自治州的简称，位于云贵高原东南部，苗岭山脉向湘桂丘陵过渡的斜坡地带。地处东经 107°17′2″～109°35′24″、北纬 25°19′20″～27°31′40″之间。东邻湖南省，南界广西壮族自治区，西毗省内黔南布依族苗族自治州，北与遵义市、铜仁地区接壤。东西长 220 公里，南北宽 240 公里，全州国土总面积 30302 平方公里，占贵州省总面积的 17.2%，居全省地州市第二位。

黔东南自然地理的形成，经历了 14 亿年的地质构造和发育过程，属复活山地地貌类型。黔东南地貌景观形成于第三纪之后，是在燕山运动的基础上发育起来的。燕山运动发生在 14000～7000 万年间的侏罗纪末—白垩纪末，地壳急剧抬升隆起，地形被切割，在内外营力相互作用下形成截然不同的溶蚀地貌、侵蚀地貌、堆积地貌，广泛发育于山地的数级夷平面，被水系切割成零星分布的台面及标高近似的峰顶面。之后，更强烈的喜马拉雅山造山运动，导致地壳被进一步抬升隆起，最终形成岩溶地貌和侵蚀堆积地貌景观，山体庞大，切割纵深，地貌形态发育完善，有峰丛、峰林、石林、溶洞、溶洼、天生桥、暗河形态，极具观赏价值。黔东南境内由北部武陵山系的佛顶山，中部苗岭山系的斗篷山、雷公山，南部九万大山山系的月亮山等，组成境内山地的基本骨架。主要山峰海拔均在 1600～1900 米之间，其中，雷公山主峰黄阳山海拔最高，达 2178.8 米，黎平县地坪乡地坪河口海拔 137 米，系全州最低点。

黔东南的三条大河，㵲阳河、清水江、都柳江流贯于三列山系之间，形成网络联结黔东南地理的三条大动脉。㵲阳河发源于黔东南东北部境外的瓮安，蜿蜒于武陵山与苗岭交汇的山地间，从州境北部向东于镇远阳坪出境进入湖南汇入沅水，属于长江水系。㵲阳河流经黄平、施秉、镇远、岑巩等县，主要支流有杉木河、江凯河等，全长630公里，呈树枝状分布，各支流交汇处形成较大的盆地，如旧州盆地、施秉盆地、羊坪盆地、镇远盆地等，年径流总量27.8亿立方米，河床落差631米，流域面积5146平方公里。郦道元的《水经注》中的㵲溪即指㵲阳河，属于历史上著名的五溪地区。清水江系沅江上游干流，发源于黔南州贵定县南麓青杠坡。清水江在州境内长约376公里，入境海拔649米，出境海拔440米，支流有北侧的重安江、泸洞河，南侧的巴拉河、南哨河、亮江等。全州16个县，计有14个县为清水江流域区，在州境内流域面积14883平方公里，是黔东南的母亲河。清朝人徐家干说："清水江，盘折苗疆，源出都匀马尾河，经凯里西北，会于重安江，径施洞口，过清江厅，出远口而入湖南。清深可通舟，实沅水之上流。"① 散文家、在清水江畔长大的苗家人欧阳克俭这样描绘清水江："清水江，是从黔南都匀流入，在麻江瓮城河渡口上游1.5公里海拔649.5米处入黔东南州境后才称为清水江的。至瓮洞下金紫村鸡公塘海拔209米处出境进入湖南境内，清水江在黔东南州境流经丹寨、麻江、凯里、黄平、施秉、台江、剑河、锦屏、天柱9县市，一路浩浩荡荡，其间，先后汇入了重安江、巴拉河、南哨河、乌下江、泸洞河、亮江、鉴江等一年四季的溪流山涧与河川孍壑的清凉之水。流程近千里，河床天然落差达八百多米，灌溉了黔东南14880平方公里的广阔土地，养育了流域两岸数百万的黎民百姓。""清水江，又名清水河。皆因河水如镜，澄明清澈、透亮见底而得名。在少年的记忆里，清水江之水，是上帝托着无数高山大川这把巨大的天筛，将其过滤和净化之后，才倒将在河床中的神泉圣水。徐风拂来，一

① （清）徐家干：《苗疆闻见录》。

图 17　黔东南母亲河清水江。(余刚摄)

层涟漪曳一阵春风，一朵浪花荡一片新绿。而一旦这神泉圣水汇流成了奔腾不息的江流，就又把两岸的青山重峦当成了屏障，将周遭的水湄田园借作了严妆，这就更使得一条本就浩浩荡荡的河川，平添了无限的妩媚。幽静、祥和、富庶、高贵。”“碧空万里，微风拂来，清水江丽影波光，仿佛一匹绸缎、一条轻纱，又似亭亭舞女拖着的长长的裙幅，慢慢向前洇去……那样的温柔飘逸，那样的静美娴雅。这是一条母性的河流。春江水涨，河水穿山破壁，汹涌狂奔，若箭矢离弦，如猛虎下山，又像脱缰的野马，那样的一往无前，那样的一泻千里。这又是一条父性的河流。盛夏的夜晚，渔火星月，交相辉映，清水江则又似千万条银鳞闪烁的巨蟒。排屋一江、渔歌一江、浴人一江……清水江那又是怎样的万种风情！这又绝对是一条浪漫的河流……清水江载负着太多的民族和历史的重荷，清水江有太多的文化需要今人去承接和赓续……”都柳江属珠江水系西江干流融水上源，发源于黔南州独山县拉林乡磨石湾，经三都水族自治县，至榕江西南部新寨村西海拔 303 米处入州境。经八开、腊西向东北流入古州。折向东南流经从江县城往下 4 公里海拔174米处出省境，经广西三江，称融水。州内河长156公里，河床落差160米，年径流总量58亿立方米，流域面积8870平方公里，主要支流有永乐河、寨嵩河、污牛河、平正河、双江河等。纵贯州境中部的雷公山，是长江水系与珠江水系的分水岭。

山水交汇纵横，景观壮丽雄奇，是黔东南自然地理的主要特征。在一列列北东走向、东西走向的山脉之间，常常由一道道的涧溪河流纵深切割，形成山环水绕的格局。山，展示了一种力量，一种坚韧不拔的精神；水，体现了一种灵韵之气，一种活力与生机。正是这些在山谷间穿行蜿蜒的江流溪涧，涵养、滋润了这片土地，赋予了这片土地茂密的森林，翠绿的植被，奔驰的走兽，鸣唱的蝉虫，翱翔的飞鸟，更重要的，是赋予了这片土地丰富的生命意义与深厚的文化意味，使这片土地成为最适合人类居住的理想之所，成为人类疲惫心灵的家园。

图18 在黔东南，村落与自然是融在一起的，村落是镶嵌在自然中的一个精致符号。（余刚摄）

黔东南为山地地区，山地以中山和低中山为主，在山地与山地之间，有小片的侵蚀盆地和侵蚀—溶蚀盆地，当地称之为坝子，比如旧州大坝、车江大坝、天柱大坝、中潮大坝等，是境内重要的农业耕作区域。黔东南的土壤以黄壤、红壤和黄红壤为主，间有红色石灰土、黑色石灰土、紫芭土等，红壤面积466.92万亩，占全州总面积的10.25%，黄壤面积2867.9亩，占全州总面积的63.02%，黄棕壤面积53.35亩，占全州总面积的1.17%。① 由于“山多载土，树宜杉”，自古以来，黔东南都是南方宜林山区，适宜各种气候带植物的生长，在黔东南境内山区，生长着热带、亚热带、暖温带和温带植物，是中国多种植物区系成分交叉荟萃的地区。20世纪初，即有奥地利人韩德马斯特和中国植物学家蒋英教授等到黔东南黎平、榕江等地采集植物标本，其后，到黔东南山区进行植物调查和研究的专家学者更是不计其数。全州境内有植物2000多种，分属273科，679属。其中种子植物有1312种19个变种，分属461科，425属。种子植物中，木本植物有952种19个变种，分属91科，267属，草本植物有360种，分属55科，208属。植物中，有中国特有属49属，生长有被列为珍稀树种的秃杉、华南桦、鹅掌楸、香果树、水青树、篱子三尖杉、银杏等。② 松、杉、竹是黔东南最常见的树种，整个山野，群山叠翠，林木葱茏，是全国著名的杉乡林海，是南方植物基因库。

自古以来，黔东南地区就一直保持着良好的自然生态，分布着大片未经开垦的原始森林。清人爱必达在《黔南识略》中，对黔东南境的生态环境描绘道：“山多载土，树宜杉……至清江以下至茅坪二百里，两岸翼云承日，无隙土，无漏阴，栋梁宲桷之材，靡不备具。坎坎之声，铿訇空谷，商贾络绎于道，编巨筏放之大江，转运于江淮间者，产于此也。”苗疆腹地的雷公山“迤逦数百余里，复嶂萦纡，深林蒙密，雾雨阴翳，蛇虎交行，自古人迹未至”③。吴振棫《黔语》言雷公山“滇黔人谓竹木蒙翳处为‘箐’。以‘箐’

① 参见黔东南州地方志编纂委员会编：《黔东南州志·地理志》，203～209页，贵阳，贵州人民出版社，1990。

② 同①，209～215页。

③ （清）爱必达：《黔南识略》，杜文铎等点校，93、177页，贵阳，贵州人民出版社，1992。

为名者所在多有，然未有大于牛皮箐者。地在今丹江厅之东南，而南亘古州、八寨、都江，迤逦盖数百里。狼谷迂回，复岭盘郁，树古铁色，不知其年。落叶数尺，俯履无地，雾雨冰雪，四时不春……”[①] 1955年以前，黔东南境内一直为虎豹出没之地，虎豹伤人事件，在各地志书中，多有记载。清同治九年（1853年），黎平、榕江城郊虎食人畜，夜有狼群入城，民多惊恐。[②] 1939年，锦屏九寨社区黄门猎捕队在冰天雪地里围猎，同时围住了六只大老虎，猎队队员不敢靠近老虎所在的山冲，都爬上树去，从树上向老虎放枪，打死了一只老虎，其他五只惊恐而逃。猎人又向逃跑的老虎射击。有一只老虎看见猎人在一棵不高的树上，正向老虎瞄准，就倏而跃起，腾空上树将猎人咬下树来。与此同时，猎人在老虎跃上来时，枪也响了，正射中老虎的喉部，但老虎还是乘势咬住了猎人的一只脚，虎与人一起滚到了雪地上。猎人紧紧抱住老虎的脖子不放。受伤的老虎更加凶狠、狂怒，用爪子狠狠地抓住猎人不放。猎人与虎在雪地上滚打成一团，难解难分。在这危急时刻，其他猎人顾不得其他老虎了，急忙下树来救人，但又不敢向与人扭打在一起的老虎开枪，怕误伤猎人。大家便一围而上，用枪柄将老虎活活打死，救出被虎抓住的猎人。猎人已经奄奄一息，伤得体无完肤了。其他被围困的老虎这时候都趁机跑出了包围圈。后来，发现一只受伤过重的老虎死在距黄门30里外的晓岸村地界。这次围猎，打死三只老虎，是九寨人狩猎史上最成功的一次壮举，几十年后，九寨人对此都还津津乐道。[③] 民国三十五年（1946年），天柱县冷水溪乡猛虎数只进入民舍咬伤猪牛。同年，雷山有熊、虎各一互相搏斗，昼夜不息，熊体力不支，受伤甚重，为猎者捕获，重150公斤。民国三十六年（1947年），丹寨县龙坡村杀死幼虎两只，母虎呼啸一

---

① 引自吴一文校注：《苗疆闻见录·注》，86页，贵阳，贵州人民出版社，1997。

② 参见黔东南州地方志编纂委员会：《黔东南州志·林业志》，33～34页，北京，中国林业出版社，1990。

③ 参见傅安辉、余达忠：《九寨民俗——一个侗族社区的文化变迁》，48～49页，贵阳，贵州人民出版社，1997。

月有余，全村无人敢上山搞生产。1950年，老虎白天出没于黄平旧州大街上，行人四散而逃。1955年，丹寨岩英村捕获虎一只，重100多公斤。1950—1956年，黔东南各县均组织有打虎队，追捕虎豹、野猪等，计打死老虎20多只。1967年，锦屏九寨侗族社区猎获到一只老虎，这是黔东南境猎获的最后一只老虎。1968年，在黎平县潭溪乡大落雨坡，发生老虎咬死耕牛事件，这是黔东南境内关于老虎的最后的消息。①

老虎等处于生物链顶端的大型肉食动物的存在，是黔东南的原生态自然环境未遭到根本破坏的有力证明。当代科学对老虎生活范围的研究表明，一只成年虎需要20～100平方公里的有森林的栖息地才能活下来，森林范围的大小又取决于它所能提供的供老虎享用的大型猎物的数量。故若一个地方有野生老虎，不仅要有成片连绵数十至成百平方公里的森林范围，还要有具备提供老虎食物链上的其他大型野生动物的生存条件，也就是说，某一地方有老虎，说明还有大片土地、森林没有开垦和被利用。

黔东南森林类型多样，有常绿阔叶林、常绿落叶阔叶混交林、落叶阔叶林、针阔混交林、针叶林、灌木林、灌木林与灌丛林等。森林植被水平分布和垂直分布明显，季相变化十分突出，植物成分复杂，有热带植物成分、亚热带植物成分，又有暖温带、温带植物成分，是多种植物区系交叉荟萃的场所。在1958年以前，黔东南境内各县，均有连绵成片的原始森林，面积在几十至几百甚至上千平方公里不等，主要集中在㵲阳河流域施秉、镇远交界佛顶山自然保护区，雷山、台江、榕江一带雷公山自然保护区，从江、榕江月亮山自然保护区，黎平、锦屏、剑河清水江流域等地区。1942年，国民政府农林部、交通林业勘测团派人对镇远、三穗、天柱、锦屏、黎平、榕江、剑河7县森林资源进行勘测，自台拱革东以下、南哨河至南江寨两汪河、乌迷河源头，目测森林面积为8000公顷。

① 参见黔东南州地方志编纂委员会：《黔东南州志·林业志》，33～34页，北京，中国林业出版社，1990。

1952年，省林业厅派人对南哨河、瑶光河、孟南溪、宰滚河流域进行森林资源踏查，估计森林面积为1.2万公顷，活立木蓄积量为142万立方米，平永河、寨蒿河、宰滚河流域，森林面积约为1982公顷，活立木蓄积量为9万立方米。全州森林覆盖率约在56%以上，活立木蓄积量在1亿立方米以上。1959年，省林野调查队通过抽样调查，公布黔东南森林面积173.28万公顷，活立木蓄积量为7531.4万立方米。1974年，全州进行第一次森林资源清查，全州有林地面积84.02万公顷，森林覆盖率27.69%，加上灌木林面积，覆盖率为33.96%，活立木蓄积量6724.5立方米。1984年，全州进行森林资源连续清查第一次复查，全州有林地面积71.89万公顷，森林覆盖率23.72%，加上灌木林面积为26.67%，活立木蓄积量4789万立方米，有林地面积占全省的29.7%，蓄积量占全省的39.75%，用材林中的近熟林、成熟林、过熟林蓄积量占全省的71.53%，杉木总蓄积量占全省的59.6%，马尾松蓄积量占全省的43.34%。[①] 1990年，贵州省进行森林资源连续清查第二次复查，黔东南州森林覆盖率为34.42%。1995年，贵州省森林资源连续清查第三次复查，黔东南州建立了自己的清查体系，全州森林覆盖率为40.76%。2000年，贵州省森林资源连续清查第四次复查，全州森林覆盖率为49.37%。2005年，贵州省森林资源连续清查第五次复查，全州森林覆盖率为53.68%。[②] 黔东南州副州长梁承祥在总结黔东南州林业工作时强调，由于林业重点工程的实施，加大了对森林资源的培育和管护力度，林业后备资源大幅度提升，生态环境极大改善，全州森林面积由2000年的2232万亩上升到2006年的2850.07万亩，活立木蓄积量由6760万立方米上升到1.1亿立方米，森林覆盖率由49.37%上升到62.78%。[③] 黔东南是长江和珠江中上游重要的生态

① 参见黔东南州地方志编纂委员会：《黔东南州志·林业志》，34～40页，北京，中国林业出版社，1990。

② 杨学义、张有林：《黔东南州森林覆盖率指标的探讨》，载《林业调查规划》，2007，32（1），10。

③ 梁承祥：《加快林业建设，构建和谐黔东南》，载《中国林业》，2007（12）。

屏障。目前，黔东南州境建有各级自然保护区 23 个，总面积 225125.7 公顷，占全州国土面积 3030200 公顷的 74.3%。

关于森林覆盖率有两个通用概念：一个是最佳森林覆盖率，即一个国家或地区所拥有的森林，既能满足人们对木材和林副产品的需要，又能达到人们对生态效益和社会效益的要求，使之形成一个较稳定的生态环境的森林覆盖率称为最佳覆盖率；另一个是合理森林覆盖率，即在一定的历史时期内，一个国家或地区从人们对森林所需求的直接效益（经济效益）和间接效益（生态和社会效益）出发，能够在自然、经济与技术条件允许的范围内所达到的森林覆盖率称为合理森林覆盖率。根据哈塞乐（K·Hasel）计算，一个国家的森林覆盖率在 20% 以下为低，在 20%～33% 为中，50% 以上为高。根据《森林法实施细则》指标要求，黔东南州的法定森林覆盖率应为 60.67%，林产品供给森林覆盖率应为 40.36%，实际需要的森林覆盖率应为 48.4%，理论最大森林覆盖率应为 67.9%。[①] 黔东南州的森林发展状况处在一个高水平阶段，已基本达到最佳森林覆盖率的指标要求，整个自然生态系统运行良好，表现出一种相对稳定的自平衡性。黔东南是进行生态旅游的最佳目的地。

黔东南地处云贵高原向湘桂丘陵过渡的斜坡地带，是在地质运动晚期的燕山造山运动和喜马拉雅山造山运动中形成的，岩溶地貌和侵蚀堆积地貌构成黔东南的主要地貌形态，其地质景观奇特丰富，既有独特的科学研究价值，又有独特的艺术审美价值，是大自然留给黔东南的一笔巨大的自然遗产，是黔东南开展生态旅游和探险旅游的重要资源财富。黔东南地质景观主要有喀斯特地貌、奇峰异岭、巨谷深峡、瀑布温泉、远古化石等。喀斯特地质景观是大自然赋予人类的自然遗产。黔东南是贵州喀斯特地貌的重要分布区域，喀斯特出露面积占全州国土面积的 23.1%，分为地表和地下喀斯特地质景观。类型主要是溶洞景观和喀斯特峰林及峰丛、峡谷

---

① 杨学义、张有林：《黔东南州森林覆盖率指标的探讨》，载《林业调查规划》，2007，32（1）。

等。洞穴景观能使人对大自然的鬼斧神工而惊叹，寄予神话的意境。溶洞地下世界山水风光、人神鸟兽、奇树异花融为一体，将现实形象与虚幻意境相结合，融山水风光于一体，形成美丽的地下宫殿。例如凯里渔洞，暗溪纵横，流水潺潺，波光粼粼，各种沉积形态，有如人、象、龟、蛇、猴、蛙、龙、鹰、苗岭梯田、古钟、万里长城、天宫仙女等，真是奇特万分；丹寨县金瓜洞石笋林立，钟乳悬挂，五彩缤纷；黄平太平洞，地下暗河四季流水潺潺，沉积形态千姿百态；岑巩的万佛长廊溶洞，大洞套小洞，小洞转大洞，钟乳石似天仙聚会，人间佛像，蔚为奇观。喀斯特地表和地下的地质景观，都具有优美的造型，而这些千姿百态的形态均有奇特的科学内涵。喀斯特地区奇特的山形，神秘的洞穴，幽深的峡谷、清秀的水域与人文景观相结合，已成为黔东南州旅游地质资源的重要组成部分，并且有的已经成为黔东南州的重要的旅游景点。例如铁溪、云台山和㵲阳河流域景观，山形奇特，神秘险峻，为黔东南重要的观光旅游胜地。由于燕山造山运动和喜马拉雅山造山运动带来的地壳的隆起抬升，形成黔东南境内纵横切割的地质构造，加上河流的切割冲刷，造就了黔东南巨谷深峡的自然奇观，峡谷谷坡陡峭、气势磅礴，景象十分壮观。例如重安江十里古峡、㵲阳河小三峡、黄平县㵲阳湖水库内"一线天"峡谷和飞云大峡谷等。其中飞云大峡谷经过国家旅游专家们多次考察论证，被认定为贵州旅游资源的特级"金矿"。由于黔东南处在由高原向丘陵的过渡地带，境内河谷溪流遍布，越山过坎的瀑布随处可见。例如凯里平良瀑布、剑河盘溪瀑布景区、丹寨排廷瀑布（黔东第一瀑布）、雷山响水岩瀑布、从江龙王潭三级瀑布、黎平马尾滩瀑布、岑巩龙鳌河十里飞水等。黔东南现发现两处地热温泉，一是剑河温泉，一是黄平浪洞温泉。剑河温泉属于稀有优质高热氡硫温泉，水温在38℃～50℃，对人体肌肉有保健作用。黄平浪洞温泉水质清澈纯净，井口水温49℃，属高热温泉，含17种微量元素，属弱碱性，低硬度，低矿化度的极软水，该温泉水中的稀有元素锂、锶及偏硅酸，均达优质矿泉水标准，含有多种有益于人体健康的微量元素。剑河、黄平温泉水中的多种微量元素，可治愈多种疾病，被人们誉为“圣水”。黄平是非常好的疗养去处。黔东南州地层从元古时代的四堡群、下江群，震旦系至古生代的寒武系、奥陶系、志留系、泥盆系、石炭系、二叠系，到中生代的三叠系、侏罗纪系、白垩系及新生代的第三系、第四系均有出露，它是地学研究的理想场所。贵州是研究我国震旦纪地层（称为震旦系）的重要地区之一。在黔东南，震旦系分布在州西部的丹寨及台江—三穗、岑巩等地，黎平、从江一带亦有成片分布。贵州的寒武纪地层分布较广泛，发育完整，化石丰富，是我国寒武系研究的重要地区之一。而寒武系在黔东南州境内分布较广泛，镇远—凯里—丹寨以西有大面积出露。同时有台江县八郎山中下寒武系界线剖面；古生物化石在州内也有分布，其中著名的有台江古生物化石，化石非常丰富，其科学价值比较高。这些为地学科学提供了科学研究依据，是地学研究和科普的理想地区。

低纬度、高海拔，是黔东南地理的重要特征，也由此形成了黔东南特殊优良的气候资源。当代科学研究表明，最舒适气候基准温度是16℃～25℃。黔东南年均气温为14.5℃～18.4℃，均在最适宜气候基准温度范围内，黔东南各地最冷月1月平均气温3.6℃～7.7℃，0℃以下天气很少出现，最热月7月平均气温23.2℃～27.2℃，基本上处在最适宜气候基准温度内，高于35℃的极端天气也极少出现。冬无严寒，夏无酷暑，是黔东南气温的典型特征，这为黔东南旅游提供极好的条件，是黔东南开展旅游的优势所在。黔东南年均降雨量1045～1421毫米，其中夜间降雨603.7～887.3毫米，占年均降雨量的60%左右，多集中在4—10月，年均降雨日数在211.5～234.5天，但中雨以上的天气只有9.5～39.4天。夜雨多，可冲刷空气中的粉尘，使空气更加清新，减少对白天户外活动的影响，中雨以上的天气少，对户外活动的影响也相对小，利于全年开展旅游活动。黔东南境群山密布、河谷纵横、森林郁郁、流水淙淙，负离子浓度高。黔东南野外负离子浓度在1500个 | CN以上，完全达到空气清新标准，是天然氧吧，十分利于开展野外旅游。国际上一般将年日照时数1150～1600为人体舒适的基准参考指标，黔东

南的年日照时数在1120～1327之间，由于年总日照时数与年总辐射正相关，而紫外线辐射占总辐射的5%～15%，故黔东南的紫外线辐射比同纬度的其他地区少，并且由于黔东南州的森林覆盖率达62.78%，增加了散射辐射，降低了太阳直接辐射对人体的伤害，是开展旅游的一个显在优势。卫生实验研究表明，最适合人类生存的海拔是500～2000米，适合人类生存的大气压范围是750～950hpa，黔东南旅游区域海拔均在500～1900米之间，是理想的大气生存环境。[①] 从气候条件分析，黔东南无疑是最适宜人类生存与活动的地区，在黔东南地区旅游，有气候上的独特优势。

从地理景观、自然资源、生态环境、气候条件等各方面分析，黔东南的地理环境表现出鲜明的原始性特征，其地质景观没有因为人类的活动而发生根本改变，基本上保持亿万年前的原始面貌，其自然资源与生态环境，极好地体现了一种历史延续性，人类活动始终未对自然资源与整个生态环境形成根本干扰与破坏，较好地维护了生态系统自身的平衡，体现了人与自然的和谐关系。也正因为黔东南自然生态的这种原始性，黔东南被联合国推荐为“返璞归真、回归自然”全球十大旅游胜地之一；被世界乡土文化保护基金会确定为世界十八个生态文化保护圈之一；被中外游客和专家学者赞誉为“人类疲惫心灵的最后家园”。

第二节　原貌的历史遗存

在地质构造史上，黔东南是一片年轻的高原；在人类活动史上，黔东南是一片古老的土地。

黔东南是古人类的活动区域。1987年7月16日，《人民日报》头版报道，在㵲阳流域新晃、镇远、岑巩等地发现人类旧石器时代遗址，时间约在距今5万～15万年间。随后，又在㵲阳河流域发现

① 参见谢俊英、袁芳菊、刘良平：《黔东南州旅游气候资源优越性分析》，载《贵州气象》，2008（4）。

人类新石器时代遗址多处，时间在距今5000年前。新石器时代遗址中，有新石器时代早期遗址，也有新石器时代晚期遗址，其中，大桥溪、沙子坪、白洲滩3处均为新石器时代晚期文化遗存。尤以白沙滩遗址内涵丰富。位于㵲阳河下游沅水南岸，面积约6000平方米，文化层厚约30～60厘米不等，陶片以夹砂黑陶为主，亦有夹砂夹碳陶、黑衣黄陶、夹砂褐色陶、内黄外黑陶、黄衣夹砂陶、夹砂红陶、泥质黑陶、泥质黄陶等。可分辨器形有罐口沿、壶口沿、圈足器等。可见纹饰有弦纹、方格纹、水波纹、刻画细弦纹。[①] 2004年，贵州考古所在清水江流域天柱远口、白市等地发现7处新石器时代遗址。在远口坡脚遗址中，出土大量石制品和陶片，石制品有近500件，分为有疤砾石、石核、石片、磨石和石器几类；陶片共931片，皆为夹粗砂陶、无泥质陶、红褐陶，陶质疏松，陶色不纯，以红褐陶和灰褐陶最多。器物装饰主要是组合纹和绳纹，以组合纹最具特征，未发现彩色陶片。通过对地层关系和出土陶片初步分析，可初步将坡脚遗址分为早晚两期。早期陶片以灰褐陶、红褐陶为多，有一定数量的白陶，纹饰中组合纹最发达，出土中釜、罐、钵造型奇特，均以圆底器为主。石器主要是石片石器。坡脚遗址下层出土物与湖南高庙下层文化基本相同，时代也相近，距今约7000年左右。晚期红褐陶仍最多，但黑陶增多，白陶数量变少，纹饰中绳纹增多，组合纹减少。石器中的磨制石斧和圭形石凿与大溪文化同类，说明坡脚遗址晚期受到了来自长江中游新石器文化的强烈影响。综合分析，可初步将坡脚遗址晚期时代定在距今6000年左右。[②]

新旧石器时代人类活动遗址的发现，说明黔东南自古以来就一直是一片有人类活动的区域，是适宜人类生存繁衍的区域，并未是所谓之蛮荒之地，不毛之地。

---

① 参见汤宗悟：《近年来新晃地区考古新发现概述》，见侗学研究会：《侗学研究》，92页，贵阳，贵州民族出版社，1991。

② 参见张合荣：《贵州史前暑期陶器概论》，载《四川文物》，2008（6）。

但贵州和黔东南有历史文献的记述则是从伟大的史学家司马迁的《史记》开始。《史记·西南夷列传》载："西南夷君长以什数，夜郎最大。其西靡莫之属以什数，滇最大。自滇以北，君长以什数，邛都最大。此皆魋结，耕田，有邑聚。其外西自同师以东，北至楪榆，名为巂、昆明，皆编发，随畜迁徙，毋常处，毋君长，地方可数千里。自巂以东北，君长以什数，徙、筰都最大，自筰以东北，君长以什数，冉駹最大，其俗或土著，或移徙，在蜀之西。自冉駹以北，君长以什数，白马最大，皆氐类也。此皆巴蜀西南外南夷也。"司马迁之西南夷居地，相当于今云贵川渝，即我国之西南地区。在西南夷的各个部族联盟中，夜郎是其中一个势力较大的联盟。《史记》中，司马迁还记载了另一个关于夜郎的故事："滇王与汉使者言曰：'汉孰与我大？'及夜郎侯亦然。以道不通故，各自以一州王，不知汉广大。"由是，夜郎故事流传天下，"夜郎自大"成为一个最常用的成语典故。而一言及夜郎，就总是与贵州联系在一起，贵州成为夜郎的又一个代称。

贵州是古夜郎地，这是于史有据的。贵州是古夜郎国的主要领地。司马迁所言之夜郎古方国，存在于战国至秦、西汉年间，其势力范围以贵州为主，兼及川南、滇东、桂西北部分地区。史学界一般认为，黔东南地域，尤其是黔东南西部和西北部也属夜郎国势力范围之内，或者是夜郎国之边缘地区。秦统一中国后，在地方置郡县。在黔东南地域，以清水江分，北部属黔中郡，南部属象郡。两汉时，黔东南施秉县以东属荆州武陵郡无阳县境，东南部之锦屏、黎平属武陵郡镡城县地，黄平以西属益州牂牁郡且兰县范围，榕江、从江在交州郁林郡定周县北端。隋统一南北后，重新组建地方郡县。黔东南岑巩、三穗、榕江、从江以西地带属牂牁，天柱、锦屏、黎平以东地方属沅陵郡龙标县边陲。李唐开元间，改"郡"为"道"。贞观建思州，置应州、充州、亮州等羁縻州，隶黔中道。今施秉以西属黔中道琰州，以东属岭南道边陲。宋代，改"道"为"路"。夔州路辖有思州、犍州等州，思州领务川、安夷（镇远）、邛水（三穗）三县，荆湖北路辖有天柱、锦屏、黎平。元代改路为行省，在民族地方实行土司制度。至元十四年（1277年），置思州安抚司，隶湖广，旋改宣抚司、宣慰司，领总管府、军民总管府。在贵州置思州、思南两宣慰司。黔东南北部、西部隶思州宣慰司，南部、东南部隶湖广。明代，沿袭元土司制，增设土官，遴选随军军士充任，世袭土职。同时，于永乐十一年（1413年）建贵州行省，析两司地置思州、新化、黎平、镇远等8府，建永从、施秉、清平、天柱四县和黄平州。有清一朝，沿袭明制，继续在贵州进行改土归流，并大举开辟苗疆，建新疆6厅：八寨厅（今丹寨）、丹江厅（今雷山）、古州厅（今榕江）、都江厅（今三都）、台拱厅（今台江）、清江厅（今剑河）。至此，黔东南各县行政格局基本上确定下来。

民国二年（1913年），改府厅州为县，于镇远设黔东道，领镇远、邛水等26县。八寨、麻哈（麻江）属黔中道。民国二十四年（1935年），贵州划分行政督察区，第一行政督察专员公署驻镇远，第十行政督察专员公署驻黎平。1949年，新中国成立，设镇远专区，领镇远、施秉等12县，黎平、榕江、从江、丹寨、麻江5县隶都匀专区。1956年，实行民族区域自治，建立黔东南苗族侗族自治州，撤销镇远、都匀专区，黔东南苗族侗族自治州辖凯里、麻江、黄平、丹寨、施秉、镇远、岑巩、雷山、台江、剑河、三穗、天柱、锦屏、榕江、黎平、从江16县市。

从战略位置上看，黔东南处于中原通向滇黔的重要通道上，西高东低的地势，使多条从贵州高原发源的河流向东、向南流入长江和珠江水系中，将贵州与楚粤相连接在一起。黔东南境内的三条大河清水江、㵲阳河、都柳江就分别向东流入沅水与向南流入西江，是湖广与两粤进入滇黔的重要航道。但在宋代以前，中华文明的主要生产方式是以旱地农耕为主，辅以游牧经济，因而，导致干旱和半干旱的西北、华北、中原长期作为国家政治经济的中心区域，而广大的南方与西南则相对边缘化。进入滇黔的主要通道在云贵高原的北部、西北部，黔东南的广大地区基本上处于“入版图者而亡其实”状态，并未受到中央政权的直接控制。其实，从汉武帝时代开始，虽然在经营西南，但整个西南实行的都是所谓的“羁縻”政策，“羁”指马笼头，“縻”是穿牛鼻之绳，即“言制四夷如牛马之受羁縻”，就是说，封建王朝从大汉族主义立场出发，为了实现对少数民族地区的统治，而又不致引起当地人民群众过分的反感，当少数民族地区建立郡县以后，在派出汉族官吏充任郡守、县令，贯彻中央王朝意图的同时，并不急于马上改变当地的社会制度。在保留当地各族原有社会组织的前提下，利用各族中原有的社会上层，使其听从汉族地方官吏的调遣，通过他们对各族人民进行统治。这样，这些各族中的原有上层，就像束缚在各族人民身上的马络、牛纼一样，只要抓住他们，各族人民就会驯顺地服从王朝的统治。从汉至唐，整个西南都是实行这种“羁縻”统治。唐以后，随着水利技术的发达，南方水稻耕作的优势突显出来，经济重心开始由西北、华北、中原，向东南、中南、华南、西南地区迁移，长江和珠江以其发达的水系和拓展出来的丰饶的土地，将中华文明的历史推向了一个新的高度。五溪地区正处在中南通向西南的孔道上，其战略意义和经济意义在唐宋时代已突显出来了。唐以后，我国的政治经济中心向江南偏移，富庶的南方由此得到了全面开发。在这个背景下，作为中南与西南结合部的五溪地区，引起了人们的关注——政治家、军事家看重了其战略地位，商人看重其丰饶的物产和便利的水运。南宋一朝，蒙古人从西北顺横断山南下进兵云南，并将云南作为跳板进而攻击宋王朝。在丢失了华北、中原大片领土后，南宋朝廷不但觉得北方锋线不稳，就连最安稳的西南后方也岌岌可危。必须在西南与中南之间建立一道屏障，保护偏安于江南的南宋小王朝。这道屏障就建在舒缓迂阔的㵲阳河上，屏障上的重要堡垒就是镇远城。宋咸平五年（1002年）七月，高州刺史田彦伊率子田承宝等122人进京朝贡，帝赐田承宝为山河史，九溪十洞（镇远、黎平）抚谕都监。宋太观元年（1107年），思州酋长田恭内附，仍置思州，领婺川、邛水（今三穗）、安夷三县。安夷即镇远。政和八年（1116年）复建思州，领务川、邛水、安夷三县，宣和四年（1122年），废思州为城，以务川城为名，邛水、安夷二县皆作堡，隶黔州。绍兴元年（1131 年），复为思州，领县三：务川、安夷、邛水。宋宝庆六年（1131 年）十一月甲寅，赐名镇远州，筑思州三隘，筑黄平城，防御元军入侵。从这个时候开始，黔东南作为“入滇孔道，黔省锁钥”的战略地位确立下来了，在㵲阳河一线上，有了重要的城堡镇远、清溪、偏桥（施秉）、旧州等。

黔东南真正得到开发则是在明朝以后。明朝甫一建立，朱元璋就把开发西南作为国策鼎力实行之，全面启动了对西南民族地区的开发，实行“调北填南”，“移民就宽乡”的移民开发策略，将中原及华中一带的民众大量移入西南，屯田（当时的屯田有军屯、民屯、商屯三种形式，但主要是在进行军事占领的前提下实行屯田的）驻扎，由此拉开了开发西南的序幕。到黔东南地区屯田的主要是江西藉、湖广藉移民，屯田的军队、移民、商人，主要分布在平坝、河畔、交通要道等富饶肥沃之地或具有军事意义的要塞之地，在中央王朝武力的保卫与支持下，屯军、屯民大量掠夺当地原著民的土地屯种，而将原著民赶往山区及丛林地带，民族矛盾与民族斗争也因此不断发生。也是在这样的背景下，镇远府、黎平府设立，并设置了许多卫、所、堡、砦，形成了一些重要的城镇，如㵲阳镇（镇远）、德凤镇（黎平）、隆里、邛水（三穗）、铜鼓（锦屏）、古州（榕江）、炉山、旧州、新州（黄平）等。

清代，统治者在黔东南全面进行改土归流，大举开辟苗疆，大大加快了黔东南的发展进程，使长期作为统治者化外之地的黔东南广大苗疆地区，完全融入整个中华民族的历史发展进程之中。雍正一朝，听取云贵总督鄂尔泰之奏议，开辟苗疆。苗疆是针对黔东南民族地区的一个专有概念，时任镇远知府的巴陵人方显在其著作《平苗纪略》中，对苗疆有精确的界定：“黔省故多苗。自黎平府以西，都匀府以东，镇远府以南，广西柳州、庆远府以北，皆‘生苗’地。逼近黎平者，曰古州；逼近都匀者，曰八寨；逼近凯里者，曰丹江；逼近镇远者曰九股、曰清水江。广袤两三千里，户口十余万，不隶版图，不奉约束。”包括今天黔东南州的黄平、施秉、凯里、麻江、丹寨、雷山、台江、三穗、剑河、榕江、黎平、从江等县和黔南州的三都县和荔波县部分，其中，丹寨、雷山、台江、剑河、榕江为苗疆核心区域。为什么要开辟苗疆，鄂尔泰在奏折中强调：“贵州土司向无钳束群苗之责，苗患甚于土司。而苗疆四周凡三千余里，千有三百寨，古州踞其中，群砦环其外。左有清江可北达楚，右有都江可通粤，皆为顽苗盘踞，梗隔三省，遂成化外。如欲开江路以通黔、粤，非勒兵深入，遍加剿抚不可。”土司不能统辖苗疆，流官政府则更是拿苗疆莫奈何，而一片那么广大的地域，显然应该置于中央王朝的统辖内，且苗疆重要的战略地位，也是一定要进行开发和控制的。鄂尔泰《改土归流疏》说：“云、贵大患，无如苗蛮；欲安民，必先制夷；欲制夷，必改土归流。”其实质就是加强对民族地区的统治。也就是在这样的背景下，苗疆进入了统治者的视野，由千百年来视而不见的外化之地转而成为心腹之患。黔东南苗疆从秦汉以来，从未纳入中央王朝的治内，是国家版图内一块被遗忘的荒地，自生自长，不属王化，故被称为“生界”。“生界”是连羁縻州县也管不到的地方，更遑论由中央行省治理了，而其人民则被称为“生苗”、“生黎”、“生僮”、“生仲”、“生瑶”等。生苗、熟苗、省民，构成了封建社会的一个等级结构，最底层的是生苗，中间层是熟苗，上层是省民，即完全纳入中央王朝行省统辖之下的满人和汉人。贵州在清代仍为生界地区的有两个，一个是黔东南，一个黔东北。黔东南是清王朝版图内面积最大的“生界”地方。开辟苗疆历时 7 年，共设置了新疆六厅，即八寨厅（丹寨）、丹江厅（雷山）、古州厅（榕江）、都江厅（三都）、台拱厅（台江）、清江厅（剑河）。

元至明，通黔入滇的通道有五条：一是平溪（今玉屏）经镇远、播州、水西（大方）至乌撒的大道；二是泸州、永宁（今云南境内）至乌撒的南北通道；三是贵州经播州至重庆的大道；四是新开由云南曲靖经普安（今盘县）、贵州（今贵阳）、新添（今贵定）、麻哈（今麻江）、黄平、镇远、平溪到湖南新晃的驿道；五是新开中庆、乌撒、乌蒙西北向驿道。其中最便捷的通道就是以镇远作为水路和陆路的终点和起点的古驿道。苗疆开辟之后，黔省通向中原的道路完全打通，由滇黔至中原，既可沿驿路，由云南曲靖经普安（今盘县）、贵州（今贵阳）、新添（今贵定）、麻哈（今麻江）、黄平、镇远、平溪到湖南新晃的驿道，还可以顺清水江和㵲阳河航道，在湖南洪江入沅水，由沅水顺流而下至常德入洞庭湖，由洞庭湖再至九省通衢的汉口。黔东南正是由于介于通滇入黔的孔道上，介于楚粤黔三省之间，又是祸患频仍的苗疆区域，因而，其战略地位显得尤为重要。

为了拱卫驿道、控制江路，为了威慑苗疆、弹压苗民，明清统治者十分重视在黔东南驻扎军队，形成“夷多汉少”、“军多民少”的人口格局。明朝，在㵲阳河流域分设了镇远卫、平溪卫、青溪卫、偏桥卫四个形成犄角之势的卫所，还在周边建筑了一百二十多个可相互呼应的军事屯堡，成为西南大驿道上锁钥湘黔的军事重镇。每一卫军人连同家属近25000人，㵲阳河流域驻军及家属有近10万人，说“军多民少”实不为过。黔东南东南之黎平府府属地区，置五开卫，隶湖广，辖内外16所，380屯堡，8驿。初立五开卫时，有旗军33460名，屯军4570名，加上家属，人数在10万上下。为加速对黔东南苗疆地区的开发，统治者实行“拨军下寨，拨民下屯”之策略，让军人直接参与对民族地区的开发。这样，黔东南有着最久远历史的两个重镇——镇远、黎平就在明清之际形成了。它们既是军事重镇，随后也成为商业重镇。

黔东南地处历史上的五溪地区，很早就开始与中原内地的交往，黔东南的出产、货物、木材等，很早时代，就通过历史上的五溪运往中原各地，成为一条重要的商贾通道。南宋人朱辅写过一部叫《溪蛮丛笑》的书，这位生活于吴地苏州的官员曾在五溪地区㵲阳河下游麻阳一带任职，对五溪地区的物产、风情、习俗多有了解，留下许多珍贵记载。从《溪蛮丛笑》知道，五溪地区矿产丰饶，资源富集，冶金开采和炼铁技术达到了相当水平与规模，纺织技艺和航行技术很发达，社会经济生活达到一个相当高的水平。“辰锦砂最良。麻阳即古锦州，旧隶辰郡。砂自折二，至折十，皆颗块。佳者为箭镞。结不实者为肺砂。碎则有趓趄。末则有药砂。

砂出万山之厓为最。仡佬以火攻取。”“水银出于朱砂，因火而就。或谓复生水银，非也。”这里对辰砂的品质鉴定与开采作了详尽描述，强调万山的砂品质最佳，万山即今万山特区，位于㵲阳河下游，以产汞而闻名，所产朱砂，即通过㵲阳河源源外运。“沙中拣金，又出于石。碎石而取金者，色视沙金为胜。金有苗路，夫匠识之。名丝金。”在名“丝金”的条目中，朱辅记载了黔东南侗族地区人民沙中陶金的方法，尤其提到当地人能够根据矿脉，即苗路来寻找金子的方法。在五溪地区，黔东南天柱、黎平、锦屏等县是重要的产金地，尤其是天柱，自古来就被誉为黄金城，当地侗族民众有沙里陶金的传统。其实，宋人范成大在《桂海虞衡志·志金石》中，对于侗族地区出产沙金也有记载：生金“出西南州峒，生山谷田野沙土中，不同矿出也。峒民以陶沙为生。坯土出之，自然融结成颗，大者如麦粒，小者如麸片，便可锻作服用。但色差淡耳。欲令精好，则重炼。取足色，耗去什二三。既炼，则是熟金。”从朱辅与范成大的记载中可以看出，最迟在宋代，黔湘交界侗族地区的陶金业已经相当发达，不但技术上达到了一定的高度，而且也形成了一定的规模与影响。“西溪，接靖州境，出铅。（铅）中有银。银体差黑，未经坯销，名出山银。”据吉首大学历史人类学者符太浩考证，“西溪”即指“清水江”，“一则，宋代的靖州辖境涉及到今天的湖南会同、靖州、黔阳、江江及今贵州天柱、锦屏、黎平等地，清水江为当时境内的大河之一，这与文中所称‘西溪，接靖州境’相符。二则，沅江各支流中仅清水江上游有铅矿产出，而且该铅矿中附生银矿，这也与本条记载相符。三则，清水江流出云贵高原的河段所处位置即今天柱县，在清雍正五年（1727 年）以前为湖南辖境，故知，该地宋时亦在靖州辖境内。《溪蛮丛笑》‘丝金’条可提供间接佐证。四则，当地苗语中发怒一词即读作‘西’，查，清水江中游一带险滩密布，河水湍急，形如发怒，称作‘西溪’可谓名副其实。又按，‘清水江’一名乃是出自苗语意译，因清水江上游河段水流平缓，河水清澈，故苗语称为‘清水江’。总之，将这条河流统称为清水江是延伸上游河段称谓的结果。总之，朱辅此处所说的'西溪'，专指清水江中游河段而言。"[①] 清爱必达《黔南识略》卷11中，对凯里、清平一带出产铅有明确记载："新井湾产黑铅，由县抽拨。""永兴厂产黑铅，商民采炼，向由凯里县丞抽铅存拨，嘉庆十三年归县，岁抽一万三千四百斤，存候拨入下游营操铅弹之用。"[②] 在宋代，黔东南地区织染已经达到了相当水平，能够利用各种植物纤维来织布、造纸，蜡染工艺已基本在民间普及。《溪蛮丛笑》中有多处记载："桑味苦，叶小，分三叉，蚕所不食。仡佬取皮绩布。系之于腰以代机。红纬回环通不过丈余。名圈布。""溪洞爱铜鼓，甚于金玉。每模取鼓文，以蜡刻板印布，入靛缸渍染，名点蜡幔。"利用各种植物纤维织布，如桑树、构树、竹子等，是苗侗人民的传统工艺，并且很早就学会了蜡染技艺，在苗族民间传说中，点蜡幔的技艺，就是苗族人民发明的。在黔东南，最重要的资源是木材，尤其是遍及黔东南各县的杉树，既是当地民众建房筑室的材料，也是与外界进行交流贸易的主要商品。《溪蛮丛笑》中有一则记载："枋板，皆杉也。木身为枋，枝梢为板，曰出等甲头，曰长行，曰刀斧，皆枋也。曰水路，曰笏削，曰中杠，皆板也。脑子香以文如雉者为最佳，名野鸡斑。"黔东南以杉木之乡而天下闻名，而杉木之最则为野鸡斑，这里向我们传递一个重要信息，最迟在宋代，木材已通过五溪源源不断地外运，木材交易已经盛行，其优质木材野鸡斑早已随着五溪传遍长江流域。

木材贸易是黔东南最发达的商品交易，对黔东南经济社会的影响也是最大的，可以说，黔东南的几个重要城镇，很大程度上就是在木材贸易中繁荣发展起来的。比如王寨（锦屏）、古州（榕江）、茅坪、瓮洞、远口等。木材贸易成为黔东南历史文化中一个最有特色的现象。翻开黔东南各县县志，都会有关于木材的记载："树多杉、梓"，"山多杉木，茶桐次之"，"古杉万本，垂荫蔽亏，为黔中

① 符太浩：《溪蛮丛笑研究》，149～150页，贵阳，贵州民族出版社，2003。

② （清）爱必达：《黔南识略》，杜文铎等点校，卷11，105、106页，贵阳，贵州人民出版社，1987。

一奇境”，“杉木为最，产于清江南山者为更佳，质坚色紫，呼之曰油杉”。[①] 黔东南的商业化时代，就是从明清的木材贸易开始的，张应强说：“明清时期，由于整个王朝帝国特别是其东南地区社会经济的持续发展，依托商业和手工业发展起来的城市和大小集镇规模不断扩展、数量迅速增加。随着东南部地区商品货币关系的发展，而产生的对资源需求和重新调配的需要逐渐增多，刺激着全国范围内商贾运输活动的发展，腹地辽阔、水网发达的长江很自然地成为了贯通东西的重要经济动脉。在‘各省产木日少’而江南木材需求日益迫切的情况下，地处长江水系沅水上游的清水江，不仅水道‘潆洄宽阔’，而且流域内盛产杉木，自然成为各地木商争相前往采买的地区。”[②] 在这个大的社会经济背景下，黔东南的商业发展了起来，而且，首先是从政府征派“皇木”开始的。明朝中期，为营造宫室，修建南北两京，统治者开始派工部大员向四川、湖广、贵州等地征派皇木，《黔史》记载：明嘉靖“三十有七年，采大木于镇远、偏桥、施秉等处”[③]。这个时期，朝廷征派的皇木主要还是通过㵲阳河外运的，由于清水江的航运还没有开通，木材贸易还没有深入到清水江流域地区。雍正一朝开辟苗疆之后，镇远知府方显疏通了清水江航道，清水江的大木由此开始源源不断外运，化外之地的苗疆渐渐转化为化内之地，并开始了向市场步入的历史阶段，集市就在这个时期建立起来了，沿江的封闭的社区、保守的村落、古老的家族、传统的家庭一步一步地被带入市场网络中，这就形成了黔东南独特的集镇和历史文化。嘉靖以后，㵲阳河、清水江、都柳江流域，由木材贸易带动，商贾络绎不绝，其他商业贸易发展起来，黔东南的社会发展进入一个繁荣时期。清人吴振棫《黔语·黎平木》载：“黎平实推杉之利。……商贾骈坒，赍刀布而治质剂者，岁以

① （清）爱必达：《黔南识略》，杜文铎等点校，卷11，122、131页，贵阳，贵州人民出版社，1987。

② 张应强：《木材之流动——清代清水江下游地区的市场、权利、社会》，39页，北京，三联书店，2006。

③ （清）犹法贤：《黔史》，卷三，8页。

数十万计。其地有三，曰王寨、曰毛坪、曰挂治，岁以一寨人掌其市而易，三岁而周。盖尝讼之部使者，定为令甲也。大筏小筏，纵横亘束，浮之于江，经坌处、远口、瓮洞，入楚之黔阳，合沅水而达于东南诸省，无不届焉。昔张平子云，鬻者皆赢，求者不愿。左太冲云，材以工聚，贿以商通。黎人之以木材富也，其庶几乎！”明清时期黔东南区域内聚集的集镇，必然是依托河流水运，与“鱼盐木粮”相关联的商业贸易的直接结果，且进行“鱼盐木粮”商业贸易的均以湖广和东南一带商人为主体。这种状况，就决定了黔东南的集镇主要形成于清中晚期与民国初期，是外来文化与土著文化相融合的结果。

黔东南历古以来，都属于蛮夷之地，苗族、侗族、土家族、瑶族、水族等是这片土地上的主体居民，直到唐宋以后，才有少数的汉族进入黔东南地区，但夷多汉少的人口格局一直维持下来。明以后，由于统治者的屯垦政策，许多中原移民通过各种形式——军屯、商屯、民屯——纷纷进入黔东南，在平坦开阔、土地肥沃之地建屯立堡，进行土地开发。这些移民集中居住在一个固定的地域内，在黔东南民族聚居区形成一座座文化孤岛，将明清时期的中原文化维护下来，如隆里、铜鼓等集镇。到黔东南可享魏晋遗风、唐代发型、宋朝服饰、明清建筑，主要就是从这些屯堡中找到过去历史的原貌。

黔东南的集镇主要兴盛于清中晚期和民国初期，是农耕文明发展到最后阶段的产物。这些集镇一般位于水陆便利的交通枢纽上，亦农亦商，以地方资源作为贸易商品，且主要以木材、山货为主，商人以江西籍、湖广籍、福建籍为主，亦有当地土著。外籍商人带来中原和东南沿海一带的商贸文化和生活方式，同时，又受地方文化影响，要适应当地民族习俗规范，葆有一种古朴性与原始性，这就使黔东南的集镇呈现出一种独特的风貌。这些集镇都因山形水势而建，多半建在可以通航开埠的溪河两岸，连绵的群山，蓊郁的森林，蜿蜒的江流，高远的蓝天是其永远的背景；集镇的主要街道上，有两端砌着高高的风火墙，具有鲜明徽派风格的印子屋，也有南方特有的干栏式木楼，街面铺着整齐的青石或者光滑的鹅卵石，店面多半是木质的柜台和门窗，宽大、粗重，涂着厚厚的桐油，显出一种黑黝黝的苍青色、灰白色的砖墙上，棕黑色的壁板上，一些老式商号的名字还隐约可见。走在这些集镇上，真不知是走在清朝的岁月里，还是穿行在民国初年的风雨中，或者是行进在红色年代的动荡中。我曾经在过去的作品里，多次描绘具有六百年历史的黎平古城风貌："黎平是三省通衢之地。它的南面和广西的三江县，东面、东南面和湖南的通道、靖州交界，它的北部，西北部，西南部和贵州省的锦屏、剑河、榕江、从江等县接壤，既有洪州河、亮江河通渠水、沅江而入长江，又有水口河、双江河接都柳江而汇入珠江。几百年来，黎平一直是府治之地，是贵州东南地区政治、经济、军事、文化的中心。很早的时候，黎平就已经形成各民族聚居又杂居的局面，文化涵化就已经在进行了。只要一踏上黎平的土地，就可以感觉到这是一个多民族聚居的地区。走在黎平的大街上，迎面而来的是几个侗家女，而担着柴担赶过去的，则是苗家后生，再看过去，在对面的街上，有几个瑶族男子正在出售他们用竹编织的饭篓。初来乍到的人，或许还有些诧异，感到不好理解，但黎平人对这一切却司空见惯，仿佛从来就是如此，是几千年来一道不变的风景。从这些仿佛凝滞，而又是在流动着的风景中穿过，感觉到有一种悠远而又有意味的东西浸淫在里面，我一时间还无法品读，但我相信一定能够解读它，一定能够体验这种悠远而又有意味的事物的意味。"[①] "黎平城隐卧在大雾中，你什么也看不到，只有市声在大雾里锐利穿行，一点一点切割着大雾。市声越来越嘈杂，大雾被切割得越来越稀薄，这时候就看清黎平城了。它列筑在五座低缓的山脑上，一条平缓的大川刚好成了它的中央大街，房子很有层次地筑在缓坡上，一长排一长排的，错落有致，把巷子拉得很深、很曲折，让人想起一些悠远的往事。光线再清晰一些你会发

---

① 余达忠：《走向和谐——岑努村人类学考察》，3～4页，贵阳，贵州人民出版社，2001。

觉，许多房子都是那些老式印子房，房檐高高地翘着，用厚重的古青砖砌成，勾着细细的笔直的白灰条，精致秀雅的木房就镶嵌在这厚重高矗的封火墙里，像睡在老祖母怀里的宁馨的孩子，和谐而又意味深远，你体验到了时间的悠远和岁月的沧桑，或许会生出一份诧异，是谁把一段悠远的历史遗弃在这深远的大山里呢？"[①] 黔东南的另一历史文化名城镇远，也完好地保存了古老的历史风貌。经历宋元明的开发，有清一朝，江南已经成为中华大地最富庶之地，已"无隙土可耕，无荒山可垦"，东南的商人，中原一带的移民，纷纷转向西南山区，寻找他们的梦想，镇远也就渐渐地由一座军事城堡，发展为扼守滇黔孔道的一座商业都会。滇黔的物产源源不断通过㵲阳河外运，江南和东南沿海的商品也源源不断溯㵲阳河而来，堆集在镇远码头上，然后通过驿路运向四面八方。有了屯军屯民，有了商贾贩夫，有了水手掮客，就有了云游的僧人道士，有了设坛讲学的儒生和出谋划策的师爷，甚至就有了唱戏变法的伶人，卖身为业的娼妓，巧舌如簧的江湖骗子，打家劫舍的江洋大盗……到明

图 19　㵲阳河畔的镇远古城。（余刚摄）

① 余达忠：《村长老安》，载《高原》，2000（3）。

代中期，镇远城商贸就达到了相当规模，商人云集，形成了八大街市，即沙湾、辰州、南京、江西、饶州、普定、州街、东关等。[①]到嘉庆时期，镇远已成黔省第一都会，各种商铺近3000家，庙宇堂馆无计其数。乾隆年间，兵部侍郎冯光熊在《镇远府志·序》中写道："余昔从征缅甸抵镇远，见其山川雄峻，据沅湘之上游，当滇黔之孔道，为西南一大都会。凡余踪迹所经九州形胜之地，镇远实居一焉。"确实，清龙洞的飞檐，天后宫的翘角，祝圣桥的威仪，㵲溪渡的繁华，已然向我们证明了这一切，无怪乎晚清吴敬梓将镇远称之为西南歌舞地。

黔东南在战国时代就建立了郡治，但在长期的历史发展进程中，一直都是中央王朝的化外之地，直到明朝实行改土归流，才开始了向主流社会融合的进程，到了清雍正一朝，黔东南才完全完成由化外之地向化内之地的转变。但即便成了化内之地，黔东南也始终处于非主流的状态。相对于政治中心北京，黔东南属于边远省份的边远地区；相对于经济和文化中心的中原和沿海地区，黔东南属于边远地区的贫困地区；相对于占大多数人口的汉族，黔东南属于少数民族聚居地区。这种非主流状态，使黔东南的发展处在一种相对滞后状态，而正是这种相对滞后状态，黔东南也就更多地保存了历史的原貌，而这种原貌，在其他地区，尤其是主流社会区域，已然是荡然无存了。

原生态黔东南显然应该是包括保持了历史原貌的黔东南。阅读黔东南的山川土地，阅读那些建筑在山岭河谷间的村寨、集镇，阅读静静地泊在时光中的古老的城墙、深广的庭院、沉默的古塔、荒芜的码头，可以清晰地感受到中华民族不断融合壮大的形象历史，感受到汉唐的气象、宋元的烟尘、明清的背影。

① （明）万历：《贵州通志》。

第三节　原生的民族文化

黔东南是黔东南苗族侗族自治州的简称。

黔东南苗族侗族自治州是我国30个自治州中总人口和少数民族人口最多的自治州，在3万多平方公里的土地上和谐生活着34个民族。2008年，全州总人口为444.62万人，少数民族人口364.01万人，占总人口的81.87%，其中，苗族187.12万人，占总人口的42.1%，占全国苗族总人口的19%，侗族141.63万人，占总人口的31.9%，占全国侗族总人口的45.8%，其他少数民族33.97万人，占总人口的7.65%，是全国苗族侗族原生态文化的中心。黔东南州由于历史及地域原因，长期以来处于相对封闭状态，原生民族人文生态系统保存比较完整，在历史的发展长河中，各民族原生的文化种类繁多，精彩纷呈，尤以苗族和侗族丰富多彩的原生民族文化令人自豪和骄傲。在黔东南3万平方公里的土地上，以苗岭山区以雷公山麓为中心的苗族村寨和以"六洞九洞"为中心的侗族村寨列入了中国35个世界文化遗产预备名录；侗族大歌列入世界非物质文化遗产名录；有39项非物质文化遗产被列入国家公布的非物质文化遗产名录中，在全国地州市级中总量排名第一；有124项列入省级非物质文化遗产名录，占全省非物质文化遗产总量293项的47%；这里有全国最大的苗寨——雷山西江，全国最大的侗寨——黎平肇兴，有世界上最古老的情人节——台江姊妹节，有世界上独木龙舟的发祥地——台江施洞，有粗犷奔放的苗族祭祀狂欢舞蹈——反排木鼓舞，有后羿武士的后代——俤家人，有"行云流水"的苗族飞歌，有"天籁之音"的侗族大歌，有由杉树演变而来的凝固于空间的历史——侗族古老的鼓楼，有记载镌刻历史的精美而斑斓的苗族服饰，有流淌千百年的"以歌养心、以舞养身、以酒养神"老百姓的普通生活。能够满足人们在文化上追求多样性与变异性的消费心理需求，对国内外的游客具有极强的吸引力。独具特色、原汁原味的民族民间节日文化、民族服饰文化、民族饮食文化、民族婚俗文化、民族歌舞文化都是千百年历史的沉淀，到黔东南可领略魏晋遗风、唐代发型、宋朝服饰、明清建筑。

图 20　乡村时光——穿行在时光中的孩子，永远是乡村最动人的风景。（余刚摄）

黔东南是世界苗侗民族文化核心保留地，被国内外游客赞誉为“世界上最大的民族博物馆”、“人类疲惫心灵的最后家园”、“人类保存的最古老的歌谣”，是具有神奇魅力的世界独特的“文化孤岛”，是世界乡土文化保护基金会授予的全球 18 个生态文化保护圈之一（亚洲有两个，即黔东南与西藏），是联合国教科文组织推荐的世界十大“返璞归真，回归自然”旅游目的地首选地之一。世界旅游组织秘书长弗朗西斯科·弗朗加利先生称他 2002 年秋的黔东南之行是“我一生中最难忘、最荣幸的一次体验，黔东南这个歌舞之州、森林之州、神奇之州将成为世界上最具吸引力的旅游胜地”。

在黔东南 30300 平方公里的土地上，生活着苗族、侗族、汉族、水族、布依族、土家族、瑶族、仫佬族等民族，创造了丰富多彩的民族文化。自古以来，相对于中央王朝，黔东南一直是一片化外之地，“入版图者而亡其实”，较少受到以汉族文化为主流的中原文明的影响，较多地保存了文化上的一种自主性。因而，生活在黔东南的各少数民族，其文化相对于其他地区和其他少数民族，就更多地保存着一种原生性特质，更多地呈现出民族文化本来应该呈现出来的那种自然形态，即文化发展中的那种相对自然的原生态。明代以后，中央王朝对于黔东南的统治和管理进入实质性时期，至清雍正以后，整个广大苗疆区域完全得到开辟，黔东南土地上生活的各民族开始主动融入中华民族的整体发展进程中，黔东南的民族发展史由此掀开了新的一页。但我们也仍然要注意到，从明至清至民国，对于黔东南的开发，始终是一个渐进的进程，开发程度较高的地区，都是那些位于陆路交通或者水路交通要道地区，那些平坦开阔、土地肥沃的坝子地区，那些于军事上或者商业上有重要价值的地区，而广大的苗疆腹地和侗族人民集中生活的核心区，开发则是比较滞后的，无论经济生活还是文化生活，与外界的接触都比较少，受到主流文化的影响都相对较小，人们依然按照古老的、古朴的生活方式生活，较好地保存了文化的原生态。

苗族是一个古老的民族，它的历史可以追溯到五千年前生活于黄河下游的九黎部落，首领是著名的英雄蚩尤。蚩尤是远古时代最出色的军事家和武器专家，许多传统兵器都是他发明的。蚩尤与黄帝的涿鹿大战，延续了很多年，终因部落内讧，蚩尤战败，逼迫退守到长江中下游，形成新的部落联盟，即史书上所说的“三苗”。三苗部落由于不断遭到尧、舜、禹的联合进攻，在进行最后的绝望反抗之后，又一次大迁徙，离开荆楚大地。苗家人从这个时候开始，告别了东方的肥田沃土，溯着沅水等河流，跋山涉水，到西方寻找好生活。流传于黔东南苗疆腹地的《苗族古歌》，对这段苦难的历史，有详尽的叙述。“奶奶离东方，队伍长又长；公公离东方，队伍长又长。后生挑担子，老人背包包，扶老又携幼，跋山又涉水，迁徙来西方，寻找好生活。”[①] 苗家人在迁徙中遇到了三条大河：一条白生生，一条黄泱泱，一条清幽幽，飘着稻花香。前两条

① 田兵选编：《苗族古歌》，291～292页，贵阳，贵州人民出版社，1979。

大河是从金地方和银地方流过来的，稻花河是由米粮仓流过来的。苗家人放弃了金地方和银地方，而溯清幽幽的稻花河而上，来到了方先（榕江县境）。“方先好地方，绿树满山冈，坝子宽又长，四边三条江。两山兜一水，两水抱一山，山光青幽幽，水色似天蓝。”①从此，黔东南30320平方公里的土地上，到处都生活着苗家人，主要集中在雷公山周围、月亮山北麓、清水江中上游地区，占全州450万人口的41.48%，是全国最大的苗族聚集区。

图21 雷公山下的苗寨。(余刚摄)

对失去的东方家园的怀念，是苗家人心中永远的疼痛。一部《苗族古歌》，传达的就是苗家人离开东方家园的悲伤情怀。苗族妇女的服饰，也蕴涵了丰富的文化信息，被称为穿在身上的史诗。清水江流域苗家妇女服饰上的线条，代表黄河、长江，方格则象征失去的洞庭湖畔的田亩，绣在上面的枫树、蝴蝶、鹃宇鸟等图案，无不有丰富的象征意义，是苗家人的生命图腾。苗家人不像汉族人那样把祖先牌位设于厅堂，而是立于火塘边上，是一个极简朴的镂空

① 田兵选编：《苗族古歌》，295～320页，贵阳，贵州人民出版社，1979。

的木墩。苗家人认为，人死后有三个灵魂，一个要回到遥远的东方去，一个在家里，为活着的人守家，一个留在墓地看守。在凯里、丹寨的苗家，每年六月六都要登高爬山，到高处去眺望东方的家园。东方却成了苗家人的一种人生信仰。

苗家人的西迁，是一部悲壮的史诗，体现了苗家人坚韧不屈，置死地而后生的刚烈性格。西迁时，每个宗支队伍，都置有一个木鼓，敲鼓前进以作联系，避免掉队。迁到新地后，就按照宗支来重新建立的社会组织，因而称为“鼓社”，苗语称为“阿拉江略”。苗族《祭鼓词》说：“击木响咚咚，爹妈心挨拢；击木响呔呔，爹妈乐哈哈。商量去涉水，议论去爬山。找地方居住，寻处所吃穿。”“你击鼓，我应声，岔队要靠拢，掩后要紧跟。”鼓社是苗族传统社会最基本的组织制度，以血缘为基础，以祭祀为组织形式，一个大的宗族就是一个鼓社。在黔东南苗族社区，凡同属一个阿拉江略的村寨，就一定要有一个鼓藏头。鼓藏头是鼓社内的精神领袖，对外代表整个鼓社，是鼓社的象征，对内组织村寨祭祖和开展文化活动，传承民族文化。雷山西江是中国最大的苗族村寨，有 1134 户，素有千户苗寨之称。西江每隔 13 年转虎年时进行的隆重盛大的祭祖活动鼓藏节，就是由鼓藏头组织的，是苗族最重要的文化活动。苗家人认为，祖先的灵魂都住在鼓里头。过鼓藏节就是要唤醒住在鼓里头的祖先的灵魂。鼓藏节在农历十月下旬的卯日过苗年的日子进行。祭祖从鼓藏头家开始。鼓藏头家杀猪祭祖之后，各家各户的杀猪祭祖就开始了。祭祖后，全寨人聚集在芦笙场上，簇拥着鼓藏头，围着附着苗家世世代代祖先魂魄的古老的铜鼓，进行“起鼓”仪式。鼓藏头焚了香，对着附着祖先魂魄的铜鼓，对着祖先迁徙来的东方祭拜，之后，在铜鼓上象征性敲三下，随即，人们涌进芦笙场，随着铜鼓和芦笙的节奏，跳起苗家热烈奔放的芦笙舞和素有东方迪斯科的木鼓舞。千户苗寨 13 年一遇的鼓藏节至此进入高潮。鼓藏节是苗家人最盛大的集会。黔东南其他各县苗族，也都开展吃鼓藏祭祖活动，分别是 5、7、9、12、13 年不等，祭祖的形式也各有不同。

吃鼓藏是苗家人多年才进行一次的祭祖活动，而苗年则是每年都进行的祭祀祖先的节日。苗年一般在每年农历的第一个或第二个卯日。苗年一般持续 5 天，有的地方甚至持续 15 天。过苗年时，家家要抱上大红公鸡，来到村边路口迎接祖先神灵回家过年。家家在祖先牌位、花树、岩妈等神坛前摆上长桌，桌上是丰盛的祭品，敬祭了祖先之后，宾主举杯共庆佳节。入夜，合家围在一起吟唱古歌、酒歌守年。连续几天，全村人都集中在芦笙场跳舞吹笙。节日期间，村人轮流宴请宾客，青年人则集会在游方场谈情说爱，同时，村与村之间还开展跳芦笙、斗牛、斗鸟、对歌、赛马等活动。雷山苗族过苗年是保持苗族传统最本色的。现在，雷山县政府将每年的 11 月 3 日定为苗年节，欢迎海内外客人与苗家人一起过苗年。

在从江县城西南 5 公里的原林深处，有一个叫岜沙的苗族村寨，是一个以狩猎和耕作为主的古老村寨，男人除头顶外均剃光，头顶蓄一绺长发，梳成辫子，绾结于头上，人人均配腰刀，肩猎枪，着短衣中袖便装，大筒裤，穿鼻草鞋，俨然出征武士装束。集体狩猎出巡前，均要祭祀祖先、山神，猎获猎物则平均分配，保存着浓厚的部落氏族时代的遗风，是考察远古时代民风民俗的活化石。

由州府凯里顺清水江而下，在一片被清水江拓出的台地上，坐落着一个古老的小镇施洞。蜚声海外，被称为世界最古老情人节的苗族姊妹节，就是以施洞为中心开展的。姊妹节苗语称为“努嘎良”，意为吃姊妹饭，是清水江中游苗族青年男女的节日。每年农历三月十五日这一天，每家都要做姊妹饭，这是一种经过染色分甑蒸熟后再和在一起的五彩糯米饭，有红、黄、白、蓝、黑各色，晶莹透亮，清香悦目，还要准备好酸汤鱼、血豆腐，等待远道而来的青年和姑娘们。那些出嫁的姑娘们也会赶回娘家与姊妹们共度佳节，看望原来游方场的情人。第二天，在江边、沙滩上、草地上，男女青年成群结伴在一起游方、对歌，表达爱意。第三天，穿着盛装的姑娘们提着盛满深情厚谊的姊妹饭的竹篮，站在村边路口，送别情人。竹篮里装着的每件物品，都寓意着姑娘们的心事。藏着松叶的，意味着爱情正在滋生；藏着椿芽的，则象征可以定亲；藏着树枝或蒜薹的，则暗示断交。姊妹节中交往的青年男女，是同一辈分中可以通婚的两个宗族群体，一个男子可以在几个姊妹群落中有情伴，一个女子也可以在几个后生团体中有情伴。这一习俗，折射了人类处在对偶婚时代的生活情景。这是世界上迄今还存在的最古老的情人节了。

在苗家人溯着沅水进入黔东南的时候，侗家人也溯浔江而上，来到了黔湘桂交界的山地中。侗族古歌说，侗家祖先原来住在梧州一个叫胆的地方，那里有宽宽的田坝，密密的江河，但田总在高处，水总在低处。祖先就一心一意想走到水的高处去。便在一个有雾的早晨，向着水流来的方向射出一支箭，随着那支箭去寻找水的高处。箭落在哪里，人就落在哪里，那里就是新的家。祖先就带着一族人坐着枫木舟溯河上。不知道走了多久，也不知道经过了多少地方，后来就落在了这一片大山中。

侗族属古越人的一支，是侗傣语族的先民之一，是一个有 300 万人口的南方民族。黔东南的侗族有近 130 余万，占全国侗族总数的 45%，主要居住在都柳江中游，清水江、㵲阳河下游地区，是全国侗族原生文化的中心。

侗族是一个以水稻耕作与山林采伐为主要生产方式的山地民族，依山傍水而居是侗族居住文化中最重要的理念。侗寨总是建筑在缓缓逶迤的山墁上，面临迂山越坎而来的溪流；溪流两侧浅浅的田畴，山墁上层层叠叠的梯田，是侗家人耕作的田亩；溪流深处，梯田之外，是连绵的远山，远山上无尽的碧草绿树，是他们放养牛羊、追逐禽兽、砍伐柴薪、采撷山果的广阔天地。山、水、树环绕着村寨，依山形地势而建的民居又紧密的环绕着鼓楼，鼓楼巍然而立，和远山、近水、绿树、阳光、清风、蓝天相辉映。山、水、树、村寨、民居、鼓楼等，共同形成一个巨大的生态和文化的功能圈，显示出天人合一的谐和景象。黎平肇兴的堂安侗寨，最好的体现了侗族文化生态的特色，是中国与挪威王国联合兴建的侗乡第一座生态博物馆。

图 22　乡村静物——从侗寨寨门走进去，或许就就到到生活的“真”。(余达忠摄)

从都柳江溯水而上，远远看见的，就是耸立于民居之上的巍巍鼓楼。这是一座全部用杉树构建的宝塔型密檐式建筑，最高可达 23 层，是侗族人民创造的伟大建筑艺术作品。侗族聚族而居，鼓楼是族姓的标志，一座村寨往往有一座或几座鼓楼，代表生活在一起的一个或几个族姓。鼓楼作为侗寨的公共建筑，承担着重要的文化功能，是侗家人聚会、议事的场所，侗族的各种文化活动，都以鼓楼为中心展开，因而将鼓楼看成是侗族文化的象征。由黎平县人民政府组织的中国鼓楼文化艺术节是侗乡最大规模的文化活动，是侗族文化的一次大展示。

侗家人说：世上一切萨最大。“萨”是侗家人祭祀的至高无上的神。萨是侗语祖母、婆婆、女性的意思，但萨也是鱼，称鱼为萨，每个村寨都建有专门的萨堂、萨屋，每年都进行祭祀、膜拜。在侗家人的观念中，生命从水而生。他们从水里浮游的鱼领悟生命，从鱼的众多聚结、无限繁殖力，想到了生命，把生命的愿望寄托到了鱼上，因而，生活中的鱼，成为侗族先民的生命图腾，成了祖母萨的象征。萨神崇拜，反映了侗族社会经历长期的母系氏族社会的事实。侗族文化的这种母性崇拜的特征以及侗族的生存历史、生存环境、生存方式，决定了侗族文化在发展中形成的基本品格：和谐、自然、团结、平等，而尤以和谐为侗族文化的最高境界。侗族文化中的和谐是人与自然的和谐，人与人的和谐，人与生活的和谐，这是侗族文化中最核心的理念。一千多年前，文学家陆游在《老学庵笔记》中记载："在辰、沅、靖诸蛮，仡伶……农隙时，至一二百人为曹，手相握而歌，数人吹笙在前导之。"这是关于侗族哆耶（踩歌堂）的最早记载。悠悠一千余年过去了，但一千余年前的生活依然一如既往进行着，人们依然手牵着手，男女相伴在鼓楼坪围成一个个相套着的大圆圈，随着芦笙的旋律哆耶祭萨。哆耶祭萨是南部侗乡为祭祀萨神，为加强村寨与村寨，房族与房族之间的交往而进行的一项大型群体性的娱乐活动，一般在春节后举行，在两个寨子之间或一个寨子的两个房族之间进行。全村寨、全房族的每一个人都必须参与，参加村寨或者房族的亲戚朋友也无一例外要邀请参与，感受祖母神的无限的福祉。黎平肇兴是侗乡最大的侗寨，它的踩歌堂活动是最富于魅力的，每年都吸引许多中外游客。

"歌养心，饭养身"，这是侗家人的谚语。侗族是一个歌的民族，侗乡被誉为音乐的天堂。走进侗乡听到的，除了大自然的声音，就是歌唱的声音。喜庆节日，以歌相贺；男女相恋，以歌为媒；生活劳动，以歌传言；丧葬祭祀，以歌当哭；叙述历史，以歌相传。侗歌按表达形式与曲调分类，可以分为有器乐伴奏和无器乐伴奏，前者有琵琶歌、牛腿琴歌、木叶歌、曲艺（说唱琵琶歌）等，后者有细声歌、双歌、拦路歌、酒歌、赖油歌、儿歌、丧歌、河边歌、美好情人歌、大歌等。尤其是多声部无伴奏侗族大歌，是侗家人从大自然的声音韵律中得到启示而创作的艺术精品，其复调音乐的形式，打破了西方人认为中国民间没有复调音乐的断言。大歌，侗家人称为"嘎老"，有两层意思：一是参加演唱人数众多，大家一起演唱；二是篇幅长，声部多，气势宏大。侗族大歌虽无乐器伴奏，却有峰峦逶迤起伏、江河徐缓深沉、溪水奔流不息、清泉曲折丁冬、风吹草动、虫啾鸟鸣、田野呼唤、山谷回声等音响效果，堪称“人与大自然的和声”。1986 年，侗族大歌在法国巴黎金秋艺术节演唱时引起轰动，被誉为“清泉般闪光的音乐”。2009 年，侗族大歌被列入世界口头与非物质文化遗产名录，成为整个人类的精神遗产。

侗族青年男女的爱情生活，是最有诗意、最浪漫的。明人邝露在《赤雅》中，曾用诗一般的语言进行描绘：“峒女于春秋时，布花果笙箫于名山，五丝刺同心，结百纽鸳鸯囊；选取峒中之少好者，采芳拾翠于山椒水湄，歌唱为乐。男亦三五群歌而赴之，相得则唱和竟日，解衣结带相赠以去。春歌正月初一、三月初三、秋歌中秋节，三月之歌曰：‘浪花歌’。”行歌坐月，花园相会，这是侗家青年男女恋爱的主要形式。南部侗族社区青年主要在月堂（专为未出嫁的姑娘设立的姑娘屋）中对歌传情，而北部社区的青年则主要在花园（又称歌场，一般为寨边、仓脚、向阳的坡地、幽静的林中等）谈情说爱，对唱情歌。锦屏的高坝歌场，剑河的小广歌场，镇远报京的三月三，都是北部侗族社区著名的歌场，占地几坡几岭，歌会时，有好几万人参加，歌声响彻云霄。

水族是生活于黔东南土地上的一个古老民族，主要聚居在榕江、丹寨、从江、黎平等县。水族的居住地森林密布，山水如画，适于农林业的发展，是贵州高原的鱼米花果之乡。水族在民歌中，常以“像凤凰羽毛一样美丽”来形容自己的家乡。水族的远祖是古代“百越”的一支。早在秦汉以前，岭南地区以及东南沿海一带就居住着许多部落，公元前 214 年，秦朝统一了岭南，水族先民逐渐向北往黔桂边境迁移；隋唐时统称“溪峒蛮”；唐宋时与壮侗各民族一起被统称为“獠”；宋代在该处设置“抚水州”，被统称“抚水蛮”；州这一地名暗示以“水”为自称的人群已经形成。13 世纪中期，有大规模的汉族人移到此处；13—17 世纪，又有大量的汉族士兵被调到此处戍守，设屯安家，他们的后代也逐渐融合于水族。“水族”之称，最早见于明代史籍。清代，多称其为“水苗家”、

“水家”等。新中国成立后，水族被正式定名。水族有自己的语言，属汉藏语系壮侗语族侗水语支。水族有一种古老的文字，称为“水书”，造字方法有象形、会意、谐音和假借，现存400余字。水历是水族的一种传统历法，以阴阳合历为依据，加进了天干地支和阴阳五行。水历把一年分为十二个月，四个季节，三个月为一季。水族妇女服饰多以水家布缝制，无领大襟半长衫或长衫。长衫过膝，一般不绣花边。而节日和婚嫁盛装与平时截然不同。婚礼服上装的肩部一圈及袖口，裤子膝弯处皆镶有刺绣花带，包头巾上也有色彩缤纷的图案。头戴银冠，颈戴银项圈。腕戴银手镯，胸佩银雅领，耳垂银耳环，脚穿绣花鞋。新娘子往往被打扮得花枝招展，光彩照人。此外，妇女刺绣的背带更有艺术性。说是“带”，实际上是一块刺绣华丽的“T”形“帘子”，上端两边有带，“帘子”的大小可包住幼儿。它是将白色马尾缠绕上白丝线，再加上其他色彩丝线，先把各种图案分别刺绣好，最后将绣好的图案拼镶到背带布料上做成的。背带美观实用，是母亲给出嫁的女儿最好的礼物。水族妇女在婚前喜用浅蓝、绿色或灰布做成便服长衫，上衣多以绸缎为衣料。衣身衣袖都比过去收紧，显得贴身利索有曲线美。胸佩绣花长围裙，头包青白布长条巾，素雅文静。已婚妇女的袖口、环肩、裤脚口，都镶一道蓝杆花边做装饰。长发梳成一把盘于头顶，从右侧插梳子固定。有的妇女在头巾外又横扎白巾，有的直接用花格方头巾包头，传统而不失时髦。水族婚俗留有较浓的传统色彩，讲究明媒正娶。婚前，男女青年可以利用节日及赶集时的对歌活动交友相恋。即使自由恋爱定的情，也得明媒正娶，否则不合礼俗，要受歧视。青年男女相爱后，先托人告诉双方家长。若家长表示愿意，男方才请媒人去女方家送礼定亲，并择定吉日，派人抬着猪仔去女家“吃小酒”。正式迎亲时，再抬大猪到女家“吃大酒”。酒宴上要唱敬酒歌，女主人每唱一首歌，客人就得干一杯酒，以喝醉来表现主人的盛情。接亲与送亲，男女双方的家人不参加，除少数地方由新娘的兄弟背新娘送至夫家外，多数是盛装的新娘打一把故意撕开一条缝的红伞步行在前，接亲的伴郎、伴娘及抬着嫁妆的长队紧随其后。一般是于中午出娘家门，傍晚六七点钟进夫家门，吉时不到不得进门。新郎家的亲人在新娘进门前外出回避，新娘进屋后才能回家。新婚之夜，伴娘与新娘同宿，第二天新娘即回门去娘家住。婚期之后，新郎再去请新娘回来，开始夫妻生活。有些新娘第一次回门就长达一两个月时间，谓之“坐家”，实际上是“不落夫家”婚俗的残存余音。

瑶族以其历史悠久、迁徙频繁和文化独特而为世人所瞩目。黔东南的瑶族主要分布在从江、黎平、榕江等县。瑶族是一个山居民族，大部分散居在海拔1000米以上的高山和密林之中，少部分居住石山或半石山地区，或丘陵、河谷地带。历史上，瑶族和苗族有密切的亲属关系，同源于秦汉时的“武陵蛮”部落。大约在隋代，居于现在湖南、湖北一带的瑶族和苗族已分化成两个族群。元、明、清时期，瑶族的分布已遍及广西、广东以及湖南西南部和云南、贵州的部分山区，社会经济发展极不平衡，发展较快的地区已接近汉族地区的水平，而偏远地区的瑶族“随溪谷群处”，甚至不从事农耕，以猎山兽为生者，一部分尚处于原始社会发展阶段。瑶族在远古时代就有了民族起源的神话传说。先秦古籍《山海经》就有盘瓠神话的原始记录。除盘瓠神话外，反映本民族远古社会生活的神话，还有《盘古开天地》、《伏羲子妹造人民》等。歌谣在其文化艺术中占有十分重要的地位，源远流长，形式多样，内容丰富，有讲述天地万物起源的创世歌、记述民族历史的古歌、表现劳动生活的狩猎歌和农事季节歌、爱情歌、祭祀用的乐神歌、赞颂反抗斗争的革命斗争歌，等等。其中的《盘王歌》歌词长达3000多行，歌名多至数十种，为瑶族人民的伟大艺术珍品。

黔东南是一片古朴的土地，一片未受到现代文明濡染的纯净的土地，休养生息于这片土地上的各族人民，世世代代都按照古朴的生活方式生活着。每一片社区，每一座村寨，都向我们叙述着一些古老的故事，隐秘着中华民族悠久的农耕文明、农业文化所含蕴的淳朴与优美。在这里，我们不但看到唐装宋服、秦砖汉瓦，更重要的，是这一切古老的形式，仍然是各族人民生活的一部分，是进行着的、充满生命力的一种生活。但是，人类现代化进程的不可阻遏，这种古朴的文明正在经受着严峻的考验，作为弱势文化的黔东南民族文化，正在一点一点地遭到现代文明的消解，濒临被同化和消逝的状态。正像生物的多样性是我们生存的必然的选择一样，文化的多样性、多元性也是我们社会发展的必然的现实。怎样将这古老的、有生命的文化资源保存下来，让古朴的文明对我们的现代文明有一种启示，让我们仆仆穿行于现代社会中的疲惫心灵有一片宁静的栖息地，让古老的传统文化焕发新的生机与活力，这应该是一切善良、正直、卓有远见和充满责任感的现代人所应该思考和必须进行的行动。

第六章　原生态黔东南：苗族原生态文化

第一节　枫树、蝴蝶、鹃宇鸟：苗族精神文化

在黔东南乡村行走，最先看到的往往是环立在村寨周边的古老的风水树，这些风水树一般立在寨前或寨后的山坳上，像守护村寨的忠诚的卫士。这些风水树是什么时候种下的，没有人知道，是什么人种下的，也没有人知道，似乎是自从有了村寨，就有了这些风水树。村寨是随着这些风水树一起发展壮大起来的。风水树中，栽种得最多的是枫树。古老硕大的枫树前，常常有人去烧香祭拜，呈献上水果、刀头等祭品，缠上红布条、丝带等祭物，许多村寨就索性称为枫香寨。叫枫香的寨子，在黔东南苗乡有20座之多。在黔东南苗家人创造的种种艺术作品中，枫叶是我们最常见的符号，在建筑物的雕栏上，服饰绣品的图案上，往往都绘有枫叶的图案。除了枫叶外，见得更多的图案是蝴蝶和鸟，尤其是妇女们的服饰绣品上，随处都可见绣在上面的各种形态的栩栩如生的蝴蝶、鸟图案。可以说，没有哪个民族像苗族那样更钟情于蝴蝶和鸟图腾了。

枫树、蝴蝶和鸟，是与苗族精神文化紧密相关的象征物，是苗家人的生命图腾。

“枫木是万物的始祖。”这是苗家人最早的生命观念，流传于黔东南苗疆腹地的《苗族古歌》详尽地叙述了万物起源与枫木的渊源关系：“远古那时候，山坡光秃秃，只有一根树，生在天角角，江水淹不到，野火烧不着”；“那是什么树，那是白枫树”；“枫树在

天家，枝椏满天涯，结出千样种，开出百样花。各色花相映，天边飞彩霞，千样百样种，挂满树枝椏”；“枫树砍倒了，变作千百样”；“树根变泥鳅”、“树桩变铜鼓”、“树干生疙瘩，变成猫头鹰”、“树叶变燕子”、“树梢就鹡宇”、“树干生妹榜，树心生妹留，这个妹榜留，古时老妈妈”。万物从枫树而生，人、兽、神共同的始祖榜妹留，即蝴蝶妈妈就是从枫树中化生的，而蝴蝶妈妈又化生了人类，是人类的母亲。古歌说妹榜留与水泡游方恋爱，怀了十二个蛋，孵化出姜央（人祖）、雷公（神衹）、老虎、水龙、水牛、大象、蜈蚣、老蛇等各种生物，由此开创了一个新纪元。[①] 流传于丹寨一带的《苗族史诗》也有类似的唱词：“砍倒了枫树，变成千万物。锯末变鱼子，木屑变蜜蜂，树心孕蝴蝶，树椏变飞蛾，树疙瘩变成猫头鹰，半夜里高鸣高鸣叫，树叶变燕子，变成高飞的鹰鹞，还剩一对长树梢，风吹闪闪摇，变成继尾鸟，它来抱蝴蝶蛋。”蝴蝶妈妈与水泡游方后生下十二个蛋，让鹡宇鸟来孵，“鹡宇替她孵，鹡宇帮她抱”，“抱了几个冬，孵了几个春？”“整整十二年，姜央各兄弟，个个都出世”。枫树、蝴蝶、鹡宇鸟，组成了苗家人生命进化历程中的一个完整链接，这是人类最古老的神话，反映了人类生命意识刚刚觉醒时对自身和世界的认识。这种卵生神话，是人类历史早期普遍具有的生命观念。关于这类神话传说，在黔东南的许多苗族乡村都有流传。在江加勉苗族社区，至今还流传这样的传说：很古的时候，有一根大树倒了，树根烂了，生出一只虫来，树尖也烂了，也生出一只虫来。两只虫脱了皮，变成了一对鹅，树根的虫变成的是母鹅，树尖的虫变成的是公鹅。它们十分恩爱，后来，母鹅生了十二个蛋。先后由母鸡、鹅、岩鹰、乌龟来孵，都没有把蛋孵出来。最后由天鹅来孵，孵了十二个月，其中的十个蛋孵出了各种动物，它们是雷、龙、熊、虎、兔、狗、野猪、鱼崽、白蛇、黄狼。还有两个蛋，天鹅又孵了三天，仍然没有孵出生命。天鹅以为这两个蛋坏了，准备把蛋啄破看个究竟。这时，蛋里说话

① 田兵选编：《苗族古歌》，117～218页，贵阳，贵州人民出版社，1979。

了：妈妈！不要啄破我们，再孵两天，我们就可以出来了。果然，天鹅把蛋多孵两天后，生命出来了，却是两个人：一个男孩，一个女孩，男孩叫“央”，女孩叫“姜”。他们一出世就会说话，能工巧绣，聪明伶俐，特别是央，前十个蛋所生的兄弟们都不是他的对手。由于雷公斗不过央，气得把天捅了个窟窿，大雨滂沱，淹没了大地，雷公的用意是淹死央和姜，但央和姜却乘着杉木船到了天上。洪水退后，央和姜回到大地，不得已而兄妹成婚，后生了一个南瓜式的大肉团，他们一气之下，把肉团砍了抛向四方，结果四面八方都有了人烟，人类从此绵延不绝。[①] 与苗族神话相类似的神话，在南方其他民族的神话中也能找到，这反映了人类社会发展的某种共同性。

苗家人对于枫树、蝴蝶、鸟的崇拜，属于人类最早的自然崇拜的范畴，反映了人类社会发展早期，先民对于自然和自身的认识，是人类最古老的信仰。在苗家人的精神生活中，不但崇拜枫树、蝴蝶，也崇拜自然中一切神秘的、巨大的、不可知的自然物。如巨石、古树、水井、山崖、桥洞、深菁、高山等。认为它们有神力，要对之心生敬畏，祈求它们保佑平安，往往在苗年节等重要日子，要对它们供奉祭祀，在出门或者上山的时候，都祈求它们护佑，给它们烧香化纸、呈供祭品、挂红许愿。在苗乡行走，在巨石古树旁，桥洞水井边，时常会看到人们对于自然物的这种崇拜。尤其要提到的是在苗疆核心区普遍流行的对于岩妈的崇拜。在苗家人的观念中，生命从阴间来到阳世，要从一座桥上通过才能获得灵魂，而这座桥就是岩妈。岩妈可以是一座具体的桥，也可以是一个象征性的巨石，或者青石板。每个人一生下来，都要拜认一个岩妈，还要在家中设置岩妈的灵位，重要的日子，一定要去祭祀岩妈。每年农历二月初二，大人总是要带小孩去自家的“桥”插香祭拜，这个桥的造型不是那么宏伟，它只是一个象征性的桥，主要在田埂、河沟

① 参见国家民委《民族问题五种丛书》贵州省编辑组：《苗族社会历史调查（二）》，44页，北京，民族出版社，2009。

上搭的石板“小桥”，起不到什么作用，只是一块石头，可有可无。但在苗族人民的意识里它是寄托、祈福的地方，每年拜祭一次，一年都会安宁，同时也保佑孩子的成长。这个桥虽然没有形成图腾，但是却有一个美好的传说：从前，有个叫祥福的人住在山里，由于成家后多年没有孩子，在农田里劳动时唉声叹气，田边觅食的岩燕看见了就问：为什么叹气。祥福说家里忙，也没有人帮忙，要有个小孩就好了，可以看牛割草。岩燕对祥福说，我能搬到你家住吗？我家在岩山上，孩子都被蛇吃掉了，祥福答应。岩燕就衔泥去了祥福家的屋檐下垒了一个新家。傍晚，祥福回来后，岩燕就悄悄告诉他一个秘密，孩子是山里的小精灵，但来到你们家的路都是沟沟坎坎，没能过来，你去把路修好填平，他们就会到你们家来。于是祥福夫妇就去搬石头架在那些沟沟坎坎上，来年的二月二那天，他们得了一个小娃娃，夫妇两个高兴极了，于是当孩子周岁时，父母带领孩子去那些“石桥”上烧香还愿，杀鸡杀鸭、滴血祭奠，敬供米饭和红色鸡蛋，以示报恩。从此，人们就按这个形式去祭桥，无论是有小孩的还是没有小孩的，都会在这一天去烧香。慢慢地“石桥”就成了保佑平安的象征，每年的二月初二，也就成为了苗族的祭桥节。

鸟崇拜是黔东南苗族重要的图腾信仰，黔东南丹寨的苗族，就自称是以鸟为图腾的部落后裔。丹寨苗族自称“嘎闹”［$qa^{33}nə^{13}$］，在黔东苗语方言词汇中，“嘎”［qa^{33}］是“本”、“源”、“根”、“根源”的意思，“闹”［$nə^{13}$］既有鸟雀含义，也有年轻女子的含义。按苗语语法翻译，“嘎闹”直译应是鸟雀的根源，意译则是来源于鸟图腾部落的氏族。在丹寨苗语方言词汇中，“嘎闹”［$qa^{33}nə^{13}$］一词中“［$nə^{13}$］”的读音除了与“鸟”的读音相同外，还与“蛇”、“鱼”的泛称读音相同。这说明“嘎闹”［$qa^{33}nə^{13}$］一词作为族称来源于古代母系氏族社会，以鸟、蛇、鱼为图腾，并以鸟、蛇、鱼的泛称作为氏族的族称。这是母系氏族社会的一大特征。在母系氏族社会时代，由于生产力低下，人类智力不发达，对周围事物不甚理解，常把一些与自己居处、饮食和其他生活有密切关系的事物视为与自己有某种姻缘关系，甚至有血缘和同类关系，因而予以崇拜，并把这些事物的形象作为本氏族的徽号，以这些事物的名称定为本氏族的族称。从汉文献记载和苗族古风古俗反映，苗族曾经历过母系氏族社会的历史阶段，自称“嘎闹”的丹寨苗族同样经历过这一历史阶段。在这一历史阶段，苗族居住在黄河、长江中下游这一带，而这一带自古以来是水乡之地，盛产鱼类，也是鸟、蛇出没栖息之所，鸟、蛇、鱼三者的生态关系极为密切。所以，古代苗族以鸟、蛇、鱼为图腾，以鸟、蛇、鱼的泛称“$nə^{13}$”为本氏族的族称，是很可能的。然而，丹寨境内苗族与远古时代居住在黄河、长江中下游的“九黎”、“三苗”有着一脉相承的渊源关系。因此，自称“嘎闹”的丹寨苗族，在历史上曾以鸟为图腾崇拜对象，以语言为传承方式来传承铭记鸟图腾部落标志。这就是苗族鸟图腾部落文化传承的一种历史印记。换句话说，古老的“嘎闹”就是母系氏族社会时期的鸟图腾部落，如今的“嘎闹”就是鸟图腾部落的后裔。时序越过了五六千年，丹寨苗族自称“嘎闹”的这种称谓音韵犹存，历史发展至今亘古未变。

丹寨县境内苗族“嘎闹”支系有七个亚族群，他们自古就有把自己的图腾物作为饰品图案来穿着佩戴的习俗。从现在能收到的古老服饰对比，七个亚族群古装差别微小，最能保持原貌的是“雅灰型”的百鸟衣。随着时间的延伸，各亚族群的区别越来越大，但都有一个共同点：即在能体现的刺绣或蜡染技艺上，竭尽其能地表现他们的图腾物——鸟纹，把鸟纹发展得淋漓尽致。正是这种对鸟的极度崇拜，造就了苗族“嘎闹”支系的服饰艺术形象和艺术魅力，并向外透露了“嘎闹”支系的族源信息。而“百鸟衣”“锦鸡服”蜡染古装等则成为对鸟崇拜的集中体现，也成为该支系鸟文化艺术的经典。

生活在这里的苗族同胞长期以来发挥自己的聪明才智，与大自然奋力抗争，创造性地发展和保留了诸如锦鸡舞等民族优秀的传统文化。在这一地区，无论男女老少均能跳锦鸡舞。尤其是遇到起房建屋、喜庆节日时，当芦笙吹起，人们相继围拢来，纷纷加入，围成圆圈起舞，欢乐无比，热闹非凡。苗族锦鸡舞源远流长。传说“嘎闹”支系苗族的祖先住在东方大平原上，后来迁到一个叫“展坳对社”的沙滩边居住，又因洪灾而沿江上行来到丹寨县。在迁徙的历史进程中，是美丽的锦鸡帮助先祖们找到了最后定居的地方，也是她为先祖们带来了稻谷的种子和创造欢乐的飞歌。在丹寨县定居后，苗族的祖先们一边开田，一边打猎充饥度日。由于锦鸡帮助他们获得了小米种，帮助他们度过饥荒，所以锦鸡就成了他们的命运吉星。居住在上述地方的苗族同胞在每年的盛大节日里举行隆重的吹笙跳月活动，敲击铜鼓，欢跳锦鸡舞，放牯子牛斗角，以纪念先祖和怀念给他们带来自由、祥和与欢乐的美丽的锦鸡。就这样，年复一年，一代一代地传下来，流传至今。在日常生活中，苗族同胞们特别是女性同胞除了劳作外，闲时都用各种各样有色花线精心地绣成各种花鸟纹图案，缝制百鸟衣裙，编织花带，刺绣花鞋，制备银饰。节日喜庆时，尤其是在芦笙会上，只见女性个个绾发高耸，头上插戴锦鸡银饰，上身穿开襟短绣衣，下身着绣花超短百褶裙（有的着彩绣短百褶裙，有的着绣花百褶长裙），裙前后各系一张长方形花围腰，后腰上面挂满各色手织花带，颈戴银项圈，手戴银手镯，脚穿翘尖绣花鞋（有的在脚腕系上小巧玲珑的银铃），打扮得像美丽的锦鸡一样，花枝招展。跳芦笙舞时，随着芦笙曲调的快慢节拍，妇女头上的银饰锦鸡跃跃欲飞，银角冠一点一摇，腿边花带一飘一闪，百褶裙脚边的洁白羽毛银浪翻飞，貌若锦鸡亮翅，翩翩曼舞。民间称之为“锦鸡舞”。

锦鸡舞是苗族人民每十二年举行一次的祭祖活动中的主要舞蹈形式。民间的婚庆、迎客礼仪和青年男女的“跳月”的过程中也常常表演锦鸡舞。民间锦鸡舞多以特大号、大号、中号、小号等四支规格不同的芦笙为主要吹奏乐器，吹奏出低、中、高、特高等多音混合曲，其节奏有序、欢快、流畅，音质委婉悠扬，似若高山流水之声，苗语称之“给拉”（GiX LaL），意即如行云流水、奔放自然。民间锦鸡舞的芦笙曲调丰富，有乐曲一百多首，演奏起来轻快流畅，优美动听。跳舞时，男性青年（少者三五人，多则二三十人）

吹奏芦笙于前领舞，女性（以姑娘和中年妇女为主，七八十岁的老人、五六岁的孩童均可随意参加）排成一字长蛇队跟在后面，沿着逆时针方向转圆圈跳。随芦笙曲调和舞步的变化而翩翩起舞，舞步时而缓缓前移，时而逆时针方向转圆圈跳，有时或前或后、或左或右移动，有时或进或退曼舞。舞蹈动作有三步、四步、七步不等，以四步为主，兼以六步转身。腿上动作多、上肢动作少，以腰、膝的自然摇动为舞蹈的基本特点。双脚按芦笙曲调节奏变换出优美姿势，双手于两侧稍往外自然摇摆，加上妇女头上的锦鸡银饰跃跃欲飞，银角冠一点一摇，腿边花带一飘一闪，百褶裙脚边的洁白羽毛银浪翻飞，翩翩曼舞中舞者步履轻盈，酷似锦鸡在行乐觅食。每跳一步，舞者双膝同时自然向前颤动，下肢动作多，上肢动作少，双手于两侧自然放开，悠然摇摆。人多时，芦笙手在中间围成圆圈吹跳，女性在外围成圆圈曼舞。仅以四步舞为例，以左脚为先，左脚先向左侧轻迈一步，右脚跟着左脚靠拢，然后右脚向右轻迈一步，左脚则又向右脚靠拢，之后又轮到左脚向左迈步，右脚跟上，反复四次后即转换跳六步顺时针转身（转 180 度），如此往返，逐步侧身相随围成圆圈缓缓前行。民间锦鸡舞的芦笙音乐轻快流畅，优美动听，曲调丰富，有一百多首。

第二节　苗年、鼓藏节、鼓藏头：苗族祭祖文化

苗家人崇拜自然，崇拜枫树、蝴蝶、牛等图腾物，苗家人更崇拜祖先，有着浓浓的祖先情结。祖先崇拜是在自然崇拜和图腾崇拜的基础上发展而来的，反映了人类思想意识发展的线性历程。苗家人崇拜枫木，崇拜蝴蝶，认为这些自然物与他们的生命来源相关联，他们是从这些自然物演变而来的，后来转化为对于人类始祖姜央的崇拜。流传于黔东南台江一带的《苗族古歌》“焚巾曲”唱道：“浑浊的太初，朦胧的风貌，蝴蝶生老人，生远祖姜公。央公生我

们的妈妈，妈妈才生我们大家。”[1] 由祭蝴蝶妈妈到祭央公到祭各代的祖先，清晰地勾勒出苗族信仰崇拜的演化历程。

苗族的祖先崇拜与汉族的祖先崇拜不同。汉族人祭祖，主要是祭祀自己三代以上或者最多五代以上的直系祖宗，而苗家人祭祖，则主要祭祀历朝历代的所有祖宗，祭祀整个氏族的祖宗。苗族是由于战败而由黄河、长江中下游地区迁徙到西方的，流传于黔东南地区的《苗族古歌》对于苗族的这段历史有生动翔实的叙唱。由东方到西方的迁徙经历，使得世世代代的苗家人对于东方的故土充满了怀念，对于东方的祖先充满了崇敬，总是想要回到东方去，回到东方祖先的家园去。在凯里、丹寨、雷山等地，每年农历六月六，苗家人都要倾寨而出，集体登高，向东方眺望远古的家园，表达对于祖先的怀念与崇敬。1999 年，我曾到丹寨过苗家人的六月六，与苗家人一起登上 1471 米的龙泉山，登高远眺，并写下一篇文章，表达了自己的感受：

这一天登山的都是苗家，地地道道的苗家，往往是举家从远远的乡村赶来，在烈日和酷暑下沿着陡峭曲折的山路艰难攀登，一步步走向山顶。到了山顶，也并未有什么仪式，只是端端地立着，静静地、长久地望着远方，望着目力不及的迷茫的远方。远方，莽莽苍苍的群山海漫漫铺展开去，和远天连接了起来，不知是天融入了山中，还是山化入了天际，呈现的是一片无边无际的苍茫。他们在看什么呢？我问冶忠，冶忠摇摇头，说，不知道，反正到这一天，九村十八寨的苗家都要来龙泉山，登高望远。我又问一个正在凝神远眺的老人。您看到了什么？为什么要看远方呢？阳光下，老人浑浊的眼睛突然显得很亮，翳着一层薄薄的晶莹的泪水。老人轻轻叹气，摇摇头说，太远了，什么也看不到。那看什么呢？我进一步问老人。老人一边望着远方，一边慢斯斯地说，我也不知道看什么，从我小时候起，每到六月六，父亲就带我们一家登龙泉山，让我们往东北方向看，说那里有我们的家园，父亲的父亲也是这样带着一

[1] 贵州省民研会编：《民间文学资料》（第 48 集）。

家人登高远望的。我们的家园在哪里呢？老人低声自语着，以手遮日，专注的极目远方，仿佛从那迷茫的云海深处，已经看到那失去的田亩、家园……看着这沉默着凝神远眺的老人，看着龙泉山上一排排沉默着凝神远眺的男男女女、老老少少的苗家，我心里陡地一惊，充满了感动，颖悟苗家人世世代代都要在六月六登高的缘由了。[①]

黔东南州府所在地凯里市西北15公里处，有一座海拔1233米，四面石崖绝壁，形如香炉的大山，当地人据此称为香炉山。每年农历六月十九日，凯里、雷山、黄平、丹寨等地的苗族，都会结伴而至，相约爬香炉山，登高远眺。每年爬山节时，在香炉山汇聚的苗家在五六万人以上，是苗族最盛大的一项活动。关于香炉山爬山节，有一个动人的故事：相传香炉山爬山节是纪念苗族的英俊青年阿补和玉帝小女儿阿别的。玉帝的小女儿阿别向往人间的自由生活，顺着山顶飞下来，与聪明能干、忠厚善良的阿补结为夫妻并生有三个女儿。一天黎明，全家人正在高兴之际，忽然鸡叫头遍。玉帝规定每天鸡叫三遍时为朝拜时，阿别若不能及时赶到，必有大祸临头。心急如火的阿别在山顶向天空飞奔时一脚将香炉山顶登垮了六层。香炉山没了山顶，阿别再无法下凡了，玉帝也因没有山顶不能享受人间香火，便罚阿补变为香炉，供烧香之用。为了纪念阿别和阿补的忠贞爱情，苗家人便在阿补变香炉这天过一年一度的爬山节。老年人爬香炉山是祈神祭祀，青年人爬香炉山则是恋爱游乐。爬香炉山的寓意已经变了，但苗家人的祖先情结依然很浓很浓。

在日常生活中，苗家人时时刻刻都祭祀祖宗。每餐用餐前或饮酒前，都要先将饭菜和酒水洒于地祭献祖先，然后才能进食饮酒；获取的猎物野味，新的蔬菜，新酿的酒等，必定要先呈祭祖先神灵，才能品尝；出门经商求学，要向祖先祭祀，祈求保佑；家中有事不顺遂，也一定向祖先祈求，禳灾祈福。在黔东南苗族核心区域，如雷山、台江、剑河、丹寨、凯里、黄平等地，苗家人的祖先

---

① 余达忠：《登高》，载《黔东南日报》，1999年9月20日。

图 23　香炉山（余刚摄）

灵位一般设于火塘边上，是一个镂空的木墩，或者用一只矮木凳代替，表示祖先时时与自己生活在一起，自己有吃的，祖先就有吃的。

苗年是苗家人祭祀祖先、庆祝丰收的一个隆重节日。苗年没有固定的日期，一般在每年农历十月后选定的日子进行。苗族认为，一年只有热、冷两个季节，热季和冷季交替的农历十月，既是热季的结束，又是冷季的开始，同时也是旧年的结束，新年的开始。苗年有大年、小年和尾年之分，小年仅打点糯米粑祭祖，尾巴年也仅象征性地过，唯大年最为热闹，所有的传统活动亦在“大年”期间举行。

黔东南苗疆腹地的雷山县，每年都要举行隆重盛大的苗年庆典，作为一年一度的苗年文化周活动。从 2000 年开始，雷山县政府组织的苗年文化周活动已经连续举办了 10 年，苗年已成为苗族文化的一个重要符号。

雷山苗年，苗语含义为祭男姓始祖姜央的妻子“仰妮”、祭“尤”公，故称“讷仰”。“讷”苗语“吃”或“过”之意。故意译为“祭仰节”。“苗年”是汉语的俗称。苗年分头年、大年和尾年三个节日，分别在农历十月、十一月上中旬卯辰日过。雷山苗族以十月为岁首，过头年。它与巴拉河中下游苗族过节时间相同，都是在秋收结束，红苕收进家，麦子油菜下种完毕以后，农历十月上中旬“卯辰”日即过节，但卯辰日在上旬初五、初六时，过去须打听凯里九寨是否过，若凯里九寨过了，即在凯里老街或牛场坝一带敲锣通知，巴拉河中游一带的苗族即在第一个卯辰或在第二个卯日过年。

雷山苗年是中国上古时期先民农耕稻作、制定历法的产物。

母系氏族社会，女子从事家务和纺织，男人从事采摘和狩猎，以茆为衣食来源。由于男子在采摘和狩猎过程中，发现可食果实的水稻、高粱、小米等，经过人工栽培后，果实产量比野生成倍增多，农耕文明萌芽。农耕稻作，知时节播种才有好收成。这就需要制定天文历法。原始社会盛行图腾崇拜。月历名以当时参加历法制定的十二个最强大氏族图腾命名排列。日历也以当时二十八个比较强大的氏族图腾名排列确定。而年历制定后按敬授民时的形式，由主持制定历法的氏族首领主持祭天大典，并由其确定日期。首领慑于图腾崇拜，为显示传天道的本领，则选择在本氏族的图腾日开始进行，祭天主、祭祖先合二为一。这就是年节的初始渊源。

上古部落首领的职责有两条：一是制定历法，祭天主、授民时；二是保卫部落领地，扩大部落疆土。蚩尤因制定历法的功绩，推举为部落联盟首领，他通过武力征伐与联姻结盟相结合，在黄河中下游建立了中国历史上第一个强大的九黎部落联盟政权。后来，轩辕氏族部落由黄土高原沿渭河流域东进，与之发生冲突，九黎战败，蚩尤被擒后，为辱蚩尤氏族，摧毁其精神支柱，用枫木械之，杀在十月卯日，并让其身首异处。蚩尤部族龙族人秘密地收检其肩、髀骨，运回后方住地，用糯米糍粑把蚩尤的肩、髀骨粘接复合原体，以祭天主、祭祖先最高礼节安葬。由此，有颛顼、秦、楚、苗族崇敬蚩尤的功绩，以十月为岁首，过年祭祀蚩尤。

雷山苗族以枫树为护寨树，以太阳、飞鸟、水牛图形头冠为盛装，以十月为岁首，虎日为正月，使用农历，尤以雷山为典型。十月岁首过头年，十一月过大年，十二月过末年。卯日象征旧年末日，打糍粑、吃糯米饭。辰日象征新年开始，祭蝴蝶妈妈（羲和氏）、祭姜央及其妻“仰妮”、祭祖先。

苗年延续的时间不尽一致，有七天、九天、十三天，有的长达一个月。过苗年先是提前七天用酒缸酿备好酒。大多数人家是以大米作原料，不少人家为使酒香醇，用糯米和高粱、小米酿制，家境贫寒一点的则以玉米为原料。酒酿好后装于土坛中，待“吃年饭”时方揭开盖子。每年农历十月的第一个“兔”日送旧年，“龙”辰迎新年，为新的一年开始。一直过到“牛”日。鱼象征人丁兴旺，是过苗年不可少的祭品佳肴。过年前一两天，各户到自己的稻田中捕捞三五斤鲤鱼，以备节日之用。还煮成“冻鱼”留作龙晨的“早年饭”吃。

“兔”日的前一天属“虎”日，村民说虎克猪是杀猪的好日子，当天便杀猪吃泡汤。第二天属“兔”，家家将用水泡好的糯米打糍粑。鸡叫时分已是“龙”日，当家的男人起床，煮饭、杀鸡，在自家神龛插香烧纸，以猪、鸡、鸭、鱼等肉以及酒和糯米饭、糍粑祭祀祖宗和图腾神物，用钱纸贴在屋内的岩爹、岩妈、祖灵、保爷、门楣、炉灶、猪圈、牛圈、犁耙、碓磨以及村外的保爷桥、保爷凳、岩菩萨、保寨树等物上。有的还特别由一老一少带上纸钱糯米饭摸黑出门祭果树。

天蒙蒙亮时，姑娘和年轻媳妇起床后要做的第一件事，是登上木梯梳头，向上登三级，背朝楼外面向楼板，向下梳头，落下的头发要细心捡起来，捆好备用。主人在天还没有亮已做好“龙晨饭”，也叫“年早饭”。饭菜和酒全摆在火塘边铺着稻草的地上，没有桌子，餐具全是土陶乃至葫芦、蚌壳之类。老人们说：“这样请祖先，满碗满仓。”

苗寨新年第一天，不能扫地，不能倒水，吃饭时也不能泡汤、吹气。如果泡汤、吹气，新的一年就会水冲毁田、土，山风吹倒庄稼，不吉利。“龙”日，是大年的初一。这一天姑娘妇女们不做家务，早上起来在楼梯口梳头后即可用餐，体现母系为王的遗风。房族兄弟的男人们串寨吃酒，一来兄弟相互祝福，祝贺新年，二来加强兄弟间、寨邻间的团结，以示来年五谷丰登，寨人团结和谐。“串寨”酒男主人先到，待男主人祭祀祖先后，女主人随之参与，可以一起喝“串寨酒”。有木鼓铜鼓的村寨，在下午亦举办醒（起）鼓仪式，敲鼓作乐。“蛇”日姑娘们起来挑水时，必须从家里点香一根或三根，带上纸钱糯米饭和肉到水井边祭祀井神仰阿莎。这时，起得越早，梳头越快，抬水越早的姑娘妇女越勤快。接着，这天“牛打架”开始，又称“斗牛”，也有斗鸟、斗鸡的，即是家庭、寨邻都拉牛（或提鸡、拿鸟）到规定的场地进行斗牛、斗鸟、斗鸡。男女老少亲朋好友都集中于此看热闹，个个喜笑颜开，共祝好年辰，同庆好光景，一派团结和睦景象。过苗年是必定要跳铜鼓和芦笙的，若遇到十三年一次的吃鼓藏，如郎德镇的乌流地方还要跳木鼓（祭祀祖先蝴蝶妈妈、“妹榜妹留”的最高礼仪），热闹非凡。

苗年一到，姑娘妇女们年前一二十天内就把未绣的衣裙绣好，给新衣裙缀上银铃银片，以便过年时跳铜（木）鼓和芦笙。跳芦笙、跳铜鼓一般为5~7天。一般年景，“猴”日午后，保管铜鼓的“寨老”用香纸鞭炮、米酒、鲤鱼等“醒鼓”，先到旧鼓坪上跳几圈，后移到新鼓坪上继续跳。寨上“鼓主”家人跳过后，全寨男女老少和寨外来客跟着跳，众人身着节日盛装，在铜鼓、芦笙伴奏下踏着铜鼓的节拍，围着鼓柱跳舞，也叫“踩铜鼓”。鼓笙会的头尾两天，“芦笙头”、“鼓主”或“寨老”，须代表本寨人以酒、糯米饭和鱼肉在鼓笙场上奠祭天地和神灵，然后派三五个青年小伙分糯米饭给来观看的客人吃，用牛角分别向鼓笙场上的人们特别是老年人和来客敬酒，期望跳鼓吹笙隆重开始、圆满结束。

若遇到“乌流吃鼓藏”，“鼓藏头”及其九个“副鼓藏头”还要扛着13面幡旗率领其地方的各房族族长，13个中年男子吹奏13把芦笙，挑选相美貌丽的13个姑娘或男女双全的13个妇女，13个英俊潇洒的小伙到藏鼓的岩洞（蝴蝶妈妈“妹榜妹留”休息处所），先由祭师祭祀，请“妹榜妹留”吃好喝足后请出来，吹笙击鼓，步调整齐地把“妹榜妹留”引到鼓藏场上，又再烧纸点香，酒肉鱼糯米饭祭祀祈祷祖宗、蝴蝶妈妈“妹榜妹留”，以敬告祖宗过来的13年，地方和谐美满、五谷丰登。各种祭祀仪式结束后鼓鸣笙响，于是，头戴大银角，穿着银饰服，身材亮丽的文氏姑娘便带头翩翩起舞。瞬间，上至七八十岁的老汝翁，下至七八岁的儿童，一群群、一队队手拉着手跟着跳起来、舞起来。

图24　苗年——芦笙场前等待演出的孩子。(余刚摄)

“跳芦笙”以“讨花带”曲调和跳法最具戏剧性。“讨花带”是男青年以“讨花带”的芦笙曲调向他所爱慕的姑娘吹奏。吹奏此曲是在傍晚芦笙场临散前或芦笙会达高潮时。吹奏这种曲子只允许能与本方本寨开亲的客人青年吹奏，本方青年也可向来参加芦笙会的客人姑娘吹奏。当某青年相中了芦笙场上哪位姑娘，他便以芦笙朝着她吹“讨花带”的芦笙曲。曲子吹奏片刻，不管姑娘对小伙印象如何，出于礼节，都会把自己的围腰或花带系在男方芦笙中间的竹管上。小伙必须吹道谢的调子以示道谢。

“跳铜鼓”的节拍、形式、仪式与跳芦笙相同，大部分村寨有鼓（铜鼓、木鼓）必有笙。吹笙跳鼓入夜，寨上姑娘与寨外青年在

图25　苗年·跳芦笙。（余刚摄）

寨边、村头或河边寨子规定的游方场上对唱情歌，苗话叫“游方”。踩鼓、游方延续到“鼠”日才结束。这天上午，家庭男主人早起煮熟糯饭后打糍粑，准备丰盛的菜肴，吃好饭后继续跳芦笙铜鼓。傍晚，外寨青年陆续返家，最迟在晚上鸡叫前必须全部离寨。鸡叫以后，寨中当家男人赶星夜用簸箕端着油、盐、葱以及牛粪、芭茅草、枫香树枝等祭品外出到自己的田上去祭田。

“牛”日，苗年的最后一天。祭田的男主人回到家后，喊醒家中老小，起来吃饭。本寨房族相互再次串寨吃“转转饭”，表示过节在这一天结束，这天也是最热闹的，一直闹到深夜才休息。“虎”日，苗年结束，开始生产劳动。

苗家人祭祀祖先最隆重的节日是鼓藏节。

苗年属小祭，十二周年（一木星年）“鼓藏节”属大祭，以单数为吉数举行活动，则为十三年。鼓藏节，苗语称“牯哝江略”，意为鼓社节，即以血缘宗族为单位的祭鼓活动。鼓藏节的来历在苗族经典《苗族古歌》里有记述，说人类祖先姜央过鼓藏节是为了祭祀创世的蝴蝶妈妈。传说蝴蝶妈妈是枫树生出来的，所以苗族崇拜枫树，认为祖宗的老家在枫树心里，用枫树做成的木鼓就成了祖宗安息的地方，于是，祭祖便成了祭鼓。雷山地区，还有另一则关于鼓藏节的传说：有一年，苗族地区发生瘟疫，人死的很多，第二年，天下大旱，颗粒无收，始祖姜央认为是不祭祖，祖宗生气降灾，要禳灾祈福，就要祭蝴蝶妈妈，将祖宗从枫树中请出来。祭祖之后，年年丰收，岁岁太平，于是，姜央下令，以后每十二年祭一次祖。祭祀祖先的古规就此传下来，相沿成俗。

吃鼓藏活动，在黔东南苗族地区普遍开展，只是不同地区间隔的年份不一样，有的地方是七年、九年，有的地方是十二年、十三年。雷公山地区吃鼓藏的代表村寨是西江，而月亮山地区则以计划乡为代表。

2005年农历十一月，榕江县月亮山区的计划乡乌略村举行盛大的吃鼓藏活动，我的朋友、黔东南州民族研究所的龙初凡参与了整个活动，并进行了田野记录。我将她的记录录存于下。

乌略村属于黔东南苗族侗族自治州榕江县的计划乡，地处月亮山腹地，位于榕江县城南部，是计划乡一个边远、闭塞、贫困落后的苗族村寨，距离榕江县城大约50公里。村子坐落在大山里，房屋几乎都是坐南朝北傍山而建的苗家吊脚木楼，一条小河环绕着村子由西向东缓缓流去。全村有4个村民小组，分为乌略大寨、摆绞寨、摆计寨、耶梭寨4个自然寨。2004年末总户数170户，农业户数占100%，总人口759人，均为苗族，分别为姚、潘、侯、韦、张几个姓氏。其中乌略大寨（1组）60户265人。摆绞寨（2组）30户121人，摆计寨（3组）34户144人，耶梭寨（4组）47户229人。全村有耕地面积407亩，其中水田377亩，农民人均耕地0.54亩。2004年全村经济总收入80万元，农民人均纯收入850元，农民人均产粮290公斤，是一个名副其实的贫困苗族村。乌略村于1999年通电，2004年才通公路，但县城没有发往该村的班车。

这次乌略村苗族“吃鼓”是该村自1952年第一次“吃鼓”以来举办的第二次“吃鼓”活动。1952年新中国成立之初，社会时局还不够稳定，村寨周围虎患严重，苗族人民期盼风调雨顺、五谷丰登、国泰民安的愿望十分强烈，于是举办了本村历史上的第一次“吃鼓”活动。当年该寨只有20户人家，各户经济条件有限，全寨只杀水牯牛9头，仪式不是很隆重。为什么在相隔53年后才举办第二次“吃鼓”呢？半个多世纪以来，尤其是改革开放二十多年来，乌略村也和全国一样发生了前所未有的变化，苗族同胞的生活水平如芝麻开花节节高。为了感谢党的民族政策给乌略村带来的巨大变化，讴歌改革开放政策的丰功伟绩，同时也是感谢祖先英灵在冥冥之中的护佑，让人们更加珍惜这来之不易的国泰民安、风调雨顺、团结和谐的局面，乌略村的父老乡亲决定举办一次盛大的“吃鼓”活动，其一告慰祖先英灵；其二祈求祖先英灵继续保佑苗族地区风调雨顺，子孙繁荣，社会和谐。于是在2005年12月13－19日（农历冬月十三至十九日）举办了“吃鼓”活动。这次本村“吃鼓”主要是乌略大寨，有60户，宰杀水牯牛33头，其中有5户经济条件较好的都宰杀两头牛。全村大约还宰杀肥猪120多头。

下面主要是对乌略村苗族“吃鼓”活动中几天重要仪式的田野纪实考察。

吃串串肉：吃串串肉是乌略村“吃鼓”活动最重要的一个仪式——由鼓藏头家向全寨各家各户分发串串肉。标志着“吃鼓”活动的正式开始。仪式的整个过程：农历十一月十五日上午，由鼓藏头家宰杀一头猪，切成小肉片，用竹篾签按照全寨“吃鼓”过节的总户数串成60串肉盛在簸箕里，按每户一串分发给鼓藏户。而送串串肉的人是由杀牛户的人家共同选出来的牛组长，他们要在规定的时间内必须把串串肉送到各家各户。按照鼓藏节的规定，串串肉未收到之前，可食蔬菜，从收到串串肉之后，全寨就开始忌食蔬菜（整个节日期间都不能食蔬菜了，包括所有客人在内），这是因为人们认为他们的祖先们早就惦念着牛要上阴路祭祖宗了，草似菜，菜也似草，牛不吃草了，人也不能吃菜，故有忌菜礼节。也是从这时起在整个鼓藏节期间，本寨和所有来过节的客人都要讲吉祥吉利的话，并且还得遵照古规讲“鼓藏语”，如吃饭不能说吃饭，要说“叹嚷”（意即吃草），喝酒不能说喝酒，要说“秋行”（意即清沟）……等。

贺礼：农历十一月十五日下午是来乌略村恭贺的客人们进寨的时间。身穿节日盛装的男女老幼的客人们从四面八方陆陆续续走进各家各户，他们肩挑着前来恭贺的礼物。一般恭贺的礼物是八至十卡糯禾（一卡约30~50斤），一只鸭（或一只鸡），一至两串鞭炮，最少5斤米酒。但如果是来舅家做客，还必须要另送一头20斤左右的小猪——如无猪送就要折送人民币约100元左右。而姑妈家挑送来的鸡、鸭必须是杀死的，糯米饭是煮熟的（约12斤），人民币120~300元。而对姑妈家来得如此厚重的礼物。舅家则要回礼：四挑禾，杀死的鸭或鸡3~4只，猪肉一腿约10~15斤。对一般送来贺礼重的客人，主人家也要回礼一腿猪肉，其他视客人的来礼而定回礼。亲朋好友来得多的人家仅仅还礼的肥猪就要宰杀好几头。我们第一晚借宿的房东潘老能家，据他初步估算，他们家有190多户亲戚，平均每户来两人。当天亲戚来了20多人，到第二天傍晚进客完为止，大约有180人。因此，他们家为过这次鼓藏节准备宰杀5头肥猪，几千斤稻谷，鸡鸭、米酒数量不等，一头花了5500元从丹寨县买来用于祭祖的水牯牛等。而全寨杀猪最多的还是村头的姚支书家，由于来的客人太多，共杀了8头肥猪。对于苗家人来说，客人来得越多主人家越高兴，寨上邻里还会羡慕不已，这表明了这家人为人和善厚道，家大业大，所以当有客人进寨，你就会听到此起彼伏的鞭炮声、客人们恭贺的吉祥语，声声不绝于耳，其乐融融，真正是“有朋自远方来，不亦乐乎”，整个村寨沉浸在节日欢乐的海洋里。

家祭：在我们借宿的房东潘老能家火塘边板壁旁的地面上摆着的一个簸箕里，靠墙竖放着一对一大一小的水牛角，大的为公牛角，里面盛的是米酒（烧酒），小的为母牛角，里面盛的是酒酿（泡酒），分别代表主人家要祭祀的男女性别祖先。一大团6斤左右的熟糯米饭盛在簸箕的中间，三条干鱼、一块一斤左右的刀头肉置于糯米饭上，三碗米酒（或五碗或七碗，必须是奇数），一碗糯米（用于法师每天做法时撒向祖宗，意即通神），一碗肉放置在糯米饭的前边。在簸箕外边靠墙处的木板凳上放置一套男性的新衣服（意即给祖公的）。这些供品一直要放置13天。这13天法师每天都要做法进行家祭，每天做法时要加放一条干鱼。在有的村民家中堂屋里还摆放着两个敬供的簸箕，供品同上。原来这是杀一头牛的人家就摆一个簸箕敬供祖宗，杀两头牛的人家就要摆两个簸箕敬供宗。而主人家请来的法师这13天在吃、住、用方面享受着单独的特别礼遇，表达出一种对祖先的敬重和神圣不可违逆之感。

敬客饭：农历十一月十六日一大早起来，我们无论走到哪一家，发现家家户户都在忙着用大木甑蒸糯米饭，并将已蒸好的糯米饭和煮熟的约三斤一刀的猪肉连同一把剪刀（或匕首）和一碗辣椒盐蘸碟一起放在簸箕内。原来这是苗家特意为来本寨“吃鼓”而又没有亲属关系的客人们准备的糯米饭，叫敬客饭，苗语叫“奴嘎榜”。中午饭后，全寨人家的簸箕饭全部集中摆放在鼓藏头家门外的芦笙坪上，静静地等待着鼓藏头宣布吉时开始。时辰一到，随着三声铁炮炸响，芦笙手吹奏着芦笙曲在前边开道。后面按着顺序是鼓藏头及其家人、9位法师、抬着簸箕饭的队伍浩浩荡荡的向着“养花”（鼓藏坪）走去。整个鼓藏坪上人山人海，人人穿着节日盛装，个个脸上笑逐颜开。队伍到了鼓藏坪旋堂三转后，鼓藏头及其家人迅速离开，由本村约定的尊者宣布，以寨为单位把簸箕饭分发给本寨的客亲和外来的客人们享用，除了表示苗家对客人们的谢意外，还表示苗家对祖先神灵、万物神灵的一种祭祀。含有飨人飨客之意。我们研究所也荣幸分得了一簸箕饭。一时间鼓藏坪上人们都纷纷围着簸箕饭，先用剪刀或匕首将肉剪断、切成肉片，然后就着辣椒盐蘸，用手将糯米饭捏成饭团大口大口地吃着，尽情地享受着这份浓浓的乡情，这份纯纯的山野之爱。之后，姑娘们身穿节日的盛装款款步入鼓藏坪，在芦笙悠扬的乐曲声中跳起了踩歌堂……整个鼓藏坪洋溢着节日的喜庆气氛。

旋牛仪式：农历十一月十七日吃过早饭，有鼓藏牛的各家各户都在忙着准备举行鼓藏牛旋堂（苗语叫“营拟”）仪式时所需的各种物品等。包括一挑米，一腿猪肉，一对银项圈，一条织锦带，鞭炮数卷，敬献给祖宗的布匹、衣服、被面、床单、挂包以及给鼓藏牛披挂的彩锦等等都要逐一整齐的挂在长竹竿上……一切准备就绪，全寨人以及我们这些等在鼓藏头家门外的民俗学、民族学考察者及新闻媒体等单位的人们都等这一时刻早点到来。中午12时吉时已到。鼓藏头家门外的芦笙坪上三声铁炮炸响，芦笙队齐奏芦笙围绕着芦笙坪转几圈后就引领着大家向旋牛堂走去。鼓藏头在家人的搀扶下走在最前边，随后是鼓藏头家众亲拉着的鼓藏牛，之后是抬着挂满衣物竹竿的鼓藏头家的妇女们，一路燃放鞭炮而去。到了鼓藏坪旋牛堂，先由鼓藏头家的鼓藏牛顺时针旋三转后，就当场用旋牛堂的烂稀泥在牛背上抹两下，并撒上米、盖上彩锦被面，主人家同时还要给牛角戴一对银项圈，并用织锦带捆紧，完毕牵牛而去。当牵牛回到家门口时，必须由户主亲自摘取银项圈、彩锦被面、织锦带，其他人不准插手。全寨要宰杀的33头鼓藏牛按照先后顺序拉牛进鼓藏坪依照上面的程序全部举行了旋堂仪式。

这一仪式其意有三：其一，让牛身穿银服盛装上路，下九泉孝敬祖宗；其二，是主人家请牛到鼓藏坪旋堂替自家背米带（戴银项圈）钱财回来，自家今后就会有吃有用，家道兴旺，人财两发；其三，请牛替主人背田地与江山回家，因为苗家视田地为生命生活之根本，江山为苗家居住生存之依靠。

封芦笙与“接鼓”仪式：旋牛仪式结束之后便举行封芦笙仪式，同时也是“祭鼓”过程中“祖鼓交接”的重要仪式。即由芦笙队吹奏芦笙曲来到旋牛堂，把所有芦笙全部集中捆在一起放在旋牛堂中间，并将一个装满米酒（泡酒）的大木桶也抬到旋牛堂中间和芦笙放在一起，由法师做法后就意味着封芦笙了。一封三年不准吹奏。当寨老宣布本村封芦笙仪式完毕，手捧盛满米酒的牛角高声询问“哪村来接鼓”，有意接办的村寨寨老即高声回答“我们来接”，然后走进场内接受祝贺。这时乌略村的主人们都手捧牛角酒纷纷拥上前去，将手中的牛角酒灌向“接鼓”的寨老，全场一片欢腾。人们喜笑颜开，从大木桶里不断地舀出米酒互相邀约敬酒，共同欢庆这几十年才遇一次的传统节日。至此，下一站正式接过了“吃鼓”

的接力棒。之后全部芦笙就集中放在鼓藏头家。三年后的农历十一月十七日才可以开封吹奏芦笙。

栽抵（X形杀牛架）：农历十一月十七日早上9点过后，有鼓藏牛家的主人就与母舅带一条干鱼，一根麻线上山去砍事先选好并作有记号的枫树。这棵枫树要有碗口般粗，必须是向阳坡并根生长（背阳坡生长的不能要）的。砍伐之前，先用麻线将一条干鱼捆于树干，念一段祭词后才可以砍伐。砍伐时砍大留小（表示此树还会多发多长，意即主人家能够发富发贵），只砍三斧。若三斧砍不断就要由母舅代替砍断为止。一气抬回家，中途不能落地。树干还要砍断为三截，两截为宰杀鼓藏牛时栽的X形树桩，一截为宰杀鼓藏牛时压住牛颈部位的压杠……下午4点旋牛结束后，凡有鼓藏牛的人家都在忙碌着栽宰杀鼓藏牛用的X形杀牛架。这项仪式同样也要由鼓藏头家开始。在鼓藏头家开挖的地点旁摆上一碗肉、五杯米酒、一把斧头敬祭祖先。之后在开挖之地面上。摆上三碗米酒，一碗米，少许糯米饭，由法师做法，念一段词。问及67岁的法师余政全，他告诉我念词的大意为：请求祖宗保佑栽桩栽得正，不偏不歪，牛来得顺路，牛也不用害怕，这样对主人家就好：就会保佑主人家今后人财两发，五谷丰登……念毕，法师用手中的剑在地面画出开挖点的两个圆圈。人们就依照法师划定的圆圈挖洞栽桩。同时，用三股竹篾片编织成绳头有两个套角圆圈的竹篾牛绳。当夜幕降临的时候，全寨的X形树桩都稳稳地立在了自己的领地。我沿着栽在公路边上的X形杀牛架数了数，竟然有12个。其他21个杀牛架就星罗棋布地分布在村子里有鼓藏牛户的房前屋后。整个寨子从此时便被一种肃穆神秘的气氛笼罩着。晚上10点左右，由9个法师分别到鼓藏户家火炉边，主人即把糯米饭放在簸箕内，5条干鱼、5碗酒同时放在饭边，之后将簸箕置放在房屋的中柱边，法师要念两次祭词：一次是对祖宗念的。意即告诉祖宗我们将要把祭祀的牛送来给您了，请接纳；一次是给牛念的，即是指引牛要去与祖先灵魂团圆该走的路径。来乌略村张福生老人家做客的加两村的黄昌能老人（他们是老庚）告诉我：加两村2000年过鼓藏节的时候，法师到鼓藏牛家作法念词时每头牛要念四次，每一次都要更换法师头上麻线缠绕的干鱼，一共念四次就要更换四次鱼。到第十三天鼓藏节结束的时候，法师还必须到他曾去的鼓藏牛家作法念词一次，这次就只换一次鱼。所有这几次换下来的鱼全归法师所得。但这些鱼必须是河里的鲤鱼，苗话叫“来凶，来累”，不能用田鱼，认为只有河里的鲤鱼才是真正的鱼。而法师头上缠绕干鱼的麻线则代表长命百岁，身体结实。

杀牛祭祖：农历十一月十八日凌晨，夜越来越黑，伸手不见五指，空气越来越冷，有彻骨之寒。整个寨子静悄悄的等待着凌晨杀牛祭祖那惊心动魄的时刻。鼓藏节那原始神奇与神秘莫测便在寒夜里弥漫开来，让人感到一种说不出的冷峻与战栗……凌晨4点半左右，鼓藏头家在悄无声息中领先杀了鼓藏牛后，便鸣铁炮三声，接着燃放鞭炮两挂。全寨鼓藏户听到鼓藏头家可以开杀的信号便闻声而动。说时迟，那时快，只见一个个执斧手（必须是主人家请来的舅老爷或舅舅）快速向夹压在X形杀牛架上的鼓藏牛的小脑部连劈三斧，刹那间鲜血飞溅而出。同时燃放鞭炮，将牛舌拉出嘴外用竹签穿住，不让其发出声音，并用竹篾条抽打牛的身体使其成为四蹄匍匐正面而坐的蹲位姿势（据说这样于主人家有利），然后为其披盖上彩锦被面。不到10分钟，全寨33头祭祖鼓藏牛全部杀完。这“血与死”的惊心动魄的一幕成了我终身难忘的记忆。早上8点钟左右，鼓藏户家的舅老爷或舅舅和法师把刀一起拿到牛的身边，在开刀破腹之前，先由法师念一段词：“一开得儿；二开得女；三开得铜鼓；四开得大坝田……”之后，帮忙的亲友们按照舅老爷或舅舅指定的部位依次从牛颈部、牛胸部、牛腹部……开刀破腹分解。牛胸脯肉是专门感谢执斧杀牛的舅老爷或舅舅的。而感谢法师的必须要带有三根肋骨的牛肉，余下的主人家就用来宴请客人并安排回礼。

过火：当天吃过中午饭后，在欢送客人的鞭炮声中，客人们挑着主人家回赠的礼物，揣着浓浓的亲情和爱意高高兴兴的辞别而去。同时客人还必须从主人家带出火种来到村边路口，插上一根竹竿，点燃一把糯米草置于地上焚烧，然后每一个客人都要跨过火堆，意为烧掉“吃鼓”期间因杀牛杀猪的血腥味引来的邪魔，以获得祖先的保佑，一路平安。

封寨：主寨送走客人后，由法师将牛头肉分给村里没有杀牛的人家，以表示他也杀牛祭祖了。从第二天开始，寨上年满15周岁以上未婚的男女青年就被“撵”出寨外，去郊外游方，交友择偶，谈情说爱。同时在村边路口插上草标，表示本寨从此开始封寨，5天内外寨的来人和被“撵”出寨外的未婚男女青年不得入寨。

“鼓藏头”的禁忌：这几天所举行的仪式可以说是整个鼓藏节最主要和最重要的，也是鼓藏头要严格遵守古规的特殊日子：在宰杀鼓藏牛之前，鼓藏头夫妻不能同床共寝；夫妻要整天正襟危坐在火塘边，双手放在膝盖上，不能打瞌睡，更不能发困偏倒（身旁坐的亲戚要不断推醒他们），否则对全寨人不好；也不能随意离开坐凳，若必须离开一会儿，就要取包头帕等身上之物置于坐凳上表示自己未曾离开；夫妻与法师这几天吃饭也要回避众人躲在房间里吃，而且必须是用量米用的竹筒装糯米饭吃，意即吃得少，全寨人就不会受穷，可以不忌酒、肉。宰杀鼓藏牛后，鼓藏头这几天的特殊禁忌就解除了。但从这一天后，鼓藏头与其父、鼓藏头夫妻还有其他的禁忌不能违反：三年内鼓藏头夫妻不能爬树摘桃子、梨子、桔子、杨梅等野果，也不能亲自到地里摘黄瓜、南瓜等；不能去借别人的东西；鼓藏头被雨淋湿的衣服不能置于火塘上方烘烤；鼓藏头与其父上山砍的柴火无论多少必须挑着走，意即柴（财）多人旺，多柴（财）多发……如若违反了，于全寨人不利，必然受到惩罚。到了第13天，鼓藏头家要煮一大锅的蔬菜和饭，全寨鼓藏户家都来要一小碗回去吃，从此不再忌食蔬菜，也意味着13天的鼓藏节到此结束了。[①]

2001年，我曾专程至千户苗寨西江考察鼓藏节习俗，写有《千户苗寨鼓藏头》的田野报告，现录存于此。

---

① 龙初凡：《苗族鼓藏节田野考察》，载《贵州民族研究》，2008（3）。

1991年11月30日，千户苗寨西江73岁的鼓藏头唐光荣辞世，这一年西江所属18个自然村寨过苗年时都不吹笙跳舞，用沉默来表达他们对鼓藏头去世的哀悼。这一年唐光荣的小儿子唐守成24岁，刚从凯里师范毕业两年，在连城小学当教师。父亲的丧事是由房族中的人料理的，但18个村寨的寨老都来了，停丧5天，他们整整守了5天灵。丧事严格按苗族丧葬习俗进行，每一个程序都很规范，年轻的唐守成很不以为然，但寨老们却每一道祭仪都要他参加，并有意向他传授祭仪中的一些秘笈。当时，唐守成沉浸在哀伤中，并没有想得很多，更没有想过要由他来承继父亲，做中国最大的千户苗寨西江的鼓藏头。

第二年，父亲去世周年的时候，18寨的寨老们相约着抬了一头大肥猪到他家来，并把房族中的男人都召集来，在祭奠了苗族的祖先和新逝的鼓藏头后，寨老们作出了一个重要抉择，由唐守成接任鼓藏头。在18位寨老的簇拥下，满脸文气的唐守成身披大红布，在唐家世代祖先的灵位前焚香祭拜，正式成了西江千户苗寨的鼓藏头。不知道他是西江的第几代鼓藏头，但他是西江有史以来最年轻的鼓藏头。

有了鼓藏头，西江人过苗年时又可以跳芦笙了。

我是在西江小学见到唐守成的。和西江小学的老师在一起的时候，很难想象这个沉默、和善的青年教师在这个有1134户、4716人的千户苗寨担任鼓藏头已经十余年了。唐守成告诉我，开始他没有想到要让他当鼓藏头，也不想当鼓藏头。他在家排行第五，头上还有四个哥哥，又是在外地工作，鼓藏头是不会由他来担任的。但寨老们说，按苗家规矩，鼓藏头是一定要由他来当的。

自古以来，西江就有活路头和鼓藏头，活路头主持全寨的农事生产，鼓藏头主持祭祀和娱乐。活路头和鼓藏头都是世袭的，活路头传大不传小，鼓藏头传小不传大。唐守成虽然领了国家工资，又在外地工作，但作为老鼓藏头唐光荣的小儿子，鼓藏头还是非要由他接任不可。唐守成告诉我一件事，在他还很小的时候，家中因人口多，生活困难，被同房族中的人看不起，对他家世袭鼓藏头不满，就串通把祭鼓从他家抬走，不让他家世袭鼓藏头，但这一年过苗年跳芦笙时就出了大事，两个寨子的后生为争姑娘打了起来，出了人命。人们一时间都认为是篡了鼓藏头的权导致的，纷纷怪罪。接了鼓藏头的那一家连忙杀了一头大肥猪向他家和各寨寨老招谢，并到他家挂红放炮谢罪，举行祭仪，把祭鼓抬回他家来。这以后再没有人敢非议他家的鼓藏头地位了。现在老鼓藏头辞世了，就一定要按传小不传大的规矩由小儿子唐守成接任。苗家的古老规矩是动不得的。

西江是一个有600余年历史的古老苗寨。600年前，西江苗寨始祖构寅（Chet Jangl）、构卯（Chet mol）在今榕江、剑河交界处和西迁的苗族大部队“分鼓”后，率族人翻越著名的雷公山，先落脚在雷公坪，后顺白水河而下，在白水河畔的这片沼泽地上安居下来。西江原为“鸡讲”，是苗语“先祥”的音译，意为荒凉多鬼的地方。清雍正七年（1729年）清廷开辟“新疆六厅”后，设鸡讲司，为丹江厅（今雷山县）所辖。1922年，民国政府依历史名称的谐音，改鸡讲为西江。

西江大寨所属18个村寨都是属于一个鼓的。鼓，又称鼓社，苗语为阿拉江略，即指有共同血缘的宗族。传说苗族西迁时，每个宗支队伍都置有一个鼓，以鼓认宗，敲鼓前进以作联系，以免掉队。迁到新的居住地后就按鼓来重新建立社会组织，因而称为鼓社。西江是苗族地区最大的一个鼓社。唐守成告诉我，祖先最早到西江来时是住在羊排寨上的，即活路头和鼓藏头所在的寨上，鼓头（苗语为果略）有四个儿子，分别叫将、羊、侯、党，将是老大，天天要领着兄弟几个种田种地，党是幺儿子，得到父亲宠爱，就整天在家吹笙跳月。父亲临死时嘱托，将是老大，以后就专门管生产，做活路头，党是幺儿，就管祭祀娱乐，做鼓藏头。活路头传大不传小，鼓藏头传小不传大的规矩就这样立下来了。清代开辟新疆六厅，为苗家立汉姓的时候，这四支发展下来的，就分别成了蒋、杨、侯、唐四姓。西江所属18寨，都是由羊排发展开去的，羊排是西江这个大鼓的根。在婚姻上，早先的时候，规定整个大鼓内都不准通婚，后来有了改变，羊排人不能和西江大寨所属其他村寨的人结亲，羊排寨内更不能结亲，只能和西江大寨之外的其他苗寨的人结亲。而西江大寨除羊排之外其他村寨之间，只要不是同房族的，就可以结亲。

唐守成接任鼓藏头后，告到他这里来的第一桩事就是鼓内开亲。羊排村一个姓蒋的后生爱上了东引村一个姓董的姑娘，并把姑娘悄悄接到家来了。大家认为破坏了祖先的规矩，就告到了新任鼓藏头这里来了。这时的唐守成还没有结婚，甚至还没有真正恋爱过。姑娘和小伙子他都是认识的，他们恋爱也是知道的，觉得他们是很好的一对。他大大咧咧地说，他们之间没有血亲关系，又那样相爱，怎么不可以成亲呢？但18个寨子的寨老们不答应。他们一起来找他，让他一定要阻止这对青年人，不能破坏了老祖宗的规矩。和这些持长长烟叶杆、着纺绸右衽圆领长衫、戴藏青色圆形瓜皮小帽的寨老们在一起，20余岁的唐守成看上去是那样年轻，又那样单薄。他面对的是一堵厚实而顽固的老墙，还没有能力撕开一个口子来。他向寨老们妥协了，采纳了寨老们的意见，由羊排和东引两个寨子的寨老分别去做工作，把这对年轻人分开。在社会和家庭的强大压力下，女方离开了男方家，悄悄另嫁他寨去了。这件事对唐守成震动很大，对这对相亲相爱却不能相厮守的青年人充满了深深的同情。他下定决心要对古老的婚姻习俗进行改革。

在贵州黔东南的苗族社区，凡是同属一个阿拉江略的村寨，就一定要有一个鼓藏头。鼓藏头可以看做是鼓社内的精神领袖，主要职责是对外代表整个鼓社，是鼓社的象征，对内组织村寨的祭祀，尤其是13年一次的隆重的祭祖活动，即鼓藏节，决定每年过苗年的具体日期和过节的天数，组织村寨内的吹笙跳月活动，带领村寨和另一个阿拉江略开展文化娱乐活动，维护村寨的文化秩序，传承文化传统。鼓藏节是西江苗族最隆重盛大的祭祖节日，每隔13年转虎年时进行，苗语为“脑松楼达”，意为过节大家来抢吉利。西江苗族老人杨夫林说，早先的时候，是杀牛祭祖，杀牛时，一家拿一个碗去接血，叫抢红喜，也就是抢吉利。西江苗族过鼓藏节有八九百年的历史了。苗族西迁途中，男女聚在一起踩铜鼓跳芦笙娱乐，连续跳了九天九夜，到第九天时，大家精疲力竭、困顿不堪，“各赶的二段，各略的吴匹”（苗语，意为铜鼓倒来压姑姑，芦笙倒来压妹妹），兄弟姐妹不分彼此，你依我傍挨在一起睡着了。老人看见后很生气，当即将铜鼓摔成九瓣，芦笙折成七节，分给先耶、吴耶、兴耶三房，让大家各走东西。先耶和吴耶后来衍化为汉族和侗族，兴耶成了苗族。兴耶带领族人向剑河、台江、雷山、凯里方向迁徙，一路上告诉子孙，要记住，祖先是住在太阳出来的地方（苗语为“更哈打”，意为东海之滨），现在我们到了太阳落山的地方了（苗语为“更哈流”，意为云贵高原）。为了怀念祖先，兴耶要子孙每 13 年进行一次杀牛祭祖活动，表达对祖先的思念之情。因为牛是重要的农耕工具，后来就将杀牛改为杀猪了。鼓藏节 13 年过一次，一次过 13 天，家家都要杀猪祭祖，客人多的人家要杀三四头猪。鼓藏节的祭祖由鼓藏头家开始，鼓藏头家杀猪后，各家各户就开始杀猪了。由鼓藏头主持“醒鼓”仪式，鼓藏头率西江所属 18 寨的寨老将代表宗族的封存了 13 年的铜鼓请出来，然后全西江大寨男女和来朝贺的宾客着盛装，吹芦笙汇集到西江街中心的芦笙场上，由鼓藏头和鼓藏头所属的房族的男女先踩鼓吹笙之后（称为“起鼓”），全寨男女就下到芦笙场内开始踩鼓吹笙了。至此，苗家隆重的鼓藏节就进入了高潮。西江苗族的吹笙跳月活动要持续 13 天。

唐守成接任鼓藏头后组织了 1999 年的鼓藏节。镇里为了让他组织好鼓藏节，把他由连城小学调到西江小学来。这是他第一次面对这样重大的节日，不知道应该怎么办。县里和镇里对节日都很重视，要通过节日把这个中国最大的千户苗寨推介出去，强调节日要隆重热闹，又要原汁原味，保持苗家人过鼓藏节的本色。但事实上，18 个寨的寨老们比他更着急，他们生怕这个刚过 30 岁的青年人不把节日当一回事，让流传了千年的鼓藏节到这里就结束了。距节日还有一个多月，寨老们就相约着抬了一头大肥猪到他家来，举行“醒鼓”仪式，意为唤醒居住在祖鼓内的祖宗的魂灵。寨老们说，过去醒鼓仪式是在头一年进行的，那时祖鼓是藏于山洞之中的，要由寨老们着古装、戴藤帽到山洞中把祖鼓抬到鼓头家，等待祭祀，第二年进行转鼓，用深山楠木挖制一个新鼓，用 18 寨合资购买的水牯牛来祭祀，将牛皮蒙于新鼓上，巫师祭告后，将祖宗神灵转到新鼓内，全寨家家都要杀水牯牛祭祖。第三年，由鼓头和巫师主持，将新鼓送回山洞中，至此，苗家 13 年一次的鼓藏节全部结束。到后来这些程序都简化了。鼓不再置于山洞中，而是置于鼓头家，也不是每次祭鼓都挖制新鼓了，而是用一面铜鼓替代。我在唐守成家看到了那面安置祖先魂灵的铜鼓。置于堂屋一侧一间厢房的壁角，用来装米。唐守成的母亲告诉我，铜鼓内是一定要装有米的，祖先的魂灵才住得下来，才会保佑全寨人清吉平安。60 年过粮食关，家里几天都没有吃的了，鼓内的那两碗米怎样都不敢动，他爸也不让动。鼓内没有米了，祖先就不守在鼓内了。没有祖先守护，日子就不知道怎样过了。寨老们抬猪来醒鼓，走的只是程序，用意还是商量怎样办好鼓藏节。寨老们拢来了，对组织好节日他心中也就有底了。有这些着藏青色右衽圆领衣，持长长烟叶杆，可以唱几天几夜的苗族古歌的寨老和自己在一起，唐守成的心里就总是踏实的，他相信这次鼓藏节一定是西江有史以来最隆重的一次鼓藏节。

鼓藏节在农历十月下旬的卯日过苗年的日子进行。刚过子时，18 寨的寨老和房族中的人就拢来了。鼓藏节的祭祖是从鼓藏头家开始的。18 寨的寨老和房族中的人都要参加唐守成家的杀猪祭祖仪式。鼓藏头家祭祖之后，各家各户的祭祖就开始了。鼓藏节又叫吃牯脏，就是从祭猪胸口上取下一块肉来作为祭肉，这块肉就称为牯脏肉。鼓藏猪杀死后，由鼓藏头亲自取下牯脏肉来祭祖。这是唐守成第一次取牯脏肉，操起刀的时候，他心里一下子涌上了一种神圣的感情，感到祖先们正沓沓的走来，走进他的心里来。他告诉我，在那一瞬间，千户苗寨鼓藏头的感觉找回来了。

按照苗家习俗，鼓藏节这天，杀猪祭祖，祭了祖之后，所有来西江过鼓藏节的客人要走，到第 13 天踩鼓跳芦笙的时候才是又来庆贺，和西江人一起踩鼓吹笙。唐守成觉得这一习俗很不好，对特意来西江过鼓藏节的客人来讲，很不方便。他和寨老们商量，决定祭祖之后就开始踩鼓吹笙，客人和主人一起吹笙跳月，用不着先离开再来。开始寨老们有顾虑，怕改了祖先的规矩祖先不高兴，他就反复陈说，并且在寨上对大家宣传，让大家接受这样的观念。在寨老到他家来进行醒鼓仪式那天，他又提了出来，还上升到了发展西江旅游业的高度。客人们来西江，既看西江人祭祖，又看西江人踩鼓吹笙，两件事不连在一起，客人看了一半就要走了，留下遗憾不说，我们也对不住客人，还说西江人不好客。寨老们知道说不过这个有文化的任小学教师的年轻的鼓藏头，而且这个年轻鼓藏头的身后站着更多的年轻人。

在祭完祖后的第三天，西江大寨所属18个村寨的寨老和芦笙队，聚集在西江小学旁的芦笙场上，簇拥着32岁的鼓藏头唐守成，围着附着苗家世世代代祖先魂魄的古老的铜鼓，进行“起鼓”仪式。铜鼓安在专门的铜鼓架上，立于芦笙场的中央，铜鼓下摆有几个祭碗：一碗鱼，一碗刀头肉，一碗糯米饭，几个酒盏。着节日古装的寨老们分成两排站在唐守成身后，寨老们后面是各寨芦笙队，是着盛装、戴银饰的苗家姑娘，是来和西江人共度鼓藏节的客人们——鼓藏节西江来了多少客人怕是谁也无法统计，乡政府的人说这次鼓藏节的客人要在5万以上。唐守成焚了香，对着附着祖先魂魄的铜鼓，对着祖先迁徙来的东方祭拜之后，拿起鼓槌，在铜鼓上象征性的敲了三下，这时，整个芦笙场上，成千上万沉默着的人群一下子欢呼起来，芦笙和鞭炮声也在三声鼓声之后同时响起来，唐守成所属房族和所属羊排寨的姑娘们先进场跳起了第一支芦笙过带曲，随即，姑娘们、后生们、老人们、妇女们、孩子们都涌进芦笙场，随着铜鼓和芦笙的节奏，跳起了苗家热烈奔放的芦笙舞。千户苗寨13年一遇的鼓藏节至此进入高潮……

西江是一个以传统的农业耕作为主要生产方式的苗族村寨，一年中，农闲时期和农忙时期分得很清楚。农闲时，大家不事农耕，而是吹笙跳月以相娱乐；农忙时，则一心耕作，不相娱乐，尤其是浸泡谷种之后到稻穗抽穗扬花之前，不准吹笙跳月。西江人说，吹芦笙会把花粉吹落了，结出的谷子就不饱满。自古以来，从设立活路头专管农事生产起，西江人就一起遵循这样的古规。进入20世纪80年代以后，西江的寨门沉沉开启了，成为黔东南苗疆腹地对外开放的一个窗口，时常有团队到这个中国最大的千户苗寨来参观考察，感受最纯粹、最本色的苗族风情。客人们来了，都要吹芦笙迎送，要为客人跳芦笙。但在农忙时节，整个寨子一片沉寂，人们无法越过农忙时不准吹笙跳月的古规。老鼓藏头在世的时候，政府慢慢做工作，古老的习俗有了一点改变，同意有客人到来，农忙时也可以吹笙跳月，但在浸谷种后的一个月内和稻谷抽穗扬花的20天内不准吹芦笙。到唐守成接任鼓藏头后，来西江参观旅游的客人越来越多，什么时间都有客人到来，古规显然还要进一步改革。唐守成是赞成对古规进行改革的，为了西江发展的需要，他甚至同意完全革除这个古规。但18寨的寨老们却顾虑重重的，如果真是因为吹芦笙这一年的稻谷不结籽了，那谁能为西江大寨所属1134户，4700余人的生计负责呢？又怎样对得起佑护我们的列祖列宗呢？苗家人不守苗家的规矩了，还像苗家人吗？作为苗族文化传人的唐守成一下子陷入两难之中。作为鼓藏头，他要和寨老们保持一致，世世代代的鼓藏头的地位和威信都是由寨老们维护和树立的，没有寨老，鼓藏头什么也不是；但作为一个更关注西江未来发展的现代青年，他觉得一定要对这古老的习俗进行改革。他想让寨老们投票来决定，但当这些持长长的烟叶杆，坐下来就开始摆古的寨老们聚在一起的时候，他猛然意识到，投票是一件非常幼稚的事，而且他还会为寨老们所孤立。他临时退让一步，提出一个新方案，古规还要保持，但把不准吹芦笙的时间再缩短，缩短为七天，就是开始浸谷种的头七天不准吹芦笙。他的意见一说出来，寨老们就接受了，对他也更充满了信任感。向我说了这件事后，唐守成说，从西江现在的发展来看，开始浸谷种的头七天不准吹芦笙也不能适应发展的需要，他决定把不准吹芦笙的时间缩短为一天，即活路头家浸谷种的那一天不准吹芦笙。

唐守成是30岁结婚的，爱人是在西江小学教书的一个谢姓汉族姑娘。他说，在西江，他算是结婚最迟的了。我问他为什么结婚那么迟，他有些腼腆，也有些无奈地说，找不到呗。他说，我是羊排寨的人，又是鼓藏头，按规矩不能在西江开亲，只能与西江之外的姑娘结亲。我的选择比起一般人来就窄了，加上是老师，难得出外面去，找对象就真是困难了。他抱着刚刚两岁多的孩子，望着正在晾衣服的妻子嘿嘿地笑了。我问他，你没有想过在西江找对象？他无助地说，想是想过的，但阻力大得很呐！整个西江大寨有近五千人，没有不认识我的，都知道我是鼓藏头——这把我捍死了。姑娘小伙们摇马郎唱情歌，如果我拢边去，就不敢唱了——其实我也是很想听他们唱的，也想和他们在一起摇马郎的。我问他，如果西江其他寨有人违反了祖先立下的规矩，和你在的羊排寨的人开亲了，你会干预吗？他犹豫了一下说，不会。去年，我们羊排一个唐姓姑娘和水寨一个杨姓小伙结亲了。一开始寨上议论了一阵，老人们找到我，要我去阻止。我不好当场回绝老人们，但我最终没有去阻止这对年轻人。到现在也不听议论什么了。说到这里，他有些狡黠的笑了。沉思了一会儿，他说，这其实是一个信号，说明西江人对西江古老的婚姻习俗的改革已经在静悄悄中开始了，就让它任其发展吧！

在西江，唐守成有一个权利，可以对那些违反古规古训的人进行处罚，处罚的标准是“四个一百二”，即120斤肉、120斤酒、120斤米、120元钱。这是在西江还是鸡讲司的时候就立下来的规矩，后来就废除了，是他父亲接任鼓藏头后召集寨老们重新立下来的，他父亲是罚了好几个违反古规古训的人的。但唐守成接任鼓藏头十余年来，还没有为此罚过一个人。我问他，是没有违反古规古训的人吗？还是不敢罚？他坚决的摇摇头，说，主要是不想罚，不愿罚。古规古训也要顺着时代的发展而改变的，我们不能死守着古规不让变。我前面讲的那对年轻人，有人就劝我去处罚他们。我说，人家过得好好的，为什么要去处罚呢？

唐守成一直抱着他的儿子和我说话。儿子两岁多了，在他怀中翻上翻下的，一直没有老实过。我问他有几个孩子，这是老几？他说，就这一个，是老大，也是老幺。以后他会接任你的鼓藏头吗？他肯定地说，会。我们苗家可能还有许多东西要改变，但祭拜祖先的习俗不会改变，过苗年的风俗会一直保存下去——那就一定要有鼓藏头，鼓藏头仍然要世袭的。

从唐守成的眼里，我看到了西江人对人生、对未来的信心。①

第三节　游方、芦笙会、姊妹节：苗族婚俗文化

1991 年 7 月，当时我还在一所中学里任高中教师，高考后，与学生一起到黎平县尚重镇一座叫婢翁的苗寨，住在学生夏景富家。距婢翁 3 华里有一所叫归乜的侗寨，有几十户人家，有四个年轻姑娘。学生们先我而到，对两个寨子都很熟悉了，与两个寨子的姑娘们都打得很火热。我到达婢翁的当晚，学生们就带我到归乜去，将归乜的四个姑娘都约出来，在花园里行歌坐月。行歌坐月是侗族男女青年谈恋爱的简称，花园就是男女青年谈情说爱的场所，一般设在寨外树林中、溪流边，或者寨外的谷仓脚、牛棚里（论述侗族原生态文化时会谈到）。四个姑娘都很大方，很乐意与我们这些远方来的青年交谈，已经高考完的学生们也很投入、很放松，真诚地向姑娘们表达着他们青春的情愫与爱意。第三天晚上，学生们不带我到归乜去了，而是带我到就近婢翁寨边的坡墁处，说这里是婢翁的游方场，一会儿就会有姑娘来与我们一起唱歌。我将信将疑地站在路边的一棵大树下，在黑暗中静静地等待，不知道会不会有姑娘从黑暗中出来，向我们传送柔情的歌声。这时候，已经是晚上 11 点钟了，乌孟河从深深的黑暗中流过来，在山脚的拐弯处震荡一下，然后又静静地向黑暗深处流去，寨子渐渐安静下来，火把在远远的村巷里闪一下，就不见了，狗的吠声短促而苍白，仿佛一发出来就

① 余达忠：《文化薪传：千户苗寨鼓藏头》，载《杉乡文学》，2001（6）。

被黑暗淹没了，几粒刚才还在闪烁的星星也不知什么时候被风吹走了。姑娘们或许不会来了。突然间，我们都很想念归乜的那几个侗族姑娘，相信她们一定还在花园里等待我们到来。我们决定到归乜去，见那几个与我们唱了几天情歌的侗族姑娘，表达我们内心的感动与欢喜。这时候，看到手电的亮光在村巷摇晃，听到有轻悄的笑声从寨子里传来。景富说，是姑娘们来了，你们在游方场陪她们。然后自己从另一条路折回家去了。不一会，姑娘们就到了我们身边，在另一棵大树下站定了。我们用手电光照过去，看到五个十六七岁，穿着苗族盛装的少女。一下子面对这么多外地客人，她们腼腆而惊慌，像几只误入牛群中的黄羊。眼尖的周烈发现，站在最前面的那个娇小的姑娘，正是白天为我们洗菜的“几”，她是景富的堂妹。这时候我们就理解景富要先我们回家的原因了，这几个姑娘都是景富房族的姑娘，是景富让她们来陪我们的。“几”的名字用苗语叫起来很有音乐感，她说话也柔柔的，像一支曲子一样。一整天，我们都与“几”说笑，唱歌一般大声唤着“几”的名字。现在“几”又站在我们身边了，而且是作为情伴站在我们身边，羞涩地、充满情意地望着我们。我们一下子兴奋起来，拖长语调，大声地唤着“几”的名字，要“几”为我们唱歌。为我们的兴奋感染，姑娘们也放松下来，一脸笑意地站到了我们站着的树下来。后来，姑娘们就为我们唱起了歌，是苗家人欢迎远方客人到来时所唱的苗族飞歌。歌声敞亮、高亢，一上来就在一个高度上，从头顶上升上去、升上去，升到浓稠的云层中，还在倔犟地缭绕着，似乎要从深密的黑暗中拨一片璀璨的星光来……

这是我第一次走进苗家人的游方场，第一次听到苗家少女的充满情意的爱情的歌唱！

“游方”是黔东南苗族男女青年相聚一起谈情说爱的社交活动。“游”是游走、巡游、行走，“方”在苗语里是支系之意，合起来即到另一个可以通婚的支系去结交情伴。苗族实行同宗不婚的婚姻习俗，同一个具有血缘关系或者认为存在血缘关系的支系内是不能通婚的，而同一支系的人，往往居住在共同的地域内，青年男女婚配，必须到住在另一个地域的，与自己没有血缘关系的支系内去寻找。“游方”准确的表达是到另一个支系去找情伴。《苗汉词典》解释“方”说：“苗族古代氏族名称，今该氏族住地多以此为名。”在《苗族史诗·溯河西迁》中说，“方”支系是苗族西迁时的“五对爹娘”之一。剑河一带的传说认为，祖先们迁至剑河后，因人烟稠密，有九男一女，山多田少不敷耕种，祖宗遂决定分散居住，能打栋住久吉（今剑河久仰乡属），凹打栋住欧吉，叉打栋住五河（今剑河革东镇属之五河），信打栋住欧芒党道（今台江南宫乡属），应打栋住皆东羊西（今剑河革东镇属），汪打栋住交汪（今台江方召乡属），京打栋住报京（今镇远报京），良打栋住台烈（今三穗台烈镇属），多打栋嫁到今黎平、榕江一带的羊洞和龙洞间。后来，他们分别形成了苗族的“方”和“希”两个支系。从苗族的历史和古歌来看，苗族支系的形成不应是到黔东南后才发生的，但到黔东南后产生新支系则是完全可能的。黔东南的很多苗族支系，就是从“方”支系发展而来的。①“方”支系是黔东南苗族中最古老的支系，在黔东南苗语中，“方”就代表支系，“游方”就是到另一个支系去找配偶。

“游方”是苗族古老的恋爱方式，在《苗族古歌》中，就用很多篇幅歌唱了妹榜妹留（苗语妹即母亲，榜留即蝴蝶，妹榜妹留即蝴蝶妈妈）与水泡游方的故事。

妹榜长大了，
妹留长大了，
三岁挨妈妈，
串门去喝茶；
六岁摘猪菜，
帮着喂鸡鸭；
十岁到村边，

① 参见覃东平、吴一文：《蝴蝶妈妈的祭仪——苗族鼓社文化研究》，118～119页，贵阳，贵州人民出版社，2006。

游方在树下。
榜留去游方，
穿的什么衣？
围的什么裙？
榜留去游方，
穿的是花衣，
围的花褶裙，
花衣合身材，
褶裙密又匀。
妈妈妹榜留，
游方李树下，
同谁去游方？
成双不成双？
同河水游方，
想和他成双，
河水太莽撞，
他们没成双。
太阳来游方，
差点要成双，
乌云来阻挡，
他们没成双。
妈妈妹榜留，
看谁最漂亮，
和他去成双，
同他配成双？
妈妈妹榜留，
心爱小水泡，
会说也会唱，
长得又漂亮，
同他去游方，

和他配成双。
榜留和水泡，
游方在哪里？
成双在哪堂？
榜留和水泡，
游方急水滩，
成双漩水滩。
榜留和水泡，
游方多少天？
成双多少夜？
怀了多少蛋？
生了多少宝？
榜留和水泡，
游方十二天，
成双十二夜，
怀十二个蛋，
生十二个宝。[①]

在黔东南苗族地区，每个村寨都建有专供男女青年恋爱社交的“游方场”，一个村寨内如果有几个支系，各个支系都会建有自己的游方场，有时候，也可以几个支系共设一个“游方场”。“游方场”一般设在寨外坡边林木丛中，或者大路边的树丛中，或者寨边有树林遮荫的土坪上，也称“游方坪”、“游方坡”。

可以互相通婚的不同支系的男女青年，主要是在节日或者集日的时候在游方场聚会交往，村寨有远客到来，青年男女也会在游方场相聚。大村寨的游方场，在节日时，会有成百上千的青年聚在一起互表爱意。青年们在游方场相聚一般是在下午和晚上，以晚上为主。夜幕降临，星月初升，男青年就邀约着，吹着木叶、芦笙到游方场去，用手电四处照着，向姑娘们发出各种暗号，大声地吹着

① 田兵编选：《苗族古歌》，194～197页，贵阳，贵州人民出版社，1979。

图 26　去游方场——怀着沉甸甸的期许，走向青春的“围城”。(余刚摄)

口哨，告诉已经相约好的姑娘们，让她们快快到游方场来。随后，同一辈分、宗族的姑娘们也相邀着，在手电光的映照下，踏着夜色，说说笑笑到游方场来。姑娘们先是羞羞答答的站在树从中，互相推搡着，不愿意走到小伙子的面前。小伙子们的手电光在姑娘们的脸上、身上不停地晃着，腆着脸向姑娘们说近乎话。姑娘们开始只是嘻嘻哈哈地笑，没有搭理小伙子们，小伙子们不在意姑娘们的态度，依然不屈不挠的向姑娘们表达着，唱起了游方歌——邀妹歌。

小妹呀小妹，
小妹你在家，
在屋干哪样？
挣得千把挑，
一坝水汪汪；
挣得千把两，

万把银在手，
也各好阿舅，
也各好舅娘，
不好你阿妹，
阿妹你自己，
你挣干哪样？
我劝阿妹你，
不要待在家，
快来咱游方。

我劝阿妹你，
放花暂不绣，
放花在怀里；
留菜暂莫洗，
留菜在篮里；
留活暂不做，
留活在山里：
快来游方场，
快来咱谈情，
找个好伴侣。
找到好伴侣，
花再慢去绣，
菜再慢去洗，
活再慢去理！

唱着唱着，男女青年就走到了一起，在游方场上站成相对的两排，开始互唱游方歌。一般先唱的是盘问歌、夸赞歌，盘问对方从哪里来，夸赞对方长相好、品性高，然后通过唱歌比智慧、比机敏。唱着、唱着，动了情感的男女青年就会离开大家，到更深的树丛中单独对唱，表达心中爱意，互相试探真情。如果双方互相看中了，就会留下定情的信物，约好下一次游方的时间。开始赠送的定情信物一般是随身带的小物件，如手镯、花带等，男的如果没有礼物就以相应的钱币相送。随着交往的频繁、情感的加深，男女互赠的礼物也越来越重，就开始商量婚姻之事了。比如告知双方的家长，按照礼数定亲、确定婚配大事。如果不想告诉家长的，或者估计家长反对的，双方就会选定良辰吉日，在约定的时间，男方带上自己的朋友，到女方家去“抢”姑娘。后半夜后，约定的时刻到了，女方家长也睡下了，女方就带上自己的衣物、银饰等嫁妆，悄悄从家里出来。男方家的人接到姑娘后，燃放准备好的鞭炮，驾着姑娘出寨去，姑娘则会象征性地哭几声，叫几声，等到家长出来时，姑娘和来接姑娘的人早就消失在夜色中……

图 27　苗家少女（余刚摄）

这就是黔东南苗族地区世世代代传承下来的古老的婚姻习俗。

芦笙节时的芦笙场，是苗族男女青年社交恋爱的最大的游方场。芦笙是苗族地区最重要、也最普遍的器乐，几乎所有的苗族男子都会吹奏芦笙。黔东南苗族地区，所有的文化活动，无论是欢聚喜庆的游乐活动，还是庄严神圣的祭鼓敬宗活动，或者是普通人家的婚丧嫁娶、建房造屋、三朝百日等，都要吹奏芦笙。围绕芦笙，形成一个文化场，将苗族文化的各种要素汇聚到了一起。

苗族地区最热闹的，还是芦笙会时的跳芦笙活动，形成苗家最重要的节日芦笙节。苗族芦笙会一般在春节、吃新节、九月丰收节、苗年等时举行，有影响的芦笙会有凯里舟溪春节芦笙会、丹寨排调元宵芦笙会、丹寨孔庆春节芦笙会、雷山丹江春节芦笙会、雷山永乐春节芦笙会、雷山丹江吃新节芦笙会、凯里开怀吃新节芦笙会、凯里旁海王银吃新节芦笙会、雷山乌江吃新节芦笙会、雷山西江吃新节芦笙会、台江排羊吃新节芦笙会、剑河白道吃新节芦笙会、榕江小丹江吃新节芦笙会、黄平谷陇九月芦笙会、雷山西江苗年芦笙会、雷山丹江苗年芦笙会、台江台拱苗年芦笙会、三穗寨头苗年芦笙会等，这些芦笙会的参加人数都在万人以上，每次芦笙会的芦笙场，就成为男女青年交往、恋爱的最大的游方场。

苗族芦笙会中，规模最大的芦笙会是舟溪的甘囊香芦笙会，参加人数多达六七万人。

舟溪甘囊香芦笙会从正月十六日开始。十六日开始“起堂”，十七日集会，十八日、十九日、二十日跳芦笙，二十日还举行斗牛、斗鸟、赛马等活动，芦笙会结束时，苗族男女青年进行游方活动。芦笙会时，附近市县方圆几十公里的人都来赴会，一时间人山人海，笙歌如潮。1999年、2006年，我两次到舟溪参加芦笙会，留下深刻印象，写下《舟溪：一个关于爱情的符号》的文章，这里，将文章的部分内容摘引如下：

舟溪是一个地名，指凯里市舟溪镇所在地，但舟溪也是一种服饰类型，凡是着舟溪苗族服饰的村寨，都概称为舟溪，这一带的苗人被称为舟溪苗，麻江县之铜鼓、白午，丹寨县之南皋，雷山县望丰乡之西北，都属于舟溪苗，着舟溪苗族服饰，属于短裙苗之一支。舟溪服饰为对襟绣花短衣，大领，百褶短裙，白银装饰，是苗族服饰中最华丽富贵的一种类型。在人类学上，服饰既是支系的象征，也是婚姻的象征，同一服饰的村寨，共同构成一个婚姻网络集团，而连结这个网络集团的就是一个个村寨的芦笙场。芦笙场是舟溪苗族的爱情承载场。

我到舟溪的时候，正是甘襄香芦笙会进入高潮的时候。舟溪河畔，人山人海，着盛装，戴银饰，脸上洋溢着灿烂笑容的姑娘们在人海中穿行着，闪烁着一阵阵的银光，青年们追逐着这银光，陷入一种明亮耀眼的晕眩与迷狂中，系着红绸的芦笙高高的越过人们的头顶，在阳光下颤动，像蓝天下跳跃的音符。我迎着闪烁的银光，寻着芦笙的旋律，一步一步走进芦笙场，走进弥漫着如阳光般的爱情和爱情如阳光般的芦笙场。芦笙场中央，围着一个大大的圆圈，中间是围着几架高芦笙在吹奏的青年，姑娘们就围着这些吹芦笙的青年，随着芦笙的旋律在起舞。芦笙一阵阵的，姑娘们的佩戴的银饰的清脆的响声一阵阵的，围着姑娘和小伙们观看的人们的喝彩声也是一阵阵的，阳光水一般在芦笙的光滑的竹节上流着，在姑娘们闪烁的银饰上流着，在顾盼流转的眼神中流着，在青春洋溢的面容上流着，将整个芦笙场溢得满满当当的，让人沉浸在一种热烈欢乐而又温情脉脉的氛围中，心里热热的、满满的、冲冲的，有一种想要倾诉、想要表达的欲望……

置身阳光下，置身芦笙场上，置身姑娘们妙曼的舞姿中，置身芦笙热烈的旋律中，我突然觉得自己也仿佛沉浸在爱情中，沉浸在一种被爱所感染的感动中。我爱着蓝天下无边无际的阳光，爱着阳光下翩翩起舞的姑娘们，爱着阳光下奏响的芦笙的悠扬的旋律，爱着阳光下展开的人生日子，爱着阳光下发芽绽放的花草，爱着阳光下清澈明亮的流水。我突然领悟，人们为什么要从四面八方汇聚在舟溪来，汇聚到甘襄香芦笙场上，是因为人生需要爱情，需要爱，人们是为了爱情，为了爱，为了倾诉和表达爱情，为了倾诉和表达爱而汇聚到一起来的。青年人从芦笙场上找到爱情，中年人从芦笙场上找到感动，老年人从芦笙场上找到温馨。芦笙场不单单是一个跳舞的歌场，芦笙场其实是一种象征，是一个符号，关于爱情和爱的象征与符号。

芦笙是南方民族最重要的一种乐器，关于芦笙的产生，在苗族、侗族、布依族的传说中，都有记载，而这些记载又都与青春、与游乐、与爱情相关联，是对于生命、青春、爱情、美的表达。确实，我们考察各民族的民间文学，爱情始终是其中最重要、最美丽的篇章，民族生活、民族文化的诗意，很大程度上，就在于其爱情的诗意，青春的诗意、生命的诗意。有了芦笙，就有了爱情的表达，或者说，有了爱情的表达，就有了芦笙。芦笙与爱情，永远是连在一起的，芦笙是爱情的符号，而爱情则是芦笙的形象化。芦笙与爱情，在舟溪得到了最完美一致的统一。在舟溪，跳芦笙是最重要的文化活动，而芦笙会则是一年中最重要的节日。舟溪短裙苗计有大大小小近百个村寨，而凡是人口在一百户的村寨，则一定建有芦笙场。汉族人过春节，而舟溪的苗家，则利用春节举行芦笙会。从正月初一到二十，每天都有村寨举行芦笙会，最后，所有村寨的芦笙，所有村寨的青年和姑娘，都集中到舟溪甘囊香芦笙场，举行芦笙聚会。也正因这个聚会，甘囊香芦笙场成为整个苗族地区规模最大的芦笙场，鼎盛时，参加芦笙会的人数达六七万。我们可以想象，六七万人汇聚在舟溪河谷上，上千把大大小小的芦笙吹响起来，上千名着盛装的姑娘在旋律中翩翩起舞，上千的青年人围着姑娘们真诚倾诉，上千条彩带在阳光下飘扬，这是怎样壮观热烈的景象，是怎样一种让人激动和充满期望的氛围，是怎样盛大的一场爱情聚会。

正月初一，新春的第一缕阳光从云层中露出笑脸，第一缕春风从舟溪河谷上吹过来，第一朵祥云静静的泊在舟溪清澈的天空上，第一片新芽从枫香树上绽出来，姑娘们就穿着盛装，邀约着出门了，而青年们的芦笙则早已在寨外吹响，一支彩色的队伍，由芦笙引领着，从曲曲折折的田滕上走过，逶迤着向另一个村寨，向响着芦笙的芦笙场走去。到了寨门口，一支支芦笙队汇集在一起，一队队的穿着盛装的姑娘们汇集在一起，洋溢着青春朝气的青年们汇集在一起，等待主寨的迎客芦笙吹起来，等待迎客的鞭炮放起来，等待热情的小伙子和美丽的姑娘走出来。迎客的芦笙吹起来了，迎客的鞭炮放起来了，热情的小伙子，美丽的姑娘走出来了，青春的气息，爱情的气息洋溢开来，弥漫开来，人们沉浸在新春的喜悦里，沉浸在青春的激动中，沉浸在爱情的甜蜜里。芦笙的奏鸣更响亮了，姑娘们的笑脸更灿烂了，小伙子的信心更充沛了，围观的人更多了，赞叹的声音更自负了。在这样的氛围里，这样的情绪下，这样的热烈与美丽中，小伙子们，姑娘们自然就多了许多期待，多了许多想象，多了许多倾诉和表达的激情与欲望，爱情之水，正如阳光一般，弥漫了整个芦笙场。芦笙场俨然就是青年们的爱情承载场。

有了爱情就有了芦笙场，有了芦笙场，就有了爱情，而舟溪作为一个符号，将芦笙与爱情统一了起来。[①]

在黔东南苗族社区，还有一种关于爱情的更浪漫的表达形式，那就是流行于清水江畔、以台江施洞为中心的苗族姊妹节，姊妹节被看成是东方最古老的情人节，是苗家姑娘关于爱情的最浪漫的诠释方式。

相传台江县施洞地区有八百个姑娘因找不到丈夫而嫁不出去；三丙大塘地方有八百个青年男子，也因找不到媳妇而打单身。老人们为此心急如焚，便让姑娘们用糯米做成五彩饭，邀请三丙大塘的八百个青年男子来吃“姊妹饭”。这样，人人都找到了自己的意中人，结成了眷属。从此以后，吃“姊妹饭”就演变成为以青年男女间挑选情侣为主要内容的节日活动。

另一个传说说，清水江畔有一个苗族大寨，寨子里的男子们每年都要到很远的地方去打猎，很久都不回来。妇女们、姊妹们在家努力地劳动，打下了很多粮食，酿出许多美酒，织出了许多锦带，但外出的男子们仍然没有回来。姑娘们等啊、等啊，秋天过去了，冬天来了，男子们还是没有回来，转眼就要春暖花开了，还是没有男子们的消息。姑娘们急了，老人们也急了。老人们看出了姑娘们的心思，建议她们把吃不完的糯米和喝不完的糯米酒保存起来，用精米制成糯饭，再到田里捉来鱼、虾、螺蛳设宴，招呼远方的青年男子前来吃姊妹饭、喝酒跳舞、交谊择偶。姊妹饭的香气飘散到很

① 余达忠：《舟溪：一个关于爱情的符号》，载《黔东南日报》，2010年3月11日。

远很远的地方，四近的青年男子都赶来吃姑娘们的姊妹饭，向姑娘们表达他们的爱慕之情，许多姑娘就此找到了自己的如意郎君，高高兴兴地嫁出去了。后来吃姊妹饭便形成了一个特定的节日。

第三种传说说，相传苗族从前居住在遥远的东方。由于人口增多生活困难和灾荒战乱，被迫往西方迁徙，而每逢到一个地方居住一段时间，就有一部分姊妹要嫁出去，再次迁徙嫁出去的姊妹就回不到家了。于是他们决定在春暖花开时节，到田里捉来鱼虾，相邀已嫁出去的姊妹们回来和未嫁姊妹们相聚一起，吃一餐姊妹饭相诉衷肠，然后依依惜别，这样相沿成俗就成了一年一度的姊妹节。俗语说，吃了一顿姊妹饭，了却一年相思情。

吃姊妹饭最有代表性的地区是台江施洞、老屯等村寨。

每年农历三月十三日，各村寨的姊妹们都上山去采撷楠竹木叶、姊妹花等花草树叶，制作黑、红、黄、蓝、白五色糯米饭。十四日前晌，姑娘们都下田里去捕鱼捞虾（不管是谁家的田）；后晌，姑娘们每人拿来一大碗彩色糯米饭、两个鸭蛋（炒虾子用的）和一些钱（多少不拘）用来买鸭。为什么只要鸭和鸭蛋，而不用鸡和鸡蛋？因为鸭能过河，象征能过到彼岸与情人成双。准备齐全后，年龄相近的姑娘们都分别集中到一户人家里（最好是没有男孩子或男孩子很小的人家，这才好接待外地来的男朋友），然后夜里就在那儿与外地来的男人们共吃姊妹饭。饭后，大家相约到村中的广场上或村巷去唱歌谈情，通宵达旦。

三月十五日至十七日是节日的正式活动时间，也是热闹的高潮。白天，姑娘们都身穿漂亮的衣裙，佩戴着华丽的银饰，到郎西（地名，汉译杨家坪）去观看斗牛、斗雀；同与自己一道吃姊妹饭的男子们跳芦笙和跳木鼓舞；夜里，男女相聚在村中广场或村巷唱歌谈情。这时，男方会向女方讨姊妹饭，姑娘们大方地将姊妹饭送给向自己讨要的小伙，但在姊妹饭里藏着的信物则表达了对男方的不同感情。姊妹饭上倘若放着一对红筷，则表示姑娘愿与小伙成双成对；如果只有一支，那绝不是遗忘，而是姑娘客气地暗示水伙子不要再徒然单相思；倘若姊妹饭上摆有辣椒、葱、蒜，知趣的小伙子就该转移目标了；对待尚未成熟的爱情，姑娘们会摆上树叶或松针，暗示讨要绸缎或线线，得到这样的物示，小伙子毫不沮丧，谁都明白，红丝线最终将牵连起的会是什么。

姊妹节活动散了，姑娘小伙们要分开了，大家依依不舍地聚在村寨前的广场上相别。姑娘们（分作不同年龄的许多批）用竹篮盛着各人的彩色糯米饭团和鱼、肉、鸭蛋等礼物，赠送给两天来陪伴她们的小伙们。到来年姊妹节时候，这些青年男子们，集体筹钱买了礼物（绣花丝线、绸缎等等）盛在姑娘们去年赠送礼物的竹篮里，带回赠送给姑娘们（叫还竹篮）。如此经过多次的你来我往，相互间的了解渐渐加深，进而产生并倾诉爱慕之情。

姊妹节中，苗家人赋予姊妹饭丰富的象征意义，姑娘们送给小伙孩子们的礼物，也都有独特的象征意义。姊妹饭中的绿色象征家乡美丽的清水江，红色象征寨子发达昌盛，黄色象征五谷丰登，紫蓝色象征富裕殷实，白色象征纯洁的爱情。姊妹饭中藏松叶、松针，暗示后生们以后要回赠姑娘绣针和花线；藏挂竹勾，暗示用伞酬谢，挂几勾送几把伞，若放两个相互套着的竹勾，则表示希望日后多与姑娘来往；饭中放香椿芽，表示姑娘愿与后生成婚，苗语称椿芽为“娥”，意思是“引”和“娶”，暗示后生早日来迎娶；姊妹饭中放棉花，则暗示姑娘们很思念后生们，苗语称棉花为“忍”，与苗语“想念”同意，暗示思念的情意；姊妹饭中放芫荽菜，暗示与椿芽菜相同，苗语称此菜为“娥扬奚”，暗示后生早日来迎娶；姊妹饭中放棉花和芫荽菜，则表示急于成婚的心情；姊妹饭中挂活鸭，则希望日后回赠一只小猪给姑娘饲养，以备来年吃姊妹饭时，杀给大家吃，再度联欢；姊妹饭中放辣椒或大蒜，暗示以后不愿再来往或绝交。

从1998年开始，台江县着意打造姊妹节，每年都举行隆重盛大的活动，欢迎海内外游客到台江来与苗家人一起过东方古老的情人节。

姊妹节已经成为苗族文化的一个重要符号。

第七章　原生态黔东南：侗族原生态文化

第一节　依山傍水、聚族而居：侗族居住文化

让我们从一段溯水而上的传说和一段寻找高处的水的古歌开始进入侗乡吧！

1986年暑假，我和朋友陈启鹏、何亚新在广西和贵州交界的山地间穿行，进行民族学和民族教育的调查，在龙额坳上，我们记录到了这段传说。那时候天已经黑下来了，我们不知道往哪里去，这时候就碰上了一个叫婢英的姑娘，她刚从龙额买回销粮回来，看到在三岔路口焦虑的我们，就把我们带回了家。她家住在龙额坳上一个叫登赛的寨子里，只有二十几户人家，一半属于广西，一半属于贵州，她家住在广西地界，但田地又在贵州地界，她不知道属于哪里人，从祖祖辈开始都是这样居住的。这一带的田土一直较少，粮食总是不够吃。农闲的时候，男人们就相邀着到外面去打工，以此换回一点口粮。父亲和弟弟都外出找口粮去了，就只有她和母亲在家。在她家火塘边，她母亲一边为我们煮饭，一边向我们讲起了这段传说。侗族的祖先原来住在一个叫胆村的地方，有很宽的田地，很大的江河，但水总在低处，田总在高处，祖先们就一心一意想走到水的高处去，公和奶商量了之后，决定沿着河走，去寻找水的源头。在一个大雾迷茫的早晨，祖公向着北方，向着水流来的方向，射出一支神箭，那是一支寻找幸福的神箭，说顺着箭射出的方向走，箭落在哪里，人就落在哪里。公和奶带领着整个部族，乘坐枫

木舟溯水而上，后来就落拓在这片大山里了。

在其他地区，我们也搜集到了类似的古歌，和已经出版的侗族古歌相一致。《侗族古歌》唱道：

要问我们侗族祖先，
当初住在什么地方？
当初我们侗族祖先，
住在那梧州一带；
当初我们侗族祖先，
住在那音州河旁。

梧州地方田坝大，
音州地方江河长。
可惜呀真可惜，
田地都在高坎上，
引水不进田，
河水空流淌。
茫茫大地棉不好，
宽宽田坝禾不旺；
女的吃不饱饭，
男的缺衣少裳。
怎么办呀怎么办？
公奶商量定主张，
这个地方住不得，
另外去寻找幸福的村庄。[①]

侗族先民就是这样，划着枫木舟，溯水而上，来到了西南山地，云贵高原向江南丘陵过渡地带的这一片狭长的山野，并把它当做了永生永世的家园。

一边走，一边望，

① 杨国仁、吴定国编：《侗族祖先哪里来》，53页，贵阳，贵州人民出版社，1981。

前面是个好地方。
两岸田地平展展，
我们祖先弯船把岸上。
那里寨子实在大，
那里田坝实在广。
干处别人挖地种棉，
湿处别人开田种粮；
各家有各家的地，
各家有各家的房，
寨子已住满，
好地已开光。
我们的祖先，
无处把身安，
带着儿孙们，
继续往前赶。

黄雀要寻找歇脚的落处，
燕子要寻找做窝的檐廊。
我们的祖先啊，
四处寻找那幸福的地方。[①]

于是，枫木舟继续溯融江而上，向命运中注定的那片家园划去。越往北走，山越高峻，水越湍急，枫木舟越发倾斜，越发显得沉重，过了融安，渐渐有人弃舟上岸了。

沿江而上到旱路，
开始分家又分人。
众人难舍又难分，
个个泪淋淋。
哥哥道："日后定能再见面。"

---

① 杨国仁、吴定国编：《侗族祖先哪里来》，54页，贵阳，贵州人民出版社，1981。

弟弟说："往后何人来送信。"[1]

从这里再往北走，黔、湘、桂交界的这一片狭长的山地，就是拥有300万人口的侗族聚居地了，它包括贵州黎平、从江、榕江、锦屏、天柱、镇远、玉屏、剑河、三穗、石阡等县，湖南通道、靖州、会同、芷江、新晃等县，广西三江、龙胜、融水、融安等县，另有几万人在湖北恩施、宣恩县。

这里确实是水的高处，高山深谷，古树箐竹，溪水在这里发源、汇聚，然后向东南、东北方向流去，历史上著名的五溪就发源和流布于这片地域。很早的时候，苗、侗、瑶、土家等民族就聚居在这里，被统称为"五溪蛮"，是有名的蛮夷之地。[2]

侗族居住地区是一个山的国度，触目皆山，出门即山。它位于云贵高原东南缘苗岭山脉向湘、桂低山丘陵过渡的斜坡地带，聚居区西属云贵高原苗岭山系的支脉，南部有九万大山和越城岭，山地比重大，山地面积占整个区域面积的近90%，是九山半水半分田的典型山区。侗族地区的山脉都是向北东方向，或者东南方向逶迤的，由于土层深厚，黏滞性好，山上植被得到完好的保存，各种植物遍布山岭沟谷，无不茁壮繁茂，郁郁葱葱。站在高处放眼侗乡，千山万壑，一派苍翠，绿色无边无际，在习习清风下起伏着向远天铺展；江流如带，在阳光下闪闪发光，蜿蜒于山谷间，依依脉脉的环绕着绿树和村落……

侗族地区的山和云贵高原中部的山不同，它属于低中山，海拔在1000米左右。和中部的山比较，没有那么苍莽、高峻，没有喀斯特地貌特征下山岳峰峦的那一份粗犷和狞厉，不是一般意义上的那种濯濯童山，不毛之地。它具有江南山系的鲜明特点，清秀、精致，从容地绵延在苍天之下，舒缓的逶迤在厚土之上，整饬有序，

① 杨国仁、吴定国编：《侗族祖先哪里来》，60页，贵阳，贵州人民出版社，1981。

② 五溪指雄溪、樠溪、酉溪、潕溪、辰溪，在今湖南省西部和贵州省东部。《后汉书·马援传》注云："武陵有五溪，谓雄溪、樠溪、酉溪、潕溪、辰溪，悉是蛮夷所居，故谓五溪蛮，皆盘瓠之孙也。"《溪蛮丛笑》："五溪蛮，皆盘瓠种也。"

向度整齐，如一道道低矮的绿色屏风，正好让我们栉风沐雨，休养生息。更重要的是，侗族地区的山上，均覆盖着厚达60～300厘米深的红壤、黄壤，属于亚热带气候区的各种植物几乎都可以在这里生长。所有山上，都满满当当、密密实实地生长着各种植物，是一片广大的天然植物园。一座山上，因为气候和高度差及人工营造等，各种植被垂直分布，界线分明，构成一道非常独特的生态景观。

确实，整个侗乡，在自然生态上，最显著的特征就是林木繁茂。几乎所有的山上都生长着树木，各种种类的树木，尤以杉木、松树为多，这些树木遍布侗乡，把侗乡称为林海，称为杉乡，实不为过。侗族村落就掩映在这深杳幽邃的原林深处，这浑无际涯的莽莽的林海就成了侗家人永生永世的不无骄傲的永恒的家园。

侗族先民选择家园，重视两个条件，一个是山，另一个是水。有山就保证有树，就能起房造屋；有水就保证有耕作的田亩，就能生存发展。这或许是侗族先民建立起来的最早的生态意识。

依山傍水，是侗族居住文化的重要特征。这一方面是侗家人生存选择的结果，另一方面也是侗家人文化选择的结果。在侗族文化里，水不仅仅是一种物质存在，而是一种具有象征性和隐喻功能的文化符号。[①] 在侗族古歌里，水隐喻丰收，隐喻生存和发展，象征幸福和未来，侗族对水的追求，实际上是对生存空间的重新认识和选择。他们把走到水的高处，当做一种理想的人生模式，把水和生存、发展，水和幸福、未来连在了一起。侗家人对水的这种生生不息的依恋，就使得侗家人在公奶的带领下溯江而上，落拓于黔、湘、桂交界狭长的山地中的时候，还是选择了择居近水的生存方式。侗族古歌说，丈良丈美开亲后生下了一个肉团团，丈良一气之下，将肉团砍碎，到处抛撒。

肉团里的血水，
流进大河与大江，
血变成汉族，

① 参见余达忠：《水：作为侗族文化的意象》，载《苗侗文坛》，1999（1）。

汉族住在大江大河旁。
肉团里的肉，
有硬也有软，
肉变成侗族，
侗族住在依山傍水的地方。
心、肠、腰、肺变成瑶族，
瑶族穿的是花衣裳。
骨头硬像青冈，
骨头成苗族，
苗族住在高高山顶上。①

侗族“哆耶”、“也嘿”时的赞歌唱道：

你们的村庄实在好，
山明水秀，水环山绕。
四方八方围得圆圆的像只箩一样，
七鳞马在左边，
白虎和飞龙在右边；
山脚下弯流着潺潺的水，
十八条沟道交织在大山前；
大小丘陵点缀着你们的村庄，
四季开花如同仙境一样；
村后卧伏着矫健的后龙，
保佑着你们五谷丰登人畜兴旺。②

依山傍水，是侗族居住文化的一道独特的景观。侗族古歌中，多有对于侗族居住环境的描述：

刹仰好，好地方，
冬天暖来夏天凉，
前寨小河水长流，

① 杨国仁、吴定国编：《侗族祖先哪里来》，30页，贵阳，贵州人民出版社，1981。
② 苗族文学史编写组编：《民间文学资料集》（第13集），196页。

寨后青山气势壮，
晚蝉叫起很幽静，
这里人间胜天堂。

这里土熟地好，
满山密林是百鸟栖身的地方。
青山绵延不断，
绿水环抱山旁，
溪边那块小坝，
田中禾秆粗得像大腿一样。
林中的青菜有甑子粗，
张张菜叶似蒲扇。①

母鹅河滩来生蛋，
脚踏水波游下江。
祖公跟着脚印来到塘岸边，
举目四望野树似庞尾参天，
扛着斧头进山冲，
砍下树枝火烧燃。
地理先生又来看龙脉，
罗盘指针定方向。
东方甲子先砍木，
南方沃土好禾场，
西方甲申黄金地，
北方水下闪金光。
好似三龙同戏水，
又如猛虎坐山冈。

① 杨国仁、吴定国选编：《侗族祖先哪里来》，117、142页，贵阳，贵州人民出版社，1981。

青龙白虎献金宝，
人财两旺好地方。
当初的歌有根源，
我唱祖公的歌传四方。[①]

清人李宗昉《黔记》记载："侗苗在天柱、锦屏二属，择平坦近水地居之。""侗家苗……杂鱼肉酒饭盘瓢，择居近水。"依山傍水而居，是侗族历史形成的早期时代就获得的生态经验，构成了侗族村落环境的典型特征，是侗族千百年来认同的理想环境模式。

依山傍水是对侗族村落环境的抽象概括，而作为一种物理形式的侗寨村落环境，则是一种生动和谐的美学形式。依山傍水而居的侗家人，很讲究山与水的配置、谐和。从侗族风水观念来看，他们把绵延起伏的山脉比喻为龙脉，龙总要朝向水，朝向开阔之地，侗族村寨就建立在这样的龙脉之上。他们把山势（龙脉）绵延而来至坝区或溪流边戛然而止之地称为"龙头"。龙头前面是环绕的溪流和开阔的坝子，龙头后面是起伏跌宕、来势凶猛的山脉（龙脉），侗族村寨就立在这样的龙头处，侗家人称为"坐龙嘴"。后山山势来势凶猛，侗家人便在后山多蓄古树箐竹，作为风水林，以镇凶邪，以保清吉，以祈福祉；溪涧源源流去，隘口穿风而过，会把财源带走，会让福气漏掉，侗家人便多在溪涧上架设福桥（也称风雨桥），封住财源，在隘口多建凉亭，堵住风口。山、水、树、桥、亭、路，是侗族村寨的重要配置，是侗族村寨的重要的文化符号，共同构成了侗族村寨的地理空间和文化空间。

我曾经对贵州锦屏九寨侗族社区的村落环境进行过考察。整体来看，九寨社区崇山峻岭、峰峦绵延，属于山地。但在山岭与山岭之间，往往逶迤着一片片浅浅的谷地，较平缓、坦荡，有溪流潺潺流过，当地人称为坝子。九寨社区的大部分村寨，就居住在这样的山谷边上，史书称为"依山傍水而居"，九寨人称为"坐龙嘴"。九寨人的房屋大都筑在这样的坡地上，按宗族划片居住。大的村

---

① 杨国仁、吴定国选编：《侗族祖先哪里来》，47页，贵阳，贵州人民出版社，1981。

图 28　依山傍水而居——侗寨前的风雨桥。(余达忠摄)

寨，往往一个宗族居住一个龙嘴，共一片坟地。由风水林往外展开，是九寨人栽培的茶油树林，为人们提供食用油，茶油树林之外是桐油树木，环绕桐油树木的，是杉木林带，为人们提供建造木楼、桥梁的材料，村寨最边缘是野生杂木林带，是九寨人砍柴、采摘草药、山果、打猎的场所和放牧之地，也是村寨与村寨的边界。整个九寨社区，民居建筑格局都是相同的，都是干栏式吊脚木楼，房屋布局多依所傍的山势朝下，或面向田畴、溪水。在寨子东头或者西北逶迤下来的山坡上，坟茔簇簇，是寨上的坟场，由开寨至今的先人按宗族埋在一起，看村寨的变化，看宗族的繁衍。

水从高山深谷流来，或者是一脉柔静的清波，一路轻吟浅唱，绕过一片阔叶混交林，一片人工杉木林，在山脚的侗寨前迂回，悠悠流向另一个侗寨；或者是一泓飞溅的激流，穿石越坎，唱着铿锵镗闼之歌奔向侗寨，在从容延展出来的龙脉前倏地安静下来，汇成一潭澄碧的渊深，映照侗寨蓝色的梦想……无论是清水江、都柳江这样的干流，还是亮江河、寨蒿河、洪洲河这样的支流，甚至是那些深浅不一的涧溪，都立着大小不一的一系列村落，形成一条环状

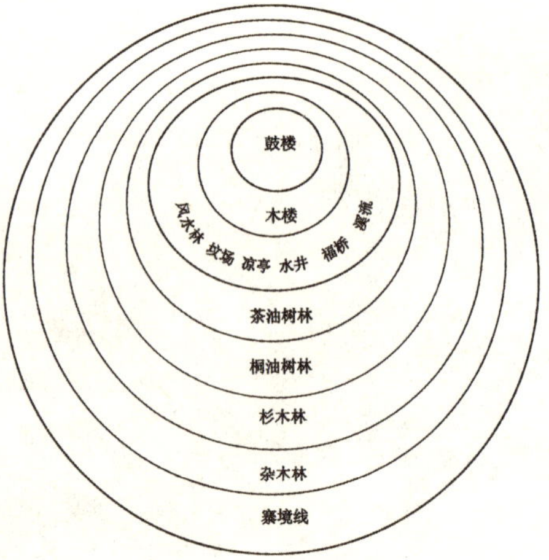

侗族村落环境示意图

的侗族村寨群落带。如都柳江的支流寨蒿河，源于榕江县的色边乡，环经黎平县的育洞，再回环流入榕江县的寨蒿、忠诚，自北向南，曲折穿过万亩车江大坝，在古州与平永河汇合，注入都柳江。寨蒿河全长104公里，流域面积2322平方公里，常年流量52立方米/秒。由寨蒿至古州，几十公里水路，沿着河畔建立了平松、平比、平列、干列、罗香、定达、宰章、口寨、月寨、脉寨、寨头、章鲁、妹寨、车寨等十多个大小不一的村落，村寨与村寨之间或相隔两三里，或五六里，形成了一个庞大的侗族村寨群落。登高远眺，大坝中的一个个村落就好是一个大湖中的一排排烟火旺盛的岛屿，而田坝则犹如环岛的宽阔的水域，把村寨衬托得分外精致、秀雅。而且，由于寨子由一片片、一丛丛的绿树、翠竹掩映着，与墨绿色的，闪着盈盈水光的田园相谐和交融，一个个的村寨又俨然一座座充满了牧歌色彩的别墅群。洪洲河源于黎平县三龙大山中，经中潮、德顺、洪洲于团结入湖南通道，与临溪河汇合称为渠水，经湖南靖州于托口流入清水江。洪洲河从三龙以下，冲击出一片狭长的坝子，有20公里长，沿河两岸，建有三龙、九龙、蓝洞、偶洞、上房、中房、潘老寨、潘老厂、陆家屯、腊寨、水冲、杨家寨、狮子坡、廖家湾、张家湾、牛家湾、凉蓬、中潮、脸村、杨家庄、胡家庄、龙洞、同团、陡水、下所、尹所、洪家屯、下温、德顺等二十几个村寨。洪洲河像一条圆润繁茂的青藤，在这片丰饶的土地上恣意延展，这些村寨，则像系在洪洲河上的一个个诱人的青果，在青天丽日下，闪着纯净晶莹的光泽。

水绕着山而来，侗寨依山傍水而立。山、水、人家，构成了一幅意味深远的画。

侗族居住文化的另一个特征是聚族而居。

侗族聚族而居，往往是以族为单位共居于一个共同的地域内，“聚”是侗族居住理念中的一个重要原则，体现侗族在居住上的一种文化规范。这里的“族”有几个层面的意义。从外部来看，“族”的最表层、最直接的意义，就是指侗族，指属骆越支系，生活于中国西南黔湘桂交界山区，操属汉壮语系壮侗语支的侗语，有自己独特的文化的侗民族。虽然侗族居住地区也还生活得有汉族、苗族、瑶族、水族等，是和这些民族杂居在一起的，但侗族坚持的是杂居而聚居的原则，侗族基本上是居住在一个共同的地域内的。从内部来看，侗族聚族而居的“族”包含着更为丰富的文化意义。这个族就是宗族，主要指以父系血缘为中轴而形成的宗姓，是体现血缘关系的重要符号。不同的宗族，各自生活在特定的地域范围内，有自己的地理界线。就是说，不同的族生活于不同的村落之内，即使生活于同一个村落，也有各自的生活空间，各自的地域。这也就是侗族古歌说的“按格分开住，按族分开坐”。格，就是指侗族村寨中，同一家族居住在一处的地段。肇兴侗寨有近千户人家，立有五座鼓楼。表面上全寨都姓陆，但它立着的五座鼓楼就代表了它内部存在的五个宗族。“族”在侗族文化中是一个功能完备的基本文化单位，侗家人的主要文化活动是以“族”为单位展开和进行的，而“族”标志的则又是一种血缘的丛结和联系，注重的是整体的一致与和谐。

在侗族村落中，鼓楼作为族的标志立于村寨的中心，鼓楼前辟有鼓楼坪，鼓楼旁边是祭祀萨神的萨坛、萨屋，这一切共同构成了族的文化存在的公共活动空间。而民居则环绕着鼓楼而依次筑

图 29　天下第一侗寨肇兴。(余刚摄)

立，和鼓楼保持着高度的一致性。侗家人的生活围绕鼓楼而依次展开。村寨是山、水、树的中心，是清风、阳光、流云的中心，是大自然的中心；而鼓楼则是村寨的中心，是族的中心，是侗家人生活的中心，是侗族文化的中心。走进鼓楼里，能感觉到侗家人的族姓意识特别强烈和民族精神的鲜明的表达。

从侗族古歌中可以知道，侗族原来居住在珠江中下游的水乡泽国，是由于人口的增多，生存资源的紧缺和不能利用水利才迁徙到黔湘桂交界的狭长山地中的。古歌唱道：“住在梧州那里，人丁实在兴旺，住在梧州那里，人口连年发展。父亲这一辈，人满院坝闹嚷嚷；儿子这一辈，人口增添满村庄；姑娘挤满了坪子，后生挤满了里巷。地少人多难养活，日子越过越艰难。树桠吃完了，树根也嚼光。不能困在这里等饿死，祖先召集众人来商量。侗家苗家相约沿河走，为寻生路离家乡。”到了黔湘桂交界的狭长山地中后，侗家人在聚的前提下，按格按族在依山傍水处分散开来，建立起了村寨，但这时建立起来的村寨的规模是由环境所能提供的资源总量来决定的，即有多少资源，能养活多少人口，就建立多大的村寨。侗族款约记载："沿江寻上，来到哪里？来到下江口。十三姓祖先，相商议定，开花散叶，寻地安身。杀牛倒地，血浸地皮，未曾杀牛，先发誓言：牛头倒向东，那人就去东，东方日出；牛头倒向西，那人才去西，西方月落……依照祖先进住的地方，父进村寨，雷进天堂，我们才安排哪个公进哪个村。杨吴十三姓祖先，住坐的地方，葬得有坟，立得有墓。村村寨寨，都是黄桑、松柏大树，叶茂枝长。"

从江占里侗寨，最集中的体现了侗族的这种由环境资源决定村落的居住理念。占里的祖先是从广西梧州溯都柳江迁徙而来的，曾在广西三江的老堡、贵州黎平寒冬、孖旦、榕江车江等地短暂居留，后顺都柳江而下，迁到占里，人口由5户人家发展到50多户。以后人口不断发展，到达600人左右。由于人口增多，村寨中的矛盾也增多、加剧，偷盗、械斗、争山林田土、争屋宅地基等事时有发生，而且可耕种的土地也越来越少，人们的生活也日益困难。在这样的背景下，占里人有了控制人口的意识。在占里最早提出控制人口的是一个名叫"立"的公公。他是一名寨老，岁数大、阅历广，见的世面多。他根据占里的田土山林的实际情况，规定家有500斤谷子的准许养育两个孩子，家有300斤谷子的只准许养育一个孩子。按占里的田土及产量计算，每对夫妇最多可以生育两个孩子，全村人口控制在160户，700人以内。公立的主张提出后，经过全寨人讨论同意后，在鼓楼坪杀猪吃肉喝鸡血酒，盟誓永不反悔，坚决执行，并以款的形式固定下来，形成寨规。如果谁违反规约就将被逐出寨，或者被亲属处于极刑。也正是有这一规约，占里人口从清代中期至今，一直没有大增长。从有人口统计的资料看，占里确实是实现了人口的零增长。1952年，占里人口为729人，1999年，占里人口为731人，近50年只增长了2人，实现了人口的零增长。[①]

在侗族地区，当一个村寨的人口增加到一定限度时，往往把村

① 参见余达忠：《侗族生育文化》，257～272页，北京，民族出版社，2004。

寨进行拆分，分一部分人出去，在一个新的自然环境中，组成新的村寨，开拓新的生存空间，以使原居住地的资源足以提供人的生存需要。《黔南识略·古州同知》载：“百余年来，滋生繁衍，户口较倍往时。旧例大寨称爷头，小寨称洞崽，洞寨听爷头役使，每年有豚酒之馈，今久禁止。”如果这个族的人口增长超过了固定的生存空间的容纳限度时，这个族就必须要去寻找新的生存空间，而不能抢占、侵入其他族的生存空间。

我曾经在《民族文学》发表过一篇《黑洞：诗意地栖居——对一座侗寨的审美描述》的散文，对侗寨的村落环境做了形象的描述：

这是一个叫黑洞的侗族村寨，它是属于贵州省黎平县德顺乡地青村的一个自然村寨，有一百来户人家，400多人口，它落拓于地罗山的深处，距乡政府近20公里，距县城60公里，至于州府、省城、京都，则遥远得不知在哪一方天空下面。有一条简易公路通向这里，但一年中有大部分时间不能通车。我们离开黎洪公路从德顺往西走，乡政府的人不无疑虑的告诉我们，已经很久没有小车进去了，不知道还能不能走。我们一路走一路问，走走停停，终于在黄昏之前到了黑洞。

到黑洞，首先看到的就是山背后的风景林。从平甫过来，上一条长长的大冲，黛色越发深沉、凝重，让人感到日子的邈远。这时遇到一片风景林。这片林横立在这条大冲的尽头，蓊蓊郁郁的。很远，你就能感觉到南方森林特有的气息，那是腐烂的枝叶、游走的动物、植物的芳香、渗漉的流水、积滞的雨雾、潮湿的泥土的气息混合在一起而形成的。猛一嗅到，你可能感到涩涩的，有些窒闷，一阵风吹过来，你会马上感到那气息是那样清新、芬芳、沁人心脾。在这浓郁而广大的芬芳里，一时间你感觉到到了纯粹的自然之中了，是绝对的远离喧嚣的尘世了，相信前面不会再有人烟了。但你顺着这片林子的边缘的一条蜿蜒曲折的山路走下去，渺渺的你听到了一两声鸡啼，接着又有一两声老牛的长长的哞叫，或者是狗的短吠，隐隐的仿佛还有人声，有些诧异，就抬起头来望下去，这时发现，一个挨挨挤挤的、有百十户人家的寨子就静静地落拓在这片稠密的林子的下面，这片林子俨然是这个村寨的守护神。它忠诚地站在寨子后面，不论晨昏，不论雨夕，为村寨翳一份深深的清凉，给村寨一个坚实的依靠……

阳光是一片浅浅的红色，千山万壑氤氲在这片柔和的红光里，像一片漫漫舒展开来的宁静的心思。溪流越山而来，在粉红的夕阳里泛着亮色，如一条闪光的带子，依依脉脉的在山野间缠绕着。寨子错错落落的沿溪而立，和山、水、树、田畴、夕阳融合在一起，仿佛他们从来就是这样，不能互相分离的。黑洞就是这条溪上最大侗寨之一。山野一片苍茫，杉木林、枞木林、杂木林互相交错，望去是一片深沉的绿色；一条条道路从寨子里蜿蜒着延展出来，或者越过溪涧，横过这片浅浅的田畴，伸向山岭，或者从寨子两侧延展出去，依着山势跌宕着没入山野之中。村寨和山野，就由这一条条曲折的山路连接着，连成了一个整体。我们不知道是村寨在山野之中，还是山野属于村寨。远远望去，村寨就像镶嵌在这广袤的大自然中的一个精致的符号，生动、空灵、富于活力，大自然也因此更显得生机勃勃，意味深长。我们不知道是自然赋予了村寨灵性，还是村寨赋予了自然意义。

寨子紧紧地依在山脚，一半人家立在逶迤而来的山脚的低缓台地上，一半人家则依着山势立在缓坡上，房子层层叠叠的延展上去，直到半山；紧挨着的，就是那片蓊蓊郁郁的、黑森森的风景林了。鼓楼立在山脚的一块台地上，是一座只有五层的鼓楼。顺着青石板路走过来，走到一片仿佛夯筑过的土坪上，你猛一抬头，发现鼓楼就立在你的眼前了。鼓楼比四近的民房稍高一些，但晃眼一看，和民房没有多大的区别，它的四周也是用杉木板围装起来的。大门敞开着，从门限看进去，空间很是空阔，顶上除了连接的枋柱，直到尖顶都是架空的，鼓楼内靠着四壁都摆着宽宽的、长长的木凳，正中是一个大大的四方的火塘。木凳上因长年由人躺坐，变得油光水亮的，泛着粽红色的光，比用桐油涂髹过还要光亮。黄昏后，火塘已经架上高高的柴火，等夜色展开来，人们来到鼓楼后，熊熊的鼓楼火就会燃烧起来。或许是为鼓楼火熏染，梁柱和四壁都黑黑黝黝的，泛着猩红的亮色。我们不知道这座鼓楼建于何时，但一代又一代侗家人的夜晚就是在鼓楼中渡过的，祖公由胆村率族迁徙而上的古歌就是从鼓楼里传唱出来的……

鼓楼坪前，悄无声息的立着一幢似乎没有遮拦的木房，寨上的乔辉告诉我，那是唱侗戏的戏台，这几年唱戏少了，改唱歌了，戏台就渐渐荒弃了，而鼓楼坪前一户人家高高的、宽阔的檐下，自然成了人们唱歌的歌台。到了晚上，主人家把灯拉出来，人们或者坐在檐下的石凳上，或者坐在主人家摆出来的小长凳上，望着深蓝的夜空中点缀着的闪耀的星星，伴着潺潺的溪水声，人们就缓缓的唱开来。在这里唱歌的，一般是三四十岁的中青年人，如果年轻人再多一些，或许会搬出卡拉 OK 音响来，扯开嗓子唱一曲流行歌曲。在这里唱的歌曲，一般是关于男女情爱的，因多半都是中青年人，大家都比较放得开，笑声一阵一阵的，和悠扬的歌声一起，传播到夜的深处。这时候，在鼓楼里，也有低沉抑郁的歌声传出来，那是老人们在唱古歌，在追溯寻找高处的水的遥远的往事……

以鼓楼坪为中心，村巷向四周辐散开去，深入寨子的深处，和一户户的人家连接起来。乔辉带着我们向左边的村巷走。有一沟溪水从后山的风景林流下来，顺着村巷蜿蜒。我们沿着溪水走向寨子的深处。一户户的人家就极有层次的立在这片低缓的台地上。一片辟出的台地上，立着一长排房子，或有五六家，或有八九家，一家一家相挨连着，整整齐齐的，仿佛就像一幢房子。上了几级台阶，又是一片台地，又是一长排房子，依然是齐齐整整的，依然是一家一家相挨连着的。这样一级台阶一级台阶的走上去，不知不觉已经开始上山了。这时候会发觉，房子已经不是那样齐整的立着了，而是错错落落的，依着山势而建，村巷也更蜿蜒，在房子与房子间环绕着，有时候一条村巷要绕过好几幢房子，通向的只是一户人家，一户立在半山上的人家。

从乔辉家的台地上向四周看去，整个寨子看得清清楚楚。一个寨子都是清一色的杉木房。在晚照下，新建的木楼泛着一片洁净的浅黄色，半新的木楼则是一片深沉的粽红色，久远的木楼则是一片柔和的灰黄。新旧木楼错落而立，极有层次感、立体感，显得色彩丰富，韵味悠远。凝望这挨挨挤挤的木楼，进一步发觉，因为地势的不同，寨上的木楼呈现出不同的格局，依着河边而建的木楼和建在山脚台地上的木楼不同，建在山脚的木楼和建在半山的木楼又不一样，就是不同台地上的木楼，也总有细微的区别。建在河边的木楼就着河岸，一般吊一个浅浅的脚，把廊檐吊出来，而整个正屋则落在平地上，这样的木楼看去只是两层，如果地势跌下去，吊脚高了，看上去像一个假三层。一楼用来住人和炊煮，二楼存放杂物。建在山脚台地上的木楼，因事先把台地平整出来了，木楼整个都落在平地上，上几级台阶，是一片比较宽的廊檐，再进到正屋，但因为有的人家的台地辟得比较窄，或者廊檐留得太宽，地势进深浅了，后面的火塘无法安置，便又辟一片台地，把火塘立在上面，进了正屋后，再上几级台阶，才到火塘，看去火塘比正屋还要高一些。而建在半山的木楼则清一色的吊脚楼，因为地势，有的吊得很高，甚至到两层，有的则吊得很矮，只有半层；从山脚看去，那些吊得高的木楼总共有四层，单单的立在半山的斜坡上，有一种腾空欲飞的气势……

黄昏，夜色从后山的风景树上落下来，从河对面的油菜田里弥漫过来，从家家户户的火塘里升上来，远山看去是那样凝重、沉厚。空气里弥漫了从山上归来的农民热汗的气息，归圈的牛、羊、鸭、鹅等家禽的气息，担进家来的柴草散发出来的干爽、清新的气息，晚炊的饭菜清香而辛辣的气息，后山风景林的潮润芬芳的气息，寨前溪流的混合着油菜花香的甜柔的水汽……

乡村的夜晚来了，那么，新的日子也就在孕育中了。①

---

① 余达忠：《黑洞：诗意地栖居——对一座侗寨的审美描述》，载《民族文学》，2001（9）。

第二节　鼓楼、歌堂、哆耶：侗家人的青春叙事

几年前，我写过一组名为《乡村静物》的散文，想把乡村那些不可移动的事物一一写进文章里，编成一本书，但终于没有坚持下来，只写了几篇，其中一篇为《鼓楼》。我这样来写作为侗族文化标志的鼓楼：

鼓楼是乡村的标志。

在南部侗乡行走，最先看到的是沐浴在阳光下的鼓楼的宝塔式的攒尖顶，然后从山坳走下去，走进一片风景林中，透过清风中摇曳的扶疏枝柯，就看到整个村寨了。用杉木构建的干栏式民居密密的挨挤在一起，一层一层的环绕着鼓楼，把鼓楼作为村寨中心的位置烘托出来。依山就势而建的干栏式民居是鼓楼存在的巨大背景。在一大片杉皮盖顶的木楼中，鼓楼突然超拔而出，直插苍穹，很有一种凌空傲世的气势。

这时，你会无端地生出一种想走进鼓楼的愿望。

已经过了正午，阳光开始西斜，正是整个村寨最安静的时候。村寨安闲的偎依在一片浅浅的山湾处，山墁古树虬曲，高大的枫树、松树、柏树、楠竹几乎将半个村寨都荫蔽起来。鸟儿们在树林中互相回应着，声音经阳光滤过，显得尤为清脆、嘹亮。但村巷中没有一个人，甚至看不到一只家禽，只有太阳的影子在阵阵轻风中悠悠地荡过来，又悠悠地荡过去。或许人们都上坡下地了。犹豫了一下，但还是向着鼓楼走去。是鼓楼的独特的建筑样式吸引着你要走向它，就像我们必然要走向我们的宿命一样，走进侗乡之后，就必然要走向鼓楼。

你一路仰望着鼓楼的宝塔式的攒尖顶走向了鼓楼。

鼓楼永远是一种活的生命形式。在夏日的明亮的阳光下，鼓楼的宝塔式的攒尖顶熠熠闪光，南方的广阔天空是鼓楼存在的巨大背景，纯净的湖蓝色的天空让鼓楼显出了一种灵动之势，似乎鼓楼就

是与那片纯净的蓝色融在一起的。许多老人与小孩围坐在鼓楼内，小孩在鼓楼里追打嬉戏，大声地唱着歌，老人则在鼓楼内宽大的长凳上歇息，有的在默默地抽着旱烟，有的则眯着眼打盹，有的则凝望着瓦楞上跳荡的阳光而入神，这种一动一静的反差，在夏日的侗乡，在侗乡的鼓楼内，却显示出一种和谐。一时间你不知道是老人在带着小孩，还是小孩在陪着老人们，但在这个寂静的正午，在蓝天的背景下，在村寨的背景下，在鼓楼内，你感觉到了生命进行的一种永恒的形式。

鼓楼是侗乡的公共建筑，是族姓的标志，侗家人的一切文化活动，都是在鼓楼内进行的，或者是从鼓楼开始展开的。在侗乡，鼓楼代表因为血缘或者地缘联系而聚落在一起的宗族组织，一个寨子有几座鼓楼，就显示这个寨子有几个宗族。鼓楼是对侗族聚族而居的最好诠释。侗乡有谚语说，“未立寨子先立楼”、“田要有鱼窝，寨要有鼓楼”。鼓楼是侗家人精神的一种外化形式。

我在侗乡，听到这样一个传说：侗家人原来是生活在广西梧州一带的水乡泽国，有宽宽的田坝，密密的江河，但田总在高处，水总在低处。祖先一心一意想走到水的高处去。便在一个有雾的早晨，向着水流来的方向射出一只箭，顺着箭射出的方向，就能走到水的高处。在祖先的带领下，举族乘着枫木舟，溯水而上，寻找高处的水，寻找命运中的家园。后来就落拓到了黔湘桂交界的山地中。祖先在塬地上辟出一片平地来，然后砍来一棵挺直的杉树，插在塬地中央，率领族人围着杉树唱起了祭祖歌。这棵杉树后来就长成了寨中的鼓楼，这片辟出的塬地，就生成了侗寨。

明人邝露在《赤雅》中，就对侗家人的种植鼓楼有过记载：侗家人“以大木一株埋地，作独脚楼，高百尺，烧五色瓦覆之，望之若锦鳞矣”。鼓楼的形状，确实与海海漫漫覆盖侗乡的杉树是相似的，远远望去，高高立于寨中木楼之上的巍峨的鼓楼，俨然就是一棵挺拔茁壮的锦鳞般的巨大杉树。

鼓楼是侗家人种下的一棵文化植物。扎根于大地上的植物，总是生生不息地生长着，而环绕着鼓楼的侗家人的生活，也总是生生不息地进行着。走进鼓楼，也就走进了侗家人的生活中，走进了侗族文化中。

过了正午的侗乡是寂静的，但站在鼓楼里，面对高远的天空和紧密环绕着的干栏式木楼，又分明可以听到生命生长的拔节声……①

在黔东南侗乡，没有比鼓楼更有象征意义的事物了。

在从江小黄、增冲，黎平岩洞、三龙、肇兴等著名侗寨，重大节日聚会的时候，尤其是春节“哆耶”的时候，穿着盛装的青年男女们都会集中在鼓楼里，围成圆圈对唱鼓楼大歌，歌唱的内容主要是表达男女之间的爱慕之情。一般情况下，歌唱的男女都是以歌队的形式出现，男女歌队之间，一般都是可以互为婚配的不同宗族，或者村寨的。鼓楼对歌往往要持续好几天，歌唱中的青年男女，常常可以通过鼓楼对歌找到自己的意中人，确定情侣关系。在从江小黄村，鼓楼对歌是村寨中的一件盛事，是这座侗族大歌之乡的最重要的文化活动。“村际对歌是小黄寨最大型的侗歌演唱活动，以大歌为主的各种歌在此间飞扬于小黄寨的各个角落。在这一时期，各歌种高密度地出现，演唱程序一般是从全寨性全村性的鼓楼大歌开始，然后是一个男歌队与一个女歌队的鼓楼大歌，再后是以歌队为单位在男歌队成员家中混唱小歌，最后是一对男女为单位的对唱小歌。前两种活动除嫡亲舅舅和姥爷要回避外，男女间不讲辈分只讲性别。后两种为适龄男女的活动。已婚男女对歌，被当地的文化人称为‘二度梅花开’，是指已婚有子女的中年男女（对于女方必须要求有女儿），在春节期间相互邀请到鼓楼唱大歌。一般是由女方在本村内与年龄相仿的妇女组成歌队，邀请与自己平日和得来的男子（有时就是婚前的老相好）。男方在接受邀请后，要在选定的日子吹芦笙、敲锣打鼓到女方家村寨鼓楼对唱大歌，还要负责款待。有些原来感情就好或对唱得高兴的，还有可能由男方在第二天再请

① 余达忠：《乡村静物》，载《西部散文家》，2010（2）。

女方去‘玩山’，到山上继续对唱大歌，或请到男方家中对唱。”①在这里，鼓楼是侗族婚姻的一个重要的承载场。“在侗乡，如果一个村寨有两座鼓楼，那这个村寨一定住有两个户数较多的姓氏，这两个姓氏之间一定可以通婚。像黎平的肇兴，被誉为中国第一侗寨，它共建有五座鼓楼，这五座鼓楼就把五六百户同为陆姓的侗家人分为5个可以通婚的群体。在这里，鼓楼是划分婚姻的界线。”②

鼓楼作为婚姻的界线，我曾经专门到黎平县的地扪村进行过调查。

地扪是黎平县茅贡乡下辖的一个行政村。全村计有480余户人家，2170余人口，是除第一侗寨肇兴之外最大的侗族自然村寨。全寨以吴姓为主，只有十余户是后来才迁入的杂姓。按房族和居住地，可以把整个村寨分为5个小寨，即宰母、芒寨、木寨、寅寨、韦寨。地扪的5个村寨计分为10个村民小组，一个小组只能隶属于一个村寨，不能跨村寨。地扪的村寨不是随意聚合的，而是按一定的血缘或地缘联系聚合在一起的，是具有相同血缘的氏族联合体。一个家庭一旦隶属于一个村寨了，就不能进行再选择，即使不在村寨中了，但也仍属于村寨。近几年人口发展，居地又狭窄，一些人家由寨内迁到寨外建房造屋，现在在寅寨和宰母之间，由寨中迁了很多人家户来居住，这里俨然成了一个新寨，但各家户在身份上仍然还是属于原来村寨，寨内的任何活动都必须无条件参加，新寨不能以寨的名誉和其他村寨发生任何联系。地扪的婚姻是在村寨与村寨之间进行的，村寨是划定婚姻的一道界标。地扪按村寨而居住的格局，正体现了古书上说侗族“聚族而居”、“聚种而居”的现实。这里的族，不是侗族的族，而是具有血缘联系的氏族、宗族，是指侗族说法中共一个火塘延续下来的“屋山头”。一般情况下，在较大的自然村寨，侗族都是以宗族为单位聚居的。地扪原来有四

① 张力军、肖克之主编：《小黄侗族民俗——博物馆在非物质文化遗产保护中的理论研究与实践》，212~213页，北京，中国农业出版社，2008。

② 余达忠：《侗族生育文化》，112页，北京，民族出版社，2004。

座鼓楼（韦寨没有鼓楼），这四座鼓楼代表的就是聚居在一起的四个宗族，宗族内部，即鼓楼内部不能开亲，但鼓楼与鼓楼之间是可以开亲的。在地扪，1 组属韦寨，2、3 组属木寨，4、5、6 组属芒寨，7、8、9、11 组属寅寨，10 组属宰母。木寨、芒寨、寅寨分属三座鼓楼，鼓楼内是不能结亲的，宰母寨又属于一座鼓楼，寨内可以结亲，但不是鼓楼内可以结亲，同属于一座鼓楼内的吴姓是不能结亲的，而是属于外姓的李、徐、段、刘、陈可以和吴姓结亲。地扪极少的几户外姓几乎都住在宰母。宰母的鼓楼显然是以族为单位建立起来的，标志着住在一起的吴姓人家都是有相同血缘联系的。在地扪，虽然寨与寨之间，即鼓楼与鼓楼之间可以开亲，鼓楼可以作为一种婚姻的界线，但是，具有传统婚姻联系的鼓楼自然就结成一种特殊关系，即这座鼓楼主要和另一座鼓楼建立婚姻，订立一种不很严密的婚姻契约。用当地的话讲叫做“结对门亲”。宰母和木寨结成对门亲，芒寨和寅寨结成对门亲。这也正像古歌唱的：“益和得面开成对门亲，目与宰母亲家走经常。”[①] 这种对门亲，不仅仅是一种婚姻契约，也是一种文化契约。

在地扪，唯有韦寨是一个例外，韦寨没有鼓楼，从建寨以来就没有鼓楼，韦寨内部可以结亲，韦寨又可以和所有寨子结亲。在婚姻上，韦寨是无冕之王。韦寨不像其他四个寨子，是由宰母这个母寨分出来的，韦寨的吴姓和宰母的吴姓不存在血缘联系。韦寨人是由外地迁徙来的，在迁到地扪之前，都不是吴姓，是为了在地扪落寨才改姓吴的。这也就是说，居住在韦寨的，不是那种具有血缘联系的族，因而韦寨内部才可以结亲，韦寨人才没有必要建一座鼓楼来代表宗族。韦寨的吴姓侗家人是属于地缘的联合体。[②]

在黔东南，苗家人将青年人谈恋爱叫游方、摇马郎，而侗族则称为行歌坐月、坐歌堂、坐花园、玩山赶坳。

---

① 杨国仁、吴定国编：《侗族祖先哪里来》，144 页，贵阳，贵州人民出版社，1981。

② 参见余达忠：《返璞归真——侗族地扪千三节文化诠释》，北京，中国文联出版社，2002。

图30　乡村静物——侗族鼓楼与农具。（余刚摄）

行歌坐月是侗族南部地区青年人谈恋爱的一种方式。行歌是指青年后生（侗语称腊汉）们晚饭后怀抱琵琶或者牛腿琴一路唱着歌到姑娘家去，坐月是指男女青年聚集在姑娘家的楼廊上对唱情歌，表达爱意，互诉衷肠。姑娘们集会的楼廊一般称为歌堂、月堂。而侗族北部地区则将青年男女谈恋爱的方式称为坐花园或者玩山赶坳。青年们谈恋爱不是在家里的楼廊上，而一般是在村寨边的禾仓边上，或者是在寨外牛棚内、大路边的树林里，人们将这些地方称为花园，节日集会的时候，往往四近九村十八寨的青年都会集中在较中心地区的开阔而平坦、风景优美的山梁上集会对歌，这种恋爱方式称为玩山赶坳，也称歌会。黔东南锦屏与天柱交界地区的高坝歌会，会有几万青年聚集在那里，持续好几天，甚至湖南会同的侗族村寨的青年也远路迢迢地赶去。

我第一次行歌坐月是在24年前。

1986年暑假，我与朋友陈启鹏由中潮骑自行车向肇兴、龙额方向往广西走，我们在顿洞侗寨停下来。那一年我们23岁，刚刚大学毕业未久，也正是对青春充满憧憬的年代。晚饭后，在一个当地青年的带领下，我们寻着歌声来到了一户人家的楼廊上。歌堂里有三个姑娘正在油灯下一边做针线，一边唱情歌，几个男青年怀抱牛腿琴与姑娘们对坐，边弹边唱，琵琶的余音在夜色中缭绕着。姑娘们低着头，静静地沉浸在她们的心思里，似乎没有看到我们的到来。但当我们走进歌堂时，她们却不约而同地抬起头来，赧然的对我们笑了一下，用眼神示意我们在她们对面坐下，然后又静下心做她们的针线去了。一时间，歌堂里非常安静，琴声静止下来，夜也静止下来，只有姑娘们抽针走线的声音在空气里无声地响着。我们陷在这份深浓的寂静里，不知道应该怎么办，只是一时看看姑娘们，一时看看怀抱牛腿琴的后生，一时看看屋外的无边无际的夜色。这是一个初秋的夜晚，从楼廊掠过的风已经有了一点凉意，远远近近的稻田里，不时有蛙声此起彼伏地响起来，空气里弥漫着正在成熟的稻穗的清香，苍灰色的夜色里，人家与鼓楼的轮廓清晰可辨。有人擎着火把从村巷走过，昏黄的光晕烘托出整个村寨的层次感与纵深感，绕过一幢木楼后，火把看不见了，但一种莫可名状的意味会莫名地从心里涌上来，让人无端地去想象那付火把会泊在那户人家的檐下，擎着那付火把的又是个什么样的人，这样想着时，火把已然不知所终了，整个村寨依然泊在清凉的夜色里，沐浴着稻穗的芬芳，像一种从容、恬静、淡泊的心境。而这时候，歌声突然像水一样漫过心田来了。歌声与琴声几乎是同时响起来的，我们认为姑娘们会认为我们是远客，不愿为我们唱歌，我们也不敢要求姑娘们唱歌，更不敢寄希望这几个弹牛腿琴的后生会为我们弹琴。但在我们还没有提出要求的时候，歌声与琴声就已经响起来，而且一下子就流进我们的心田中了。

这个晚上，姑娘们为我们唱歌到深夜。寻着歌声，也有好几拨后生到歌堂来，但看到我们两个客人后，他们都主动地走了。只有我们依依不舍地与姑娘们坐到了深夜。

后来，我们在皮林、肇兴、纪堂、龙额、登赛等侗寨都与姑娘们在歌堂里坐过夜，听过她们深情款款地歌唱。一个假期，我们都是在歌唱中度过的，都是在歌堂中度过的。行歌坐月是侗家人青春生命的一种方式，说得更直接些，行歌坐月就是侗家人的青春展开方式。

在侗乡，有一种叫“为也”（有的也称为“月贺”）的活动，是村寨与村寨之间、宗族与宗族之间的一种社交活动。两个有着传统关系，一般是婚姻关系的村寨或者宗族之间，双方约定日期进行交往，即甲村寨或者宗族先期到乙村寨或者宗族开展活动，来年乙村寨或者宗族又到甲村寨或者宗族开展活动。“月贺”一般选定在秋收之后春耕之前的时间进行，多半是春节前后的时间。“月贺”活动中，最隆重的活动是“哆耶”，即两个村寨或者宗族聚集在一起踩歌堂。这是侗乡最盛大的文化活动，是两个村寨或者宗族的隆重节日，汇聚了侗族文化的方方面面。

1999年，我在黎平肇兴侗寨，参加纪堂侗寨与肇兴侗寨成格鼓楼的“哆耶”活动。事后，我用随笔的形式，将这次活动详细记录下来。

肇兴坐落在两座山夹成的一个低缓的谷底，位于黎平城的南面，距黎平城有70公里，是南部侗族地区最大的侗寨，号称千户侗寨。由黎平城出来，翻越九曲十八折，海拔一千余米的二望坡，到达中潮镇；溯洪洲河往西南方向走，越过二十里中潮大坝，公路又蜿蜒在山谷间。在一个叫梨子园的地方，你发觉从梨园深处流来的一泓溪流，在这里汇成两脉，一脉往东南方向，注入洪洲河，由洪洲河入沅水入长江，一脉往西南方向，注入水口河，由水口河入都柳江入珠江。这就是黎平县长江水系和珠江水系的分水岭。由梨子园过去，就到了曾经是县府之地的永从乡了。早在明代就设立永从县，黎平西南，及从江县一带的广大地域，都为永从县所辖，直到民国，才撤永从县，将永从县和下江厅合并为从江县。由永从翻越顿洞坡，可以看见一座侗寨静静地依在山脚，一片蓊郁的风景林是它依托的背景。公路穿寨而过，把寨子分成两半，刚好把几座鼓楼也分在了两边，远远看去，像两个挨邻在一起的寨子。由顿洞开始，喀斯特地貌的特征越来越突出。石灰岩丛聚在一起，蹭宏峋嶙，岩石的缝隙中，生长着虬曲如盖的古树，溪流或者迂山而过，或者穿岩而来。这就是明洪武年间，领导几十万侗族人民举行反抗明王朝统治大起义的领袖铲平王吴勉训练义军的皮林地区。吴勉练兵的石屋至今还在。从公路上望去，高山之上，那一排排壁立千仞的巨石，就是吴勉的练兵场。汽车的马达静下来，隐隐约约地，似乎可以听到将士们冲锋陷阵的呐喊声。进入皮林，远远的就看到一块巨石上刻着的两个大字：过化。这是明将邓子龙率大军镇压起义大军时刻下的，用以警示后人。邓子龙虽然刻下了“过化”，但侗族人民的反抗从来没有停止过。沿皮林河而下，经过一片狭长的谷地，就到达肇兴了。

远远地，就听见了喧天的锣鼓声，侗寨正沉浸在浓浓的节日的氛围中，欢迎你深入到侗家人的节日中来。从车上下来，发觉已经站在鼓楼坪上了。一座13层的鼓楼就那么巍巍的立在你的眼前。仰首望去，鼓楼像一棵挺拔的大杉树，在周围的木楼的簇聚下，俨俨的直刺苍天，愈发显得超拔雄伟。鼓楼坪上和鼓楼里都聚集了许多人。一些老人散散地围在鼓楼里，烤着鼓楼火。他们的神情都显得慵懒而倦怠，仿佛要睡去一样，但你走进他们时才发觉，他们是那么专注，那么投入，他们的目光久久的注视某一事物，或者是正在燃着的鼓楼火，或者是远处一方漠漠的天，仿佛都沉浸在深远而重大的事件之中。你再驻足下来时听到，一些老人正在默默的唱着古老的歌谣，他们的声音那样细弱，又那样重浊，把整个鼓楼的氛围营造得很是庄重。鼓楼坪上，摆着一台电视机，许多人围着电视机指指画画的在看，不时有一阵阵的笑声。那一阵阵会心而爽朗的笑声也吸引你不经意的凑过去，发觉他们正在看的是上一次“哆耶”时文广局为他们拍下的录像实况。对照着录像和他们的形象，你明白他们笑的原因了——原来他们是为自己在电视上的形象而好笑，画面上出现的，或者是他们自己，或者是他们身边的人。看到自己和身边的人在屏幕上跑来跑去，他们觉得是一件很有意思的事。他们说，明天寨上又要举行“哆耶”了，许多人都在准备着，看电视也是为了温习，以防明天的活动中再出现笑话。锣鼓声是一直在响着的，伴着锣鼓声，还有一阵阵的此起彼伏的大歌声，不知道这声音是从哪座鼓楼传来的，但整个村寨的上空都弥漫着这样喜庆的气氛……

第二天早上，还在房间里犹豫的时候，几声震天动地的铁炮响了起来。侗家人的“哆耶”已经开始了。寻着铁炮声来到了寨口。寨口已经用凳子、树枝、竹竿等设起了路障，周围站满了人，有的抬着牛角酒，有的提着用丝线编袋装着的红蛋，有的捧着芦笙，大家都怀着喜悦的心情在等待着。这时候鞭炮声响起来，芦笙也响起来，浩浩荡荡的队伍和着芦笙的节奏，踏着鞭炮声从纪堂寨的方向走过来。到了寨门口，主客两支队伍就唱起了拦路歌。

主：砍根青刺把路拦，
杉树挡在寨门边，
根根杉树有枝桠，
你把哪支剔上前。
客：青刺拦路拦不住，
杉树不能搁寨边，
不怕杉树枝桠多，
我先提斧砍树尖。
主：青刺尖尖塞巷口，
犁树长长拦门楼，
你们来路不明白，
盘问清楚才准走。
客：条条青刺塞巷口，
根根犁树拦门楼；
从来只见砍树拦猪羊，
哪有拦路不让行人走。

……

主：有心走路莫停脚，

有心涉水不惧河；

沿江不嫌路途远，

山中刺蓬也敢过。

这里拦路可以改往小道走，

你们早该离开这里绕寨过；

拦路规矩如同铁案推不倒，

今天还要来这里干什么？

客：起脚出门我慢慢逛，

过了山顶再过山梁，

不怕半路遇着大老虎，

只怕走错道路迷方向。

翻山越岭不怕路途远，

渡江过河不怕船无桨；

途中凶险我们全不顾，

为找情伴才到你们寨子旁。

主：我们拦路铁了心，

不让哪个生人进；

为了防盗寨门时常闭，

不让敌人扰寨民。

我们人多心齐兵马广，

六洞友人也都在邻近；

硬要拦路也不怕你们去告状，

你们告状不赢冤枉进衙门。

客：莫拦路，

莫像府前卫兵拦衙门。

这条路远我们急着要赶到，

莫让黑在半路我们急着行。

黑在半路无油上灯盏，

四处荒山野岭怎安身?
就算遇着独家户,
也难容纳这多人。
没有大锅烧茶水,
又无洗脚大木盆,
冰天雪地我们光脚走,
劝你们可怜我们行路人。

唱了几轮拦路歌之后，主人把路障拆开。姑娘们用牛角酒去敬客人，把拿在手上的红蛋挂在自己中意的后生的身上。主客队的芦笙汇合在一起，在宏大的旋律中，大家互相簇拥着浩浩荡荡地向鼓楼坪走去。

到了鼓楼坪前，寨上的人又放起了三声迎接的铁炮，围聚在周围的人也“嗨吧了，嗨吧了”的喊起了欢迎声。在人们的热情的目光中，主客两队的男女自然分开，在芦笙的引领下，走进鼓楼。他们按男左女右，有秩序的绕着鼓楼的中柱转圈，转了三圈之后，停止吹笙，把芦笙由大至小齐齐整整的放在鼓楼中事先放置的嫩杉树上。在鼓楼中稍事休息之后，他们仍按男左女右的顺序，从鼓楼坪鱼贯而出，手拉着手，进入“哆耶”坪，在鼓楼坪前围成一个相套着的大圆圈，姑娘们手牵着手围成一个内圆圈，后生们以手搭肩，围成一个外圆圈，把两寨的老人们围在了“哆耶”坪的正中央。老人们围着一张矮方桌坐着，桌上摆着茶水和糖果，旁边的凳子上立着他们吹奏的芦笙。姑娘们手牵着手，后生们则以手搭肩，随着芦笙的旋律开始踩歌堂。先由主寨的歌师领唱迎萨岁进场歌。

进堂唱,
手牵着手踩歌堂;
一踩左来二踩右,
你唱我答喜洋洋。
我们踩堂先请祖母来引路,
有她引路人心才欢畅。
像那鲤鱼出鱼窝,

来来往往游在清水塘；
像那画眉出山林，
放开歌喉尽情唱。

进堂唱歌先请祖母来引路，
祖母引路才有主心骨；
她让我们脚步整齐踩得好，
她让我们百样“耶”歌心中出；
手牵着手众人心相连，
就像千根细棕并一股。

年年祭“萨”不知祖母在哪里，
只听说祖母在那吉祥地；
请得祖母来到护佑全村寨，
保佑人丁兴旺地方多清吉。
白色岩石砌成祖母堂，
留得祖母常在众人好福气。
祖母啊！如今天下乱乱纷纷，
什么地方你都莫要去，
就请祖母落脚在这里住，
常常和我们在一起。

祖母落在我们地方，
小鬼离开我们寨上；
有了祖母在这里，
家家户户都吉祥。

接着，主客寨对唱关于祖母生平事迹的赞歌。

当初谁人来辟地，
当初谁人开天庭，
世间哪个乱朝中，

又是什么乱山岭？
什么搅乱了山冲，
什么搅乱了江河，
我们请谁来立鼓楼，
哪个立楼迎来祖母神？
祖母神到哪三省岩，
用什么划地河水三尺三丈深，
拿什么礼品敬献给“萨柄”，
谁答对了才是他们的祖母神。

当初马王来辟地，
当初张富开天庭，
是那皇帝乱朝中，
咕咕锦鸡乱山岭，
老虎下山乱山冲，
蛟龙翻江水搅浑。
我请皇朝立鼓楼，
皇朝立楼迎来祖母神。
萨柄来到河边三省岩，
铜锣划地河水三丈三尺深，
十二把扇子敬献给萨柄，
我们答对了迎接自家的祖母神。

唱完进堂歌，男女青年们开始唱转堂歌了。转堂歌以青年男女对唱的情歌为主，另外也唱诙谐幽默、逗趣比智的鹞子歌。青年们边舞边唱，有时是一人唱，众人合，有时候是众人齐声唱。著名的侗族大歌，也是在踩歌堂中唱的。

大年初一我约情妹来歌堂，
歌声迎出春色秀丽好时光，
男女老少脸上挂着笑，
都来观看我们踩歌堂。

你唱一支我又还一支，
心像甜酒里头拌蜜糖；
太平世道人人都高兴，
丰收的年景心情更舒畅。
今天众人唱歌唱戏又“哆耶”，
心情舒畅种田才有力量；
勤快的人家里样样有，
又唱歌又种田五谷丰登样样强。

新春来到我约情哥来踩堂，
载歌载舞度过好时光；
大小祖母都来和我们同欢乐，
整个村寨老老少少喜若狂。
丰衣足食世道才安宁，
人人勤快田地不丢荒；
春天播下一箩种，
秋天收得禾满仓。
祖母也替我们心高兴，
她把吉利带给我们地方。

…… ……

姑娘们在“扬秧号”的领唱声中，按照节律向右移动，每一个节拍她们移动一步，外圈的后生们也随着移动一步。唱实词时，她们的双手有节奏的前后甩动，唱衬词时，她们相牵连着地双手和谐的向上举起。每当姑娘们唱完一节，由一个声音高亢的后生大声领喊：“哟咧——”其他后生接着沉着地大声应：“唉——”在“哟咧——唉——，哟咧——唉——”的呼应声中，他们的手有节奏的甩动起来。姑娘们唱完，后生们接着唱。他们由一人领唱，众人合唱，歌唱着应对姑娘们的歌唱。整个“哆耶”坪，都为这整齐和谐，优美浑厚，不同声部复沓相汇，互相呼应的歌唱充满，让人真正感觉到置身在歌舞的海洋之中，置身在最和谐优美的意境之中。

听着这优美和谐的歌唱，你不由自主地被深深的感动着。望着这些边舞边唱的青年男女，你觉得有一种美好的情绪在心里荡漾，不由自主的从人群中走出来，加入到“哆耶”的队伍中，像他们一样，只手搭肩，随着节奏边舞边歌起来。舞着，歌着，突然想起陆游在《老学庵笔记》中的记载：“在辰、沅靖诸蛮，仡伶……农隙时，至一二百人为曹，手相握而歌，数人吹笙在前导之。”这是关于侗族“哆耶”的最早的记载，已经有一千余年了。明弘治《贵州图经新志》黎平府风俗条说：“洞人”，“暇则吹芦笙、木叶，弹琵琶、二弦琴……以为乐。”邝露《赤雅》说：“侗……善音乐，弹胡琴、吹六管，长歌闭目，顿首摇足，为混沌舞。”这确实是一个爱歌善唱的民族。他们什么都用歌来唱，唱民族的历史，唱万物的兴衰，唱人生的悲欢，唱内心的喜乐。喜庆节日，以歌相贺；男女相恋，以歌为媒；生活劳动，以歌传言；丧葬祭祀，以歌当哭；叙述历史，以歌相传。侗族有一句著名的格言：“饭养命，歌养心。”侗族歌谣也唱道：“干田种谷，水田种禾，侗家人人会唱歌。”在歌唱中，他们和诸神沟通了；在歌唱中，他们和先祖沟通了；在歌唱中，他们和自然沟通了；在歌唱中，他们和宗族沟通了；在歌唱中，他们和自己沟通了；在歌唱中，他们和未来沟通了；在歌唱中，他们结成了一个亲和团结、坚韧执著的伟大群体。歌唱，是他们生命存在的形式，是他们生命前进与发展的动力，是他们实现生命的途径，是他们生命力的张扬与发挥，是他们的生命的自由意志的表现。歌唱，把这个民族的精神和文化提高到了一个高度，一种新的境界。

侗家的青年男女就这样在“哆耶”坪前唱着，舞着，仿佛他们的歌永远唱不完，他们的节奏永远在进行。大家聚集在“哆耶”坪前，密密实实簇拥着这些正在“哆耶”的青年男女，随着他们的歌唱在歌唱，随着他们的呼应在呼应，随着他们的节奏在舒张自己内心的情绪。他们已不是一般意义上的旁观者，不是凑热闹的一般的看客。他们也是与主体的身份参与到“哆耶”中的，他们的感受和场内青年男女的感受是一样的。每一声耶歌都寄托了他们的愿望，每一句唱词都表达了他们的理想，每一次呼应都凝聚了他们的祝福，每一个动作都代表了他们的心声。在这里，个人、家庭、宗族、村寨是融为一体的。他们是一个整体，是一个不可分割的、和谐相融的整体。他们都是萨的子孙，在萨的佑护、荫庇下生存、生活。萨是他们共同的祖先，萨是村寨永远的守护神，萨永远和他们在一起，萨永远祝福着他们。有了萨，才有代代承袭的香火；有了萨，才有了瓜瓞绵绵的宗族；有了萨，才有了依山傍水、坐立龙嘴的村寨；有了萨，才有了热气腾腾、兴旺发达的生活。萨是一个具有无限丰富的象征意义的文化符号。

在他们正在唱着、舞着的时候，一个首领模样（也称官人）的人被滑竿抬着，由一群姑娘用一匹青色侗布牵引着拥进场来。簇拥着这个首领的，是一群手持枪戟刀剑的武将卫士，紧随后面的，是一群用锅灰抹黑手脸身体，着草裙、披树叶、缠青藤的原始人以及衣衫褴褛、形容枯槁的乞丐。他们簇拥着首领（官人），无规则地前后左右地乱跳着，不时模仿追猎、狙狩、采集、捕捞等原始动作舞蹈。他们有时候对首领做乞求状，有时候又做拒绝状。旁边的人围着他们大声的“哟嘿哟嘿”的呼应，他们也就跳得越发起劲，跳得越发风趣幽默。他们边跳边上前，由鼓楼坪跳到了大街上。一时间，大街上人头攒动，大家紧紧簇拥着这一群古朴、粗蛮的原始人群向村外走去。坐在滑竿上的首领，既受到无限的尊敬，又受到无比的奚落。抬滑竿的时而走得很慢，时而走得很快，扭曲着上下颠荡他。原始人一直围着首领前前后后跳着，没有停歇。大家来到村外，来到耕作的田亩旁，他们把首领抬进水塘中，在岸上不停地奚落落难的首领。首领在水塘中又是乞求又是保证。人们才嘻嘻哈哈地把首领拉上岸来，恢复首领的尊严。接着，几声铁炮响了起来，人们便又绕着田亩跳起来，唱起了《季节歌》。

进歌堂，

唱完上段约你往下唱。

河水滔滔往下流，

青竹根根朝上长；
油茶久了要调换，
腌坛酸了要换汤；
进堂的歌唱久腻烦了，
现在换唱春天好时光。

正月间，
莫拿田地种叶烟，
好田好土种禾谷，
种田人家依靠粮为先。

二月来，
莫拿大田种白菜，
莫拿棉地种芝麻，
吃饭穿衣家家少不得。

三月三，
天上升起红太阳，
红红太阳当头照，
照在家家屋顶上。
它催我们“纳汉”和“娜乜”，
赶快准备好犁耙挑肥去育秧，
种田的人个个望丰收，
有了粮食才能放声把歌唱。

四月间，
太阳偏西照麻秆，
白麻天天往上长，
田中秧苗绿浪翻。
春光催促我们年轻人，

收心做活路，莫要再贪玩，
青年暂把爱情挂禾晾，
成家也要衣食做秤杆。

……　……

唱完《季节歌》，大家随着首领、武士，沿着田埂绕田一周，边走边有人领头欢呼，众人亦随着欢呼，然后大家又回到鼓楼坪前继续“哆耶”。这时候唱的，主要是互相逗趣的《鹞子歌》，以双方歌队的男青年对唱为主。

我的鹞子雄，
我的鹞子展翅在半空；
冲上半空捉飞鸟，
捉到飞鸟给我搁碗中。
我家要吃什么有什么，
吃剩下的骨头给你送。

你的鹞子笨，
你的鹞子串寨捡羊粪；
拣到羊粪你家满屋臭，
把你俩气得头发昏。

整个寨子数我鹞子大，
村村寨寨把我鹞子夸；
见它捉雀人人让开路，
只有你眼不识货拦在大路被我鹞子抓。

你家养鹞拿米喂，
笨头笨脑慢慢飞；
我的鹞子腾空来拦路，
你的鹞子掉头落草堆；

我的鹞子捉鸟一串串，
你的鹞子空手把家回。
……

这时候已经是下午，尽情欢乐了一天的人们都有些累了，无论唱歌的、舞蹈的、围观的，大家都有了倦意，踩歌堂要散了。于是唱起了《散堂歌》。

散堂的歌唱起来，
敬请祖母先离开；
送她回堂我们再分散，
明年踩堂再请她回来。
各请各家客人进屋去，
杀鸡杀鸭赶快做饭菜；
舀那头水米酒敬客人，
劝酒歌声响满寨；
莫让歌坪长青草，
明年“外嘿”再请客人来。
唱了一天要分散，
敬请祖母先回坛；
祖母像那长青的树永不败，
护我侗寨地方清吉人平安。

吃了饭，客人要走了。咚咚的铁炮声在鼓楼坪响起来。人们从各家各户走出来，汇聚到鼓楼坪前欢送客人。后生们用新竹篮装上红红绿绿的糍粑，用竹签串上“串串肉”赠送给每个姑娘。鞭炮响起来，芦笙吹起来，《分散歌》也唱起来 。

唱完耶歌人分散，
莫像猪崽散出圈，
猪崽散了各自去觅食，
它们有头无脑互相不思念；
我们牵着手分开去，
怎不叫人泪涟涟。

今天唱支分散歌，
莫像一群鹅崽散下河，
鹅崽下河都长大，
各自当家各分窝；
我们有情的人分散去，
怎不叫人眼泪落。

大家边唱歌边簇拥着客人向寨门走去。到了寨门口，青年们又对唱起了诙谐有趣的《出寨拦路歌》。

你们急着要离寨，
这是为哪样？
你们急着要回家，
这是为哪行？
难道你的妻子白天换衣服，
要你拿灯去照亮？
难道你的妻子踏着石碓在舂米，
等你回家去簸糠？
难道圈里的肥猪，
等你去戴帽子？
难道井里的鲤鱼，
等你替它穿衣裳？
若不是为了这些事，
你们急着回家为哪桩？

我们急着要回村，
为的是赶回寨去抢收成。
十月栽的早禾还未摘，
九月还要种花生，
八月种的南瓜未搭架，
七月种的黄瓜不知牵藤不牵藤？

一堆事情等着我们做，
再不回去就要误阳春！
误了阳春要被别人骂懒汉，
害得我们一辈子打单身。

唱罢几轮拦路歌，客人们终于依依不舍地走了，主寨的芦笙队则一直送客人出寨去。后生们更是热情，一直陪送着客寨的姑娘们到他们的鼓楼……

入夜，寨子还未安静下来。站在木楼的楼廊上，可以看到在村巷间穿行的三三两两的青年，你知道那是去姑娘家行歌坐月的后生们，一边走一边弹着牛腿琴，唱着约会的情歌；远远的鼓楼那里，熊熊的鼓楼火已经燃起来，著名的侗族大歌就要在那里唱起来了；夜风阵阵拂来，似乎听到了侗族大歌和谐优美的旋律……

不知什么时候，已经在侗家人的木楼上睡着，缭绕在你梦境的，都是不绝如缕的歌声；从梦中醒来，缭绕在周围的，仍然还是不绝如缕的歌声。这歌声存在于日子之中，存在于山水之中，存在于这依山傍水的村寨之中，存在于静静伫立的木楼之中，存在于每一个侗家人的生命之中。沉浸在这永恒的如水一般弥漫着的歌声里，感觉到夜晚正杳杳的远去，黎明正杳杳的走来……在侗乡，夜色和黎明其实是连在一起的；日子永远在歌声中展开，在歌声中进行……

第三节　饭养身、歌养心：歌声飘荡的侗乡

2009 年 10 月，从阿联酋首都阿布扎比传来消息，联合国教科文组织保护非物质文化遗产政府间委员会第四次会议上，由贵州省政府、黔东南州牵头申报的侗族大歌，正式列入世界非物质文化遗产名录，称侗族大歌为“一个民族的声音，一种人类的文化”。侗族大歌从 1950 年被发现，至 2009 年，经历了整整 60 年的时光，其价值终于得到了世界的承认。侗族大歌是侗族人民世世代代创造的

伟大艺术作品，是侗族人民对于世界文化的伟大贡献。

侗族是一个歌唱的民族。歌唱在整个民族的文化生活中占据着极为重要的地位。“饭养身，歌养心”，这是流传在八百里侗乡的耳熟能详的谚语，也是三百万侗家人的人生格言和生活信念。走进侗乡，首先听到的就是侗家人婉转悠扬的歌声，然后才看到屹立于蓝天下的鼓楼的宝塔式的攒尖顶。在歌声的引领下，向掩映在风景林中的古朴的寨门走去，穿着盛装、手持花带的姑娘们正笑盈盈地等待你的到来。她们在寨门口向你唱起了拦路歌，呈献她们亲手织绣的花带，敬上香甜的米酒，然后牵着你，在歌声中款款地向寨子深处走去。每一座鼓楼里，每一条村巷里，都回荡着歌声，每一个走到你面前的侗家人，都可以为你唱上几首祝福歌。你在侗乡的每一天，歌声都陪伴着你，而当你离开了侗乡，歌声也依然在侗乡飘荡……

图 31　饭养身，歌养心——侗家人拦门迎客。(朱卫平摄)

歌唱，是侗家人的一种生活方式，是侗家人面对人生的一种姿态，是侗家人的一种人生信念。

侗歌种类繁多，内容丰富。几乎生活的每一个内容，思想感情的每一方面，人生礼仪的每一种形式，人生过程的每一个阶段，都可以用歌来传唱、表达。儿童们娱乐游戏、学习玩乐要唱歌，青年们玩山赶坳、行歌坐月、花园相会、结伴成双、伴嫁娶亲要唱歌，老人们说古论道、议事讲理要唱歌，寨子、宗族间走客访友、恭贺宴请要唱歌，打三朝、竖房屋、立鼓楼、搭老庚、认姊妹、认干爹要唱歌，贺生者、送亡人、忆祖宗、叙往事要唱歌，劝农耕、庆丰收、伐柴薪、采新茶、种瓜菜、纺桑麻要唱歌……在侗乡，生活的每一项活动，每一个过程都离不开歌唱。歌唱既是侗家人的一种艺术化生存方式，更是侗家人的一种日常化生活方式。侗歌按表达形式和曲调分类，可以分为有器乐伴奏和无器乐伴奏两类：有器乐伴奏的有琵琶歌、笛子歌、木叶歌、曲艺（说唱琵琶歌）等五种，无器乐伴奏的有细声歌、双歌、拦路歌、赖油歌、儿歌、丧歌、河边歌、美好情人歌、苦歌、大歌等。其中，最有影响的是大歌和琵琶歌。

侗族大歌是侗族人民在长期的历史发过程中创造的非物质文化遗产，是侗族民间世世代代以口传心授为传承方式创造并流传下来的、具有自己独特完整的支声复调音乐体系的无伴奏、无指挥原生性的民间合唱音乐，是侗族文化的重要组成部分，是中华民族音乐文化宝库乃至世界音乐文化宝库中的瑰宝。侗族大歌是侗族民间歌队演唱的多声部合唱歌曲，侗语叫“嘎老”或“嘎玛”。“嘎”即“歌”，“老”和“玛”都有“大”的含义，但“老”还具有“古老”的含义。“嘎老”是侗族多声部歌中的一种，即男女歌队在鼓楼正式对唱的一种以“干赛”为歌头和歌尾的多声部歌，由于这种歌贯穿于鼓楼对歌的始终，其他多声歌只算是插曲，因此它成为侗族多声歌的代表。后来，人们就将大歌视作侗族多声歌的总称。侗族大歌以其表演的场合、表达的内容、表演的形式等不同，可分为“鼓楼大歌”、“礼俗大歌”（包括“拦路歌”、“踩堂歌”、“酒礼歌”）、“叙事大歌”、“声音大歌”、“童声大歌”、“戏曲大歌”等大歌种类。

鼓楼大歌　侗语称“嘎老”，是不同村寨的歌队在鼓楼对歌时所演唱的主要歌种。以中心衬词为其曲调名称，有“噢嗬顶”和

“干赛”两种。“噢嗬顶”是男女歌队在鼓楼对歌时最先唱的大歌，各地声腔大同小异，男女歌队共一曲调。“干赛”是正式对歌时的主要曲调，也是鼓楼大歌的主体，各地男女声都有各自的声腔，因而多以流行地区来命名。每个地方的鼓楼大歌，又至少分为男女声两个不同的曲调，有的地方甚至有三四个曲调。“噢嗬顶”和“干赛”均以三首为一套，对歌时不是以一首还一首，而是以一套还一套。

声音大歌 侗语称“嘎嗦”，又称“曼声大歌”，是鼓楼大歌在对唱过程中的插曲，俗称“换嗓子”。声音大歌有男女不同的曲调。其歌词短小，以展示音乐曲调为主，常常模仿虫鸣鸟叫，拉腔时由几位歌手轮流唱高音，此起彼伏，特别优美，最能发挥歌队演唱水平。声音大歌有男女不同的曲调。由于女声声音大歌曲调多种多样，因此尽量让女声唱。声音大歌常常冠以鱼虫鸟兽或季节时令名称，如“蝉歌”、“青蛙歌”、“三月歌”等。

叙事大歌 侗语称“嘎君或嘎乡”两种，既是民歌的一种，也是曲艺的一种。按歌词体裁，可分为唱故事的“嘎君”和唱道理的“嘎乡”两种；按音乐唱腔，可分为“唆君”和“唆尽”两种。“唆君”除“腔头”和每段唱词末尾的拉腔为合唱外，唱词的主体部分多为齐唱，个别地区也有分声部合唱的情况。“唆尽”的第一段歌词为齐唱，以后各段歌词的旋律均由一两个歌手演唱，众人以持续长低音“6”伴唱，然后合唱每段唱词的短腔尾和结束时的长腔尾。

礼俗大歌 侗语称“嘎礼乡”，是侗族人民在各种礼仪场合演唱的多声部歌曲的总称，有“拦路歌”、“踩堂歌”、“酒礼歌”三种，均由领唱和合唱构成，其“拦路歌”是侗族地区正月“吃相思”或办喜事时主客双方男女歌队在村头路口隔着拦路障碍物互相对唱的一种问答式套歌。对唱时，主方唱拦路歌，客方唱开路歌。主客双方必须使用同一曲调，歌词主体由一两个人领唱或众人齐唱，结尾的拉腔分成两个声部合唱。其“踩堂歌”是侗族在鼓楼坪或晒坪踩堂时人们边歌边舞的一种大歌，有“进堂歌”、“转堂歌”、“散堂歌”三部分。踩堂歌组歌的曲调有男女同曲和异曲两种，歌词由“歌师”领唱，众人在低音6上轻声衬合“耶、耶……”，并重复每句歌词后面的三个字或全句，结尾方分声部合唱。“酒礼歌”是酒宴上主人或客人相互敬酒时演唱的歌，以领唱或齐唱为主，结尾拉腔时才分成两个声部。

儿童大歌 侗语称“嘎腊温”，是儿童游戏娱乐时唱的多声歌。歌词短小，曲调欢快，以齐唱为主，合唱为辅，一般合唱多出现在结尾。这种歌的演唱不受场所限制，歌名多根据内容来定，如《捉迷藏》、《捉螃蟹》、《小山羊》等。

戏曲大歌 侗语称“嘎瓦”，是民间侗戏班演出侗戏时演唱的多声歌。由台上的演员领唱，前台后台的演职人员合唱，气氛热烈。多用于一出戏或一场戏的开头或结尾，也用于剧中官人或仙人出现的场面。这种歌没有固定的歌名，通称“嘎瓦”，即群众歌。

由于侗族没有文字，汉族文献中也没有明确记载，故很难考证侗族大歌产生的确切年代。但宋代陆游《老学庵记》载：“辰、沅、靖诸蛮，有仡伶……农闲时，至一二百人为曹，手相握而歌，数人吹笙在前导之。”“辰、沅、靖”就包括现在湘西南和贵州省黔东南苗族侗族自治州的广大侗族地区。这里侗家人唱的是不是侗族大歌我们不能确定，但这里描绘的确实是侗家人“哆耶”的情景，是对侗家人踩歌堂习俗的最早的记述。明人邝露在《赤雅》中，说侗家人唱歌时“长歌闭目，顿首摇足”，这与侗家人唱大歌的情形是完全一致的。侗族大歌著名研究学者张勇说：“如果以明人邝露的发现计算，至今已有近五百年的历史。一种规模大、体系完整的民间多声部音乐形式，在自然状态下从诞生、发展到成熟，没有上百年乃至几百年的时间是不可能的。所以，我们完全可以推断，侗族大歌约产生于元末明初，到明末清初已经定型。”[①] 侗族大歌的产生，是侗族文化的结晶，是侗家人艺术智慧的结晶。侗家人以水稻耕作为主，兼以山林采伐的生产方式，是侗族大歌得以产生的经济基

① 杨秀昭、吴定国主编：《侗族大歌与少数民族音乐研究》，35页，北京，中国文联出版社，2003。

础，依山傍水、聚族而居的生活方式，为侗族大歌的产生奠定了文化基础。依山傍水的居住方式，显示侗家人对于自然的顺从与学习的态度，对于涵养侗家人平和温厚的文化品格发挥着重要作用，聚族而居的生活方式，形成了侗家人团结和谐、凝聚力顽强的文化个性。而在劳动生产中，在休息娱乐中对于自然韵律的模仿，为侗族大歌的产生提供了契机。侗族村寨大多是依山傍水，青山环抱，溪流阡陌纵横，良田星罗棋布。村寨内雄伟的鼓楼高耸而立，精湛的花桥横跨溪涧，错落的干栏木楼鳞次栉比，结实的禾仓禾晾排列在水塘上，幽深的青石板路贯通村巷间，别致的寨门守望在村头寨尾。村寨四周古树参天，鸟语花香，地沃物丰。在村寨出入不远的山坳上，修有凉亭，置有凳子，凿有井泉，立有指路碑，供行人休憩、解渴和指路。坡墁上的田畴、菜园、林地依着山势次第向外延伸，山水、田园、村落构成了天人合一的生态家园环境。侗家人自古就懂得了人与自然生态要保持平衡、和谐共生共荣的道理，自觉遵循自然规则，崇拜自然的可持续生存发展观，从而使侗家人的心灵受到大自然的美化，情操受到大自然的熏陶，人性受到大自然的洗礼。侗族大歌就是侗家人模仿大自然中的百鸟齐唱、蝉虫合吟、河水潺流、林海涛声等和声而形成的原生态音乐艺术品。关于侗族大歌的来源有这样一个传说：相传很久以前，侗族的祖先居住在一个山林莽莽、溪水潺潺的地方，日复一日地过着日出而作、日落而息的单调生活。有一天男女老少都到山上耕作，大家坐在树下休息时，忽听到树上的百鸟齐鸣，百虫齐唱，声音婉转动听，此起彼伏，大家被这来自大自然的优美声音深深地吸引住了，他们边听边学，边哼边唱，自觉或不自觉地模仿这些鸟鸣虫唱的声音和旋律，有时悠扬婉转，有时清丽明快，有时激昂忧伤，声音十分动听悦耳，越学越有味，越学越起劲……就这样，他们白天一起上山劳动，晚上又一起把白天学到的声音和旋律拿到鼓楼里来学唱，日长年久，就形成了侗族大歌。可以说，侗族大歌植根于人与自然和谐的深厚沃土中，是人与自然和谐的艺术再现和提炼。

侗族大歌主要流行于南部方言侗族地区都柳江水系的贵州省黔

东南州的黎平、从江、榕江三个县。以从江县和黎平县的“六洞”、“九洞”、“十洞”、“四脚牛”、“千二”、“千三”、“千五”、“千七”、“二千九”的地区为其流行的中心区，榕江县的苗兰、宰荡和广西三江的溶江河沿岸等地是其流行的边缘地区。而又以黎平、从江县接壤的“六洞”地区流行的大歌最为著称。

1953年，黎平县岩洞乡侗族女歌手吴沛新（培信）、吴惜花、吴秀美、吴花山赴北京出席全国首届民间音乐舞蹈会演，她们演唱的女声声音大歌“嘎亮雷”（蝉虫歌）等，以其嗓音清亮、高低声部配合默契而震惊首都舞台。这是侗族音乐，也是侗族大歌第一次走出侗乡，登上大雅之堂，向全国进行介绍。

1956年，黎平、榕江、从江三县分别带侗族大歌等节目出席黔东南州首届民族文艺会演。

1957年，黎平县三龙乡侗族女歌手吴云英、吴万芬、吴万芳、吴锡英应选参加黔东南州文艺代表队，赴贵阳出席贵州省第一次工农业余文艺会演；后参加贵州省文艺代表队，赴北京出席全国第二届民间音乐舞蹈会演，再次向全国展示侗族大歌。

1958年，黎平、榕江、从江三县联合组成侗族文艺代表队，为文化部在云南大理召开的西南地区文化工作会议演出侗族大歌和侗戏《珠郎娘美》。

1958年，黎平县成立了侗歌合唱团，一批侗族大歌等节目被灌成唱片发行，使侗族大歌得以更广泛的传播。

1964年，从江县侗族大歌队参加全国少数民族群众业余艺术观摩演出，受到毛泽东、刘少奇、周恩来等党和国家领导人的接见，并合影留念。

1982年4月，文化部在南宁召开全国部分省、自治区少数民族多声部民歌座谈会，黔东南州和广西三江侗族自治县各组织一个侗族大歌合唱队参加，较系统的介绍侗族大歌和其他侗族民歌。

1982年8月，中国少数民族音乐学会第一届年会在贵阳召开，从江县民族文工队应邀为大会演出侗歌侗戏，特别是他们演唱的侗族大歌受到各民族音乐家的青睐。

1985年6月，《贵州侗族建筑风情展览》在北京民族文化宫举办，黎平、从江两县各组织一个风情表演队参加，为国内外观看展览的人们演唱侗族大歌，轰动京城，也为侗族大歌走出国门奠下基础。

1986年10月，由侗族青年女歌手吴山花、吴婢妮、吴水英、吴玉莲、养水仙、吴婢焕、陆俊莲、石明仙、陆德瑛和侗族音乐家杨琳组成的中国侗族大歌合唱团，应邀赴法国巴黎参加金秋艺术节。艺术节组织者把侗族大歌合唱团安排在巴黎市中心的国家级艺术剧院夏乐宫演出，共演6场，场场爆满。侗族大歌第一次走出国门，展示其艺术魅力，使素有以欣赏水平而闻名于世的法国巴黎观众为之倾倒和震惊。艺术节执行主席马格尔维特赞扬："在东方一个仅百余万人口的少数民族能够创造和流传这样古老纯正、如此闪光的艺术，在世界实为少见。它不仅受到法国观众的喜爱，就是全世界人民也都会喜爱的。"

1988年7月至9月，侗族大歌合唱艺术团随中国民间艺术团赴奥地利、意大利、匈牙利参加第一届克拉根艺术节活动，受到西方观众欢迎。

1994年，黎平县侗族女声歌队，被选调参加中央电视台春节文艺联欢晚会，轰动全国；同年，小黄小学女童班童声大歌队潘美浩、吴培建等5名小歌手，应邀赴京参加"北京国际少儿艺术节"。

1995年，贵州省艺校侗歌班参加上海中国民族风——全国56个民族音乐邀请展演，她们演唱的声音大歌《蝉之歌》荣获优秀奖，中央电视台、上海电视台卫视播放；同年，贵州省艺校侗歌班和芦笙班组团赴日本参加国际民间艺术节，在东京国立剧院演出。"侗歌苗舞"节目获演出金奖；同年，小黄小学女童班潘美浩等5名小歌手，应中央电视台的邀请赴京演唱侗族童声大歌，参加"六一"晚会，现场进行了直播。

1996年7月，吴培建等5名小歌手随中国民间艺术团赴法国进行文化交流，她们演唱的侗族童声大歌是异国观众最喜爱的节目之一；同年，贵州省艺校侗歌班应邀参加上海艺术节，并受上海民族乐团邀请参加“民族之声音乐会”。她们演唱的侗族声音大歌《终日想你难开颜》、《装呆傻》获演唱优秀奖；同年，贵州省艺术学校侗歌班和芦笙班受国家民委委派，组成中国民间艺术团，赴西欧参加法国民间艺术节、瑞士第六届音乐节，演出的“侗歌苗舞”节目获得极大成功，并获国家民委颁发“文化交流荣誉奖”。

1997 年，贵州省艺术学校侗歌班参加中国贵州合唱节，表演的混声大歌《天地人间充满爱》，获“黄果树杯”特别奖。

2000 年 11 月，黎平侗族大歌队应邀参加中国第五届合唱节；同年，贵州电视台到黎平拍摄《侗族大歌——人与山水的和声》，该片获第十五届中国电视文艺“星光奖”专题类节目一等奖。

2001 年 8 月，黎平侗族女声歌队，应邀赴京参加第 21 届世界大学生运动会闭幕式表演。

2001 年，黎平侗族女声歌队，再次参加中央电视台春节文艺联欢晚会。

2002 年春，黎平侗族大歌艺术团应邀在北京音乐厅举办的“高原如歌：中国边远少数民族音乐寻根之旅”作专场演出，同时赴南京文化艺术中心大剧院作专场演出。

2003 年 12 月，黎平县岩洞、口江侗族男女声歌队和尚重琵琶歌队，应中国艺术研究院的邀请赴京参加“中国少数民族民间歌舞晚会”，为出席“中国少数民族艺术遗产保护及当代艺术发展国际学术研讨会”的国内专家演出侗族大歌和侗族琵琶歌。

2003 年 2 月 18 日，由中国科学院和中国社会科学院专家学者倡导、并得到国际福特基金会赞助的《侗族大歌抢救、保护、继承与发展》项目在黎平县正式启动，并决定在黎平县岩洞镇建立侗族大歌保护基地。同时，侗族大歌申报人类口头及非物质文化遗产的工作也开始进行。全国数十家新闻媒体对此做了详细报道，侗族大歌走向世界的步伐加快了。

2004 年 5 月，由贵州黎平县组织大歌队，为在苏州举行的第 29 届世界遗产大会演出，让中外专家亲身领会侗族大歌的魅力，使更多的国内、外专家，学者和观众了解侗族大歌，了解侗族文化。

2006年7月，在第十二届全国青年歌手电视大奖赛中，由黎平侗族姑娘吴宇珍、杨丽等参加的侗族大歌蝉之歌组合，荣获大赛原生态唱法个人单项决赛银奖和“观众最喜爱歌手”奖，取得贵州省代表队参加青歌赛的最好成绩。

2006年7月，在厦门举行的世界合唱节，由六十位黎平县侗族少年演唱的侗族大歌《布谷催春·蝉之歌》一举夺得金奖。

2007年4月，国务院总理温家宝率中国政府代表团出访日本，来自贵州省从江县的9名“侗族大歌”小歌手参与出访。并参加“2007年中日文化·体育年”《守望家园》——中国非物质文化遗产开幕式演出，受到温总理及其他人士的高度评价。这也是侗族大歌首次随国家领导人出国访问。同年，由贵州省文化厅文化遗产保护处处长王德文带领的从江小黄侗族大歌队到法国巴黎为联合国教科文组织演唱。黎平侗族教师合唱团到奥地利参加世界合唱节，受到欢迎。

2008年3月，在第十三届全国青年歌手电视大奖赛中，由黔东南侗歌手组成的侗族大歌代表队以演唱无伴奏、无指挥、无定调的天籁之声荣获合唱比赛铜奖。

2009年9月30日，联合国教科文组织保护非物质文化遗产政府间委员会第四次会议在阿布扎比审议并批准了列入《人类非物质文化遗产代表作名录》的76个项目，侗族大歌等22个中国项目成功入选。自此，贵州省首个非物质文化遗产项目进世界文化遗产代表名录。①

2003年春节，我到著名的侗族大歌之乡黎平县永从乡的三龙进行采风。我的朋友、侗族学者石干成在其专著《和谐的密码——侗族大歌的文化人类学诠释》一书中，认为侗族大歌发源于三龙。②

---

① 参见邓敏文、吴定国：《侗族大歌：就这样走向世界》，载《黔东南日报》，2009年10月15日。

② 石干成：《和谐的密码——侗族大歌的文化人类学诠释》，85页，北京，华夏文化艺术出版社，2003。

三龙是侗族文化史上有着重要意义的一座村寨，侗族传统文化保存完好。长期以来，一直是人类学研究的重要基地，中央民族大学、云南大学、中山大学、贵州民族学院等高校均将三龙作为民族学实习基地。三龙原为我的家乡中潮镇所辖，很早就知道这个以歌而闻名的村寨，也结识一些三龙的朋友，但一直没有机会去三龙。春节期间，朋友乔辉在三龙驻村，他邀请我去听大歌，我欣然前行，听到了最本色的真正意义上的原生态的大歌，而且是为我一人演唱的侗族大歌。

我写下了一篇随笔：《三龙之夜：一个人的大歌》。

由黎平县城出发，向西南方向走，车子在乡间公路上行驶一个半小时后，就到了属于永从乡的三龙侗寨了。九龙河绕着村寨脉脉流向远方，或许风都顺着河水流去了，只有油菜花很灿烂地开着，让人感觉春天正在到来。整整一个下午，我都在村寨中走，几乎走遍了每一条村巷。这是一个初春的日子，阳光隐在浅灰色的云层后面，走不出来，但已经感觉到了它的光芒。寨上的人似乎都出门了，村巷静静的，偶尔有几个小孩跑过，老人出来晾菜或者招呼奔跑的孩子。陪同我来的乔辉说，快要春耕了，人们忙起来了，出外打工的人也多，寨子就不热闹了——春节时是很热闹的。乔辉反复说，三龙是侗族大歌的故乡，是歌的海洋，一定要来听听侗歌——在三龙，什么时候都可以听到侗歌的。我已经在村巷走了整整一下午，除了一户人家用录音机放侗歌外，听不到一句歌唱。但我感觉很好，内心一种从未有过的清明与澄澈，维系心头的生活的沉重与烦扰都不知所终，只是和纯粹的自我和无边的自然贴得很近、很近。我突然想，我们从繁华拥挤的都市到遥远偏僻乡村来，不正是来感受这样一份宁静与清寂的吗？如果乡村也像都市，每日都是熙熙攘攘、人头簇簇的，那我们浮躁的心灵就再也找不到栖息之所了。我对感到有些歉意的乔辉说，我喜欢乡村的安宁。

我们坐在村长家的堂屋里，就着炭火，一碗一碗地品着农家自酿的米酒，对于夜色的到来却浑然不觉。近几年进行人类学田野作业，常在乡村行走。我感觉到，在乡村，白天和夜晚的界线往往是模糊的。当你感到夜晚已经到来的时候，许多人还很从容地在田塍上行走，而当你认为新的一天应该开始的时候，那从木楼里飘出来的，分明是昨夜的情歌。确实，乡村的日子总是从容的、舒缓的、悠长的。我不记得我们是天还亮时就端起酒碗的，还是天已经黑了才端起酒碗的。反正炭火总是旺旺的，而酒碗总是温温的，时间仿佛凝滞在醇酽的米酒中了。

而这时候，夜晚就从村长的10岁的女儿开始了。

沐浴小姑娘的纯真的目光，我饮下了满满一大杯酒。接下来，村长的38岁的漂亮妻子也唱起了敬酒歌，和她一起进来的另一位年轻妇女也唱起了敬酒歌。我不知道是事先有了约定，还是歌声把她们召集来的。在我刚刚把第三杯敬酒歌的酒喝下之后，从夜色的深处，突然浮出来四个大姑娘。她们像在浓稠的夜之海中漂浮的几片叶子，随着歌声的节奏，一下子就漂到我身边。村长告诉我，这几个姑娘是三龙唱歌最好的，其中有两个姑娘参加了前年春节联欢晚会侗族大歌的演唱，而另一个姑娘则刚参加了世界大学生运动会开幕式的侗族大歌的演唱，还有两个姑娘应该来的，但因参加中央电视台元宵晚会的演出还没有回来。看着这四个漂亮的姑娘和她们的甜甜的笑容，这四杯酒我是一定要喝下的了。在这样的灯光下，这样的夜色中，这样美丽的姑娘面前，这样深情的歌唱和祝福中，我不能不把她们敬献的酒喝下。醉在乡村，醉在乡村的夜晚，醉在乡村夜晚的浓稠的情意里，醉在我们美丽的侗家姑娘的歌唱中，是一件多么幸福的事啊！

喝下那么多酒后，我有些飘飘然了。这时，进来一位60岁的老人。在姑娘们的歌唱告了一个段落后，她又端着酒杯唱起来。村长说，她是三龙的真正的歌王。20世纪五六十年代，是中央民族歌舞团的演员，退休后回到三龙，现在是三龙小学的侗歌教师。接着，又有几个青年妇女从夜色中走进堂屋来。看来，我真正要醉在三龙了。

但我还是错了。酒在这里只是一个引子，一个中介，歌唱才是全部的目的和皈依。她们不再敬我酒了，而是把桌子撤去，依着壁板分几排坐下来，为我唱起了著名的多声部侗族大歌。嘹亮、和婉、柔润、忧伤的歌声响起之后，寻着歌声，又陆陆续续有人从夜色深处走来，宽宽的堂屋一下子坐满了人，有中年妇女、年轻姑娘、正在成长的少女、刚刚学语的儿童。乔辉说，这是无意中为我举行的一场侗族大歌专场演唱会。确实，满满一堂屋人中，就只有我一个人是听众，大家都在歌唱，就是乔辉也随着她们在歌唱。大家一个挨着一个坐在一起，静静地面对着昏黄的灯光，面对浓稠的夜色，面对正在进行的人生日子，一首接着一首地歌唱着。这时候，她们早已不是在为我而歌唱，而是为自己歌唱，而是为生命歌唱，为日子歌唱，为她们内心的忧愁和欢乐，为她们灵魂的寂寞和幸福而歌唱。

黄黄的灯光在堂屋弥漫开来，而浓稠的夜色则环绕在四周，灯光融入夜色中就看不见了，但或许是有了灯光的浸润、洇漫，有了富于强大而坚韧的穿透力的歌声的萦绕和铺展，让人感到这无边无际的夜色是那样温柔，那样富于生机，那样充满意味。

还有什么夜晚比这个夜晚更美丽，更让人感动吗？[1]

---

① 余达忠：《三龙之夜：一个人的大歌》，载《贵州日报》，2002年8月16日。

第八章　旅游开发：黔东南民族文化旅游个案

第一节　旅游时代：一个苗族村寨的演变史
——以千户苗寨西江为例

现代旅游的发展与全球化是紧密联系在一起的。旅游的发展促进了人类全球化的进程，全球化的进程进一步推动旅游越来越成为一种时尚。在地球日益缩小为一座村庄的时代，已经没有旅行者不可能到达的地方，没有置身于全球化之外的地方。旅游不仅改变现代人的生活，让现代人成为旅行者，旅游也影响和改变了一个个的地方，无论是在现代的中心还是边缘区域，都在旅游磁场的强力辐射之内。旅游时代，是全球化时代的生活现实。

一、传统苗寨西江

汽车向南驶出雷山县城，折向西，从雷公山脚下通过，在雷公山麓间蜿蜒而行，约一个小时后，就看到了依偎在雷公山麓西侧的西江大寨了。从白水河谷坡对面山坳上看去，一座体量庞大的、绵延几座谷坡、依山就势而建的苗族村寨嵬立在白水河畔，吊脚木楼层层叠叠地从山脚一直延展到大半山。在夏日的明亮的阳光下，黑沉沉的瓦楞上氤氲着青色的光芒，涂髹着浅色桐油的杉木壁板泛着棕黄色的光亮，给整个村寨一种柔和温暖的感觉，家家屋檐都装饰着鸟喙式的飞檐，呈现一种腾空欲飞的姿态，村巷在木楼间蜿蜒着，曲曲折折伸向山顶，隐秘在古树箐竹丛中……这就是号称天下第一苗寨的千户苗寨西江。西江由平寨、东引、也通、羊排、也蒋、南贵、乌嘎等自然村寨组成，集中居住在白水河北岸的三个巨大的谷坡上。2008 年，全寨计有 1258 户，5326 人，苗族人口占 99%，世居姓氏有侯、李、唐、宋、董、蒋、陈、毛、龙、陆、杨、梁、吴、金、顾等，语言为苗语中部方言北部土语。

西江坐落在雷公山东北麓的谷坡上，林木蓊郁、神秘奇险的雷公坪成为村寨的巨大背景，清澈见底的白水河在谷底蜿蜒穿寨而过。谷地两侧山地并不对称，相对高度达数百米。西南侧山高坡陡，宛若一道高大的屏风，护卫着千户苗寨千百年来宁静的田园生活；东北侧的山地则舒缓得多，鳞次栉比的吊脚楼依山而建，顺着地势的起伏呈现出多样的变化，并呈梯状逐级向上抬升，成为山区坡地房屋建筑的杰作。苗寨东南侧，是白水河长期侵蚀塑造成的一个山间盆地，是西江苗家世代耕作、赖以为生的田亩，为种植水稻的水田，北面山地已被开垦为梯田和旱地，构成典型的山地农耕文化景观。村寨四周的山地上，森林植被保存较好，尤其是西南部的山坡上，尚保留着大片的乔木林，苗寨内的也东、羊排、南贵等自然村寨内零星分布着小片的枫树林，呈现出人与自然和谐共处的景象。相对封闭的地形条件、和谐安宁的苗寨、清澈诱人的白水河、茂盛的植被覆盖、成片的梯田景观，构成了一幅优美的苗岭山水田园风光，极具旅游美学意蕴和旅游开发价值。

西江寨内的苗家，都属于苗族著名氏族西氏族的后裔，600 多年前，由始祖构寅（Chet Jangl）、构卯（Chet mol）兄弟率族建寨。苗族历史上进行过多次大迁徙，都是以氏族为单位西迁，氏族内，有血缘关系的宗族组成一个鼓社，苗语称“姜略”（jangd niel），即有共同血缘的宗族，西迁时，每个宗支置一面鼓，以鼓认宗，击鼓前进。氏族壮大后，进行分鼓。构寅（Chet Jangl）、构卯（Chet mol）兄弟在今榕江、剑河交界地带与苗族大部队分鼓后，率族人翻越著名的雷公山，先落脚在雷公坪，后顺白水河而下，在白水河畔的这片沼泽地上安居下来。由于构寅、构卯属于苗族“Dlib（西）”氏族，其他地方的苗族就将这一片地方称为“Dlib jiangl”，即西氏族的田坝，早先意译为“鸡讲”，20 世纪 40 年代更名为“西江”，一直沿用至今。整个西江的苗家，都同属于一个鼓社，有一个鼓藏头（参见本书第六章第二节）。自古以来，西江都是按鼓社制进行管理，是一个传统的苗族社区。构寅构卯兄弟最早建寨于羊排村，西江的农业生产和宗教文化活动，都由羊排村的活路头和鼓藏头负责管理，世世代代实行世袭制，活路头是老大，传大不传小，鼓藏头是老幺，传小不传大。在西江，“鼓社”的领袖就叫“鼓主”，即鼓藏头，其中各个家族的领袖相当于“族长”。“鼓主”和“族长”及其助手们的职责是带领族人遵循古训，对宗族内部进行管理。“西江苗寨‘鼓社’领导的范围也有三个层次：全宗族——各家族——家庭。由于西江苗寨的地缘性和血缘性基本是重叠的，所以二者的组织也基本上合二为一。‘方老’、‘寨老’等也就是‘鼓主’、‘族长’等，他们既是宗族的领袖，也是地方的行政长官。而在宗族管理方面，血缘组织是靠宗族领袖的神性地位来管理，其特点是具有‘权威性’。他管理的事情是祖宗规定下来的，他的任务就是要率领大家遵从祖训，无条件地服从和执行。”① 西江各个自然村寨间，遵循着复杂的婚姻规则。早先，西江这个大鼓内不能婚配，姑娘们都要远嫁他乡，带来诸多不便，后来有一位寨老提出“分支开亲”（裂变），但是羊排的寨老不同意，于是大家就决定请示天意，请示的结果是西江可以分支开亲，羊排的寨老很生气，觉得弟弟们都不再维护传统了。由此以后，西江各自然村和羊排仍然不通婚，南贵和也薅、也通两村也不通婚，但其他村子之间则开始通婚了。几百年来，西江一直按照鼓社制的组织方式对社区内部进行管理，婚姻上也一以贯之遵循这一规则。

也正是西江几百年来坚持下来的鼓社制，西江苗寨才能将苗族传统文化很好地保存下来，成为黔东南苗族地区传统文化保存最好的社区之一。西江人有浓厚的自然崇拜、祖先崇拜情结，村寨周边的枫树被看成是村寨的守护神，经常祭祀，古树、巨石等也是西江

① 张晓：《西江苗寨传统文化的内在结构》，载《中央民族大学学报》（哲学社会科学版），2008（2）。

人的崇拜物。西江人尤其崇拜祖先，无论何时何地，只要有好酒好菜，必然不忘祭祖，泼点饭菜鱼肉和滴几滴酒在地下，邀请祖宗先吃，自己才动碗筷；节日喜庆，则都必须先祭祖；凡有重要事情，也要禀告祖宗先知；逢喜事，感谢祖宗赐福；灾祸缠身，祈求祖宗保佑。他们相信，只有按照祖宗的训诫办事，自己才能平安，子孙才有幸福；如果违背了祖宗的训导，灾难会随时降临。西江最隆重的祭祀大典就是十三年一次的鼓藏节。作为一个传统农业社区，在农业生产上，活路头发挥着重要作用。每年在过大年后的第一个辛丑日（牛场天），启动新一年的生产劳动。活路头在丑时抬一挑粪，拿两三根茅草和一根竹子以及带一些油、盐、辣椒等到田土里去，先点香祭祀祖先，象征性地挖土，将粪倒在田或土里，撒上油、盐、辣椒等，插上茅草和竹子，表示田土像油盐那样肥沃有味、庄稼像茅草和竹子那样茂盛。然后念“祭祀生产劳动词”：“今天是好天吉天……”然后头也不回地返家。回到家里杀一只公鸡，祭祀祖先，告诉他们今天已经“启动活路”，请祖先保佑一年里取得好收成等等。做完这些，就表示新的一年开始了，其他人家也就可以开始做农活。

节日是传统农耕社会最重要的文化活动。西江的节日事象丰富，既有整个西江共同的节日，如敬桥节（农历二月二）、招龙节、播种节、吃新节、苗年、鼓藏节等，也有各个村寨自己的节日，每个节日都按照传统方式进行，都要祭祀祖先、跳芦笙、宴请、唱酒歌等。节日里，人们都会穿上传统的苗族服饰，汇聚在寨脚的芦笙坪里，跳芦笙、唱苗歌，尤其是妇女们，都会穿上盛装，戴上银饰，涂上粉彩，尽情地展示自己的丰采与华丽。西江苗族妇女的节日盛装是一代一代传承下来的古装，称为“乌摆（Ud baid）”，是节日和婚嫁时必穿的，每个西江妇女都有一套盛装。“乌摆”有两层，内层为家机染青布，外层为紫色、蓝色绸缎，衣袖、衣边及背上均用挑、绉等绣法绣成龙、虎、羊、蝴蝶等动物图案，颜色为红、蓝、绿、黄等色，沿托肩镶长方形花草图案，袖口宽大，为无扣交叉圆领衣，并饰缀打造为各种图案的银花片。下身着青色家机布长绉裙，外罩24条红底绣有花鸟虫鱼等图案的花飘带。头上戴银角帽，银角高高翘起，缀饰各种图案的银花片；颈系压领、项圈、再饰以银头花、银梳银泡、银插针、银手镯、银锁、银耳环、银戒指等。脚穿绣花圆口鞋。全身上下均饰以白银，光亮闪闪、雍容华贵、神采飞扬、美伦美奂。节日时，上千着盛装的妇女汇聚芦笙场上，汇成一片银光闪亮的美丽场景，让人恍若入仙境中一样。没有什么民族的服饰比苗族妇女服饰更华丽的。

西江在村落格局、建筑特色、宗教信仰、社会组织、农耕文化、语言交际、节日习俗、服饰装饰等方面，都很好地保存了传统，是一座典型的苗族村寨，一个传统的社区。

二、西江苗寨的开发史

西江苗寨的开发，最早可以追溯到雍正七年（1729年），云贵总督鄂尔泰奏议开辟苗疆。此前，西江一直属于统治者所谓“生苗”区域，即不在中央王朝统辖下的化外地区，就是史书上说的“管外苗族地区”，苗语中的“讲方（自然地方）”。开辟苗疆行动历时七年，雷公山和月亮山的广大苗疆区域，才终于纳入中央政府的行政管辖之中，成立了新疆六厅，即古州厅（榕江）、都江厅（三都）、八寨厅（丹寨）、丹江厅（雷山）、台拱厅（台江）、清江厅（剑河）。西江由丹江厅辖，设鸡讲司，这是西江历史上第一次有了行政建制。

咸同年间，黔东南苗族地区暴发民族大起义，西江是起义的重要根据地，起义被镇压后，西江的社会经济发展受到很大影响，人口增长缓慢。光绪元年（1875年）西江设立义学一所，第二年开设鸡窗书院，民国九年（1920年）西江开设私塾，民国十八年（1929年）开设高初两级小学。民国三十一年（1942年），受“黔东事变”影响，发生“西江暴动”，失败后，许多西江人士遭受迫害，被迫流亡他乡。1945年，整个西江寨人口为1000余人，1949年，西江寨人口约3100人，1952年，西江进行土地改革，全寨人口为3300人。1954年第一次人口普查，西江寨人口为3400人，1964年第二

图 32　旅游开发前的西江苗寨。（余刚摄）

次人口普查，西江寨人口为 3800 人，1982 年，第三次人口普查，西江寨为 1040 户，5326 人（西江镇），1990 年第三次人口普查，西江寨为 1227 户，5858 人（西江镇），1997 年 12 月统计，西江寨有 1115 户，4616 人，2008 年，西江寨有 1258 户，5326 人。

自设立鸡讲司起，西江一直由丹江厅辖。1914 年，丹江改厅称县，西江属其辖内，1945 年，丹江撤县，西江改归台江县管辖。1944 年，置雷山设置局，西江复归雷山管辖，改为西江镇。1950 年，雷山设立县人民政府，西江属于第二区公所。1954 年，建立雷山县苗族自治区，西江千户苗寨所在地属西江区，1959 年，雷山、炉山、丹寨、麻江并入凯里大县，西江属于凯里县的雷山片。1961 年，恢复雷山县，建丹江、西江、大塘、永乐四区、44 个公社，千户苗寨当时属于西江区西江镇。1992 年，撤区并乡后，千户苗寨属于西江镇管辖。

自古以来，西江一直就是一个传统的农耕社区，自耕自食、自给自足，各业分工不发达，尚未完成第二次社会大分工，经济结构主要有农业（含种植、养殖、采集），银饰加工，挑花刺绣，木竹器加工等，与社区之外很少有其他交易，就是在西江社区，除了必需的生活用品交易和节日饰品交易外，也很少有其他交易活动，1980年以前，西江寨没有卖蔬菜、水果、饮食等的商贩，人们的商品经济观念十分淡薄，生活水平也只是停留在勉强维持温饱的状态，每年约有近1/3的农户欠3～6个月的口粮。

自苗疆开辟以来，西江就以其众多的户数、人口、集中的居住格局而赫赫有名于千里苗疆，但西江作为千户苗寨而闻名于其他地区，则是1982年以后。1982年，贵州省选定一些民族村寨作为民族风情开放区，有选择性向外国人开放，接待经过批准的外国游客，西江被列为贵州省首批乙类旅游开放点，开始接待境外游客。从此，西江的对外开放拉开了序幕，西江的旅游时代，在遮遮掩掩中来到了。随着政府的重视，游客的到来，媒体的宣传，西江的知名度和影响力扩大开来，成为整个黔东南，整个贵州省，整个苗族地区的千户苗寨。西江1987年被列为全省东线民族风情旅游点，1992年被列为首批贵州省历史文化名镇，1999年和2002年相继被列为全省20个重点保护与建设民族村镇，2005年被列为中国民族博物馆西江千户苗寨馆。西江拥有丰富的苗族文化遗产，2006年国务院公布的第一批国家级非物质文化遗产名录中，西江苗族鼓藏节、吊脚楼营造技艺、银饰锻造技艺、苗族刺绣等榜上有名，2007年被列为中国第三批历史文化名镇。同年，雷山县的苗年、铜鼓舞、芦笙舞、苗族飞歌、嘎百福、吃新节、织锦、三月坡、招龙、扫寨、苗族医药等被贵州省政府审批并公布为第二批省级非物质文化遗产名录，其中八项被评为国家级非物质文化遗产名录。

西江虽然以千户苗寨而闻名，开始进入属于西江的旅游时代，但在2002年以前，到西江的游客还是很少的。2001年，我第一次到西江采风的时候，看到来西江的游客很少，更没有看到旅游团，除了我们几个采风的朋友，没有在西江过夜的游客。人类学家、贵州大学教授王良范，在1999年9月至2000年7月，曾在西江进行几近一年的人类学考察，他说："到西江的旅游团队仍然少得可怜，我在西江住的这一年中没有看到一个旅游团队到西江来。不过，零散客还是不少的，几乎每个星期都有一些散客来旅游。有法国的、美国的、意大利的、芬兰的。国内的旅游者中大多数是学生，或者一些艺术爱好者或人类学者。”① 2000 年，西江全年游客 0.75 万人，其中国外游客 200 人。这个时候的西江，完全是以本色的形象呈现于游客眼前，无论是其建筑、服饰、风情，还是其生活形态，都很好地呈现出一种原生态本色，是没有经过旅游打造的本色的村寨。

西江旅游时代的第一个大变化发生在 2002 年。为了加大对雷山的旅游宣传，雷山县政府举全县之力举办盛况空前的“2000·神州世纪游·中国·贵州·雷山苗年节”活动，在海内外产生极大影响。2002 年，县政府将每年一度的“苗年文化周”的主会场设在西江，扩建了西江的芦笙坪，西江一下子聚集了上万游客，吸引了众多的新闻媒体，影响扩大开来，成为许多游客的首选地。之后，西江的进入条件得到极大改善。2003 年以前，西江至雷山的公路，是西江与外界联系的唯一通道，游客到西江，必须先由州府凯里至雷山，有 50 余公里路程，再由雷山县城至西江，有 30 余公里路程，是沙土路，要近 2 个小时。2004 年，修通排洛至西江公路，大大缩短了由凯里至西江的行程，西江的可进入性得到很大改善。

2007 年，由国家旅游局和贵州省人民政府主办，黔东南州人民政府承办的第一届凯里原生态民族文化艺术节在州府凯里举行，艺术节的一项活动就是“著名学者余秋雨对话黔东南”，西江人用苗家十二道拦门酒欢迎余秋雨，在西江申报世界文化遗产万人签名现场，余秋雨发表了“用美丽回答一切”的演讲，表达了对西江的热爱与赞赏。黔东南州以此为契机，进一步加大对西江的宣传，及时推出“余秋雨线路”黄金旅游线，使西江旅游再次上一个新台阶。

西江旅游时代的真正到来，是 2009 年的贵州省旅游产业大会，通过这次大会，西江作为一个著名旅游景点被打造出来，进入了属于西江的旅游时代。

---

① 王良范：《千家苗寨的故事》，140 页，北京，中国文联出版社，2002。

三、贵州旅游产业大会与西江的旅游时代

为加快贵州旅游产业的发展，贵州省决定从2006年开始，每年召开一次规模盛大的贵州旅游产业大会。第一届旅游产业大会在著名景区黄果树景区举行，第二届产业大会在贵州世界自然遗产地荔波举行，第三届产业大会在黔东南西江苗寨举行。这是黔东南旅游发展史上最盛大的活动，更是西江发展史上千载难逢的机遇。这次产业大会的成果和影响是多方面的，但最直接的、立竿见影的成果就是打造出了旅游胜地西江，使西江全面进入旅游时代。

在申办产业大会的陈述提纲里，黔东南州强调，旅游产业大会在黔东南举行，有利于推动原生态民族文化的保护与传承，有利于推动原生态民族文化资源向原生态民族文化价值的转变，有利于把黔东南州打造成最具魅力的原生态民族文化世界旅游目的地。在产业大会的新闻发布会上，大会组委会强调，将主会场设在西江，主要因为西江千户苗寨是世界上最大、最为集中的苗族村寨，是黔东南苗侗文化的典型代表之一，是世界原生态民族文化乡村旅游发展的成功范例，其目的就是通过产业大会，打造国际乡村旅游品牌，将一个民族风情浓郁、自然景色美丽、建筑风格独特、充满神秘色彩的西江千户苗寨展现在世人面前。在旅游产业发展大会召开的同时，举办了第一届“多彩贵州·中国·原生态国际摄影大展”和“第二届中国·贵州·凯里原生态民族文化艺术节”（简称一会一展一节）。

为办好一会一展一节，由省、州、县各级政府投入近3亿元改善西江和雷山的硬件、软件环境。主要包括：①建设郎利至西江旅游公路，使凯里至西江里程由80公里缩短至36公里，行车时间由150分钟缩短至40分钟；②投资680万元建设西江主会场，工程总占地面积为13000平方米（其中表演区占地7200平方米，看台区占地5800平方米），建筑面积2760平方米，可以同时容纳3000人演出；③对整个西江寨进行包装打造，使西江面貌焕然一新；④投资340万元，建设西江苗族博物馆；⑤完善“一山两寨一线一中心（雷公山、西江寨、郎德上下寨、巴拉河沿岸、县城旅游服务中心）

服务功能，实行民族特色包装改造工程；⑥建设西江旅游环线公路、风雨桥、观景台、旅游停车场、夜景观光灯等；⑦实施白水河西江寨段河段改造、绿化及古街花坛建设等工程。同时，在一会一展一节举办之前，还举办一系列的活动来宣传西江，开设西江苗寨网站，组织42批次专门人员到重庆、上海、广州等进行旅游促销，在中央电视台等重要媒体加大宣传力度，举办苗年文化周活动，召开游天下西江，品雷公山茶品茗会，举办上海世博西江公众论坛等。总之，为办好一会一展一节，打造西江旅游品牌，各级政府调动了一切可以调动的资源，在硬件和软件环境上，对西江的投入都是空前的，是任何企业、公司和旅游开发组织所不能做到的，创造了中国特色的“西江神话”。

图33　旅游开发后的西江夜景。(余刚摄)

2008年9月26日，一会一展一节在千户苗寨西江隆重举行，整个活动达到预期目标，取得巨大成功，西江的旅游时代，通过政府包办的模式，全面到来了。

第三届旅游产业发展大会的成功举办产生的巨大影响，在大会还没有宣布结束就凸显了，游客很快纷至沓来，西江一度人满为患，郎西公路多次出现堵车现象。旅游部门统计显示，截至10月5日下午，西江千户苗寨共接待了游客23万人（次），旅游综合收入达到了4725.96万元，旅游人数同比增长了数百倍。旅发大会前的2008年，西江日均接待游客316人（次），旅发大会后至2009年10月20日，西江日均接待游客2902人，增加2586人，增长9.2倍，旅游综合收入2.53亿元，同比增长9.3倍。2009年，西江景区接待游客78.35万人次，旅游收入达1.4亿元，财税收入达300万元，农民人均纯收入由2008年的1600元上升到3800元。2010年第一季度，西江"千户苗寨"接待游客12.8万人（次），实现旅游总收入4029万元。

以旅发大会为分界线，西江景区"农家乐"接待户从旅发大会之前的40户发展到现在的138户，增长2.45倍；民族工艺品店从28家发展到75家，增加1.68倍；宾馆、客栈从3家发展到8家（其中二星级宾馆1家），增加2.7倍；餐饮店从8家发展到18家，增加1.25倍；从事银饰、服装、摄影、出租苗衣等农户272户；茶楼、酒吧从无到有，现有茶楼、酒吧5家；歌舞表演人员从20人发展到近300人，增加14倍；服务从业人员从260余人发展到800余人，增加3.08倍。据统计，现有农户1330户、原住居民5414人的西江苗寨目前直接参与旅游的农户已达516户，2100余人。

旅发大会进一步扩大了西江的知名度和影响力，其客源市场不断增大，客源地由9个扩大到31个省市；游客结构逐步优化，省内游客比例由82%下降为52%，省外游客由15%上升至40%，入境游客由3%上升到8%；签约旅行社达59家，2009年到西江的旅游团队共4429个。

一业兴带来百业旺，西江旅游业的发展带动了雷山县及周边县市第三产业的发展。据统计，凯里市宾馆、酒店借助西江旅游业的发展入住率提高了30%。雷公山、郎德等景区旅游产业也随之升温，带动了开觉雷公坪原生态旅游观光风景区的开发和麻料银饰品加工等民族工艺品加工业的发展。西江周边的大龙、脚尧、干荣、营上、连城等村寨的茶叶、蔬菜、养鱼产业等规模也不断扩大。

四、关于“西江神话”的思考

2010年8月，我在我的学生，雷山县委宣传部副部长李恒的陪同下，到西江进行旅游考察。

旅发大会之后，西江的品牌效应显现出来，到西江的游客直线上升，对此，雷山县政府决定从2009年4月1日起拦起寨门，向游客收取每人100元的门票（试收阶段，每人60元，至2010年4月1日起每人100元）。进了寨门，从改造一新的观景台望过去，一个全新的西江呈现在眼前。几面谷坡上依山就势而立的近千幢干栏式吊脚楼，让我感觉到，这里仍然是我原来多次到过的那座千户苗寨。西江寨落拓于莽莽苍苍的山野间，像挂在大自然绿色背景上的一幅巨大的褚黄色的画，清一色杉木建造，建筑风格各异、朝向各异、高低错落的干栏式木楼，从白水河畔，顺着山势，层层叠叠、逐势而上，直达山顶，确实能够给初到苗寨的游客一种震撼力。村寨四周的风水树，坡墁上翠绿的菜地，远处的梯田，起伏的山势，蜿蜒的白水河，让人深深体会到人与自然和谐相处的宁静、质朴……但仔细观察后发现，西江已然不是原来那座朴素、本色的苗寨了，而被打造成了一个满足游客需要和商业需要的景区。西江有了城市的林阴道，有了西式的草坪，有了各种各样的广告、招牌，有了仿古商业街，有了自由市场，有了林阴道上驰来驶去的电瓶车……我在与朋友杨村的通信中说：“跨越横在白水河上的苗家风雨桥，就走进西江大寨了，但我却一时间恍惚起来，仿佛不是走进我曾经无数次进入的苗寨，而是走进了一个开放的市集，或者一条仿古的街道之中，感觉中，我不是走在宁静、古朴的苗寨村巷里，而是走在阳朔的西街上，走在上海的城隍庙里，走在北京的胡同里。西江、西江，那个与阡陌紧紧相连的西江到哪里去了呢？那个路上堆着柴草、楼廊上挂着浆染的蓝色和黑色亮布的西江到哪里去了呢？那个时常有牛悠悠走过、有狗在互相追逐的西江到哪里去了呢？”

从打造一个旅游品牌来看，政府对西江品牌的打造是成功的，从当下效应来看，也是显著的，基本上实现了预期目标。西江俨然成了黔东南的一个重要符号，成了贵州的一个重要符号，成了苗族的一个重要符号。但在西江一片繁荣的表象下，我们要保持必要的警醒，充分思考欣欣向荣背后潜隐的危机。

第一，西江神话是不可再造的，或者是没有推广价值的。对于黔东南，西江神话很可能就是一个绝版。从经济学上，政府的这种不计成本，不求回报的投资，是违反经济规律的，与市场机制相违背的。从政治学上，对西江一个村寨的这种超常规的政府投入，是有违公平的，为什么其他像西江一样的村寨没有得到政府的资助呢？从文化学，对西江文化资源的这种热捧热炒，是否是西江所能承受之重呢？是苗族文化所能承受之重呢？

第二，将一座原生态的苗族村落打造成商业化的旅游景区，这种过度的开发会不会导致民族文化传承的断裂。虽然在西江改造中，各级政府都一直强调保护优先，但在具体的实践中，经济利益又总是摆在重要的位置上。过度商业化和民族原生态文化之间，需要有一个平衡，在当下的浮躁状态下，要实现这个平衡显然是困难的。现在，西江的文艺表演都由专业文艺队承担，演员是固定的，节目是程式化的，西江之外的人也可以进入表演队，这种专业化的模式，显然会影响群众的参与。

第三，政府的利益与村民的利益常常会发生冲突，解决这种冲突是西江旅游发展中长期面临的问题。自古以来，西江就是一个充分自治的苗族“自然地方”，形成了“鼓藏头、活路头—寨老—族长”的内部管理机制，进入旅游时代之后，代表政府的景区开发公司是一个强势集团，削弱了村民的自治性，这种矛盾，在西江的旅游发展进程中将长期存在。

第四，旅游开发将打破西江寨内的平衡，导致西江社会出现新的分层。在西江，每一幢房屋，每一户家庭，每一条村巷，每一级台阶，都是西江资源的一部分，共同构成了西江独特的景观，但住在山顶的与住在山脚下的，机遇是不一样的，山脚下的可以利用房屋开门面、开农家乐等，而山顶的则只能下山务工，造成一种寨内不平衡。

现在在西江开店的，有近1/3不是西江人，这也容易造成西江人感觉上的一种不公平，这些都是西江发展中要面对的问题。

旅游是现代性的产物，是一把双刃剑。对于古老的原生态文化，旅游是正在面临的新事物，是正在经历的严峻考验。我们不能因为有风险就关上已经敞开的大门，但也不能因为眼前的既得利益而牺牲我们几千来赖以生存的文化。

重要的不是旅游，而是我们建立的对于旅游的观念。

第二节　永远的萨神：侗族祭萨与祭萨节及其资源价值

一、萨与萨神崇拜

侗族是一个古老的民族，这种古老性，既体现在它所经历的曲折复杂的迁徙史上，更体现在它的古老的信仰和古老的神话史诗上。

侗族崇拜萨神，“萨”是侗族人民普遍祭拜的始祖母。但萨又是怎样来的呢？最初的萨又是怎样的呢？人们又是怎样来祭祀萨的？

萨是怎样来的？就是说，是谁生下了萨？侗族古歌没有作出解释，人们只知道萨是最大的，是最初的，人们又称萨为萨玛、萨天巴，意为最大的祖母，最初的祖婆。侗族款词《九十九公》的开头这样说：“四萨棉必孵四蛋，孵四个蛋在山乡，三个坏蛋丢掉了，剩下个白蛋生松桑。四萨棉必孵四蛋，孵四个蛋在山村，三个坏蛋丢掉了，剩个白蛋生松恩。从那时起，我们就有了生儿育女的根。”[①] 松恩松桑生下了蛇、龙、虎、猫、雷、姜良、姜妹等。显然，在这里，萨是人类和动物的共同的祖先。在侗乡，祖祖母、祖母称为萨，一切年长的女性都称为萨，同时也把鱼称为萨，把蜘蛛

---

① 吴能夫：《侗族萨崇拜来源再探》，见《侗学研究》（一），309页，贵阳，贵州民族出版社，1998。

也称为萨，葫芦也称为萨，龟也称为萨。在祭萨中，一定要有鱼，鱼是祭萨中的主祭品。萨就是鱼。侗族从鱼领悟生命，他们从鱼的众多聚结，从鱼的无限繁殖力，从鱼的无比机敏与灵活，想到了生命，把生命的愿望寄托到了鱼上，因而，生活中的鱼，又获得了生殖意义上的功能与作用，成为侗族先民的生命图腾。生命即母性，母性即萨，萨即鱼，鱼即生殖的象征。显然，萨和这些动植物肯定存在着联系。这些动植物有两个共同的特点：一是古老，它们都是远古时代就已经存在的了，尤其是龟，它简直就是时间的见证；二是这些动物都有一个硕大的肚腹，繁殖力强，它们的存在都和水有着密切的联系。显然，先民崇拜的这些动植物都是雌性的，他们崇拜的是这些动植物的繁殖的能力。① 把萨和这些动植物联系起来，融为一体，进行崇拜，崇拜的显然是母性的生殖能力。那我们就可以说，萨神崇拜是一种母性崇拜，是生殖崇拜，是侗族先民的一种古老信仰，产生在人类发展初期的母系氏族时代。萨是侗家人心目中的最初的神，也是侗家人心目中最伟大的生命和生育之神。

在侗族先民的观念中，萨是一个司职广泛的通神。当我们把萨作为神祇来看待的时候，萨是整个村寨、整个族姓的生命和生育之神。在南部侗族地区，凡建寨较久的村寨都有一个或几个祖母堂或祖母坛，这是为祭祀萨神而设的，又音译为萨舍、萨坛。称为堂的建筑，一般用泥土夯筑，大约 1.5 米至 3 米见方。像从江贯洞的祖母堂，是一个 3 米见方的用泥土夯筑的土堆，四周围以约 2 米高的围墙，不盖顶，地面中部是用砖块砌边的一个高约 5 寸、一 1 见方的土台。这个土台就是祭台，上面植有一棵一尺多高的黄杨树作为祖母树，边上插有一把油纸伞。有的村寨的祖母坛也是木结构的，那也是一幢简朴的木结构房屋，3 米见方宽，约 3 米高，架一架独木梯上到楼台上进行祭祀，上面有一把象征祖母栖息的油纸伞，祖母屋旁边栽有黄杨树代表祖母树，如黎平九龙侗寨的萨坛。从江小

① 参见余达忠：《侗族生育文化》，46～66 页，北京，民族出版社，2004；潘年英：《民族·民俗·民间》，242～253 页，贵阳，贵州民族出版社，1994。

黄团结寨的祖母坛，是一个没有围墙的小土丘，上面有几个祭祀的小酒杯，旁边有一把油纸伞，一株黄杨树。不经过指点，外人是无论如何都不知道那是一个祖母坛的。黎平地扪侗寨、平架侗寨、盖宝侗寨的萨坛，也都是一个露天的石头垒砌的圆形土堆。无论是祖母堂或坛，它都没有一般殿堂所设立的神祇的雕像或祖灵的牌位，没有殿堂的那份神秘和威严，就只有一把象征祖母栖息的油纸伞，植有一棵常青树来代表祖母树。这可能是最简陋的神坛了，但也可能是最古老、最本色的神坛。

二、祭萨与祭萨节

侗乡有一句俗语说：客家庙大，侗家萨大。就是说，客家崇拜神，侗家崇拜萨。侗家萨坛的神威与客家庙堂的神威一样大。

在侗乡，无论北部方言区，还是南部方言区，都开展各种形式的祭萨活动。祭萨是侗家人普遍的精神信仰，是遍及侗乡的文化活动。侗族北部方言区的祭萨文化主要体现在傩文化活动中，而南部方言区不仅体现在傩文化活动中，而且还体现在对萨神的直接设坛祭祀上。信奉和崇拜萨神，是侗族文化的核心基石。

侗族南部地区各村寨，对萨神的称谓不一，有的称为萨麻庆岁、萨玛天子、萨大天子，达摩天子，有的称为萨玛、萨岁、萨子或萨堂，均属于同一女性神的异读、异译。

在侗乡，萨普遍被看成是村寨的守护神、生育之神，更是最初的、最大的神，因而，侗乡的重大的文化活动，总是从祭萨开始的。踩歌堂要先祭萨，春节玩龙要先祭萨，春秋时节进行村寨间的月贺（村寨与村寨间集体做客的活动），队伍出发前都要到萨堂祭祀，喝祖母茶，祈求萨神护佑，上山狩猎的队伍在出发前也一定要到萨坛前祭拜，并每人摘萨坛前的一片黄杨树叶贴在额上，祈请萨保佑他清吉平安，满载而归。平时，农历的每月初一、十五，妇女们都要到萨坛前去烧香，吃茶，久婚不孕的妇女更是时常到萨坛前祭拜，祈请萨神赐给她孩子，就是出远门求学、求财，也要到萨坛前祭祀。在侗寨，萨是无所不能的。

祭萨分为日常祭萨与节日祭萨两种形式。日常祭萨是指农历每月初一、十五，妇女们自发带着油茶、香纸到萨坛前烧香祭拜，唱颂扬萨的歌，或者久婚不育的妇女在母亲或者婆婆或者女巫师的陪同下到萨坛祭祀求拜；节日祭祀是指在一些特定的日子里全寨人，甚至附近村寨的人都参与到祭祀萨神中来。这时候，往往伴随着祭萨，开展一系列文化活动，形成侗乡的一个文化活动高潮期，全村寨的人都会参与到祭萨中，但主体仍然是中老年妇女和寨老，是由中老年妇女和寨老组织的。

萨是侗乡最初、最大的神，萨也是侗家人生活中的神。侗家人一方面将萨当作神来崇拜，另一方面，又将萨当作与自己生活在一起的长辈来依靠、亲近。因而，在祭萨上，既有很隆重庄严的一面，有严格规范的程式，也有很随意很生活化的一面。从前者来讲，在安设萨坛时，或者全村寨进行祭祀时，很隆重庄严，程序也很规范。而从后者而言，在非节日的祭祀中，则很随意，很生活化，参与的主要是寨中的老年妇女，很悠然的在萨坛前打打油茶，唱唱颂萨歌。在祭萨的时间上，有春祭与秋祭两种形式，主要以春祭为主。春祭大部分侗寨都是在春节期间进行的，从正月初一开始，陆陆续续延续到月底，也有的村寨在二月和三月进行祭萨活动。秋祭大多在秋收后进行，是与月贺一起进行的，进行秋祭的村寨比较少。整个侗乡，没有一个统一的、固定的祭萨的时间，有一些村寨，甚至由巫师来决定祭萨的时间。

在榕江车寨，最隆重、最神圣的仪式就是安萨坛。确定安萨坛前，要请鬼师来占“鸡骨卜”，确定安萨的良辰吉日。安萨前，寨中家家户户要熄灭火种，以示对萨的敬重。安萨时，要先掘一个圆穴，穴内安埋两口上下扣合的铁锅，锅内放上萨的银泊剪纸像，周边放白米、茶叶、木炭、朱砂、五色丝线等物品。铁锅上覆以泥土，以卵石砌成 1～2 米见方的圆形萨坛，砌坛时，还要到河边找一颗粘有“点水鸟”粪的白石收藏于其中。封坛后，再于萨坛白石堆中插上半开的纸伞，此谓之“散萨”（即祖母伞），周围按“子、丑、寅、卯、辰、巳、午、未、申、酉、戌、亥”12 地支插 12 个木桩以示 12 员守将，是专门保护萨的。安萨毕，经过卜测产生“登萨”，由登萨在午夜时分用燧石点燃“堂火”，各家各户自此自带火种回家。同时，还要宰杀一头全黑的肥猪祭祀，祭祀后炖熟分食。

车寨人每三年进行一次大型的祭萨活动。

祭萨时全寨人都参与，但祭萨的主体是女性和寨老。祭萨的时间由巫师通过占卜确定。确定好祭萨时间后，就分工准备祭萨的祭品，有一些祭品是很难找的，如没有一根杂毛的黑毛猪等。最重要的还要找一个萨替身，即象征萨的女性。这个萨替身必须是中老年女性，在村寨里要口碑好，品德端正，勤劳善良，并且儿女双全。同时还要找五个伴娘，象征天将守护萨神。

祭萨这天，子时过后，鬼师会择时吹芦笙鸣早。鸣早之后，鬼师即到萨玛祠作祭祀准备，而登萨也穿上寿服，戴上礼帽到萨坛前煮茶。煮茶的树叶是侗族地区山里生长的一种甜树叶，味甘甜。侗家人把这种树叶视为吉祥树，认为萨的神灵在这一天会附在甜茶里，喝了甜茶，萨神就会保佑你无病无灾、心想事成。烧好甜茶首先要用来祭祀萨神，祭祀了萨神后，就将茶连锅一起端到祭萨的人群中，让每个参加祭萨的人都喝上一口依附萨的神灵的吉祥茶。

这时，鬼师在为萨替身和萨伴娘做法，不但要为人做法，还为她们穿着的衣服做法，为祭祀的物品做法。只有做了法，萨替身才能一直将“散萨”（祖母伞）举起来几小时而不酸手，萨伴娘也才能一直端端正正的陪着萨替身站着而不摇晃。

祭萨开始，由芦笙开道，走在祭萨队伍前的是穿着寿服的寨老，他们每人手上都拿着几根芭茅草在队伍前引路。萨替身穿着盛装，举着伞走在前面，萨伴娘紧随其后，然后是穿着盛装，头上戴着花朵的老年妇女、中年妇女，走在最后的是没有出嫁的年轻姑娘，而姑娘们在这个时候反而不戴花。祭萨的队伍先是围着萨坛转三圈，向萨祭拜，然后又围着村寨转一圈。寨老手中拿着的芭茅草是做草标，给萨引路时做记号的，意思是萨神巡游村寨时记住她走过的地方与人家，并给予保佑。巡游完村寨后，祭萨的队伍来到鼓

图 34　萨玛节上的侗族妇女。（余刚摄）

楼坪前，进行最后一个仪式：赛哆耶。大家手拉着手，围绕着萨替身与寨老，形成一个大圆圈，边歌边舞，将祭祀活动推向高潮。

萨是村寨的保护神，祭萨是全村寨人的一次大聚会。节日祭萨时，每家每户都要参与到祭萨中，祭萨之后，全村人一般都要集中在萨坛前或者鼓楼坪前唱颂扬萨的歌，然后开始踩歌堂、唱大歌、吹芦笙、演侗戏、村寨与村寨间月贺、进行文化交流。可以说，春节期间的所有文化活动，都是从祭萨开始的，是由祭萨而衍生的文化活动。

三、祭萨与祭萨节的资源价值

1. 萨与侗族文化

萨神崇拜是侗族最早建立起来的人生信仰。萨即祖母，即母性，即生殖，萨神崇拜即母性崇拜。他们由对生殖的崇拜衍生为对一切母性的崇拜，对一切培育和佑护生命的力量的崇拜，对一切具有创造力的生命的崇拜。萨神崇拜不但是侗族生育文化的源头，也是侗族文化的基石，侗族的哲学思想，侗族的自然观念，侗族的生命意识，就是建立在这样的基石上的。可以说，崇拜母性是侗族文化的最本质的特征，是侗族文化精神的核心。

祭萨节是由母性崇拜、祖先崇拜而衍生出来的祭祀节日，产生于人类社会发展的初期，因此，在祭萨节中，无论是其祭祀的内容，还是祭祀的程式，祭祀的祭品，甚至是祭坛，都折射出丰富的人类远古时代的文化信息，氤氲着神秘、古朴、悠远的历史氛围。整个节日中，祭祀的是女性，祭祀也主要由女性来进行和主持，体现出鲜明的母性崇拜、生殖崇拜的特色。祭品中一定要有鱼，用来祭祀的猪一定要是黑毛猪，而且不能用刀杀，一定要用水溺死等，间接地反映了人类渔猎时代的生活状况，透露出远古神秘的气息。用伞作为萨的象征，萨坛一定要用白岩石镶砌，并且萨坛一定为镶砌为圆形等，体现了远古时代人类曾经经历过太阳崇拜的事实。至于农耕文化的内容，在整个祭祀中和祭萨活动中更是时时处处都有体现。祭萨节是一个文化意蕴含蕴丰富的传统节日，一个古老的祭祀节日。

作为侗族文化的源头的萨神崇拜，对侗族文化产生了深远的影响，侗族文化的本质特征，侗族文化中那种温和、沉静、执著、坚定、宽厚、凝聚力顽强的品质，都可以从侗族的萨神崇拜来进行追溯，是在这个时代孕育滋生的。

2. 宗教意义上的资源价值

从宗教意义上来说，宗教是人的一种心灵皈依，也是人的一种生活模式。人们从宗教中所感受到的，主要是一种精神，一种观念，一种信仰，一种为什么生活，怎样生活的理念与方式。从这个意义上说，侗族的祭萨与祭萨节，在凝聚侗族民族精神，形成侗家人的思想观念，统一侗家人的行为方式等方面，都具有决定意义。萨神崇拜与祭萨节，是侗族民族精神的渊薮。

我们从宗教意义上来考察侗族萨神崇拜与祭萨节的时候，就要充分认识到其潜在的巨大价值。第一，侗族萨神崇拜与祭萨节是侗族最重要的精神资源，是侗家人的人生信仰，是侗族民族精神的渊源之所在。第二，萨神崇拜本质上是一种母性崇拜，是一种古老的宗教崇拜，祭萨节是以祭祀女性神为核心内容的宗教节日，反映了人类母系氏族时代的思想现实，这在世界各民族的宗教信仰中，都是非常独特的，是研究人类母系氏族时代宗教思想的重要资源。第三，侗族萨神崇拜与祭萨节的原始性与古老性、神秘性，在进入现代社会、进入信息时代、网络时代的今天，在人们的宗教情结越来越式微的今天，有巨大的吸引力，也有深远的启发意义，或许能够为我们建立一种与现代生活相适应的新的人生信仰提供一个新的思考的视角。

3. 文化意义上的资源价值

节日作为一种民俗事象，一种民间文化活动，主要源于古代祭祀，或者和祭祀有密切联系，其目的就是为了通神，从而达到消灾降福，遇难呈祥的终极目标。祭祀一旦衍化为一种由种种传承线路形成的固定的或不完全固定的活动时间，以开展有特定主题的约定俗成的社会活动日，即节日之后，它就不再是一个封闭的体系，而是一个开放的系统，就会由单一的通神扩展到生产生活的各个方面，于是，节日的功能扩大了，节日的种类增多了，节日就不仅仅是歌舞娱乐，更重要的是，节日成了文化的载体，是文化的一种最直接的演绎形式，凝聚形式，承载形式。可以说，一个民族的文化，都集中在它的节日中。

在这个前提下来感受侗族祭萨节，就会更深刻的领会其承载的文化意义。第一，萨神崇拜是侗族文化的源头，是侗族文化的核心与发展基石，而祭萨则是侗族文化的最初的、也是最重要的凝聚方式，各个部族间，通过共同的祭萨，将侗族文化凝聚起来了。第二，祭萨节是一个祭祀性的节日，但也是一个综合性的节日，一代又一代的侗家人，在一年又一年的祭萨中，不断丰富了节日的内容，使之超越了单一的祭祀，而具有了更多的文化功能，成为一个民族的巨大的社会文化场。祭萨节中，几乎承载了侗族文化的所有形式，如祭祀、禁忌、盟约、歌唱、舞蹈、音乐、戏曲、竞技、表演、联欢、交际等。可以说，祭萨节，是侗族文化的一次大展示。第三，民族节日是一个表现出完整的信息、符号和行为的综合的文化系统，它不仅仅是一个社会文化场，其中传递的信息、表达的符号，呈现的行为，也有意无意的为我们演绎着一个民族的精神发展历程与文化发展历程，是一个民族的活态的历史。侗族祭萨节，我们既可以看到原始渔猎时代的古朴的祭祀，也可以感受到进入农耕时代后的歌舞娱乐，甚至可以感受到进入近代社会、现代社会后的文化事象。一个节日中凝聚那么深厚的文化意蕴，感受多种形态的文化场景，其学术意义与现实意义，尤其是进入现代社会后的现实意义，显然是无限巨大的。

4. 生活意义上的资源价值

祭萨节本质上是一种宗教信仰的呈现形式，而宗教实际上是人的一种生活模式。祭萨节中所折射的，最根本的还是侗家人的人生信念、生活原则、认知方式，更直接些说就是，祭萨节直接向我们展示了侗家人的生活模式、生活情景、生活样态。侗族社会是一个传统的农耕社会，就是网络已经覆盖了整个地球的21世纪，侗族社会仍然是一个传统社会，农耕文化仍然是侗族文化的全部内容与表现形式，侗家人也仍然以农耕的方式生活在乡村中、社区里，还是那种纯粹意义上的传统人，其生活呈现出一种自然的、自在的形态。农耕作为一种以体力为主，以自然生态作为对象的手工劳动方式，其文化基础是建构在自然生态这个大背景上的，它的所有的文化活动，都显示和表现出对自然的皈依、顺应、祈祷。学者徐新建说："农耕文化的主要特征在于同自然生物圈的紧密联系；天地、水土、动物、植物、日月、雷电等，无不在其文化表征上打下深刻的印迹。从共同体成员的心理素质上看，这种农耕文化的印迹便有诸如对土地的眷恋，对气候的敏感，对日月的崇拜，对灾害的惧怕以及对万物的情感（泛神意识）等相对应的表现。"[①] 农耕文化的这种特征，就使传统社会的生活，呈现出一种与现代生活不一样的样态。最突出的表现在：一是人对于自然的依赖，人与自然的关系是顺应的、和谐的，人以一种自然的、自在的方式面对自然；二是注

① 徐新建：《试论苗族诗歌系统》，载《贵州民族学院学报》，1987（3）。

重传统，偏于守常。人们以一种悠缓、从容、朴拙、仁厚的心态面对生活；三是群体意识高于个人的自我意义。大多数人把自己的角色同化在社会关系中、家庭的生计中、自己的义务中。传统社会的这种生活样态，刚好是现代社会所缺失的。在现代生活中人与自然的对立关系，快节奏的生活，过于张扬的自我，使现代人油然的对传统社会，对农耕时代的生活充满一种向往，将传统生活看成是疲惫心灵的一种皈依方式。返璞归真，回归大自然。这句不断为现代人所提起的口号，有意无意的道出了现代人的浓浓的传统情结。侗族祭萨与祭萨节在生活观与价值观上体现出的资源价值，给予我们重要启示。

5. 观赏性和猎奇性上的资源价值

祭萨与祭萨节，是母系氏族时代侗族先民的一种宗教信仰、宗教活动，是侗族先民最初的、最早的信仰，也是侗家人最初的、最早的节日。原始、古老、朴拙，是祭萨与祭萨节的突出特征。而这种原始性、古老性、朴拙性，正是现时代最富于观赏意义的，也最能满足现代人的猎奇的心理的，其对于现代人的吸引力与感召力，都是显而易见的。祭萨是一种母性崇拜，而母性崇拜根本上是一种生殖崇拜、生育崇拜。侗族的祭萨活动中，仍然体现出丰富的生殖崇拜、生育崇拜的文化事象，保存着远古先民进行生殖崇拜、生育崇拜的文化遗迹。在现代社会中，生殖崇拜、生育崇拜早已成了一种遥远的文化记忆了。对人类初年的这种古老的生殖崇拜、生育崇拜，人们普遍充满了一种猎奇的心理，有一种神秘感。同时，在祭萨节中，歌舞娱乐始终是相伴于始终的，而且歌舞娱乐都是群体性的歌舞娱乐，歌舞的内容与歌舞的表现形式都是古朴的，与原始古老的祭祀紧密联系着，与农耕文明紧密联系着，既表现出神秘性的一面，又具有强烈的观赏性、参与性。这种神秘性、观赏性、参与性，在现代社会中，显然可以成为一种重要的文化旅游资源。

6. 大众心理上的资源价值

中华民族是一个崇拜祖先，崇拜多神的民族，不但崇拜传说中的三皇五帝，氏族部落的首领尧、舜、神农氏等，就是神话中的女娲、后羿，也普遍立祠祭祀。至于民族发展史上的英雄，则更是心生敬意，奉若神明。在崇拜祖先，崇拜英雄的同时，各民族还普遍崇拜自然中的神灵、日月山川、古树巨石、土地桥梁，凡是自然中巨大的神秘的事物，人们都认为有神灵附着，都有灵性的，进入人们的崇拜范畴内，是人们崇拜的对象。一切皆神，凡是不可认知的事物，凡是巨大的、神秘的事物，凡是让人心生敬意、畏惧的事物，都会直接或间接地转化为神明，成为人们崇拜的对象。中国人的信仰体现出两个特征，一是自然崇拜，二是祖先崇拜。从前者来看，万物皆有神，神无处不在，充满和环绕于我们的生活中；从后者来看，我们的生命是祖先生命的延续，祖先的灵魂附着于我们，祖先的意识就是我们的意识，祖先永远存在着，护佑着每一个活着的人。中国人的这种信仰，不但表现在农耕时代，就是今天，也仍然是大众的一种普遍的人生信仰。中国大众的这种信仰，这种文化心理，就会使人自然的对侗族的祭萨与祭萨节充满兴趣与好奇，同时，也会将侗族的萨当作神灵来崇拜，也就是说，作为侗族神祇的萨，在一些特定的场合与情景下，也很有可能会成为非侗族人的神祇。中国人面对神灵普遍具有的这种文化心理，显然也使侗族的祭萨与祭萨节具有了一种特别的意义，即满足大众文化心理的一种需要，成为一种公共性的文化资源。

第三节　上郎德模式：民族社区参与旅游发展的实践与思考

一、社区与社区参与旅游发展

旅游社会学家诺龙哈（Noronha）在论述旅游发展时强调，新发现的旅游目的地的旅游最初总是自然发展的，是当地人的主动行为；后来，由于当地资源不足以支持进一步的发展，外部的政治机构和经济集团介入进来，旅游发展进入制度化阶段，但旅游发展的控制权也随之落入外人之手。由于控制权的失去，当地组织与原住民在旅游业总收益中所占的份额会逐渐减少。[①] 旅游发展的现实，使越来越多的学者开始关注旅游发展中社区的利益，意识到旅游发展很大程度上就是对欠发达社区的开发，社区是影响旅游发展的重要因素。在这样的背景下，墨菲（Murphy）在《旅游：社区方法》一书中，引入了社区与旅游业发展关系的概念，他指出："旅游业从一产生，就有着巨大的经济效益和社会效益，如果能够将它从纯商业化的运作模式中脱离出来，从生态环境和当地居民的角度出发，将旅游业考虑为一种社区的活动来进行管理，那么一定能够获得更佳的效果，这就是社区方法。"[②] 社区方法的提出，引起了人们对社区参与旅游发展的关注，并将社区参与作为旅游可持续发展的重要前提。世界旅游组织、世界旅游理事会与地球理事会 1997 年联合制定并颁发的《旅游业 21 世纪议程》认为，社区方法是旅游业可持续发展的重要途径，它基于旅游业可持续发展的原则，将社区居民作为关怀对象，并把居民参与当作旅游发展过程中的一项重要内容和不可缺少的环节。[③] 社区参与旅游发展，在发展中国家和欠发达地区，开始得到旅游规划者的重视与倡导，意识到旅游规划的重要目标是把社区和地区的社会经济生活与旅游整合到一起，社区是影响旅游发展的重要因素，同时，有越来越多的社区主动自觉地参与到旅游发展中，成为旅游发展的一种趋势。

社区作为一个社会学概念，是指一定数量组成的、具有内在互动关系与文化维系力的地域性的生活共同体。地域、人口、组织结构和文化是社区构成的基本要素。[④] 旅游社区则是指在日常生活中形成的、聚集在某一旅游区域内的社会群体和社会组织在一定的文化背景下形成的社会实体，是一个地域性的社会共同体。其主体包括三方面，即居民（社区原住民）、从事旅游业的居民，当地的社

---

① 引自尹德涛等：《旅游社会学研究》，114 页，天津，南开大学出版社，2006。

② 同①，316 页。

③ 参见张广瑞译：《关于旅游业的 21 世纪议程——实现与环境相适应的可持续发展》，载《旅游学刊》，1998（2）。

④ 参见徐永祥：《社区发展论》，30 页，上海，华东理工大学出版社，2000。

会组织。[1] 社区参与旅游发展是指在旅游的决策、开发、规划、管理、监督等旅游发展过程中，充分考虑社区的意见和需要，并将其作为主要的开发主体和参与主体，以便保证旅游可持续发展方向的前提下实现社区的全面发展。[2] 社区参与旅游发展，作为一种参与式发展，其核心是把发展看做是一个正向的过程，强调人的发展的意义，指出人是发展过程中的主体，是可持续发展理念的具体化与现实化。

社区参与旅游发展，表现在三个方面，即参与旅游发展决策，参与旅游利益分配，参与有关旅游资源发展与保护的教育培训。其中，社区与社区居民参与旅游业发展获得经济利益，是保证旅游业可持续发展的前提，只有社区和社区居民获利于旅游业发展，社区与社区居民才会在旅游业发展中发挥主导作用，才会主动的挖掘与展示自己的旅游资源，才会与旅游者形成一种合作的互动关系，才会对社区未来的旅游业进行主动的长远的规划，才会对社区与自己的生活产生尊严与自豪感，从而产生保护旅游资源的意识，形成保护旅游资源的决策。在社区旅游发展中，社区居民，社区居民的语言、服饰、行为、个性，社区的文化、生活、习俗、生产方式、生产资料等都是旅游资源的重要方面，是比自然景观更重要的资源，是一种进行着的生命形态。只有将整个社区与社区居民置身于旅游业中，让社区和社区居民参与管理、得到利益，才能根除社区、社区居民与发展商，与游客的潜在的冲突，消除旅游发展的潜在障碍。

二、上郎德旅游资源与旅游开发

上郎德（又称郎德上寨）位于贵州省黔东南苗族侗族自治州雷

---

① 参见张文、肖玲、方淳：《发展旅游业的社区参与研究》，见尹德涛主编：《旅游社会学研究》，317页，天津，南开大学出版社，2006。

② 参见孙九霞、保继刚：《社区参与旅游发展的相关概念及国内外相关研究进展》，见保继刚、徐红罡主编：《社区旅游与边境旅游》，北京，旅游出版社，2006。

山县郎德镇西北，距州府凯里市27公里，雷山县城16公里，郎德镇1.5公里，是一个有128户人家、530余人的苗族村寨，全寨全部姓陈，是700多年前由一个家族发展而来的，分为若干房族。[①]村寨位于雷公山北麓，人家依山就势而建，清澈的欧兑河从寨前潺潺流过，四面青山环绕，古树拱卫，与大山、森林安静地融合在一起。自建寨以来，传统的苗族建筑风格一直得到很好保存，家家户户都是南方干栏式杉木吊脚楼，一般为三层。底层即吊脚层，用于喂养家畜或存放农具；中间层为起居层，一家人的衣食起居都在这里，而顶层一般用来存放粮食和设作客房。寨子里，每一条村巷都是用鹅卵石或青石铺砌而成的，一条条铺石的道路与吊脚楼底层必须用石头砌垫的房基浑然一体，给人一种厚重古朴的历史感、沧桑感。

上郎德是纯苗族聚居村寨，属于雷公山麓长裙苗支系，是一个以传统农耕为主要生产方式的乡村社区，是咸同年间苗族大起义领袖杨大六的故乡，是苗族传统文化保存完好的民族社区，说苗语、穿苗服、行苗俗、过苗年、唱苗歌、跳苗舞，是郎德上寨最有代表性的文化特征。山清水秀的自然景观，古树簇拥、清流环绕、依山就势而建的古老村寨，鳞次栉比的干栏式吊脚木楼，光彩夺目、充满文化符号意味的民族服饰，优美动听的民族歌舞，粗犷浑厚、悦耳悠扬的芦笙芒筒，饶有情趣的拦门敬酒，热情淳朴的苗家人，风味浓郁的苗族习俗，淳朴自然的农耕文明等，是上郎德得天独厚、最有吸引力的旅游资源。上郎德是苗疆腹地雷公山区苗族风情最浓郁的村寨，是苗族传统民间文化的代表。

1985年，上郎德作为贵州省和黔东南州首批民族风情旅游点率先对外开放；1986年在贵州省文化厅的支持下，将上郎德建成贵州第一座民族村寨博物馆；1993年上郎德载入《中国博物馆志》，被评为“全国百座特色博物馆”；1997年被文化部命名为“中国民间艺术之乡”；2001年被列为“全国重点文物保护单位”；2004年，全

① 2007年5月笔者上郎德调查，村长陈民军提供。

国农业旅游示范点评定委员会评为“全国农业旅游示范点”；2006年，“苗岭山区雷公山麓苗族村寨”被列入《中国世界文化遗产预备名单》，上郎德是代表性的苗族村寨；2006年世界旅游组织评选为世界级乡村旅游村寨，其乡村旅游示范项目被世界旅游组织作为成功案例向世界各国推广；2008年6月，上朗德作为北京奥运会圣火传递贵州黔东南站起点站，是全国唯一传递奥运圣火的村寨。从1985年对外开放以来，二十多年间，郎德上寨总计接待中外游客超过70万，党和国家领导人胡锦涛、乔石、朱镕基、温家宝、贾庆林、曾庆红等都到过上郎德视察，几十个国家的贵宾和外交大使来过这里参观。上郎德是旅游观光、考察苗族文化、领略苗族风情、体验乡村农耕文明的首选村寨。

三、上郎德旅游开发模式

上郎德旅游开发采用人民公社时期的工分制模式。由村里给参与旅游接待的村民记工分，按出工及贡献情况计算分值，到年底、月底再对工分进行现金分配，以此补贴村民因为参与旅游接待而造成的农时误工。

上郎德的旅游是由村寨自主开发的，完全由村旅游接待办进行组织。旅游接待办由支书、村长、会计、各村民小组组长、村寨卫生委员、防火安全委员、芦笙队队长、歌舞表演队队长组成，有21人，所有成员都是通过村民选举产生，任期一般三年，可以连任。旅游接待办负责村寨旅游资源的管理、开发、保护，决定旅游发展项目，组织旅游接待，制定旅游分配方案，分配旅游收入。旅游接待办对全体村民负责，牵涉全体村民的重大事项，必须由全体村民参与讨论决定。

上郎德的旅游接待主要由以下几部分构成：一是从寨门开始，按苗家最隆重的礼仪，设置十二道拦门酒，为客人敬酒、献礼，吹芦笙芒筒欢迎客人；二是在芦笙场（也称铜鼓坪）为客人进行节目表演，主要表演苗族传统歌舞，展示村寨的苗族服饰，宣传介绍苗族文化；三是出售旅游工艺品，如民族服饰、乐器、工艺品等；四

图 35　郎德村民在铜鼓坪为游客表演。(余刚摄)

是开展农家乐接待，为游客提供吃住等服务。前两项由旅游接待办负责组织，是村旅游收入的主要来源，后两项由村民自发开展，旅游接待办负责一般管理。由村旅游接待办组织的旅游接待，村民不管男女老少，都可以参与，从旅游活动中抢工分，也就同时参与旅游接待的收入分配。村旅游办根据旅游接待中不同的分工和参与的项目，为参与的村民记工分，然后再按每个工分当日的分值进行现金折算，每个月进行一次分配。旅游接待收入中，75%用来进行工分分红，25%用作村提留，作为村旅游发展基金和环境保护、日常办公开支等。在旅游接待中，最重要的活动是盛装歌舞表演和芦笙表演。戴银角盛装参与歌舞表演的女性（从寨门迎客到芦笙场表演结束）每次记 20 分，戴银饰盛装参与歌舞表演的女性每次记 18 分；不参与全场表演，只在寨门迎客和参与跳最后一场民族团结舞的女性每次记 11 分，村中所有女性，无论老少（只要走得动路的），都可以参与这项活动，歌舞表演则由村里的歌舞表演队负责。吹芦笙盛装参与表演的男子每场记 22 分，吹高排芦笙另记 3 分，不吹芦笙，只在寨门迎客和参与跳最后一场民族团结舞的男性，每次记 10

分；不参与芦笙表演而吹芦笙的另记3分，吹芒筒记1分，所有村中的男性，无论老少（只要走得动路的），都可以参与这项活动，芦笙表演则由村里的芦笙队负责。旅游接待办的人员（主要是村长、支书、会计、分发记分牌的人等，约有4～5人，具体负责旅游接待）每场固定记18分，负责在村口等待旅游团和通知村民的，另记8分。歌舞表演队和芦笙队各约20人，由旅游接待办领导，是相对固定的组织，表演队由村中有表演才能、相对年轻的女性组成，芦笙队由村中会吹奏芦笙的中青年男性组成，表演队和芦笙队的队长都是旅游接待办的成员，对旅游接待办负责。每次接待旅游团队前，旅游办根据村民不同的参与项目分发不同的记分牌，活动结束，参与的村民将记分牌交予专门记分的人登记分值，每家有一个专门登记分值的本子，月底到会计那里汇兑。每场表演结束，会根据收入及参与人数，计算出每个分值的现金金额，每一场表演的分值都会因为收入的不同，参与人数的不同而有区别。

上郎德2007年2月20日旅游收入及工分分值

场次	总收入	提留金额	分配金额	总工分	工分分值
1	1700.00	425.00	1275.00	2809	0.45389
2	1600.00	400.00	1200.00	3032	0.39578
3	1700.00	425.00	1275.00	3004	0.42443
4	1700.00	425.00	1275.00	3086	0.41316
5	1700.00	425.00	1275.00	3159	0.40361
6	1700.00	425.00	1275.00	3319	0.38415
7	1328.00	332.00	996.00	3264	0.30515
合计	11428.00	2857.00	8571.00	21673	0.39547

（村旅游办会计陈兴国提供）

凡有旅游团队到来，村旅游办会在头天晚上或者第二天早上村民还未出门前通过广播用苗语通知，村民就可以据此安排生产。除芦笙队和女子盛装表演队成员一般要求参与接待外，其余村民，参与与否，由自己决定，读书的学生与在外工作的干部，假期时也可以参与旅游接待，嫁往外寨、外地的姑娘，回娘家时也可以参与旅游接待，外出打工人员回家时，也可以参与旅游接待，享受旅游分配。2005 年以前，每个旅游团队收费 500 元，2005 年后调整到 600~700 元，由旅游团队当场支付，从未给导游回扣，就是国家领导人来视察，郎德人表演节目也是收费的，节目表演时，散客每人收费 20 元，由旅游接待办的人现场收取。

上郎德的工分分配是一个不断改进的过程。早先，是由村里指定人参与旅游接待，然后为他们记工分，工分分值相同，后来，参与的人多了，才开始在记分上区别对待。在服饰上，穿盛装与穿便装开始也是一样对待，后来，才为穿盛装的多加分值，进入 2000 年后，要求所有参与旅游接待的女子，都要穿盛装，穿盛装的也要根据佩戴的银饰区别对待，穿便装的则不能参与旅游接待。开始，凡是穿民族服装陪场的人都记工分 6 分，后来，发现不能调动积极性，就予以取消，要求参与记工分的人，必须实质性的参与到接送游客和与游客进行联欢的活动中。开始，游客一进寨门，很多人就围着游客兜售工艺品，影响郎德形象，旅游接待办后来规定，歌舞表演结束前，不能向游客兜售工艺品，并在铜鼓坪周围划定出售工艺品的位置，每天抽签决定，不准流动兜售，违反的，就会取消参与旅游接待的资格。

四、上郎德旅游发展与社区变化

从 20 世纪 80 年代中期发展旅游业以来，上郎德各方面发生了很大变化。

一是因为旅游开发，得到上级部门和各方资助。1986 年，省文物处拨款 2 万元，修建村寨巷道，全村大小 80 余条村巷，全部用鹅卵石铺砌，民族古村落建筑格局得到完整保护；1992 年 083 集团资助修建人畜饮水工程；2002 年，香港人资助 2 万元，修建村委会木楼；2003 年上级拨款 60 万元，修建寨前欧兑河上的风雨桥，成为上郎德旅游的标志性建筑，将由镇所在地郎德（也称下郎德）到上郎德的 1.5 公里公路改建成柏油路；2008 年，为迎接奥运圣火，由上级政府出资，对寨门及欧兑河沿线进行重新包装，进一步强化农耕文化、苗族文化元素。二是整个村寨作为国家重点文物保护单位和特色博物馆得到完好保护，旅游设施逐步建立。村寨民族建筑整体风格得到保持与延续，划定了村寨保护核心区、缓冲区，核心区民居、村巷、寨门、河道、稻田、古树等保持原样，不修新房，不开新土，不占空地，不砍伐树木，铜鼓坪重新修整，并修建了苗族民俗文化陈列室，旅游接待中心，恢复了民族起义领袖杨大六故居。三是村寨与村民的收入得到大幅增长。人均收入从 1986 年的不足 300 元，增加到 2006 年的 3000 余元，集体旅游收入从零增长到年均十余万元，村寨旅游接待收入逐年增长。1987 年村旅游接待纯收入 4000 元，2003 年 19.89 万元，户均收入 968 元，2005 年 47.10 万元，户均收入 2760 元，2006 年 82.15 万元，户均纯收入 4814 元。2007 年“五一”黄金周前六天，旅游接待收入 92671 元，户均纯收入 543 元，接待海内外游客近万人。2005—2006 年，全村旅游工艺品收入近 400 万元。全村 128 户都参与到旅游接待中，有 85 户出售旅游工艺品，有 7 户开设农家乐。村民旅游收入占总收入的 60% 以上。2007 年 2 月 20 日，村民陈正兴一家（6 人）参与旅游接待，收入达 222.79 元。[①] 四是郎德乡村文化品牌逐渐形成。依山就势而建的古老民族村寨，干栏式吊脚木楼，曲折迂回的村巷，古朴的苗族礼仪风俗，热情淳朴的苗家人，古朴悠久的农耕文明，天人合一的人文环境等，构成了上郎德独特的旅游资源。游客的不断进入，旅游收入的不断增加，村容寨貌和村寨生活文化设施的不断改善，激发了村民发展旅游业的决心，民族的自信心与尊严得到培养，文化自觉意识进一步增强，广大村民更自觉的参与到保护与传承民族传统文化中。上郎德作为一个展示苗族文化的窗口早已驰名中外。五是民族文化得到更好的保护与弘扬，民族自豪感、民族自信心得到普遍提高，民族尊严得到体现，民族自觉意识与认同感得到加强。旅游开发 20 年来，上郎德的民族文化不但没有蜕化、变

① 郎德上寨旅游接待办提供。

异，反而得到了更好的保存与发展。巴拉河流域的苗族村寨，早先都是过苗年，不过春节的，近十余年来受汉文化的影响，许多村寨开始过春节，而苗年则相对受到了一定的冲击，但在上朗德，村民们一如既往的将苗年看着是他们最重要的节日，过苗年的节日氛围比旅游开发前更浓。旅游开发让上郎德人都会说汉话，但苗语仍然是他们主要的交际语言，上郎德人日常交际，都是用苗语，只是对外交际才用汉语，上郎德人一直以会说苗语，是苗家人为荣。1987年，上郎德全寨只有18套盛装银饰，到2007年，全寨盛装银饰达200余套，每个中青年女性都至少有一套盛装银饰。1987年前，会唱苗歌、会吹芦笙的男性不到1/3，现在，会唱苗歌、会吹芦笙的男性占一半以上，上郎德在外打工的人，也主要是从事民族歌舞表演等文化活动。上郎德人已经通过旅游开发，感受到了民族文化的价值，更增强了民族认同感与自觉意识。

五、民族社区参与旅游开发的思考

上郎德的旅游开发模式，体现了墨菲的“社区方法”理念（参见参见尹德涛等著《旅游社会学研究》，2006年）。旅游业在上郎德，是作为一种社区活动开展的，而且社区的全体居民都参与到这项活动中了，并根据参与活动的程度获得利益。根据社会交换理论，如果居民能获得一些收益同时不会招致难以接受的成本，他们将愿意参与到交换中来。那些认为旅游的结果可以给个人带来价值，并且相信成本不会超过收益的居民将会偏爱这种交换并支持旅游发展。皮赞姆强调，那些从旅游业发展中获得经济利益的个体会把旅游影响看做积极的事物，因而会更支持发展旅游业。[①] 上郎德村民参与旅游发展的实践，正是社会交换理论在旅游社会学中的运用。

上郎德的旅游，一开始是作为一项政治任务而进行的。村寨与村民更多是被动参与到旅游业中，但一旦他们从旅游业获得利益，

① 张文：《旅游影响——理论与实践》，158页，北京，社会科学文献出版社，2007。

即付出与回报均衡，在比较了交换的代价与后果后，就会主动的去选择对他们最有利、风险最低、回报得当的事物，对社区旅游业就会采取支持与积极参与的态度。上郎德128户村民，全部都参与到旅游开发中，都从旅游开发获得经济收入，并希望上郎德的旅游开发形成更大规模，有进一步发展。

“发展乡村旅游是贵州建设社会主义新农村的重要手段。新农村建设背景下的乡村旅游发展，就是要使农民在乡村旅游业中作为经营的主角，成为经营者。只有参与产业的经营管理，才能使农民的生产、生活融入新农村建设中，成为建设社会主义新农村的主角。”① 上郎德的旅游开发，村民高度自治，独立经营，全民参与，全民监督，所有重大的旅游决策都由村民大会决定，全体村民，无论老少男女，都可以参与到村寨的旅游开发中，既是旅游资源的一部分，又是旅游服务者、经营者、开发商。每个村民都能公平的享受到旅游开发所带来的利益，根据参与旅游活动的情况参与旅游分红。“公平并非纯经济学的概念，它从来都含有伦理学的意义，涉及一种价值判断问题。”② 从这种意义上来讲，上郎德的旅游开发正好体现了这种公平。近些年，一直有投资公司愿意参与到上朗德的旅游开发中，与上朗德进行合作开发，旅游管理部门和上级政府也希望企业介入上郎德旅游开发，扩大上郎德旅游开发的规模，但都一一遭到拒绝。在是否接受外来企业、资金投入上，旅游接待办没有决定权，必须通过全体村民大会，但村民的想法很朴素，外来资本进入可能收入会增多，但总不如自己开发放心。一边种田，一边搞旅游，日子过得蛮好的，外人介入了，把我们村子卖了都不知道。对于共同的资源，上郎德人民采取的是共享共管的原则，这种共享共管不仅体现了公平的性质，而且还昭示了人与人之间的和

① 刘晓辉：《对贵州旅游目的地发展小型旅游经营组织的思考》，载《贵州社会科学》，2007（2）。

② 洪影秋：《构建和谐社会，实现共同富裕——新历史条件下对公平与效率的再思考》，载《贵州大学学报》，2006（1）。

谐，更重要的是，在这种公平与和谐的旅游开发过程中，民族村寨旅游的灵魂——民族文化得到很好的保护和发展，加强村民对民族传统文化的自信心和自豪感，增强保护民族文化的自觉意识。

由于是村寨自主进行旅游开发，上郎德的旅游业还存在进一步改进的方面。一是旅游发展的步伐相对缓慢，与后发展旅游的许多民族村寨相比，如安顺天龙屯堡、凯里南花村，上郎德无论是接待游客，还是旅游收入，都远远落在后面；二是旅游产品与旅游开发项目单调，十余年来，旅游项目基本上没有大的变化，缺乏真正意义上的创新；三是村寨对外对接被动，十几年来，都是旅行社主动联系村寨，而村寨几乎未主动与旅行社建立联系，处在等客上门状态，更不要说建立一个覆盖广泛的信息网络了；四是旅游管理者与村民的素质都有待进一步提高，培养具有现代旅游观念的从业人员，也是旅游可持续发展的措施。但上郎德在社区参与上，起了示范带头作用，其成功经验，对民族社区发展旅游业，有借鉴和启发意义。

世界旅游组织与学术界普遍认为，社区方法是旅游业可持续发展的重要途径，但同时又认为，参与式发展方法源于发达国家，而参与式旅游发展在发展中国家运用难免带有局限性，存在着操作上、结构上和文化上的局限性。[①] 托桑（Tosun）指出，明确地叙述和执行参与旅游发展方法，要求许多发展中国家要有一个同时涉及社会的、政治的、法律的、行政的、经济结构的整体变迁，因为以完备的社会、经济和环境的平衡为基础的政治选择和合理决策是以周密的求助、大型国际捐赠机构的协作、非政府组织、国际旅游经营者和跨国公司为要素的。[②] 保继刚也强调，在中国，社区几乎都是被动参与旅游，在旅游参与过程中大多处于被决定、被包装、被表达、被展示的状态，很多时候也是被忽略，甚至是失语状态。[③]

① 参见保继刚、徐红罡主编：《社区旅游与边境旅游》，14页，旅游出版社，2006。
② 同①，14页。
③ 同①，29页。

上郎德的旅游发展模式，已经从被决定、被表达的状态中走了出来，更多的显示出一种积极参与的姿态，已经从单纯的参与经济活动到参与旅游经济活动、保护环境和维护社区文化，从居民个别参与到全民自觉参与的相对高级的发展阶段。在上郎德，旅游业已经成为整个社区的活动与事业。上郎德旅游发展模式证明，在发展中国家与欠发达乡村，在边远民族地区，社区方法是可以运用的方法，社区参与旅游发展是对欠发达地区、民族社区进行开发的一种有效形式，是发展乡村旅游的一种实践模式。当主人的不仅是生活在某一片土地上的居民，也是能够通过组织和权利体系主宰当地旅游业的居民，这样，乡村旅游的发展就会有坚实的基础。

第四节　旅游开发：民族地区再地方化的实践
——以黎平侗族地扪村为例

一、引言

20世纪中期以后，旅游在全球范围内得到飞速发展，至20世纪后期，旅游业已发展成为最大的全球性产业。旅游是一种现代社会现象，著名旅游人类学者埃里克·科恩博士引用MacCannell的话指出，现代人的疏离促使他们去别处寻求真实的生活，他强调："只有当人们对走出其自身习惯的事物形成了广泛的兴趣的时候，只有当人们认为接触、理解和沉醉于陌生和新奇有其自身价值的时候，旅游作为一种文化现象才可能产生。从这个意义上说，旅游彻头彻尾是一种现代现象。"[①] 旅游是现代社会的一种时尚，而旅游业也在这种全球化的时尚中得到了全面的发展。进入20世纪90年代

① ［以色列］埃里克·科恩：《旅游社会学纵论》，巫宁等译，48页，天津，南开大学出版社，2007。

以后，无论是发达国家，还是发展中国家，无论是繁华的都市，还是偏远的乡村，都将旅游业作为重要产业，旅游业会成为当地重要的经济支柱。中国西部少数民族地区，从20世纪90年代中后期，开始了大力发展民族旅游业进程，旅游业已成为民族地区脱贫致富的一种方式。但旅游在带来地方经济发展的同时，也同样带来地方文化的变迁，而且，这种变迁会表现出十分复杂的现象，或者地方在旅游发展中失去地方性，或者地方性得到更明显的强化，或者在旅游中成为新的地方……

本书的个案或许会给我们认识民族地区的旅游业提供一个视角。

二、全球化时代的文化转型

作为一种时尚的旅游是全球化进程的表现，而作为现代文化现象的旅游，显然也是全球化时代文化转型的反映。

全球化是我们所处时代的最显著的特征。安东尼·吉登斯说："全球化并不是我们今天生活的附属物，它是我们生活环境的转变，它是我们现在的生活方式。"① 不管我们对于全球化是采取什么态度，是欢呼还是诅咒，是迎接还是回避，全球化都以不容否认的事实呈现在我们的面前；不管我们身在何处，是在现代大都市，还是在边远偏促的乡村，全球化都总以它的强势性，支配、影响、干扰着我们。美国学者罗兰·罗伯森说："作为一个概念，全球化既指世界的压缩（Compression），又指认为世界是一个整体的意识的增强。"② 在全球化时代，世界作为一个整体则越来越凸显，而正是这种整体性，带来了整个文化的变迁，进入前所未有的文化转型时期。

① ［英］安东尼·吉登斯：《失控的世界》，见薛晓源：《前沿问题前沿思考》，4页，上海，华东师范大学出版社，2005。

② ［美］罗兰·罗伯森：《全球化——社会理论和全球文化》，梁光严译，11页，上海，上海人民出版社，2000。

由于人类经济生活在全球范围内的全方位的沟通、联系、融合与互动，带来了人类文化生活、思想观念、政治意识、宗教情感等方面的互动和影响，使全球化具有了广泛的世界意义。吉登斯说："全球化不是一个单一的过程，而是各个过程的复合，这些过程经常互相矛盾，产生冲突、不和谐以及新的分层形式。"① 汤姆林森则直接说全球化时代的转型，本质上就是文化的转型。"全球化处于现代文化的中心地位；文化实践处于全球化的中心地位。""我们这个时代所经历的、由全球化所描绘的巨大的转型式进程，除非从文化的概念性词汇着手，否则就很难得到恰如其分的理解；同样，这些转型所改变的恰恰就是文化体验的构造。"②

文化是人类社会独有的符号。美国人类学家克利福德·格尔茨说："我们是通过文化来使自己完备或完善的那种不完备和不完善的动物——并且不是通过一般意义的文化而是通过文化高度特殊的形式。""我们的思想、我们的价值、我们的行动，甚至我们的情感，像我们的神经系统自身一样，都是文化的产物——它们确实是由我们生来俱有的欲望、能力、气质制造出来的……每一个人毫无例外都是文化的作品。"③ 文化是人类在客观世界中编织的一个意义网络，一个象征系统，人类的生存、生活、观念、情感都是由文化塑造和决定的。文化"是群体、人民、社会的整体性生存方式……是使人们凝聚为一个共同整体的一系列共享的意义、信仰与价值"④。文化是一种生活观念，一种生存方式，一种生活实践，显然，生活的所有进程都是文化的体现和文化的结果，都要对文化产生影响——或者是生活的进程改变着文化，或者是文化影响和决定

① ［英］安东尼·吉登斯：《超越左与右：激进政治的未来》，李惠斌、杨雪冬译，5页，北京，社会科学文献出版社，2000。

② ［英］约翰·汤姆林森：《全球化与文化》，郭英剑译，1页，南京，南京大学出版社，2002。

③ ［美］克利福德·格尔茨：《文化的解释》，韩莉译，62、63页，南京，译林出版社，2002。

④ ［英］迈克·费瑟斯通：《消费文化与后现代主义》，刘东译，186页，南京，译林出版社，2000。

着生活进程的速度、方式、类型、意义。从这个意义上说，生活的转型，社会的转型，其本质就是文化的转型。人类由资本的地方时代进入资本的全球时代，显示的不只是一种单一的资本运作方式的转型，而是整个生活的转型，是文化的转型。约翰·汤姆林森将全球化称之为“复杂的联结”，[①] 强调的就是全球化进程中生活中的各个方面的相互联系和相互依存的状态，而这种状态显然是不能用资本的扩张来概括的，只能从文化上，从生活的全部方式上来进行概括，因此，全球化时代是一个文化全面转型的时代。

全球化时代文化转型表现出两种趋势：一是文化的非地方化，一是文化的再地方化。

三、非地方化与再地方化

非地方（non－places）是指无法定义为有联系的、有历史感的和关注认同感的空间。非地方化又称为非领土扩张化，或者“移位”（吉登斯），指“在地理的和社会的领土面前，文化的‘自然’关系的丧失。”[②] 削弱或者消解日常充满活力的文化和领土定位之间的联系，朝着全球文化同质化方向发展。文化作为人类历史上所创造的生存式样的系统，表达的是人对自然环境的一种社会适应，任何文化，都是在一定的地理空间中发生和创造出来的，是人类对所依托的自然环境的一种适应方式。文化一旦创造出来，就和地方，即人类所依托的自然环境融合为一体，自然具有了地方性，烙上地方的历史印记。人类在地方中生存，在地方中进行文化实践和文化体验，在地方中形成团体、族群，在地方获得认同感。因此，从文化意义上理解，任何地方，都是由文化所界定的有联系的、有历史感的、有个性特征的、体现认同感的地理空间。文化的版图和地方的版图是相一致的。地方与地方之间，也会发生接触，文化间也会

① ［英］约翰·汤姆林森：《全球化与文化》，郭英剑译，2页，南京，南京大学出版社，2002。

② 引自约翰·汤姆林森：《全球化与文化》，157页，南京，南京大学出版社，2002。

产生影响，强势文化也会对弱势文化形成强力渗透，甚至出现一个地方的文化取代或者完全消解另一个地方的文化。但传统社会中，地方与地方的互动，文化与文化的接触，都局限在相邻近的地方之间，在存在着某种联系的地方之间，两个互不联系，空间上完全分隔的遥远的地方是不可能发生互动，并由互动而导致文化的变迁与转型的。

进入20世纪中后期后，文化的影响超越了领土的疆域，尤其是以美国文化为代表的西方文化更是对世界范围内的所有国家民族产生着影响，文化呈现出非领土扩张化的趋势，超越了与之有必然联系的它的生存的固定的地方，而向着与之没有任何联系的他者的地方扩张。这是全球化时代文化的最重要的转型。学者罗伯茨则索性将这种现代文化的非地方化比喻为一座无围墙的博物馆，是一些后现代主义所高度重视的感觉，强调的是东拼西凑的艺术杂烩、复古、符号性秩序的崩溃以及文化的重演。① 在非领土扩张化的趋势下，传统的地方无一例外地经历着转型——要么向强势扩张的以西方文化、美国文化为主导的全球文化缴械投降，彻底放弃几千年来的地方化；要么在全球化的潮流中，重建本土，实现文化的再地方化。

本土也就是地方，是与全球相对应的，是有联系的、有历史感的和关注认同感的空间。全球化的非地方是没有共同历史体验，没有共同文化记忆，不能形成共同认同感的文化空间。而地方作为一个象征符号，是地方、族群、个体形成认同的历史渊源，也是形成认同的标志，是形成认同的根本。所谓地方化就是指具有共同地域空间、共同历史、共同文化记忆和认同感的人群坚守有历史渊源和地方特征的生活方式，具有共同的价值理念与道德信仰，通过一致的行动来维护本土的利益、目标和思想。

在传统社会中，文化地方化是自然而然的进程，地方文化在接触和吸收外来文化时，坚守本土是一个相对自然的过程。只要自然

---

① 参见［英］罗伯茨：《超越进步：博物馆与蒙太奇》，见［英］迈克·费瑟斯通：《消费文化与后现代主义》，刘东译，38页，南京，译林出版社，2000。

环境和社会环境不发生根本性变革，本土化就会表现为一个正向的发展进程，中华文化几千的发展，就一直沿着本土化的正向进程。但在全球化时代，坚守地方化则是一个严峻的现实。全球化是对传统社会的一种颠覆和消解，全球化社会的资源竞争、资本扩张、一体化经济、国际体系、全球标准、通信网络、环境污染、生态危机、核扩张、核威胁等，都是传统社会没有经历的。每一方面都会对传统社会形成根本性冲击，让传统的延续、保存变得艰巨和困难，甚至中断、摧毁传统。全球化时代坚守的本土与传统社会中坚守的本土应该是不一样的。如果在全球化时代仍然坚守传统社会中的本土，显然，这种僵化的本土是势必会被现代性所动摇和摧毁。文化是一种活的生命形式，是一个动态的发展进程。全球化时代的文化的地方化，必然是具有现代性品质的地方化，不是死守传统的、僵化的本土，而是在全球化时代，用现代性来重建本土，实现再地方化。

四、旅游与地方

旅游业作为产业，是一种经济活动；而旅游作为一种生活方式，则是一种文化现象。

现代旅游的兴起，是工业社会的结果。工业社会中的快速的生活节奏，便捷安全的信贷系统，中产阶级的迅速扩大，交通条件的改善，闲暇时间的增多，标准化、系统化的管理等，使得旅游从20世纪中后期开始，迅速发展成为世界范围内的产业，即旅游工业（tounism industry），广大的发展中国家，也纷纷将发展旅游业作为经济的支柱产业，世界也由此进入了大众旅游时代。在全球化时代，旅游产业具有超越国境、地域和民族的性质，国家和民族的边界与领土在旅游中被轻而易举的跨越，不同文化间的接触与交流成为日常性现象。总之，旅游作为一种现代社会的时尚，正在改变着我们的生活——旅游作为经济活动推动了社会经济的发展，旅游作为文化现象带来文化的变迁。

游客和东道主，这是旅游中的两个极。对于旅行者，科恩博士有一个很有意味的定义：“‘旅游者’是出于自愿、暂时离家外出的旅行者，他们之所以从事路程相对较长的、非经常重复的往返旅行，是出于盼望旅行中所能体验到的新奇和生活变化所带来的愉悦。”[①] 很明显，旅游的动机主要是文化的，主要是生活方式的一种变化，由日常生活临时转入非常态生活中，由此获得精神的愉悦，而东道主则通过其资源（自然资源或人文历史资源）为游客营造非常态生活，让游客在东道主展示的这种非常态生活中（有的学者称为“舞台的真实”）获得愉悦。不难发现，东道主与游客之间建立的是一种文化关系，很大程度上，东道主是通过文化的方式来满足游客的要求的。我们发现，旅游消费者和旅游生产者之间，除了作为经济活动的商品关系外，还隐含了一种文化关系，而且，这种文化关系是互动的、双向的。一方面，游客希望通过旅行体验到新奇和生活的变化，因此，他的旅行选择是一种文化选择，整个旅游中，游客始终处于主导的地位，具有一种显在的优势性（经济上的优势性、文化行为上的优势性）；而东道主的身份是服务性的，目的是满足游客体验新奇和感受变化的生活，因此，东道主的资源必须根据游客来进行重新结构和诠释，体现游客所需要的“舞台的真实”的感觉，在这层关系中，东道主是被动的，必须要满足游客作为消费者的需要，在旅游实践中，旅游目的地因为消费者的游客而发生变化也就是必然的。另一方面，游客作为消费者进入旅游目的地，会起到带动目的地经济发展的作用，这种作用的外在结果是改变目的地人们的生活状况——最早由贵州省旅游局在20世纪90年代提出的旅游扶贫，根本性的目的就是通过旅游改变贫困乡村的面貌，将那些边远贫困的乡村带动起来走上致富的路；而内在结果则是激发目的地人们对自己世世代代生活的地方的认同，产生文化上的尊严感和自豪感，而这时候，目的地的资源价值不仅体现在游客的感觉中，也体现在目的地人们的感觉中；当目的地的人们获得这

① ［以色列］埃里克·科恩：《旅游社会学纵论》，巫宁等译，29页，天津，南开大学出版社，2007。

种感觉的时候，也同时获得一种主动性，维护地方特色，体现地方价值的主动性，这种情景下的地方，或者更是适合游客要求，让游客体验到新奇和生活的变化的地方，这个时候，地方就不再是原来的地方，而具有新的品质与内涵的地方，这就是说，旅游可以促进地方的再地方化。

五、作为“地方”的地扪

地扪侗寨是我近十年来进行人类学田野作业的一个点，曾经出版过一本地扪的专著《返璞归真——侗族地扪千三节文化诠释》，[①] 为了便于描述作为“地方”的地扪，我主要引用书中的表述。

地扪落拓于地扪河谷上。发源于20公里外的猛洞的地扪河，一路上穿山越坎而来，到了地扪就突然沉静下来，逶迤出一个“S”形，拓出两片窄窄的坝子，一块是边秀坝，一块是寅寨坝，地扪寨就建于两块坝子之间一片窄窄的谷地上，地扪河从谷地中间穿过，人家就立在从两面坡上逶迤而下的台塬地上，层层叠叠一直延展到斜坡上去。这是一个落拓于山野之中的纯粹的侗族自然村寨，距县城（黔东南黎平县）45公里，距茅贡4公里，是黎平县茅贡乡下辖的一个行政村。全村计有480余户人家，2170余人口，是除第一侗寨肇兴之外最大的侗族自然村寨。全寨以吴姓为主，只有十余户是后来才迁入的杂姓。按房族和居住地，又把整个村寨分为五个小寨，即宰母、芒寨、木寨、寅寨、韦寨。这是一座古老而古朴的侗族村寨，它的最早的历史，我们可以追溯到侗民族为寻找高处的水而举族迁徙的时代。

据说，早先，地扪是一个很大的寨子，有1300户人家，人口太多了，资源又不增加，实在无法养活那么多人口，就只好分寨另立，茅贡分去700户，腊洞分去150户，登岑、罗大分去150户，地扪有300户。后来，人们就把这几个存在血缘和地缘联系的寨子称为“千三”寨，地扪就是“千三”的总根。

① 余达忠：《返璞归真——侗族地扪千三节文化诠释》，北京，中国文联出版社，2002。

图 36　地扪侗寨（余达忠摄）

千三人追溯历史，一定要追溯到地扪，各个村寨的村寨史，都是从地扪开始的。千三，在黎平的侗族地区，已经成了一个具有特定意义的文化符号，它代表的是在血缘上存在联系的一个庞大的氏族单位，文化集团，代表的是 1300 户侗家人的生命的根和他们永远无法割舍的也无法选择的浓浓的血脉。

作为一个侗族村寨，最有代表性的侗族文化都在地扪有体现。萨是侗族的女性神，萨崇拜是侗族最古老的宗教信仰，侗族南部地区的许多古老村寨，都保留了萨崇拜习俗。地扪就有两座萨坛，每年千三区域的人们都会到地扪萨坛和塘公祠祭祀。地扪最隆重的节日千三节就是千三人寻根祭祖的节日。

侗族居住有一个最显著的特征，就是依山傍水而居，聚族而居，村寨中必有鼓楼、风雨桥，村民的房屋都是干栏式吊脚木楼，依山就势错落而立。地扪的居住格局体现出典型的侗族风格。

地扪是侗族传统习俗保存最完好的村寨，侗族古老的原生文化在地扪都有遗存，各种习俗都体现了传统农业社会的鲜明特色。

地扪一年当中，有各种各样的节日，而大部分节日他们都称作是做客。而做客不是这一家去那一家，而是这一族和那一族发生联系，是这一寨和那一寨发生联系，是这一群人和另一群人发生联系。也就是说，这里的客是众客，是因为某种联系而能集中到一起的“群”。一年四季之中，千三各寨都有客做。从正月初三到十五，是千三各寨唱侗戏的日子，唱侗戏的寨子要请有姻亲联系的寨子的人来做戏客，侗语称为“匀也戏”。在正月间，寨与寨之间，要做众客，即这个寨子到那一个寨子做客，侗语称为“匀也劳”。从头年十月到第二年正月，是吹芦笙的日子，这段时间要做芦笙客，侗语称为“匀也轮”。也是在这段日子，有姻亲联系的寨子的青年男女要互相交往，表情达意，要做青年男女客，侗语称为“匀也办乜”。冬至以后，在行歌坐月中互相看上的青年男女，就要通过父母媒人来说亲，一旦把婚事订下来，族中人就要来做定亲客，侗语称为“匀也鼎”。婚后生孩子，房族中人都要来朝贺，要来做“三朝客”，侗语称为“匀客善闷”。村寨的鼓楼落成了，其他村寨要来贺鼓楼，做鼓楼客，侗语称为“匀也楼”。在这些做客中，无论是客还是主，都要唱歌。这里的唱歌，既有集体的唱歌，主人一方全体和客人一方全体对歌——这里的对歌有三种形式，一是双方全体互相对歌，二是双方各选派人出来对歌，三是双方各自唱歌，表达自己的心意，不对歌；又有个体的唱歌，在集体活动中以个人的名誉唱歌——这里的唱歌也有几种形式，一是酒席上的对歌，二是年轻人之间对唱情歌，三是久别的朋友等之间用歌叙情。寨老们说，在千三各寨，是无歌不客，无客不歌。

无论从哪个方面来看，地扪都是一个古朴的侗寨，是一个有联系的、有历史感的和关注认同感的空间，是人类学意义上的纯粹的“地方”。美国著名华裔作家谭恩美 2008 年在美国《国家地理》杂志发表长文《地扪：时光边缘的村落》，对地扪的古朴大加赞美。

六、地扪的旅游开发

千百年来，地扪就一直静静的落拓于群山中，按照古朴的、传统的、侗族的、地扪的方式过着宁静的日子。地扪不知道外面的世界发生了什么，外面的世界似乎也不知道地扪的存在，俨然在时光的边缘。

但古老的地扪终于不能超越全球化时代而存在，也必然要被裹胁于全球化的滚滚潮流中。2000 年，地扪古老的寨门为旅游而打开。

2000 年 10 月，作为最大侗族县的黎平县举办中国侗族鼓楼文化艺术节，艺术节组织嘉宾到侗寨参观考察，除名声在外的肇兴、堂安等侗寨外，不为人知的地扪也赫然列在其中，成为艺术节的一个分会场。这是地扪旅游开发的肇始。地扪的旅游开发，与地扪人，曾任黎平县县长的李孝柱有关。李孝柱从县长的位置上退下来后任政府顾问，他建议将地扪作为一个旅游村寨开发，立即得到了县里的响应。他征求地扪寨老的意见时，还引起过争论，有些寨老担心旅游会带坏地方风气，但对肇兴、堂安等村寨发展旅游获得的好处毕竟是有所耳闻的，全寨人的意见很快就统一了。10 月 3 日，参加艺术节的嘉宾到来时，地扪举寨而出，人们一律穿着节日盛装，吹着芦笙、芒筒，唱着迎客歌，从寨门开始，排成一公里的长队迎接，在为客人表演自编自演的民族节目后，全寨人争抢着将近百位客人拉到家中做客，动作慢些的，几家人才共拉到一两位客人。这次活动，给客人们极好的印象，县里也意识到地扪民族文化风情的资源价值，正式将地扪列为全县旅游开发的四个重点村寨之一。

地扪的旅游开发是在县乡的指导和帮助下进行的，主要由村委和寨老会组织，村委会负责行政事务，与县乡有关部门联系，接待有组织的会议来宾和团队，管理村文艺表演队，寨老会则进行旅游动员，做各个房族的工作，在寨内宣传传统文化，用侗族传统方式接待游客，主持旅游中的文化仪式，向游客介绍地方文化等。

地扪打开寨门迎接游客时，完全是一种自然的状态，没有进行任何包装、修饰。村寨、木楼、鼓楼、花桥、禾仓、村巷、戏台、萨坛、塘公祠等文化景观，都一如原样，村寨中的人也以自然淳朴的面貌面对游客，妇女们都着侗家本色的节日服饰，绾侗族女性特有的偏髻，佩戴老一辈留下来的银饰，老人们一律穿藏青色右衽长袍，戴圆形瓜皮小帽，男人们着自己织染的黑色对襟棉布衣，吹奏芦笙、芒筒，整个仪式完全按千三人接待贵客的方式进行，歌舞也是千三人节日时所唱所跳的地方歌舞。总之，无论是外在的景象或者内在的情态，都呈现出一种完全彻底的原生态，古朴中显现粗放，本色中显现简陋。

开始接待的都是政府安排下来的各种名目的考察团，由政府给村里一点伙食补贴和误工补贴，给得多时，参与的群众可以有 1～5 元不等的误工补助，给得少时，群众就完全尽义务，有些接待，还没有补贴，要由村里垫付。从 2000—2002 年，虽然接待了一些团队，但村里基本上没有收入。但地扪人仍然乐此不疲地投入到旅游开发中。2003 年我到地扪田野作业时，支书吴顺华告诉我，虽然村里和群众没有直接得到利益，但旅游带给村里的变化大家还是能感觉到的。一是千三地扪在外已有了名气，大家心里自豪；二是县乡重视，加大了对地扪的投入，地扪的村容寨貌有了变化（地扪的鼓楼、花桥、戏台、道路、水电等都因为旅游开发而得到各部门的大量投入）；三是村里有了生气，没有开展旅游前，村里文化活动很少，游客来了，村里经常有活动，天天像过节一样。

2003 年以后，来地扪的游客日渐增多，村里开始有一些收入，组建了千三艺术团，地扪芦笙队，吴文彩侗戏班，地扪小学也组建了春苗艺术团，可以为游客提供风格多样的民族节目。从 2000 年来，第一、第二、第三届“黎平·中国侗族鼓楼文化艺术节”的分会场都设在地扪，在地扪举办了中国侗族稻作与祭祀国际学术研讨会、中国少数民族音乐家协会第九届年会、全国经济广播电台台长会等。2006—2007 年间，美国《国家地理》杂志深资摄影师林恩·约翰逊和著名华裔女作家谭恩美 3 次前往地扪。美国《亚洲目的地》旅游杂志摄影师、《金融时报》特约撰稿人也先后来到地扪。2007 年 3 月，美国著名经济学家、2001 年诺贝尔经济学奖得主斯蒂格利兹及夫人到地扪体验侗族原生态文化。中央民族大学、南开大学、复旦大学、东南大学、北京大学、北京师范大学、中山大学等著名高校专家学者和学生都到过地扪进行专题考察。2008 年 4 月，美国《国家地理》中国专辑以《地扪：时光边缘的村落》为题，用 23 幅精美图片、整整 24 个页码、近万字篇幅刊登了谭恩美讲述的地扪侗寨故事。

现在，地扪在海内外有了一定的影响，但地扪的旅游毕竟还处在起步阶段，每年到地扪的游客大概在 2 万人左右，村里的旅游收入也一直在 10 万元左右徘徊。2006 年 4 月，地扪发生一场寨火，有近 40 户人家被烧毁，地扪的旅游因此受到严重影响，一度进入停滞期，2008 年后，才又开始恢复。地扪要实现旅游致富，还有漫长的路程。

七、地扪的再地方化

从文化人类学意义来看，旅游是一种体现差异的文化活动，这种差异，对于地扪这样古朴、宁静的侗寨，更是昭然若揭。一是游客与当地村民的差异，现代的游客与淳朴的村民形成反差；二是现代文化、现代生活与传统文化、传统生活的差异，游客是用一种现代的方式来感受对于他们而言是新奇而有变化的生活，但这种生活对于地扪人而言则是日常的；三是富裕与贫困的差异，说得绝对些，富有的游客是在地扪的贫困和简陋中体验新奇和生活的变化；四是中心与边缘的差异，正如谭恩美所言，游客是从生活与世界的中心来到时光的边缘。这种差异正是地扪在全球化时代的旅游中体现的价值之所在。

但我们对地扪人旅游开发的动机进行客观分析会发现，真正的动因不是为了体现价值，而是为了经济，即摆脱贫困和既得利益。无论是县乡政府部门，还是地扪的寨老、村民，发展旅游业的根本目的就是发展经济和既得利益。但进一步追溯又会发现，地扪人在通过旅游发展经济和实现既得利益中，认识到了这种差异的价值，从而获得了一种自觉和自豪，文化上的自觉与自豪。就是说，地扪人在发展中，对于千百年来世世代代人都过着的古朴的日常生活方式有了价值和尊严的认识——对于地扪人来说，游客的到来，首先是一种经济行为，但游客来看他们的生活与感受他们的文化则又是一种文化行为。当他们的生活和文化体现出经济价值的时候，他们对生活与文化的认识就会上升到一个新的层面，当他们从经济行为的认识转到文化行为的认识的时候，就有了价值和尊严。显然，这种认识，在经济发展和实现既得利益中形成的认识会推动他们对自己的生活与文化进行重新建构，按照经济发展和利益最大化、长远化的目标去建构，将文化作为一种资源进行重组、整合、包装。根据旅游发展的需要，强化和放大文化的符号意义和特征，而这个建构的过程，其实就是地扪的再地方化的过程。当社会在经济上发展时，其文化通常会朝着可预测的方向转变。根据社会交换理论，那些从旅游业发展中获得经济利益的个体会把旅游影响看作积极的事物，因而会更支持发展旅游业。可以说，任何地方的再地方化，都是直接包含着经济要素的，是适应经济发展的再地方化。

我们具体看地扪的再地方化进程。

20 世纪 40 年代，地扪五个村寨，有四座鼓楼、五座花桥，每个方向都建有侗族特色的寨门，村寨四周为高大蓊郁的风景树，出寨的路上建有凉亭，体现出典型的侗族村寨特征。1958 年“大跃进”将古树砍来炼钢铁，60 年代寨门当做四旧拆除，加上寨火，地扪的景观与 40 年代相差很远。2000 年开始的旅游开发，使地扪作为侗族“地方”的人文景观得到恢复。现在地扪有五座花桥、三座鼓楼，寨门也得以重建，四周山上的菜地全部种上竹子和风景树，重修了萨坛，建成了侗族艺术表演中心，旅游观光步道，由香港明德集团出资，建立了侗族第一座民间生态博物馆。依山傍水、绿树环绕、木楼错落、鼓楼巍巍的侗族“地方”在旅游开发中重生了。

地扪是侗语源源涌出的水的意思，喻指源头，是千三人的总根。旅游开发后，千三的符号意义得到进一步的放大，“千三”成为区别“天甫”、“三宝”、“九洞”、“十洞”等地理概念的重要符号。千三人对自己文化的认同感较之以前更加强烈，形成了文化自觉意识，时时处处注意维护自己的文化，产生文化尊严感和自豪感。千三欢聚节是旅游开发中为地扪人放大的一个符号，象征千三各寨之间对共同祖先的认同，节日中开展的一系列文化活动，使地扪的传统文化得到一次集中体现，千三节也由此成为地扪的象征和品牌。

旅游开发促进了地扪侗族传统文化的复兴。现在，地扪人更热衷于过各种民俗节日，更乐意开展村寨间的“也嘿”（集体做客）活动，侗族歌舞进入全面繁荣时期。旅游开发前，地扪会唱侗歌的人不到一半，旅游开发，让侗族歌舞在全寨普及开来，90%以上的人都会唱至少三首以上侗歌，男性基本上会吹奏三首以上曲子。地扪小学是黎平县最早自发开展侗族文化进课堂的学校，1999年开始，每周开有民族音乐课，从学前班到六年级都开设，并且地扪还有自己的歌师和音乐家，小学教师吴顺章2008年被评为国家级民间文艺传承人。地扪历史上不是侗族大歌流行地区，随着旅游开发，随着侗族大歌的影响越来越大，地扪人也学唱侗族大歌了，现在地扪30岁以下的青年人都会唱侗族大歌，侗族其他地区的歌调，地扪人都乐意学，都在唱，如洪洲琵琶歌、车江琵琶歌、小黄侗歌等。

旅游开发让村寨有了生气和活力。游客的不断到来与离开，让地扪总是处在一种动态状态，与往日的宁静相比显出了生机，而且不断开展的旅游活动，让村寨总处在节日的氛围中，这种氛围对村民有极大的感染，激发起他们对于生活的信心，对于民族文化的信心，对于地扪地方的信心，对于未来的信心，使整个村寨的精神面貌得到了根本性改变。一个朝气蓬勃、昂扬自信的地扪在迎客的铁炮声中，在欢乐的芦笙曲中，在姑娘们灿烂的笑脸中诞生了。这是地扪再地方化的重要标志。

八、结语

人类学家强调，旅游是一把双刃剑。我们也承认旅游开发会给旅游目的地带来负面影响，尤其是民族地区的旅游开发。由于民族地区面对现代游客和现代旅游时所处的弱势性，负面影响或许会更突出。但我们不能因为有负面影响就拒绝更多正面的结果。埃里克·科恩强调，商品化对文化的冲击往往不是在文化繁荣的时候，而是在不景气的时候。此时，旅游市场的出现常常有利于文化传统的保护，而不是破坏。如果不这样，某些传统文化将濒临灭绝。他进一步说："文化商品会给旅游产品增加新的含义，可使一个地区的文化通过展示而得到认同，出现新的自我再现。"[①] 作为欠发达地区和边缘地区的民族乡村，无论是经济和文化，都显出脆弱性，也正因如此，我们就更要通过经济的繁荣来促进文化的繁荣，旅游正是经济繁荣的途径，而在旅游开发中繁荣的民族文化，就更能经受现代性的冲击，在向现代社会展示自我中，获得认同和新的自我，实现再地方化。

① 引自张文：《旅游影响——理论与实践》，268～269页，北京，社会科学文献出版社，2007。

第九章　旅游活州：黔东南民族文化复兴的途径

第一节　欠发达与欠开发：黔东南社会经济发展的现状与优势

我国社会经济的发展呈现明显的梯度特征，处于第一梯度的东部沿海地区与处于第三梯度的西部地区之间，存在很大的差距，而在同属于西部的 12 个省区市中，贵州的经济发展又处在一种相对滞后的状态，在贵州的 9 个地、州、市中，在社会经济发展排名上，黔东南州又排在相对靠后的位置。这样，我们就可以得出黔东南州社会经济发展的基本定位：黔东南州是全国欠发达地区中最不发达的地区之一。现任黔东南州州委书记廖少华在分析黔东南州情时说："从工业化进程来看，黔东南仍处于农业文明向工业文明转变的初始阶段；从现代化进程来看，黔东南仍处于'欠发达、欠开发'的较低层次。我们与沿海地区相比，存在的差距不仅仅是发展程度的差距，而是发展阶段的差距。"很明显，当东部地区已经进入小康社会阶段，甚至是现代化阶段的时候，黔东南州仍处于温饱阶段，有的地区甚至还在温饱线上挣扎、徘徊。在全国经济发展的总体格局中，确实要正视黔东南社会经济发展面临的现实处境。

2008 年，黔东南州总人口 444.62 万人，少数民族人口 364.01 万人，占总人口的 81.87%，其中，苗族 187.12 万人，占总人口的 42.08%，占全国苗族总人口的 19%，侗族 141.63 万人，占总人口的 31.9%，占全国侗族总人口的 45.8%，其他少数民族 33.97 万人，占总人口的 7.64%，是全国苗族侗族原生文化的中心。黔东南苗族侗族自治州是我国30个自治州中总人口和少数民族人口最多的自治州。2009年，全州生产总值250.79亿元，增长12.2%，其中一、二、三产业分别增长5.5%、14.3%和14.3%；财政总收入和一般预算收入完成28.82亿元和17.43亿元，分别增长21.5%和26.9%；全社会固定资产投资完成210.06亿元，首次突破200亿元大关，净增额超过50亿元；城镇居民人均可支配收入达到1.25万元，农民人均纯收入达到2717元，分别实际增长7.3%和10.8%。但如果放到全国经济发展格局中比较，就可以发现黔东南经济发展存在的巨大差距。2009年，黔东南州人均生产总值为6234元，只相当于全国的24.8%和全省的60.8%；农民人均纯收入2717元，只相当于全国的52.7%和全省的90.4%；黔东南州城镇化率为24.7%，比全国低21个百分点，比全省低5个百分点；黔东南州人均耕地面积0.66亩，低于全国人均1.38亩的水平、低于联合国粮农组织确定的0.8亩的警戒线，而且耕地后备资源严重不足。

2009年黔东南州社会经济发展情况比较表

	人均生产总值(元)	城镇居民人均可支配收入(元)	农民人均纯收入(元)	城镇化水平率(%)	人均耕地(亩)	工业化率(%)
全国	25137	17175	5153	45.7	1.38	40.1
贵州	10253	12862	3000	30	0.66	32.17
黔东南	6234	12500	2717	24.7	0.66	24.18

黔东南作为一个农业山区，其农业发展还处在传统农业阶段，距离农业的产业化和规模化还有很大的差距，农产品的商业化程度还很低，农村的贫困面积还比较大。从工业发展来看，虽然近些年来黔东南的工业有了快速的增长，但工业经济还远远未能起到支撑作用，发展壮大工业仍然是黔东南州走向现代化的一项艰巨而又紧迫的任务。迄今为止，黔东南州GDP增长主要还是依靠粗放型发展方式，即依靠高投入、高载能、高排放和低效益的方式。2008年，

全州规模以上工业每万元生产总值综合能源消耗为4.91吨标准煤，远远高于全国1.11和全省2.94的平均水平；CO_2排放量为1.65万吨，SO_2排放量为15.7万吨，与全州的生产规模不相称；自主创新能力低，1度电所产生的工业增加值仅1.41元，产出效益不到深圳的14%。州委书记廖少华说："黔东南的经济增长很大程度上仍然为投资拉动型，且中央、省实施的高速公路、高速铁路等大项目投资大，州内政府投资和社会投资小，内生动力总体不足，一旦中央、省实施的大项目投资减少，经济增长很可能就会掉下来。"州长李飞跃在2010年的政府工作报告中，总结黔东南经济发展时说："受国际金融危机的持续影响，我州部分行业和企业生产经营困难，保持经济平稳较快发展的基础不稳固；农村贫困面仍然较大，农业产业化和农产品商品化程度低，严重制约了农民增收；基础设施仍严重滞后于经济社会发展需要，招商引资和对外开放的前瞻性、针对性和有效性亟待加强；工业化和城市化步伐缓慢，统筹城乡发展难度大，可持续发展能力弱；重大项目前期工作力度不够，资源整合还不到位，投资主体多元化的格局尚未真正形成；调整产业结构和转变发展方式任务艰巨，保护环境和节能减排形势严峻；道路交通和农村消防等领域安全隐患突出，部分群众生活困难，保障和改善民生需要进一步加大力度；政府公共服务和社会管理职能尚未完全到位，经济社会发展的协调性有待进一步增强，基层社会管理仍有不少薄弱环节；规范行政行为和提高行政效能还有不小差距，一些领域消极腐败现象还未得到有效遏制，人民群众还不满意。"① 黔东南在社会经济发展的各个方面，都处在"欠发达、欠开化"的较低发展阶段，是一个亟待进行大力开发和发展的滞后地区、民族地区。

黔东南是一个"欠发达"的地区，但这种欠发达，主要是长期以来的"欠开发"而导致的。从经济学上评估，黔东南的贫困不是资源上的贫困，不是不可开发或者不能开发的贫困，而是缺乏充分

① 李飞跃：《黔东南州政府工作报告，2010》。

图 37　着盛装的苗族妇女。(余刚摄)

的开发而导致的贫困，只要找准了正确的发展方向，坚持科学发展观，充分利用黔东南的资源优势，对黔东南蕴藏的潜力进行充分开掘，黔东南由欠发达转变为发达是完全可能的和现实的。

用科学发展观分析黔东南社会经济发展，黔东南有着明显的发展优势，隐藏着巨大的发展潜力。

第一，黔东南是云贵川通往湖南、两广的主要通道，已形成了以公路、铁路和航空为主，水路交通为辅的立体交通网络，黔东南的区位优势凸显出来，面临一系列新的发展机遇。中央深入实施新一轮西部大开发、新阶段扶贫开发以及扩大内需等政策性机遇，贵州省委把黔东南州确定为生态文明建设试验区，列为东南部特色经济区的重要组成部分的机遇，全国特别是东部沿海地区经济结构大调整所带来的承接中东部产业转移的机遇，加上黔东南州交通物流大大改善的机遇，特别是沪昆高速公路和厦蓉高速公路建成通车、黎平机场航线逐步增加、贵广高速铁路和长昆高速铁路客运专线建设进度加快，将极大缩短黔东南州与中东部发达地区的时空距离，提升黔东南州的区位优势，有利于黔东南州融入区域经济大循环、扩大对内对外开放、承接产业转移，为黔东南州争取国家和省的资金、政策支持以及借助外力加快发展提供有利条件。

第二，良好的生态环境是黔东南经济可持续发展的充分保障。黔东南自然生态环境良好，森林密布，林业资源丰富，是西南传统的林业地区，是长江、珠江上游的重要生态屏障，是天然的“氧吧”、自然的“空调”和绿色的“宝库”。黔东南拥有1个国家级自然保护区、6个国家级森林公园和风景名胜区，全省10个国家级重点林业县中有8个在黔东南，全州森林覆盖率达62.78%，高于全省20个百分点，活立木蓄积量达1.1亿立方米，占全省的35.16%，在全省乃至全国生态文明建设中处于举足轻重的地位。黔东南森工产业、特色农业、绿色食品加工业、中医药制药产业发展潜力巨大。正因为有良好的生态环境、旖旎的自然风光、浓郁的民族风情，黔东南被世界乡土文化保护基金会授予全球18个生态文化保护圈之一，是联合国教科文组织推荐的“返璞归真、回归自然”全球十大旅游目的地之一，被誉为“人类疲惫心灵栖息的家园”。

第三，黔东南是全国苗族侗族的主要聚居区，是苗族、侗族等少数民族原生态文化中心。黔东南民族风情古朴，蕴藏着丰富的民族文化资源，为发展文化产业、旅游产业提供坚实条件。黔东南保存完好的50户以上民族村寨有3922个，以侗族大歌、苗族飞歌、锦鸡舞、反排木鼓舞、风雨桥、侗族鼓楼和民族银饰、手工刺绣为代表的民族文化享誉世界，全州共有39个项目53个保护点列为国家非物质文化遗产名录，2009年侗族大歌成功申报成为联合国人类非物质文化遗产。全州有30个村寨被世界旅游组织评定为世界级乡村旅游村寨，以苗岭雷公山麓为中心的苗族村寨文化和以黎平、从江、榕江“六洞九洞”为中心的侗族村寨文化被列为世界文化遗产预备名录。自然风光与民族文化相结合的独特优势，使民族文化旅游产业和民族旅游商品制造业的发展呈现出广阔的前景，在“返璞归真”的世界性潮流的推动下，把黔东南打造成国际性的原生态旅游目的地具有了现实的可能性。

第四，黔东南州内重晶石、铝土、钒等矿产资源储量规模较大，已探明的重晶石储量近1.1亿吨，居全国首位，占全国的60%以上，全省的98.52%，被誉为“中国重晶石之乡”。发展冶矿业和矿产品加工产业，对黔东南经济发展将有巨大促进作用。

黔东南现任州委书记廖少华在分析黔东南经济发展时说：“黔东南转变经济发展方式的最大优势是什么？就是良好的自然生态和丰富的民族原生态文化。这个最大优势极具开发潜力和价值，是将资源优势转化为经济优势的重要基础，是我州加快转变经济发展方式，推动科学发展、跨越发展、和谐发展的后发优势。因此，要依托良好的自然生态和丰富的原生态民族文化优势，大力发展特色农业、特色旅游业。同时，依托不断提升的发展环境和区位优势，按照绿色城镇化的要求加快城镇体系建设，按照集约化的要求大力发展新型工业。只有这样，才能使黔东南的发展质量越来越高、发展空间越来越大、发展道路越走越宽。”分析黔东南的州情，首先要对黔东南的未来发展充满信心，对黔东南蕴藏的优势充满信心，作为欠发达地区的黔东南，是有着巨大的发展后劲的，只要按照科学发展观，根据时代发展需求、转变经济发展方式，黔东南是完全可以实现社会经济发展的跨越式飞跃的。

第二节　黔东南州的旅游时代

黔东南的旅游是从民族村寨旅游开始的，是改革开放的直接结果。1978年开始的改革开放，对整个中国社会产生了根本性影响。随着国门的打开，逐渐开始有外国使节和外国游客进入中国，神秘的黔东南民族地区成为外国使节和游客所向往的地方，为此，贵州省1982年有针对性地选定一些民族村寨作为民族风情点对外开放，接待得到批准的境外代表团和游客。黔东南的雷山西江苗寨、郎德苗寨、黎平肇兴侗寨成为贵州省首批乙类对外开放的民族风情旅游点，由此拉开了黔东南旅游的序幕。

黔东南的旅游与中国整个改革开放的大环境是相一致的，与中国旅游的发展是相一致的。从世界范围来看，世界范围的旅游时代是二次世界大战之后到来的，至20世纪80年代，旅游业已经成为全球最大的产业，进入了大众旅游时代。但从我国旅游发展的实际来看，我国的大众旅游时代，则是在20世纪90年代中后期才逐步到来的。

在20世纪80—90年代，黔东南旅游接待的主要是境外游客，境内游客很少，远远没有形成旅游的大气候和环境。这个阶段，是黔东南旅游的起步阶段，是旅游发展的自发阶段。这个阶段，黔东南没有专门的旅游管理机构，旅游归口在外贸局管理，黔东南州旅游局是在1997年成立的；没有专门从事旅游接待的旅行社，也没有一家星级旅游接待酒店，基本上没有投入资金对旅游景区进行建设和改造，游客自发而来，然后自己想办法离开，旅游对于GDP的贡献基本可以忽略不计。

1999年，黔东南的旅游由自发阶段进入自觉阶段，由起步阶段进入发展阶段。1999年，国家实施长江、珠江上游天然林禁伐，人工林限伐政策，将依赖木头财政的黔东南推向了变革的前沿——黔东南必须建立新的经济支撑，寻找新的经济增长点。在州内其他资源都不足以支撑地方经济蓬勃发展的局面下，1999年12月，州委常委会议讨论通过《关于加快旅游业发展，建设旅游大州的决定》，作出建设民族文化生态旅游大州的战略决策，2000年的州人大会上，提出了"农业稳州、工业强州、旅游活州、科技兴州"的四州发展战略。至此，黔东南的旅游发展进入一个新的阶段，进入了自觉的发展时期，旅游业被提高到一个前所未有的高度，一个全州重视旅游，各地争先发展旅游的局面正在形成。从1999年以后，黔东南州将旅游提高到国民经济战略的高度，采取了一系列促进旅游发展的措施，使黔东南旅游逐步得到发展，成为黔东南各项产业中发展最快的产业，对国民经济的贡献不断提高，开始起到支柱产业的作用。

黔东南州旅游发展情况一览表（1999—2009）

年份	接待人数（万）	国内人数（万）	境外人数（个）	旅游业总收入（亿元）	创汇收入（万美元）
1999	111	109	19454	1.09	442
2000	128	126	21605	1.4	500
2001	134	132	23317	2.24	577
2002	163	160	26917	3.09	673
2003	170	168.86	13300	2.99	294
2004	192	192	48000	13.1	461
2005	247	242	53800	17.5	616
2006	634	629.87	47700	48	
2007	883	874	94700	60.7	
2008	1388	1378.59	97800	75	
2009	1400	1391	87200	100	2086
2010	1510	1500	100000	110	2402.6

在这个时期，黔东南州发展旅游业所采取的主要措施是：一是加大对旅游产业的投入。从1999—2006年，累计投入旅游业建设资金达11.85亿元，其中民间投入资金达8.65亿，国家投入资金3.2亿，为有效解决和提升旅游配套建设奠定了坚实基础。二是加强旅游基础设施建设，尤其是旅游环线公路建设，至2005年，黔东南投入旅游公路建设资金达23亿元，黔东南旅游景区和民族村寨进入性差的状况有了很大改变。三是加强民族文化品牌宣传，大办各种民间文化艺术节，扩大黔东南民族文化的知名度、影响力。1999年，黎平率先举办“中国·侗族鼓楼文艺艺术节”。2000年，雷山县举办“中国雷山·苗年文化周”。随即，台江县举办“中国台江·苗族姊妹节”，凯里市举办“凯里国际芦笙文艺艺术节”，榕江县举办“侗族萨玛节”，从江县举办“从江侗族大歌节”，镇远县举办“镇远龙舟节”等，各种由政府或者民间机构主办的节日，对于黔东南旅游的宣传，起到了极大的推动促进作用。四是重点打造和推介精

品旅游线路，加大对精品旅游景区和重点民族村寨的宣传推介力度，如打造以雷山、台江为中心的苗族风情旅游线，以黎平、榕江、从江为中心的侗族风情旅游线，以施秉、镇远为中心的㵲阳河风光旅游线，雷公山、杉木河、剑河温泉和镇远古城、黎平翘街、肇兴侗寨、雷山郎德等一批景区成为旅游亮点和热点。正是从战略高度上来规划、设计，黔东南的旅游进入了快速发展时期，尤其是2004年以后，黔东南的旅游产业以每年几近30%以上的速度在增长，步入了旅游业发展的快车道。

图38　侗族少女（余达忠摄）

2007年以后，黔东南旅游产业的发展，又开始步入一个新的发展时期，即由自觉阶段进入爆发阶段。这一年，由贵州省人民政府、国家民族宗教事务委员会、国家旅游局主办，黔东南州委、州人民政府、贵州省民族宗教委员会、贵州省旅游局承办的“中国·凯里·原生态民族文化艺术节”在州府凯里市隆重开幕。同年，黔东南州向贵州省人民政府申办贵州省第三届旅游产业大会，并得到批准，由此拉开黔东南州旅游产业新一轮大发展的序幕。2008年9月26日，“贵州省第三届旅游产业大会”、“多彩贵州·中国·原生态国际摄影大展”和“第二届中国·贵州·凯里原生态民族文化艺术节”（简称一会一展一节）在千户苗寨西江隆重开幕，标志黔东南旅游发展的又一个新时期正式到来，进入旅游发展的爆发期。

在这个时期，黔东南提出了旅游发展的新目标，即将黔东南打造成原生态民族文化世界级旅游目的地，对黔东南民族文化村寨进行新一轮旅游开发，通过发展旅游业建设黔东南生态文明试验区，实现黔东南州经济的跨越式发展。根据区域经济理论、比较优势理论和资源禀赋条件、主体功能区要求，把黔东南的区域经济布局为“四圈一区”，即以生态经济功能区为主的镇远历史文化和㵲阳河山水风光旅游经济圈、雷公山苗族原生态文化和自然生态旅游经济圈、黎平侗族原生态文化和三板溪湖苗族原生态文化旅游经济圈，以城市经济功能区为主的凯里城市经济圈，以工业经济功能区为主的黔东工业经济区。“四圈一区”中有3个生态经济功能区，主要依托良好的自然生态和丰富的民族原生态文化发展旅游业和特色农业；一个城市经济功能区，主要依托大凯里辐射带动发展城镇经济；一个工业经济功能区，主要依托黔东工业经济区集约化发展工业经济。同时，注重探索建立生态文明建设试验区；注重加快以区域中心城市、区域次中心城市、重点小城镇构成的城镇体系建设；注重包括炉（山）碧（波）循环经济带、革一产业循环经济工业区、金钟产业承接区在内的凯里开发区扩区；注重通过一年一度的原生态民族文化艺术节逐一重点推进文化旅游产业发展；注重抓好现代农业示范带动。州委书记廖少华说：“根据国内外经验和我州近些年的实践，我们可以作出这样一个基本判断，就是文化旅游产业完全可以培育成为我州重要的战略性支柱产业。现阶段我们将按照品牌化、差异化的要求，实施以加大核心景区景点建设为重点、辐射带动周边景区景点共同发展的点面结合的区域发展，进一步加大景区景点开发前期策划力度，依托中国·贵州·凯里原生态民族文化艺术节，逐一渐次重点推进景区景点的深度开发和新景区景点开发。不断优化旅游资源整合，优化旅游线路构建，优化旅游要素配套，提升旅游接待服务水平，促进旅游产业转型升级。大力发展文化产业，重点发展以民族银饰为主的工艺美术产业、以民族歌舞表演为主的演艺产业、以民族民间节庆活动为主的会展产业、以斗牛活动为主的竞技娱乐文化产业和新闻出版、影视动漫、广告创意等现代文化产业，努力把文化旅游产业培育成为我州重要的支柱产业。”2008 年，贵州省第三届旅游产业大会之后，黔东南的旅游发展进入了新一轮的爆发期，旅游接待人数迅速飙升，从 2007 年的 845 万，上升到 1388 万；2009 年，黔东南旅游再创历史新高，旅游总收入突破 100 亿元；2010 年，黔东南国内旅游人数达到 1500 万人次以上，入境旅游人数达到 10 万人次以上，同比分别增长 7.09% 和 14.68%，国内旅游收入 110 亿元，入境旅游收入 2402.6 万美元，同比分别增长 10% 和 15.16%。2010 年，黔东南制订“十二五”规划目标，把黔东南打造成原生态民族苗侗文化世界旅游目的地。具体指标为：到 2015 年，国内旅游人数为 2500 万人（次），年均增长 10.76%；入境游客人数 20 万人（次），年均增长 14.87%；旅游总收入 215 亿元，年均增长 13.33%，旅游增加值约占 GDP 的 10%。

黔东南全面进入旅游业发展的黄金时代。

第三节　旅游活州：黔东南民族文化的复兴

跨越式发展，这是近几年来最流行的政治词汇，无论是东部省份的福建、浙江、广东，还是西部省区的贵州、广西、新疆，无论是各级地方政府，还是各级行政事业部门，都提出了各自的跨越式发展的目标。

在这样的背景下，黔东南州在几年前，也提出了自己的跨越式发展目标。黔东南州还处在农业文明向工业文明过渡的低级阶段，与东部地区存在着阶段性的差距，由此，黔东南面临的发展形势就尤为紧迫，可以说，没有什么地区像西部民族地区一样，更渴望实现跨越式发展的了，只有实现跨越式发展，才能缩小存在着的这种阶段性的发展差距。对于黔东南提出的跨越式发展的口号与决心，我们要更多地给予理解和尊重。

怎样实现黔东南州的跨越式发展，黔东南州有自己的认识与感受，能够从州情出发，从现代化的发展规律出发，从自身的优势与局限中探求发展的最佳路径。现任州委书记廖少华在谈到黔东南的发展时，有自己清醒的认识，他说："在发展战略上，我们对'先污染后治理'与'先环境后经济'两种发展观念进行了深刻反思，把'生态立州'放在发展战略的首位。针对城镇带动能力不强、城乡统筹不够的情况，增加了'城镇带州'战略，形成了'六州'发展战略。在发展布局上，我们针对全州国土面积大、县多县小，资源分散、重复建设，'处处点火、遍地冒烟'的粗放式发展状况，按照城市经济功能区、生态经济功能区、工业经济功能区将全州划分为'四圈一区'。在发展重点上，我们针对优势资源利用不充分、主导产业不够突出、主攻方向不够明晰的状况，提出了'八大产业、三大建设'发展重点。中央提出生态文明建设的战略任务和省委作出探索建立黔东南生态文明建设试验区的决策后，我们认识到推动生态文明建设，我州既有基础更有优势、既是必需更是选择、既是责任更是方向，找到了建金山银山与保绿水青山、推进工业化与建设生态文明的最佳结合点，从而进一步调整确立了'实施'六州'发展战略，优化'四圈一区'发展框架，推进'八大产业、三大建设'发展重点，走生态文明崛起的跨越式发展之路'的发展思路。""六州"战略即黔东南州委、州政府在"十一五"期间提出的"生态立州、农业稳州、工业强州、旅游活州、科教兴州、城镇带州"的发展战略；"四圈一区"即以凯里为中心的城市经济圈、㵲阳河山水风光名胜古迹旅游经济圈、雷公山苗族文化原生态旅游经济圈、侗族文化原生态旅游经济圈、黔东工业经济区；"八大产业"和"三大建设"即在发展重点上，坚持突出"特色农产品、电力、电冶、森工、重晶石、建材、中药材、旅游"和基础设施建设、城镇体系建设、生态环境建设。在发展路径上，坚持以改善发展条件、调整经济结构、转变发展方式为主线，以推进新型工业化、绿色城镇化、农业现代化和文化旅游产业化为方向，以项目建设为抓手，以改革开放为动力，以改善民生为目的，加快生态文明试验区建设，促进科学发展、和谐发展和跨越式发展。黔东南州的跨越式发展，是立足于黔东南的优势与特色的跨越式发展，也是与生态文明建设要求相适应的科学发展。贵州省原省长林树森在2007年召开的省科协第七次代表大会上阐述贵州的发展时强调：如果我们能够抓住机遇，加快生态文明和生态现代化建设，那么我们将有可能从第一次现代化的起步阶段直接进入生态现代化这个人类现代化进程的最新阶段，从而实现经济社会发展的历史性跨越。黔东南现在正处在发展的这样一个关键阶段，通过实施“六州”战略实现从现代化的起步阶段直接进入生态现代化的新阶段。

在黔东南的跨越式发展的实践中，发展旅游业，尤其是原生态民族文化旅游是一条重要的途径。

旅游是全球化的结果，是全球化推动旅游成为全球第一大产业，而全球化进程的不断深入和迅速，更促使旅游越来越成为人们不可或缺的一种生活方式。旅游不仅仅是一种休闲，而是一种需要，生活的需要和心灵的需要。在当下社会，几乎所有国家和地区，都意识到旅游业对于国民经济的作用，日益将发展旅游业放到一个重要位置，作为经济的一个新的增长点。对于中国西部民族地区，旅游是发展的一个机遇，发展旅游业，能够使民族地区从经济的困境中走出来，十年来，黔东南的旅游发展，就是一个极好的证明。

黔东南旅游的核心和灵魂，是黔东南丰富的原生态民族文化。原生的民族文化、原始的自然生态、原貌的历史遗存以及红军长征黎平会议会址等红色文化资源有机相融，构成了黔东南丰富多彩、独特唯一的原生态民族文化景观。贵州省委副书记王富玉称赞：“黔东南是‘多彩贵州’的一颗璀璨明珠，是世界独特的‘文化大观园’，是国内绝无仅有、世界更不多见的人类文化宝库。”世界旅游组织秘书长弗朗·加利先生盛赞黔东南：“原生态的、质朴的民族文化是人们为之神往的魅力所在，是乡村旅游可持续发展的宝贵资源。黔东南必将成为世界最具吸引力的旅游胜地。”中国著名文化学者余秋雨先生感慨："黔东南是原生态民族文化保留的典范地，是现代人类文明价值的典范。"世界旅游组织评价："黔东南是旅游资源品位最高、质量最好且最集中的地区，是不同类型并最具多样性的旅游资源富集地，是对境外游客最具吸引力的地区，是民族文化旅游的旗舰，是为高素质人群所准备的丰富宴席。"在黔东南3万平方公里的土地上，苗岭山区雷公山麓为中心的苗族村寨和以"六洞九洞"为中心的侗族村寨列入了中国35个世界文化遗产预备名录；共有39个项目53个保护点列为国家非物质文化遗产名录，在全国地州市级中总量排名第一；有123项列入省级非物质文化遗产，占全省非物质文化遗产总量的41%；保存完好的50户以上民族村寨有3922个；2009年侗族大歌成功申报成为联合国人类非物质文化遗产。在黔东南这片神奇的土地上，有1个国家级自然保护区、1个寒武纪化石群基地、1个国家级植物基因库、2个国家历史文化名城镇、2个国家级风景名胜区、2个国家级生态博物馆、3个国家级森林公园、3个中国民间艺术之乡、3个中国民间绘画之乡、7个国家级重点文物保护单位、24个A级旅游景点。黔东南是世界苗侗民族文化核心保留地，是世界乡土文化保护基金会授予的全球18个生态文化保护圈之一（亚洲区只有黔东南和西藏），是联合国教科文组织推荐的"返璞归真、回归自然"全球十大旅游胜地之一，被国内外专家、学者、游客誉为"露天的原生态民族文化博物馆"、"人类疲惫心灵栖息的家园"、具有神奇魅力的世界独特的"文化孤岛"。

这一文化景观所表现出来的唯一性、原生性、神秘性、多样性和群众参与性特点和不断改善的交通条件以及吃、住、行、游、购、娱六大要素的有机整合，让黔东南具备了建成原生态民族文化世界旅游目的地的基本条件，黔东南也正是在这个意义上认识其蕴藏的丰富的原生态民族文化，充分发掘原生态民族文化的资源价值，努力将黔东南打造成原生态民族文化世界旅游目的地。这一世界旅游目的地的建成，必将整体提升贵州在全国乃至世界旅游市场的竞争力，使贵州成为最具魅力的世界旅游目的地，对黔东南的经济的影响将是深远而巨大的，是黔东南实现跨越式发展的重要途径。

围绕建设原生态民族文化世界旅游目的地，黔东南近年着力实施“六大工程”。一是实施旅游精品工程。建设雷公山麓及巴拉河、㵲阳河、仰阿莎湖、黎平侗乡四个旅游精品景区，并在这四个旅游精品景区内打造四条旅游精品线路。二是实施“四个100”工程。即100个重点民族文化旅游村寨保护工程、100名民族民间文化传承拔尖人才扶助工程、100名原生态民族文化高级传承人才培养工程、100个原生态民族文化典型建筑保护工程。三是实施“八个一”工程。即建立一个多彩贵州民族音乐创作基地、办好一年一度的“中国·贵州·凯里原生态民族文化艺术节暨旅游节”、打造一台最具黔东南特色的原生态民族文化歌舞、建立一个原生态民族文化旅游研究中心、建立一个原生态民族文化产业传承基地、建立一个原生态民族文化产业园、建设一个国际性标准旅游城市——凯里，创作一批原生态民族文化作品。四是创建六个优秀旅游城市。在“十一五”期间，按照国际性旅游城市标准，把镇远、黎平、施秉、雷山、剑河、台江建设成为中国优秀旅游城市。五是加快实施旅游环线建设工程。围绕贵广快速铁路、厦蓉高速公路建设，超前规划、积极争取建设洛香—铜仁、榕江—荔波、凯里—瓮安、鸭塘—羊甲四条高速公路；建设凯里—黄平—施秉—镇远—五里牌、镇远—岑松、三穗—黎平二级公路。同时，全面开工建设旅游环线公路，构建黔东南州纵横交错、方便快捷的旅游通道。六是实施乡村旅游富民工程。在“十一五”期间，着力抓好一万个床位的乡村旅游民居旅馆建设，着力抓好民族工艺品加工销售，着力抓好绿色食品基地建设，着力抓好乡村旅游导游人才的培训、培养，着力抓好乡村旅游原生态民族文化的挖掘工作，通过乡村旅游促进农民增收，实现脱贫致富奔小康的目标。

黔东南由于历史以来的欠开发、欠发达，使黔东南的原生态民族文化得以相对完好地保存下来，这是黔东南在全球化进程中一笔最宝贵的财富。

图 39　黔东南敞开大门，迎接宾客。(朱卫平摄)

许多发展中国家旅游开发的成功经验业已证明，旅游虽然是一把双刃剑，但其经济上和文化上的正效应是远远大于其负效应的。旅游会带来发展，而发展才会增强民族的自信心，增强自我认同意识，带来民族文化的复兴和自觉。本土与全球化不是对立的，多样的本土是全球化的一种丰富形态。1998 年，“亚太议员环境发展会议第六届年会”通过的《桂林宣言》强调：“我们相信旅游业的发展与环境保护是可以相互支持、相互促进的。在合理使用自然资源和努力保护环境的前提下，促进旅游业的可持续发展可以减少有关地区对自然资源与环境的压力和破坏，增强当地政府和人民保护自然资源和环境以及各种文化遗产的积极性，有利于经济的可持续发展和人民生活水平的提高。”① 20 世纪 90 年代兴起的到东部地区的打工潮，对西部民族地区形成了巨大的冲击，大量中青年人外出打工，使民族传统文化的传承一度出现一种断裂现象，青年人不再遵循传统的生活方式，古老的习俗、礼仪受到冷遇，传统的歌谣不再

① 马林、孙丽坤：《民族地区旅游业论》，16 页，北京，民族出版社，2007。

有人传唱，总是飘荡着歌声，洋溢在节日氛围里的农耕乡村沉寂了下来，或许，那种沿袭千年的古老生活方式，那些传唱千年的古老歌谣，那些演绎千年的传统习俗，真要在现代化的冲击下，在工业文明的吞噬下，随着传统社会的终结而一并终结。拯救原生态民族文化，保护传统生活与传统习俗的最佳途径，就是大力发展民族文化旅游，通过对民族文化资源的深入开掘，发展地方经济，提高当地人民群众的生活水平，提升民众对于民族文化的自信心和文化自觉，增强民众对于民族文化自身价值的认同和自豪感。黔东南1999年开始的旅游时代，带来了苗族、侗族等黔东南地区少数民族文化的复兴，激发了当地民众参与旅游发展的热情和对于自身民族文化价值的认识与认同。1999年以后，黔东南各县和各乡镇掀起了大办民族文化艺术节的热潮，各县都有属于自己品牌的民族文化艺术节，许多乡镇和民族村寨也热衷于办各种形式的艺术节，形成了黔东南“大节三六九，小节天天有”的局面，成为真正意义上的“百节之乡”，群众性的艺术节，对于激发广大群众对民族文化的热爱和认同，对于民族传统文化的传承和普及发挥着特别重要的作用，是民族文化复兴的重要标志。为保护原生态民族文化，建立原生态民族文化世界级旅游目的地，黔东南州委、州政府实施了“十个一”工程，即（1）建立一个多彩贵州民族音乐创作基地；（2）建立一个原生态民族文化传承基地；（3）成立一个原生态民族文化旅游研究中心；（4）建设一批原生态民族文化旅游商品专业市场；（5）创作一台原生态民族文化特色歌舞；（6）创作一批原生态民族文化旅游作品；（7）注册一批原生态民族文化旅游商标品牌；（8）扶持一批原生态民族文化旅游商品开发龙头企业；（9）改造一批旅游公路沿线民族村寨；（10）规划一个珍稀动植物生态园。开展原生态民族文化“四进”工程，即原生态民族文化进课堂、进社区、进企业、进机关。将“民族原生态、天然博物馆”作为黔东南旅游形象宣传用语，强调黔东南是国家的植物基因库，也是民族文化的基因库，是民族文化和自然生态的“天然博物馆”，加强人们对黔东南的直观认识。黎平县被誉为侗族鼓楼艺术之乡，1995年前，黎平县有侗族鼓楼385座，占整个侗族地区侗族鼓楼总数的一半多，进入旅游时代之后，各村寨兴起了修建鼓楼热潮，现黎平县各侗族村寨的侗族鼓楼总数已近700座，基本形成村村有侗族鼓楼格局。从江县小黄村是著名的侗族大歌乡，但旅游时代之前，小黄村会唱侗族大歌的人不到一半，进入旅游时代之后，小黄村形成了人人会唱侗族大歌的局面，2004年，我到小黄村调查时，乡长孟顺明告诉我说：现在小黄总计有26支歌队，在外地唱歌的歌队也有20余个。每个歌队约有15～20人不等，在外唱歌的歌队的人数可能要少一些。小黄的各个歌队都是民间自由组合的。各个歌队一经建立，一般不会解散，唱歌的大体上都是一个歌队的。孩子们从小就会加入到一个歌队中。大部分小黄人都是属于某个歌队的，这是一种名分上的。小黄人在外打工，主要的不是进厂，而是唱歌、跳舞。小黄现在约有300人在外，清一色都是唱歌跳舞的，在北京、上海、沈阳、杭州、桂林、大连等城市，都有小黄的歌队，这些歌队大部分是以男歌手为领队，但也有两个歌队是以女歌手为领队。这些歌队在外唱歌，打的都是侗族歌队的牌子，有的甚至打小黄侗族歌队，歌队有时也唱其他民族的歌舞，到处跑场，但整体上是以唱侗歌为主。小黄现在还有十余个女孩在桂林张艺谋艺术学校读书，唱侗歌。阿幼朵是黔东南籍著名苗族歌手，曾在维也纳金色大厅举办过专场演出，她就是以演唱苗族原生态民歌而蜚声歌坛的，阿幼朵的成功，激发了黔东南许多民族音乐人才的梦想，从黔东南走出去的歌手也越来越多，这无疑增强了人们对于民族文化的自信心和自豪感。旅游开发带来黔东南原生态民族文化的复兴是无可争议的。

作为农耕社会一种相对自然的生活方式的原生态文化，在工业化社会和全球化时代，是一种脆弱性和不可再生性的文化资源，而作为一种资源，如果只是对其进行开掘而不注入新的要素，就总会出现枯竭或者断裂。对于原生态民族文化资源的保护，不应该是静态的、僵化的保护形式，而应该是发展的观念，在发展中进行保护的模式，旅游则是这种保护模式的最好载体，旅游产生的效益和带来的发展，能够促进民族对于自身文化价值的认同，而这种认同，就会促使人们进一步去保护和传承民族原生态文化，赋予民族原生态文化新的内涵和活力。著名旅游人类学家格雷本说：“文化发展，无论其核心含义是什么，可能都是大多数政府与国家政策急于实现的目标，而其中，旅游是唯一能实现这一目标的策略。方兴未艾的旅游业与文化发展的关系最初看来是具有防御机制的，此机制使地方文化免遭国际旅游带来的看似不可避免的示范效应与商品化冲击。旅游与文化的另一种关系是，旅游可能会对促进民族文化的整合有所贡献，无论这种整合是对主流文化及其价值观的促进（比如伊斯兰教），还是边缘文化与核心文化的融合（在不伤及边缘文化的根基的前提下），这种具有积极意义的关系对多元文化并存的前殖民国家至关重要。”① 黔东南正在迎来民族文化的全面复兴，而民族文化的全面复兴，是直接由民族旅游带来的，是发展原生态民族文化旅游的直接成果。

贵州和黔东南，是传统农业、传统工业、现代化进程并存的社会，如果按照线性发展思维，贵州和黔东南只能亦步亦趋地跟在别人后面，永远与其他地区存在阶段性差距。由于历史的、环境的、现实的等原因，贵州和黔东南没有赶上工业革命这班车，也没有赶上电子革命这班车。进入新世纪后，生态文明、生态现代化的这班车已经徐徐开来了，这是欠开发、欠发达的贵州和黔东南面临的一次新的历史机遇，怎样抓住这个机遇，追上并跳上生态文明、生态现代化这班车，是横在贵州和黔东南面前的历史选择。发展原生态民族文化旅游，是黔东南追上并跳上生态文明、生态现代化这班车的一个有力的助力和推力，借助原生态民族文化旅游的助力和推力，或许，黔东南就可以在不久的将来，实现目标中的跨越式发展，追上时代前进的列车。

① ［美］纳尔逊·格雷本：《人类学与旅游时代》，伍乐平等译，243页，桂林，广西师范大学出版社，2009。

主要参考文献

一、国外文献专著

1.［美］斯塔夫里阿诺斯．全球通史——1500年后的世界．吴象婴，梁赤民译．上海：上海社会科学院出版社，1992.

2.［德］马克思恩格斯选集（第1卷）．人民出版社，1995.

3.［英］约翰·汤姆林森．全球化与文化．郭英剑译．南京：南京大学出版社，2000.

4.［美］罗兰·罗伯森．全球化——社会理论和全球文化．梁光严译．上海：上海人民出版社，2000.

5.［英］安东尼·吉登斯．超越左与右：激进政治的未来．李惠斌，杨雪冬译．北京：社会科学文献出版社，2000.

6.［美］里斯本小组．竞争的极限——经济全球化与人类未来．张世鹏译．北京：中央编译出版社，2000.

7.［美］克利福德·格尔茨．文化的解释．韩莉译．南京：译林出版社，2002.

8.［德］赖纳·特茨拉夫主编，吴志成、韦苏等译．全球化压力下的世界文化．南昌：江西人民出版社，2001.

9.［美］缪塞尔·亨廷顿．文明的冲突与世界秩序的重建．周琪等译．北京：新华出版社，2002.

10.［美］汤普森．文化帝国主义．冯健三译．上海：上海人民出版社，1999.

11.［英］埃文思－普里查思．努尔人．阎书昌，赵旭东译．北京：华夏出版社，2002.

12.［美］J. 唐纳德·休斯．什么是环境史．梅雪芹译．北京：北京大学出版社，2008.

13.［美］塞缪尔·亨廷顿、劳伦斯·哈里森．文化的重要作用——价值观如何影响人类进步．程克雄译．北京：新华出版社，2002.

14.［法］布尔迪厄．文化资本与社会炼金术——布尔迪厄访谈录．上海：上海人民出版社，1997.

15.［以色列］埃里克·科恩．旅游社会学纵论．马聪玲，陈立平译，天津：南开大学出版社，2007.

16.［加］鲍勃·麦克切尔，［澳］希拉里·迪克罗斯．文化旅游与遗产管理．朱路平译．天津：南开大学出版社，2006.

17.［美］纳尔逊·格雷本．人类学与旅游时代．伍乐平等译．桂林：广西师范大学出版社，2009.

18.［德］马克思恩格斯论文学与艺术．陆梅林辑注．北京：人民文学出版社，1982.

二、国内文献专著

1. 俞可平主编．全球化：西方化还是中国化．北京：社会科学文献出版社，2002.

2. 薛晓源．前沿问题前沿思考——当代西方学术前沿问题追踪与探询．上海：华东师范大学出版社，2005.

3. 费孝通．乡土中国．北京：三联书店，1981.

4. 费孝通．费孝通论文化与文化自觉．北京：群言出版社，2007.

5. 李富强．让文化成为资本——中国西部民族文化资本化运营研究．北京：民族出版社，2004.

6. 王筑生主编．人类学与西南民族．昆明：云南大学出版社，1998.

7. 郭志仪主编．面向新世纪的战略抉择——从新的角度看西部大开发．北京：民族出版社，2001.

8. 杨庭硕．人类的根基——生态人类学视野中的水土资源．昆明：云南大学出版社，2004.

9. 黄淑娉．文化人类学理论研究．广州：广东高等教育出版社，1998.

10. 王树恩，陈士俊主编．人类与环境．天津：天津大学出版社，2002.

11. 冯天瑜，何晓明，周积明．中华文化史．上海：上海人民出版社，2007.

12. 罗康隆．文化人类学论纲．昆明：云南大学出版社，2005.

13. 王明珂．游牧者的抉择：面对汉帝国的北亚游牧部落．桂林：广西师范大学出版社，2008.

14. 朱狄．原始文化研究．北京：三联书店，1988.

15. 阴法鲁，许树安主编．中国古代文化史．北京：北京大学出版社，1991.

16. 乌丙安．中国民俗学．沈阳：辽宁大学出版社，1985.

17. 宗晓莲．旅游开发与文化变迁——以云南丽江纳西族文化为例．北京：中国旅游出版社，2006.

18. 尹德涛等．旅游社会学研究．天津：南开大学出版社，2007.

19. 王宁，刘丹萍，马凌．旅游社会学．天津：南开大学出版社，2008.

20. 王沪宁．当代中国村落家族文化．上海：上海人民出版社，1991.

21. 张晓萍，李伟等．旅游人类学．天津：南开大学出版社，2008.

22. 杨慧等．旅游、人类学与中国社会．昆明：云南大学出版社，2001.

23. 马林，孙丽坤．民族地区旅游业发展论．北京：民族出版社，2007.

24. 黔东南州地方志编纂委员会编．黔东南州志·地理志．贵阳：贵州人民出版社，1990.

25. ［清］爱必达．黔南识略．杜文铎等点校．贵阳：贵州人民出版社，1992.

26. 黔东南州地方志编纂委员会．黔东南州志·林业志．北京：中国林业出版社，1990.

27. 吴一文校注．苗疆闻见录．贵阳：贵州人民出版社，1997.

28. 侗学研究会．侗学研究．贵阳：贵州民族出版社，1991.

29. 符太浩．溪蛮丛笑研究．贵阳：贵州民族出版社，2003.

30. 张应强．木材之流动——清代清水江下游地区的市场，权利，社会．北京：三联书店，2006.

31. （清）爱必达．黔南识略（卷11）．杜文铎等点校．贵阳：贵州人民出版社，1987.

32. 余达忠．走向和谐——岑努村人类学考察．贵阳：贵州人民出版社，2001.

33. 傅安辉，余达忠．九寨民俗——一个侗族社区的文化变迁．贵阳：贵州人民出版社，1997.

34. （清）犹法贤．黔史（卷三）．

35. 杨国仁，吴定国编．侗族祖先哪里来．贵阳：贵州人民出版社，1981.

36. 余达忠．侗族生育文化．北京：民族出版社，2004.

37. 石干成．和谐的密码——侗族大歌的文化人类学诠释．香港：华夏文化艺术出版社，2003.

38. 田兵编选．苗族古歌．贵阳：贵州人民出版社，1979.

39. 国家民委《民族问题五种丛书》贵州省编辑组．苗族社会历史调查（二）．北京：民族出版社，2009.

40. 张力军，肖克之主编．小黄侗族民俗——博物馆在非物质文化遗产保护中的理论研究与实践．北京：中国农业出版社，2008.

41. 保继刚，徐红罡主编．社区旅游与边境旅游．北京：旅游出版社，2006.

42. 王良范．千家苗寨的故事．北京：中国文联出版社，2002.

43. 杨秀昭，吴定国主编．侗族大歌与少数民族音乐研究．北京：中国文联出版社，2003.

44. 覃东平，吴一文．蝴蝶妈妈的祭仪——苗族鼓社文化研究．贵阳：贵州人民出版社，2006.

45. 张文．旅游影响——理论与实践．北京：社会科学文献出版社，2007.

46. 徐永祥．社区发展论．上海：华东理工大学出版社，2000.

47. 余达忠．返璞归真——侗族地扪千三节文化诠释．北京：中国文联出版社，2002.

48.（清）徐家干．苗疆闻见录（卷二）.

49. 贵州省民研会编．民间文学资料（第 48 集）.

后　记

完成这部30万字的书稿，我有一种如释重负的感觉。

2007年，当我向教育部申请人文社科基金课题的时候，我还在贵州，在黔东南的本科院校凯里学院中文系做一名教师。进行课题研究的时候，我的生命之舟已经泊在了属于闽江支流的沙溪河畔，在一所叫三明学院的本科院校做一名研究者。黔东南一下子由家乡成了故乡，而我则成了一个漂泊异乡的游子。人生无定数。写作时，我时常想到人生命运的不可把握和驾驭。

确实，我们不能把握命运之舟的航向，但能把握思想的向度、情感的归宿、意识的倾向。表面上，我是完成了由家乡走向他乡的人生转向，而实际上，我只是换一个方式进入黔东南，换一个视角观照黔东南——黔东南土地上演绎的人生和积淀的丰富文化，永远是我开掘不尽的财富，是我人生永远的田野。在一个新的起点上重新审视、阅读黔东南，思考、分析苗侗文化，对于我的学术研究有着重要意义，是我学术生涯的一个新跨越，而这本专著，就是我完成这个跨越的成果。

开始着手课题研究的时候，我是茫然无绪的，这既源于我田野作业的受限——我不能像在贵州那样，随时随地进行田野作业了，我失去了很多直接感受鲜活的生活与鲜活的文化的机会，失去了直接参与黔东南在现代化进程中重建本土的机会；也源于原生态文化作为新兴的学术现象，在学术界还没有系统研究，原生态文化的理论还尚未建立起来。我在摸索中，在学习中开始了我的学术生涯中的一次全新历险。印象中，这本书或许还是最早的系统研究原生态文化的专著。我不敢说本书填补了什么学术空白，只是说在当下原生态热中，这本书或许可以发挥一种引导作用，可以给读者或多或少的启示，引导和鼓励人们去关注、珍视原生态文化，保护原生态文化。

终于在2010年岁末，完成了课题研究工作。这让我很欣慰，也很感动，为自己感动，为我的黔东南而感动！

课题研究进程中，课题组成员廖开顺教授、吴军教授做了许多有益工作，给了我很多帮助，这是首先要表示感谢的。凯里学院作为我学习和工作的母校，始终关注我的整个研究工作，给予我精神上和经济上的帮助，这是终身铭记和感激的。这本书首先是作为凯里学院的成果，是我对于母校的一种报达。感谢凯里学院龙则池书记、曾羽校长、徐晓光副校长，感谢学校科研处的领导和同仁们。我要特别感谢我新的工作单位三明学院，这里的宽松的学术氛围，充裕的科研时间，规范的管理机制，为我的研究提供了便利，给予我很大帮助，这是我要说明的。我还要感谢给予我帮助的朋友们，他们是李文明、傅安辉、罗永常、余晓林、关玲、周江菊、曾梦宇、范国祖、杨村、石干成、朱卫平、于一元、何龙青、龙初凡、李胜林、李恒、张勇贤、石正宏等。最后，我要感谢我的家人，感谢我的妻子陆燕，在精神上、情感上，她给予我很大鼓励和支持，承担了几乎所有的家务，让我有更多时间进行研究。

感谢民族出版社龚黔兰博士，这是她为我编辑的第二部书稿。

本书的部分成果，曾在《北京林业大学学报》、《重庆邮电大学学报》、《农业考古》、《原生态文化学刊》、《凯里学院学报》等刊物发表，特此说明并表示感谢！

本书的封面和大部分图片，由贵州电子信息职业技术学院的余刚设计拍摄。

2011年（农历辛卯年）是我的本命年，谨以此书作为礼物献给自己！

余达忠记于三明枫木庐

2011年1月26日